环喜马拉雅区域研究编译文集 ②

——佐米亚、边疆与跨界

郁丹 苏发祥 李云霞 主编

学苑出版社

图书在版编目（CIP）数据

环喜马拉雅区域研究编译文集二，佐米亚、边疆与跨界 / 郁丹，苏发祥，李云霞主编．—— 北京：学苑出版社，2017.12
ISBN 978-7-5077-5393-6

Ⅰ．①环… Ⅱ．①郁… ②苏… ③李… Ⅲ．①社会科学－文集 Ⅳ．①C53

中国版本图书馆 CIP 数据核字 (2017) 第 317622 号

责任编辑：	洪文雄　杨　雷
编　　辑：	张敏娜
封面设计：	陈　曦
出版发行：	学苑出版社
社　　址：	北京市丰台区南方庄 2 号院 1 号楼
邮政编码：	100079
网　　址：	www.book001.com
电子信箱：	xueyuanpress@163.com
联系电话：	010-67601101（销售部）010-67603091（总编室）
经　　销：	新华书店
印　刷　厂：	北京京华虎彩印刷有限公司
开本尺寸：	1/16
印　　张：	24.25
字　　数：	400 千字
版　　次：	2017 年 12 月第 1 版
印　　次：	2017 年 12 月第 1 次印刷
定　　价：	70.00 元

目　　录

环喜马拉雅研究中佐米亚、边疆的学科发展意义（代序）………… 郁丹（1）

"佐米亚"及其影响力 ………………………… Jean Michaud　著
陈建华　覃丽赢　译（12）

认知地理和无知地理——在东南亚的跳跃规模
………………………… Willem van Schendel　著
李全敏　译（47）

喜马拉雅中心区在"佐米亚"吗？——一些跨时空的学术与政治思考
Sara Shneiderman　著
曾黎　译（75）

关于边境与边界的叙述——中越边境地区地方商人机遇和挑战的纵向研究
………………………… Sarah Turner　著
贺佳乐　潘艳勤　译（105）

固定的疆界，流动的地景——19世纪20年代英国对东孟加拉北部的扩张
………………………… Gunnel Cederlöf　著
李伟峰　梁欣欣　译（134）

"我们的脊梁是铁打的"——加姆尔里妇女运动的政治生态学
………………………… Georgina Drew　著
左涛　译（163）

藏区和东南亚高地——反思藏学研究的知识背景
Geoffrey Samuel　著
才让三周　四郎翁姆　译（181）

血、精子、灵与山——昆布（尼泊尔东北部）的性别关系、亲属关系和世界观
………………………… Hildegard Diemberger　著
乔小河　张荣　译（198）

延伸边境——限制、流动与泰缅克伦难民中的难民公众
.... Alexander Horstmann 著
邵媛媛 译（251）

泰国高地社会与低地社会之间的宗教连续性
.... E. Paul Durrenberger Nicola Tannenbaum 著
王舫 刘增娟 译（271）

尼泊尔属于南亚吗？——非后殖民性情境
.... Mary Des Chene 著
刘玲 海冉 王笛 译（283）

阿富汗-巴基斯坦湿地中对"例外政权"的争夺
.... Oskar Verkaaik Sarfraz Khan Samina Rehman 著
海冉 王笛 刘玲 译（298）

山地与平地 .... Robins Burling 著
谭斯元 译（316）

不被统治的人还是僵化的人？——东南亚山地人将来是什么样的
.... Bernard Formoso 著
王挺 译（324）

战争与森林的政治生态学——反叛乱与国家本质的形成
.... Nancy Lee Peluso Peter Vandergeest 著
杨漪 尹仑 译（346）

环喜马拉雅研究中佐米亚、边疆的学科发展意义（代序）

郁 丹[①]

语 境

环喜马拉雅区域研究（trans-Himalayan studies）是当代中国创新学科发展之一，既具有跨学科理论新创价值，也具有区域性政策意义，同时也是中国学术话语国际化的一个重要平台。《环喜马拉雅区域研究编译文集》由中国国家社会科学基金项目"'一带一路'战略背景下环喜马拉雅生态与文化多样性研究"［编号15BMZ070］、云南民族大学2015国际教育合作基地项目、云南民族大学2015高层次国际人才引智项目支持。《文集》中文献的挑选、翻译和编译工作由"云南民族大学第一期（2015）环喜马拉雅区域研究前沿文献编译夏季班"专家、学者和部分学员担任。夏季班作为云南民族大学高水平民族大学建设战略的一部分，按云南民族大学民族性、边疆性和国际性的三个定位来设计、研讨和编译文献，其宗旨是带动中青年学者、研究生、博士生、博士后的学科创新，其中心任务是通过对国际上现有喜马拉雅区域研究

[①] 郁丹，自2014年秋起担任云南民族大学环喜马拉雅研究中心主任、教授。之前担任德国马普宗教与民族多元研究所高级研究员和中国科研组负责人、德国哥廷根大学跨区域研究中心核心研究员、中央民族大学民族学与社会学学院新世纪人才等职务。于2006年在美国加州大学戴维斯校园获得人类学博士，专长跨区域学、边疆学、环境人文学、民族生态学、影视人类学理论、宗教学，个案研究包括近现代藏汉佛教互动、藏族神山文化中的生境可持续性、喜马拉雅及青藏高原水文化中的环境人文、"一带一路"战略背景下的环喜马拉雅生态多样性、中-印两国文化多元治理比较研究、欧亚宗教世俗化的多样发展脉络等。其科研地理范畴涵盖中国西部、南亚、东南亚、中亚高地和北欧极圈高地。近期的代表性专著和文集包括《地境与心境之间的西藏——地方、记忆、生态审美》（*Mindscaping the Landscape of Tibet：Place, Memorability, Eco-aesthetics*, De Gruyter, 2015）和《环喜马拉雅边疆——生计、地域、现代》（*Tran-Himalayan Borderlands：Livelihoods, Territoriality, Modernities* 与Jean Michaud合编，Amsterdam University Press，2017）。

成果的深度研讨和编译，对欧美相关论著、论点进行语境分析、历史研读、理论价值和现实意义的探讨和阐释。夏季班的主题是：跨区域理论、喜马拉雅中心地区与中国西南和东南亚高地的跨族、跨界的人文和经贸的流动以及区域性性别政治与现代化的关联。这些主题的选择是基于项目负责人及特邀专家们对全球化语境下，地方与区域文化、环境、生境的变迁以及商品、资本、科技的流动性和穿越性的充分认识。研讨中涌现的创新点表现在专家们及学员们对地方问题的互联性和全球表述性的认识。

本次夏季编译班由云南民族大学环喜马拉雅研究中心主任郁丹教授主持，由英国卡迪夫大学喜马拉雅研究专家杰弗里·塞缪尔（Geoffrey Samuel）教授和孟加拉研究专家散媞·罗萨莉亚（Santi Rozario）教授、哥本哈根大学跨区域研究和东南亚研究专家亚历山大·郝斯特曼（Alexander Horstmann）教授主讲。夏季班的研讨组分别由云南民族大学学者李全敏、李云霞、杨柽和王建华担任主持和评议人。学员来自国内外高等院校和科研单位，包括中央民族大学、清华大学、厦门大学、西藏大学、西南民族大学、青海民族大学、云南大学、波恩大学、剑桥大学、香港科技大学等。在为期5天的研讨中，学员们和专家们集思广益，进一步对喜马拉雅研究的拓展以及与中国西南地区及东南亚的连接做了深度的视野和观点的交换。研讨班结束后，部分学者马上与云南民族大学专家学者展开文献的挑选、翻译和编译工作。文集的主编工作由郁丹教授、苏发祥教授[①]、李云霞博士[②]担任。

环喜马拉雅研究与喜马拉雅研究的差别

喜马拉雅研究（Himalayan studies）作为一个区域研究学科（area study）在21世纪初才开始系统性地进入全球学术视野，目前还处在不断发展和完善

[①] 苏发祥，中央民族大学民族学与社会学学院副院长、民族学系主任、教授、博士生导师。苏发祥教授是国务院政府特贴专家、新世纪百千万人才国家级人选、新世纪优秀人才支持计划入选者、哈佛燕京学社访问学者、中美福布莱特访问学者、曾获首届全国百篇优秀博士论文奖。主要研究方向为民族学理论和方法、藏族社会与文化等。

[②] 李云霞，博士，毕业于澳大利亚麦考瑞大学，现为云南民族大学人文学院社会学系讲师，云南民族大学环喜马拉雅研究中心成员。研究领域包括少数民族妇女与社会性别、民族生态学、边疆议题、少数民族跨界网络、跨境研究、和跨境生计重建。个案研究包括哈尼族稻作文化、宇宙观社会性别、哈尼族家庭教育；中老边境少数民族的互动与社会网络、老挝阿卡人的社会变迁等。近期研究陆续由新加坡国立大学、阿姆斯特丹大学等出版社出版。目前的研究区域主要集中在西南边疆地区、中老边境以及老挝北部。

的过程中。国内外对喜马拉雅地区的研究大多散落在藏学、地理学、民族学、人类学、环境学、人文生态学、宗教学、国际政治学等学科里，其中以藏学为主导。从严格学科意义上讲，藏学不等同于喜马拉雅区域研究，而是其中的一部分，对此，下个段落有详细的阐述。在民族学、地理学、人类学里有很多有关喜马拉雅地区的个案研究，但是大多没有从学科意义和跨区域概念上把这些个案的理论研讨放入喜马拉雅学科理论框架里。自改革开放以来，中国学界有关喜马拉雅地区的科研成果不断涌现，更庆幸的是近几年来，陆续有喜马拉雅研究单位的成立，比如西南政法大学于2010年成立喜马拉雅研究所，云南民族大学于2014年10月成立环喜马拉雅研究中心，四川大学于2014年12月成立喜马拉雅文化与宗教研究中心，青海民族大学于2016年成立藏传佛教与喜马拉雅山地国家研究中心。这些前沿科研单位都在尽快进入各自定义的科研方向来展开各种课题的研究，目前国内外学者的一大困境是对喜马拉雅区域的地理和理论导向研究缺乏综合性梳理和定义。

如果从宽泛的角度把喜马拉雅研究定位为一类区域研究或一个复合型学科，其根基和范畴具有这些特点或局限性：

- 西藏中心论
- 南喜马拉雅视角
- 英国殖民产物论
- 冷战思维对区域研究的定位

以上四点可以先把英国在南亚的殖民时期略述为喜马拉雅研究的源头。

对喜马拉雅地区民族、生态、文化、宗教、经济体系的研究最早从19世纪英伦殖民官员、学者、探险家开始。由于早期英国人对喜马拉雅地区的研究并不是系统的学术行为，因而梳理喜马拉雅研究史自然成了一件非常具有挑战性的工作。实际梳理工作到21世纪初才开始体现出学科的系统性。2004年大卫·华特豪斯（David Waterhouse）出版了他主编的《喜马拉雅研究起源》文集。该文集把布莱尔·浩顿·赫杰森（Brian Houghton Hodgson，1801—1894），一位英国殖民官员和非常优秀的自由学者，认定为喜马拉雅研究的开山鼻祖，追认他给后人的三大贡献，即喜马拉雅地区佛教研究、自然史和语言民族学。在文集中，赫杰森被誉为"喜马拉雅人类学创始人"及"我们最高的权威和最佳印度原住民民族学和音韵学调研者"（Gaenszle，2004：209）。

华特豪斯的《喜马拉雅研究起源》在受到广泛赞扬的同时，也受到带后殖民、后现代背景的学者对早期喜马拉雅研究的反思。著名藏学家埃里克斯·麦克（Alex McKay）则认为赫杰森及其同代的殖民学者对喜马拉雅地区的信息采集和知识构建与英国在该地区的殖民政治和经济利益是分不开的。从后殖民学的角度看，像赫杰森这样的殖民官员兼学者的确是早期西方喜马拉雅研究的中坚人群。赫杰森的研究方法与其他英国殖民学者类同，大量使用本土知识分子和劳力来完成自己的资料采集工作。不言而喻，西方殖民官员、学者、探险家在近代和现代对西藏及其周边的地理和地质勘探、文化民俗的探索和记载、动植物标本的采集工作在喜马拉雅研究中占据了很大的比重。对此，汤姆斯·理查德（Thomas Richards, 1993）、温蒂·佩雷斯（Wendy Palace, 2004）、戴雷克·瓦拉（Derek Waller, 2004）、迪比亚西·阿南德（Dibyesh Anand, 2008）、阿拉斯特·兰姆（Alastair Lamb, 1986）等学者对英国异域文化的知识生产有大量的历史回顾和后殖民学反思。

　　此序言作者对此也有同感。现代喜马拉雅研究的定位还没有完全从英国殖民时期对喜马拉雅地区的地理和地缘政治定位脱开来进行新的区域研究概念发展。19世纪时，赫杰森视野里的喜马拉雅是以西藏为工作对象但以尼泊尔为中心。他所采集大量佛教文献、撰写的民族志大多是藏文和与西藏有关联的。作为殖民官员，他学术活动的前提是大英帝国东印度公司赋予他的使命，即把印中贸易陆路通道通过西藏打开。因此，西藏其实是赫杰森的殖民与学术并重的研究对象，并不是针对喜马拉雅区域的总体研究。他在尼泊尔期间以西藏作为前提的民族志、植物标本、宗教文本采集同时产生了地缘政治和区域研究概念上的效应。这些效应的重合点就是以上所说的喜马拉雅研究的"西藏中心论"。从地缘政治上讲，赫杰森的喜马拉雅视野给英国和之后的现代印度提供了众所周知的"西藏缓冲说"（Tibet as a buffer）。由于英国在当时藏族和清朝政府的抵御下没有实现印中贸易陆路通道，因而在地缘政治上转而把西藏视为印中之间的隔离带，以防范清朝和之后的现代中国对印度所谓的"威胁"，也就是当时英帝国所说的"缓冲带"。

　　赫杰森的科研活动所产生的英国殖民时期地缘政治定位也同时派生出喜马拉雅研究目前还存在的一个地理与概念的局限性，即同样是一个西藏中心视野，但不同的是它决定了以后一个多世纪的学科发展走向。21世纪伊始，学者们对喜马拉雅研究开始综合性历史回顾和概念范畴定位时，然而还是依附于赫杰森的视野，一个从印度次大陆往北看的西藏中心视野。华特豪斯主编的《喜马拉雅研究起源》文集中十一位撰稿人，除了一位鸟类学家外，都是研究印度、西藏、尼泊尔和不丹的专家。2016年全球重要的喜马拉雅研究单位之一尼泊尔和喜马拉雅研究协会在德克萨斯大学举办的学术年会中有4

个圆桌分组和 5 个主题研讨组,其中只有凯罗·麦格蕾娜翰(Carole McGranahan)主持的研讨组是针对喜马拉雅区域研究的理论定位,其命题为"喜马拉雅山脉是一个区域吗?——关于通过或超越民族国家的学术研究"(HSC,2016)。其余的均为具体历史和现代社会、文化问题。到目前为止,华特豪斯的《喜马拉雅研究起源》文集是唯一专注于探讨喜马拉雅研究的源头,但没有提出其理论定义与科研范畴。

纵观当代全球学界对喜马拉雅区域研究的理论探索,耶鲁大学的喜马拉雅研究中心和云南民族大学的环喜马拉雅研究中心为走在前沿的两个单位。在 2013 年耶鲁大学举办的"喜马拉雅的连接:学科、地理和视角"会议首次把"喜马拉雅"作为一个学科概念和分析对象提了出来,主办方学者提出了一系列值得探索的前沿理论问题:"把'喜马拉雅'作为一个宽泛的区域概念来对待是否引发了一个降低特殊政治史(现代民族国家史)重要性的一个生态或文化先决论?或者它(喜马拉雅研究)合理地认知到多个生态、经济和文化相连的网络随着时间的推移把许多复杂个体(大小族群社会和生态系统)缠绕在一起了?倾向于互联性、包容性的、使用新型分析方式的喜马拉雅研究怎样能从过去的惯性中得到鉴戒?新的表述又如何被包容在当代喜马拉雅研究更宽广的多样性中?"(Lord et al.,2013)该次会议尽管没有把参会学者的论文整理出版,但是在学科发展上起到了新的开拓作用。

2015 年 7 月,云南民族大学环喜马拉雅研究中心举办了"环喜马拉雅区域研究理论新探国际会议",云南民族大学与耶鲁大学联合主办了第一期、第二期环喜马拉雅区域研究前沿文献编译夏季班等重要学术活动。"环喜马拉雅区域研究理论新探国际会议"为推动喜马拉雅研究在全球范围内的理论创新进一步做出了贡献,会议文集由阿姆斯特丹大学出版社于 2017 年秋出版,其理论重点之一是郁丹教授提出的"环喜马拉雅研究"(trans-Himalayan studies)区域学概念,其用意是让喜马拉雅研究从"西藏中心论"和"南亚视野"的局限性中走出来,在地理上拓展到东南亚和中国西南高地,尤其是云南省。东南亚高地与喜马拉雅山脉在地质上是连贯的,其与欧亚板块和南亚次大陆板块的持续撞击是同时产生的。在生态上、文化上、语言上、宗教上、商贸上自古就有跨民族、跨区域的连接。在此基础上,郁丹教授作为这两个国际学术活动的主持人,提出了"环喜马拉雅研究"这个区域研究概念,其重点是在"环"字上,词根源头来自西文前缀"trans-",意为"跨"或"互联",那么"环"是其中的一个意思,但在中文中的概念使用上注入了全部理论用意。因而,从地理、经验和概念上讲,环喜马拉雅区域研究被定义为一类新型的跨区域研究（transregional studies）和跨界区域研究（transboundary studies），其侧重点是对喜马拉雅山脉地区与周边族群、地区和国家之间的连贯性机制的研究，包括自然地理（地质）、文化（文明）体系、语系、商贸网络、人口流动、国际关系、区域和平构建等，尤其在全球化语境下对跨区域自然、人文、地缘政治、科技动态元素的研究。因而，相对喜马拉雅研究，环喜马拉雅研究更多地使用了跨区域研究理论，也对这些理论在环喜马拉雅研究中进行拓展和更新。

佐米亚、边疆、跨界

"佐米亚、边疆、跨界"是本文集的主题定位。对这些关键词的理论含义的导向是基于以上提到的自2015年7月以来云南民族大学的环喜马拉研究活动中，国内外学者达成的一个共识，即喜马拉雅研究在总体上把东南亚高地和中国西南高地边缘化或排除在外，环喜马拉雅研究作为对一个更大的地理范畴的研究必须包括这两个相连的但是被边缘化的区域。在这里我们需要概述一下被边缘化的历史原因。

首要原因是以上提到的19世纪在英国南亚殖民视野下起步的喜马拉雅研究，因其地缘政治、商贸利益和地理范畴的狭窄性，不可避免地把东南亚和中国西南高地遗落在其视野之外，只突出尼泊尔和西藏地区。另外一个重要因素是来自第二次世界大战之后欧美政体对区域研究（area studies）加大资源上的支持，同时也出于其地缘政治战略的需要对区域研究进行了重构。第二次世界大战之后的区域研究构建基于近代欧洲对世界的"分类、定序和构权的帝国性工程"，滑入到美国全球战略知识生产的过程中，尤其是针对第二次世界大战后形成的新民族国家的国土划分和意识形态的地理分界岭的研究。（Sidaway，2013：3）冷战时期亚洲区域研究（Asian area studies）形成了现在我们熟悉的格局，这个格局说白了就是以"制图手术"把亚洲地理按美国的战略和意识形态需要切割成诸如"东亚""南亚""东南亚""中亚"等学术区域板块。（van Schendel，2002：650）其中相关民族国家被归入到相对应的制图板块中去。换言之，一个国家的疆界也就成了一个区域研究的疆界。在学术上讲此类区域划分曾经有过其贡献，但是在当前全球化语境下，这些制图型的区域研究划分总体上对跨国、跨民族、跨界动态元素的研究，对民族国家内的民族、文化多样研究有许多盲点，因而起到了阻碍作用。

本译文集的地理重心大多在东南亚高地，原因是为了在概念上把被排除在以西藏或尼泊尔为重心的喜马拉雅研究视野之外的，但具有地质、生态、人文等连贯性的区域作为推动环喜马拉雅研究的起点，以期达到对以上所述的跨区域自然和人文连贯性机制的研究。在人文和社会学学科里，东南亚区域研究中，对区域、跨区域、民族、国家等概念的研究相对非常丰盛。比如，艾德蒙·利奇（Edumnd Leach）对缅甸高地政治体制的研究（1954），本尼迪克特·安德森（Benedict Anderson）的"想象共同体"（1991），斯坦利·谭拜尔（Stanley Tambiah）的"星际政体"（galactic polity）（2013）等。这些繁茂的理论视野对目前喜马拉雅研究概念上的突破起到推波助澜的作用。尤其与环喜马拉雅研究在地理和概念上的突破有密切关系的，必须提到的是詹姆斯·斯科特（James Scott）、让·米肖（Jean Michaud）、威廉·冯·申德尔（Willem van Schendel）三位著名学者的佐米亚（zomia）理论概念对环喜马拉雅研究起到的奠基和推动作用。本译文集里包括了后两位学者的文章。由于斯科特的相关专著《逃避统治的艺术》已有中文翻译版（王晓毅，2016），他的章节就不选入本文集中了。但是申德尔和米肖的文章对斯科特的佐米亚概念有深度的研讨。

"佐米亚"作为一个原创概念词由申德尔率先提出，这是一个藏缅语系混合词，"zo"意为"偏远地区"，特指山区，"mi"意为"人"，与藏文的对应词发音是重合的。"佐米亚"作为一个地理概念指的是偏远山区的人群（van Schendel，2002：653），同时也特指一类地理生境。（Scott，2009：16）米肖的"东南亚地块"（the Southeast Asian Massif）在地理上和概念上与申德尔在2002年提出的"佐米亚"基本上是一致的，也指的是偏远山区，为"一个处于海拔500米以上的跨国区域，面积大约有250万平方千米，相当于西欧面积的大小"（Michaud，2006：5）。地理上涵盖中国西南、东南亚和喜马拉雅山脉向东延伸部分。这里需要指出的是佐米亚的这些地理细节因为在米肖和申德尔的译文中有详细定位，就不在此重复。

需要与读者阐述的问题是：为什么佐米亚概念对环喜马拉雅研究有奠基作用？回答这个问题以前，首先需要阐明的是三位学者的佐米亚原创地理范围在本文集中不是关注的焦点。还需要指出的是，斯科特和米肖的佐米亚概念的侧重面是山地与平原之争，特指古代或现代史里为了逃避来自低海拔帝国、封建王朝或现代民族国家文明工程而往高海拔地区迁移的较小民族或社会。此类民族政治现象在人类历史上都曾经存在过。但是已经不复存在。因而从地理或地缘政治上讲，佐米亚作为一个躲避现代民族国家的"地理生境"或"跨国地区"是不存在的，20世纪后半叶起，此类无政府地区都已经划入不同的现代民族国家。因而佐米亚的地理概念不再具有重要性。但是，斯科特认为"地形摩擦力""单一作物""国家效应"（Scott，2009：xi，4，8）等有关现代化和全球化现象在东南亚地块、中国西南及其与喜马拉雅山脉衔接地区是一个跨区域普遍现象。因而佐米亚在环喜马拉雅研究中的重要理论意义在于其对跨区域、现代化和全球化的解读。

在此，我们在理论阐述上偏向申德尔的佐米亚概念及其对区域研究的反思话语。在研究亚洲高地的语境下，申德尔的理论用意是"探索区域（area）是如何被想象而成以及区域知识是如何被用来结构化地把区域构建为'中央地带'或'边境（边疆）地带'"（van Schendel，2002：647）。换言之，申德尔的佐米亚概念不是斯科特和米肖的山地与平原之争，而指的是一类动态中的文化地理现象。在此，他提倡的是"过程地理"（process geographies）（van Schendel，2002：658），其中地理不只是通常认为的容纳社会和文化的容器，更是一类具有连贯性、具有包括自然和人文元素的跨域动态性。因而过程地理从方法论角度讲对环喜马拉雅概念中的区域间连贯机制的研讨具有更多的阐释功能和理论效应。

需要突出的是申德尔的过程地理对全球化在东南亚、南亚和中国西南边疆的效应有其重要阐释作用。比如，边疆和边境研究在全球化语境中常常被认为变得更开放，其实不然。相反，全球化给这些地区带来的效应是国家间更进一步对各自有争议的边界的最终勘定，同时由于资本、人口和科技的跨界流动，边界和边疆同时也是各自国家经济和政治利益穿越的通道。从这个层面上看，申德尔的佐米亚概念中提倡的过程地理对全球化给许多国家所带来的动态和张力的研究具有理论价值。

学科发展和政策意义

回到序言语境部分提到的云南民族大学的民族性、边疆性和国际性三个治学和科研定位，本编译文集的云南语境与这三个定位是一致的。加上云南省作为中国"一带一路"东南亚和南亚的辐射中心，这三个定位对推动环喜马拉雅区域研究，除了以上所概括的科研视角外，起到了推动的作用。科学研究在近代和现代中国史中，不只是中性的学术和科技的研发，而且对构建一个强大、富裕、和平的新中国具有自身民族和国际责任。因而对边境、边疆和跨区域研究有不可推脱的科学和政策使命感。

在学科发展上，云南民族大学对环喜马拉雅研究与中国现有的和近期创新的边疆、跨界、跨区域研究动态和趋向是一致的，大都是中国改革开放和全球化发展以来启动的。比如，中国社会科学院中国边疆研究所成立于1988年，科研方向为中国边疆的古代和近代史。中央民族大学于2016年成立了"中国边疆学研究中心"，其重心放在当代中国边疆学的理论与实践的发展上。在中国的民族大学系统内，云南民族大学的边疆学和跨界研究一直走在前沿。在最近的10年里增添了云南跨境民族文化研究基地、云南跨境民族宗教社会问题研究基地、云南省跨境民族地区生物质资源清洁利用国际联合研究中心、云南省东南亚、南亚、西亚研究中心、云南藏学研究中心等科研平台。环喜马拉雅研究中心是云南民族大学众多国际科研平台之一。本着把中国学科发展话语国际化和学科理论前沿化的宗旨，中心成立两年以来致力于在云南省周边国家进行民族志研究和理论拓展，如前所述，在很多方面已经开始梳理出国内外同行还没有做到的一些理论见解。

环喜马拉雅研究作为一个跨学科理论概念，其核心科学价值是构造以民族学为基石的、具中国特色和国际影响力的跨区域学科及其一系列以实证为基础的跨学科理论。在构建区域学科理论上，通过跟踪多个环喜马拉雅地块范围内的生态和民族多样性和地缘政治表述，云南民族大学学者与国内外同行共同研讨"佐米亚思维"（Zomia thinking）（Shneiderman，2010）、"认知地理"（geographies of knowing）（van Schendel，2002）、"地境可塑性"（landscape plasticity）（Sturgeon，2005）、"水利政治依赖性"（hydro-political dependencies）（Beck et al.，2014）等当前多种学科理论观点，在全球性视野下积极地推动云南民族大学和中国社会科学科研话语国际化的进程。通过实证研究和与相关国际科研单位和学者进行频繁的对话、交流、合作来创立云南民族大学特有的社科"云南学派"，其国际标杆的特征是针对文化疆界和族际关系的流动性、生态的连贯性、经贸的历史延续性，以云南及环喜马拉雅地区案例为实证基础发展具有丰富政策比较意义和价值的学科理论。

在政策意义上，云南民族大学的环喜马拉雅研究紧密切合中国"一带一路"战略发展方向。基于云南省的特殊民族地理和与东南亚、南亚的跨区域连接，环喜马拉雅研究首先是强调云南省及其比邻的环喜马拉雅国家与地区在历史上一直存在民族多样性、文化语系同宗同脉性、生态体系连贯性、经贸互依性的多民族"利益共同体"和"命运共同体"。因而，环喜马拉雅研究的成果将对云南省和环喜马拉雅地区现存的多样民族"命运共同体"的深度解读和对具政策应用型的理论模式的构建、对"一带一路"国家战略的实施将做出应有的贡献。

翻译过程

文集中的译文翻译工作有多位来自云南民族大学和其他院校的青年学者、博士生、硕士生参与，总体翻译、编译过程分为两个步骤：首先，在2015年云南民族大学举办的"环喜马拉雅区域研究夏季班"期间，专家们的指导、学员们的研讨为翻译前期的解读和阐释奠定了基础，学员们通过阅读文献、聆听专家的背景介绍和概念讲解、提出疑难来把握所选翻译文献的个案主题和理论主派；第二，夏季班结束后一年多的翻译过程，译者们付出了大量的时间和精力。学术翻译是一项极具挑战性的工作，译者们在概念词汇翻译上常常为了一两个词汇翻阅大量原文，充分考虑历史、文化和学科发展语境等事宜。

为尊重原著者的学术叙述，地名翻译未完全依照我国传统的说法与译法。另外，在出版过程中，因原图扫描不清晰以及制版问题等，原文中的部分图片没有被采用。在此特别说明。

参考文献

Anand, Dibyesh. 2008. Geopolitical Exotica: Tibet in Western Imagination, University of Minneapolis Press.

Anderson, B. 1991. Imagined Communities: Reflections on the Origins and Spread of Nationalism, New York: Verso.

Beck, Lucas et al.. Implications of hydro-political dependency for international water cooperation and conflict: Insights from new data. Political Geography 42 (2014) 23-33.

Gaenszle, Martin. 2014. Brian Hodgson as Ethnographer and Ethnologist. In The Origins of Himalayan Studies: Brian Houghton Hodgson in Nepal and Darjeeling, 1820-1858, ed. D. Waterhouse, pp. 206-226. London: Routledge.

HSC. Roundtable: Are the Himalayas a Region? On Scholarship Across and Beyond the Nation-State organized by Carole McGranahan. https://hscaustin.wordpress.com/roundtables/, accessed on May 4, 2017.

Lamb, Alastair. 1986. British India and Tibet, 1766-1910. London: Routledge & Kegan Paul.

Leach, Edmund. 1954. Political Systems of Highland Burma: A Study of

Kachin Social Structure. London: G. Bell & Son Ltd.

Lord, Austin, Andrew Quintman, and Sara Shneiderman. 2013. Himalayan Connections: Disciplines, Geographies, Trajectories, Yale University, March 9-10, 2013 Workshop Report. New Haven: Yale Himalaya Initiative.

Michaud, Jean. 2006. Historical dictionary of the peoples of the Southeast Asian Massif. Lanham, MD: Scarecrow.

Palace, Wendy. 2004. The British Empire and Tibet, 1900-1922. London: Routledge.

Richards, Thomas 1993. Imperial Archive: Knowledge and the Fantasy of Empire, London: Verso.

Scott, James C. 2009. The art of not being governed: An anarchist history of upland Southeast Asia. New Haven: Yale University Press.

Shneiderman, Sara. 2010. Are the Central Himalayas in Zomia? Some scholarly and political considerations across time and space. Journal of Global History, Volume 5, Issue 02, 289-312.

Sidaway, James. D. 2013. Geography, Globalization, and the Problematic of Area Studies. Annals of the Association of American Geographers, 103: 4: 984-1002.

Sturgeon, Janet. 2005. Border Landscapes: The Politics of Akha Land Use in China and Thailand. Seattle: University of Washington Press.

Tambiah, Stanley. 2013. Galatic Polity in Southeast Asia. HAU: Journal of Ethnographic Theory3 (3): 503-34.

van Schendel, Willem. 2002. Geographies of Knowing, Geographies of Ignorance: Southeast Asia from the Fringes. Environment and Planning D: Society and Space 20, 6, pp. 647-668.

Waller, Derek. 2004 The Pundits: British Exploration of Tibet and Central Asia. Lexington: University Press of Kentucky.

王晓毅译、詹姆斯·斯科特（James Scott）著：《逃避统治的艺术》，生活·读书·新知三联书店，2016年。

Waterhouse, David, ed. 2004. The Origins of Himalayan Studies: Brian Houghton Hodgson in Nepal and Darjeeling, 1820-1858. London: Routledge.

"佐米亚"及其影响力[1]

拉瓦尔大学人类学系　Jean Michaud[2]　著
昆明理工大学　陈建华
云南民族大学　覃丽赢　　　　　译

摘　要：社论一方面阐述了如何将历史研究与人类学研究在亚洲高地边缘及之外的地带联系起来进行研究；另一方面阐述了如何通过运用诸如高地亚洲（Haute Asie）、东南亚地块（Southeast Asian Massif）、兴都库什－喜马拉雅山地区（Hindu Kush Himalayan region）、喜马拉雅地块（Himalayan Massif）等不同的术语，尤其是詹姆斯·斯科特新近出版的《逃避统治的艺术：东南亚高地的无政府历史》一书越来越受到专家学者的关注，让学术界重新探讨有关亚洲高地研究的理论。

关键词：佐米亚　东南亚地块　亚洲高地　国家　边界

"佐米亚"的首次出现于在地理学期刊《环境与规划 D：社会与空间》上刊登的一篇文章[3]，它是由荷兰社会科学家冯·申德尔（van Schendel）于2002年发表的。该文章对"佐米亚"做了深刻的分析，并对"区域研究"的

---

[1]　除JGH三位具有启发性建议的匿名读者外，我的同事们也给予了此文的初稿具有建设性的评论。特别是萨拉·特纳（Sara Turner），马格努斯·费斯克修（Magnus Fiskesjo），萨拉·施耐德曼（Sara Shneiderman）和莱夫·琼森（Leif Jonsson）。感谢詹姆斯·C·斯科特帮我联系上马格努斯。作为JGH的主编，威廉姆·格瓦林-克拉伦斯·斯密斯为这一非同寻常的尝试表现出了不屈不挠的支持，我在此真诚地感谢他，也感谢他的同事在学术上给予的付出与合作。詹姆斯·斯科特《逃避统治的艺术：东南亚高地的无政府历史》，纽黑文，CT：耶鲁大学出版社，2009。原文出处：Jean, Michaud. 2010. Editorial: Zomia and beyond. *Journal of Global History* 5：187-124.

[2]　作者简介：Jean Michaud，加拿大拉瓦尔大学人类学系教授。佐米亚（zomia）概念的原创学者之一（其他两位耶鲁大圩James Scott，阿姆斯特丹大学 Willem van Schendel），为郁丹教授环喜马拉雅研究重要合作伙伴，共同获得加拿大国家社科基金。

[3]　冯·申德尔《认知地理和无知地理——在东南亚的跳跃规模》，《环境与规划 D：社会与空间》20，6，2002，第647-668页。

固定边界提出了富有挑战性的见解；文章提议把从西喜马拉雅山山脉西部横穿的青藏高原，一直到东南亚高地的亚洲高地考虑为一个明显区别于以通常意义划分的亚洲区域：中亚（内陆）、南亚、东亚、东南亚之划分出的政治历史实体。"佐米亚"是一个隐匿的跨国区域而又不完全属于其中的任何一个区域。它是一个以人口稀少、历史上被孤立、政治上被周边强国所支配、各种边缘性以及具有多样语言与宗教为特征的区域。2007年，在与回应他2002年提议的研究西喜马拉雅区域的学者进行讨论之后，冯·申德尔尝试性地将"佐米亚"进一步向西北延伸。① 这样一来，正如向东延伸一样，从逻辑上讲，他把视野投向了喜马拉雅西边的高地。这是社会与地理空间领域的创新，也是本文章讨论的中心议题。

历史与人类学的融合

本文将史学与社会、文化人类学相融，并与人文地理学一起做些研讨。对于历史学的期刊采用这么一个不同寻常的立场，我们需要给予一个解释。因为亚洲诸高地很少引起历史学家们的关注。许多历史学家对高地缺乏兴趣，并理所当然地忙着翻阅与探索中国、印度、尼泊尔、缅甸、泰国和越南等国丰富的历史档案，无暇顾及高地，从而导致了这些高地社会的"隐型性"。也正是他们对高地兴趣的匮乏，让冯·申德尔巧妙地把这一现象称为"无知的地理"（geography of ignorance）。② 假定这些区域的人口总和超过120万（如果包括大"佐米亚"，人口就超过150万了），并且给他们正式贴上"少数民族"的个体标签，这样的"无知"就变得越来越不能容忍了。那些善于在田野调查的学者，比如人类学家、人类地理学家，还有语言学家，已经爬上山坡去接触并记录了这些人群的生活、语言及习俗，也许历史学家并不那么喜欢爬山。按詹姆斯·斯科特的话，文明只爬上有一定难度的山，这一点正好解释了为什么历史学家们多半滞留在后面。③

我们不得不欣赏克利福德·格尔茨（Clifford Geertz）于1990年发表的一篇题为《历史学与人类学》的文章中处理探讨这一问题时表现出的幽默。文

---

① 2008年2月的私下交流。据我所知，冯·申德尔还没有将这一延伸与最初2002年的佐米亚一起发表。
② 冯·申德尔《认知地理与无知地理——在东南亚的跳跃规模》。
③ 詹姆斯·斯科特《逃避统治的艺术：东南亚高地的无政府历史》，第一章。

中他概述了主流历史学家和人类学家长期以来相互怀有的错误认识与偏见：

> 似乎有一些历史学家，他们接受的人类学教育止于马林诺夫斯基，或始于列维·施特劳斯。他们认为人类学家们无视变迁或敌视变迁，只呈现分布已有人类居住的遥远角落里的一些没有变迁的社会的静态图景；而一些人类学家，其历史观念大体是芭芭拉·塔奇曼（Barbala Tuchman）的，他们所做的是风教劝鉴，一个接一个地讲述西方文明中一个或另一个插曲。①

文化人类学家接着论述到：

> 这场争吵的另一件事情可能是有关大与小的问题。历史学家对于席卷大范围的诸如资本主义的兴起、罗马的衰落等思想与行为的偏好，以及人类学家对小型的、界限分明的社群如特瓦世界（哪一个？）、阿洛人（谁呀？）的偏爱，导致历史学家指责人类学家废话连篇，坠入模糊与无关紧要的细节之泥潭；而人类学家却指责历史学家不联系真实生活错综复杂的当前情势，与人类学家声称所拥有的"感觉"相互没有任何接触。作为壁画家与微图画家，他们都有一定的难度看到彼此所体现出来的泰然自若之完美性与宏大设计。②

换言之，克利福德·格尔茨当时认为，历史学家与人类学家相互误判而且彼此缺乏信任已经有很长一段时间了。他的论述中所隐含的立场是双方通过对话获得的利益大于继续相互忽视。克利福德·格尔茨当时也许是对的，而且正如卡尔布（Kalb）和塔克（Tak）的《批判性连结》（2005）③所给出的例子那样，今天我们能够看到这两个领域之间的对话正在进行着。

早在1963年，凯斯·托马斯（Keith Thomas）就写道："历史学家熟悉人类学也许会使他们受益匪浅，这一建议没有什么新颖之处，也并不离经叛道。

---

① 克利福德·格尔茨《历史学与人类学》（History and anthropology），载《新文艺史》（New Literary History），21，2，1990。
② 《历史学与人类学》，载《新文艺史》。
③ D·卡尔布，H·塔克《批判性连结：超越文化转折的人类学与历史学》，纽约：伯格翰（Berghahn），2005。参见约翰内斯·费边《带有态度的人类学：批判性论文》，斯坦福，CA：斯坦福大学出版社，2001，第4章"民族学与历史学"。

托尼（Tawney）教授也曾在30年前（20世纪30年代）伦敦经济学院就职演说中提出同样的建议，人们对这样有影响力的历史学家的建议也常常不以为然。"① 遗憾的是，托尼教授的建议并没有如凯斯·托马斯所希望的那样被广泛关注。事实上，直到涉及这一议题中具体的地理区域时，历史学家们才开始尝试性地涉足人类学家们的领地。杨斌的《风云之际：云南的形成》② 是一些历史学家们如何对这一区域历史写作的例子。作为一个受过西方教育的中国人，杨斌采用的材料主要是文字材料；当涉及像云南这样一个边缘省份，在元、明、清的统治下，这样的文本通常是用汉文典籍。然而，云南少数民族（傣族、白族、纳西族、彝族）已经受过教育数个世纪，并且用本族的文字而非汉字写成了编年史和大事记。面对搜集这些具有地方性又富有奇特资源所出现的语言复杂性时，这些由少数民族语言写成的文本价值在学术界常常被忽视。更糟糕的是，那些现存的族群依个体和集体记忆而口承的历史也处于被忽略的境地。

我们知道，口证和口承传统的口述史研究动态表明，其研究领域的历史学家和人类学家们走到一起来并把相关的学科融为一个分支学科，尤其是民族史闻名。一个恰当的例子是历史学家、人类学家杨·范斯纳（Jan Fansina）于20世纪60年代早期在非洲研究口承传统时，就其学科领域进行了开创性的工作。③ 然而，研究"佐米亚"区域的历史学家们对口承历史的应用还处在起步阶段。相比之下，即使他们的资料来源经由语言和文化的翻译，人类学家们非常独特地把此类资料包括在了他们的民族志中。到目前为止，在过去几十年间西方出版的有关东南亚与中国通史中，人类学文本在历史学家的阅读书目中占有很少的突出地位：从D. G. E. 霍尔（Hall）和沃尔夫拉姆·埃伯哈特（Wolfram Eberhard）到杨·普卢威尔，再到尼古拉斯·塔林（Nich-

---

① 凯斯·托马斯《历史与人类学》，24，1963，第3-24页。
② 杨斌《风云之际：云南的形成（公元前2世纪到公元20世纪）》，纽约：哥伦比亚大学，2009年。
③ 杨·范斯纳著，H. M. 莱特译《口承传统：一项历史方法论的研究》，伦敦：鹿特莱奇和柯甘保罗（Toutledge & Kegan Pual），1965年；同前，《作为历史的口承传统》，麦迪逊，WI：威斯康辛大学出版社，1985年。参见伊丽莎白·童金（Elizabeth Tokin）《口头表达的内涵：人类学的视角》，口承历史，3，1，1975，第41-49页。

olas Tarling）和维克多·列伯曼（Victor Lieberman）。①

当然，微观史对于历史学家来说，并不是什么新鲜的事物，也没有被他们排斥，直到最近，它在一些地方受欢迎的程度还没有另外一些地方受欢迎程度高。欧洲的历史学家写了许多历史专著，比如一个村庄的故事集，或有关社会阶层的各种状况，包括少数民族群体，采用了他们几乎所搜集到的材料，比如，口承史、考古学、视觉图像、语言学等。最著名的村史可能是出版于1975年的《蒙塔尤》。② 同样，北美土著历史学家们几十年来也写了几百本此类研究论著，紧接着就是非洲和马来西亚的历史学家。毫无疑问，微观史正在成为主要的历史学范式。③ 然而，当我们转向其他社会，西方和亚洲的历史学家都已证明没能把他们的叙述扎根于口承文化当中，几乎没有采用来自其他学科的学者进行的口传研究成果。

在这一期特刊所涉及的亚洲部分，克利福德·格尔茨的评估并未完全失其相关性。在研究亚洲高地的时候，由于这些边缘和碎片化的社会远离区域中心与全球大国，且处在它们行政管理范围的边缘。正如本文章所表明的观点，主流历史学家们虽然没有完全缺席，但他们很不情愿像近邻学科的同事们那样对高地社会进行深度研究。尽管历史人类学领域（或民族史）已经欣欣向荣数十年，亚洲情境中（南亚部分除外）的"历史人类学"仍然处于起步阶段。④ 正如我在别处所说的，人类学有时可以被描述为一个通用性的社会科学学科，它从不羞于挖掘临近学科的富矿。⑤ 从列维·施特劳斯式研究方法

---

① D. G. E. 霍尔《东南亚史》（第4版），香港：麦克伦南出版社，1981年；杨·普卢威尔《东南亚历史地图集》，莱登：布里尔，1995年；沃尔夫拉姆·埃伯哈特《中国史》，伦敦：鹿特莱奇，2005年（1950年第1版）；N. 塔林《剑桥东南亚史》（两卷本），剑桥：剑桥大学出版社，1992年；维克多·列伯曼《奇怪的平行：全球情境中的东南亚》，C.800-1830，卷一：《大陆上的统一》，剑桥：剑桥大学出版社，2003年；卷二：《大陆镜像：欧洲、日本、中国、东南亚与英国》，剑桥：剑桥大学出版社，2009年。

② 伊曼纽·勒·洛伊·腊督列《〈蒙塔尤〉——欧西坦村，从1294到1324年》，巴黎：伽利马德出版社，1975。

③ 高卢·靳兹卑格（Garlo Ginzberg）、约翰·泰德施《微历史：我所知道的二三事》，载于《批判性探寻》1981年12月，第10-35页；詹姆斯·F·布鲁克斯、克莱斯·迪科斯和约翰·沃顿编辑《小世界：微历史的方法、意义及叙写》，桑塔，Fe，NM：美国研究学院出版社，2008。

④ 有影响的贡献当然是伯纳德·S·科恩的《历史学与人类学：走向和解？》，载《跨学科历史学期刊》1981年12月，第227-252页。参见凯斯·托马斯的《历史与人类学》之总结部分，载于阿兰·伯纳德和斯宾塞编辑的《社会文化人类学百科全书》，伦敦：鹿特莱奇出版社，1996年，第273-277页。

⑤ 让·米肖《偶然的民族志学家：东京-云南边境上的法国天主教传教士，1880-1930》，莱登、波士顿，MA：布里尔学术出版社，2007年，第9页。

意义上来说，人类学家是多面手；他们喜欢组装多种元素，通常用稀奇古怪的拼图进行跨越学科界限的拼接，很长一段时期以来，这里面也包括历史学。①

实际上，凯斯·托马斯说过，直到20世纪早期，人类学本质上是一种历史性的探索。② 这是在包括民族志和参与观察等标志性研究方法出现并成为它核心组成部分之前的事。后来诸如马林诺夫斯基和A. R. 德拉克利夫·布朗等人类学的探路者，虽然成为这些新的领域研究方法的拥护者，但他们也保持与历史学强大的学术联系。20世纪60年代以来，结构主义及其对手宏大叙述、历史唯物主义的出现，人类学家们比以往更热衷于将社会过程进行历史化。这样的例子俯拾皆是，包括列维·施特劳斯1952年出版的《种族与历史》，E. E. 埃文斯·普理查德于1961年在曼彻斯特的著名讲座"人类学与历史"。③ 再后来1980年，在很多修辞性的与哲学性的争论当中，在乔治·斯托金、埃里克·沃尔夫、马歇尔·萨林斯和其他人的著作中，与历史方面的关联不断增强，这导致了今天历史概念本身就是文化的和具体的这一根深蒂固的信念；并认为，没有历史分析的人类学研究是不完整的和有瑕疵的。④ 历史上诸如档案研究、编年史和大事记以及口承史阅读、收集生活史、进行心理映射等导向性的方法已经成为社会人类学的主流。

这样一来，走在一条其路径越来越交叉的旅途上，亚洲的历史学家与人类学家们将会从相互承认与学术性地相互接触中获益匪浅。在1990年的一篇文章中，克利福德·格尔茨以这样诱人的远景总结道：

---

① 公平而言，一小部分历史学家也开始使用东拼西凑（bricolage）这个概念。早期的撰稿人有K. M. 贝克，其文章《论法国革命的意识形态起源》，载于D. 拉卡布拉和S. L. 卡普兰编辑的《现代欧洲学术史：重新评价及新视角》，第197-219页，依塔卡，NY：康奈尔大学出版社，1982；马里奥·拜奥其里奥利，其文章《科学革命，拼图与礼仪》，载于洛伊·波特和马库拉斯·泰西主编的《国家情境下的科学革命》，第11-54页，剑桥：剑桥大学出版社，1992年；弗里德里奇·库珀《冲突与连结：反思殖民非洲史》，载于《美国历史评论》，第1516-1545页，99，5，1994年。

② 托马斯《历史与人类学》，第273页。

③ 克劳德·列维·施特劳斯《种族与历史》，联合国教科文组织1952年出版的手册；1961作为一本书重印；E. E. 埃文斯·普理查德《人类学与历史》，曼彻斯特：曼彻斯特大学，大学出版社，1961。在这一著作中，普理查德大胆宣称："正如没有历史学，人类学就一无是处，没有人类学，历史学也就一无是处。"

④ 法拉利奥·法乐利《"我们的祖先很少说话"：华伍鲁的知识与礼仪》，收于勒昂町纳·E·温莎编辑《哈尔马贝拉及之外：摩卢卡斯的社会科学研究》，莱登：KITLV出版社，1994年，第195-212页。

最近兴起的人类学家不但对过去（我们一直对此感兴趣）感兴趣，而且也对历史学家如何使过去充满意义感兴趣，以及历史学家不但对文化奇异性感兴趣，而且也对人类学家将这些文化变得离我们更近的方法感兴趣，这绝非仅仅是一种时尚；它将使其产生的热情、它引起的恐慌与它导致的混乱得以存续。①

从东南亚地块的视角检验"佐米亚"

本文关注亚洲腹地一个非同寻常的地方，其覆盖区域与欧洲相当。随着它在2002年的问世，冯·申德尔的"佐米亚"概念及其重要性和逆流性在学界一直被边界政治和制度性崇拜的区域研究所深度左右，因而证实了它具有足够的权威性，能使许多社会科学家对其默认，从而对其作出稀少的反响。然而，这一概念的确引起了该区域学者的关注，它也是直接讲给他们听的，也表现出了与他们在现实中观察到的情况一致性。这一兴趣最突出的一个例子就是政治科学家詹姆斯·斯科特最近的一本书，该书聚焦于冯·申德尔的"佐米亚"区域东部地区。② 再往西的喜马拉雅地区的学者，本期特刊里以萨拉·施耐德曼（Sara Shneiderman），在某种程度上还有帕德森·格尔施（C. Patterson Giersch）为代表，都在此次大规模的合作中看到了问题的相关性。他们认为，这一高地区域的人们拥有共同的传统，我们不能简单地用西藏政治文化影响来加以解释。研究高原东部区域的其他研究人员，对把跨国方法运用于这个区域及其人群的做法时所表现出来的兴趣有限。③ 我和约翰·麦基依过去意识到我们所谓的东南亚地块（Southeast Asian Massif）少数人类群体跨国性的重要性，并曾建议将那里关于边缘社会的社会科学研究从学术性地绑定的民族情境中剥离开来。④ 然而，冯·申德尔用来讨论这一区域的纯

---

① 克利福德·格尔茨《历史学与人类学》，第333页。
② 詹姆斯·斯科特《逃避统治的艺术：东南亚高地的无政府历史》。
③ 利姆·俞·汝克（Lim Joo Jock）《地缘权利领域、东南亚与中国：一个拱桥地块的地缘策略》，新加坡：东南亚研究所，1984年；革罕·维耶瓦尔登纳（Gehan Wijewardane）《东南亚大陆跨境族群》，新加坡：东南亚研究所，1990年；格兰特·埃文斯（Grant Evans）、克里斯托弗·胡顿（Christopher Huton）和夸·昆·恩（Kuah Khun Eng）编辑《中国与东南亚相遇的地方：边境地区的社会文化变迁》，新加坡，堪培拉：东南亚研究所、艾琳（Allen）和欧文（Uwin），2000年。
④ 约翰·麦基依、让·米肖《陈述：东南亚大陆的山民领域》，载让·米肖编辑《动荡的时代与恒久的民族：东南亚大陆的山地少数民族》，第1—25页，理查蒙德，苏雷：可桑出版社，2000年。

宏观立场，以及它背后的理论假设，已经使我们当中的几个人感到有点不舒服。① 所以，在这一专题性的期刊里，每一位作者都在他（她）的田野中用有充分根据的知识，就他们如何回应"佐米亚"这个概念及其所包括的范围，提供了一种解释。

使"佐米亚"这个概念成为同时受全球历史学家与社会科学家都感兴趣的空间，不仅在于它的跨国性，及其就世人已接受的亚洲次区域之跨区域性，还在于它以一种独特的方式把临近的几个政体联系在了一起。类似情况在费尔南德·布劳戴尔（Fernand Braudel）的基础研究中提到了很多，比如地中海是一个人类、商品和思想流动和交流的空间。许多学者也强调了波罗的海、印度洋或爪哇海与此是同质现象。也许把这类分析方式应用到高山地区有较大的难度。高山地区与沙哈拉沙漠、冻原地区或亚马逊丛林类似，与海洋地区相比，较少有人涉足。虽然并非没有人类居住，但山地地区连绵起伏的地形与多样性的气候，使这些人类群体与临近的人口稠密地区分隔开来，而他们之间仍然容许发展出诸多的商路来。②

也许，将佐米亚与其他比如安第斯山、阿尔卑斯山等高地进行比较会更富成效。作为一个严格的社会空间，它具有独特的社会、政治与历史逻辑，无论是作为一个庇护所还是一个与世隔绝的地方，即使是松散地，高地总是附属于更大区域的政治历史过程。多少世纪以来，这一包容性每当高地及其周围的低地地区人口聚集到一定程度的时候就形成了，并伴随着既有利于高地社会又有利于低地社会的朝贡关系与互补性的商品贸易一体化。商品流通与人口流动的模式通常沿商路与迁徙路线从人口密集的地区到人口较少的下一个地区，比如南美洲的东西海岸之间，东西欧之间，还有在我们的例子中的印度与中国。③ 比利牛斯山脉、阿尔卑斯山脉与高加索山脉符合这一描述的情况，而落基山脉与乌拉尔山脉并不大符合，原因是这些山脉与周边地区长期以来缺少人类群体的聚集。

与安第斯山脉的高原文化或地处欧洲中心的阿尔卑斯山脉相对照之下，"佐米亚"作为一个全球性的区域，仍有待学术上给予它进一步的关注。它就像一

---

① 福摩萨（Formoso）《"佐米亚"人抑或"佐米亚"比人？东南亚大陆民族存在什么样的未来？》。
② 帕德森·格尔施《同商人、和尚与麝香穿越佐米亚——处理地理学、贸易网络与内陆、东部与东南亚边境》，第215-239页。
③ 马努斯·菲斯克修（Magnus Fiskesjo）《采矿、历史与反国家之瓦——中缅之间的自治政治》，第241-264页；萨拉·特纳（Sara Turner）《关于边境与边境叙述——中越边境地区地方商人机遇和挑战的纵向研究》，第265-287页。

个新近发现的星云,只是最近才出现在雷达上。然而,佐米亚的历史特点毫无疑问是具有全球性特点的。除了刚刚说到的,我们可以认为,它所引起的作为范围宽广的空间之兴趣,在于那种不但把各亚洲高地连接在一起,而且也把亚洲高地与外部世界连接起来并进行全球贸易。多少世纪以来,这个区域的贸易以各种层次的规模进行着:一个河谷与另一个河谷,一个农奴小国与周边的农奴小国之间;在宏观规模上,包括那些广泛与丝绸之路思想相联系的洲际交换的长途贸易。① 虽然从未成为连结远东与南亚、中东与欧洲贸易的中心,但因为穿越这些高地的商路及其提供的珍贵而稀有的物品,它们已经成为各贸易模式整体的一部分②。这些物品包括动物、动物产品、棉花、亚麻、草药、银等贵金属,还有宝石。玉米与鸦片两个例子就足以说明这一点。③

玉米(Zea Mays L.)在伊比利亚人16世纪从美洲引入亚洲之前,并不为亚洲人所知。它很快在中国西南山地边缘地区普遍种植起来。它既不需要肥沃的土壤也不需要灌溉;它可以种在山坡上,而且十分适应高地温和的气候。作为一种作物,玉米证明对山民极富吸引力,易种植,好收割,方便储藏,也不会耗去高地土壤太多的营养物质。它的根系有助于山坡水土保持,而且可以在同一块地里同时种上黄豆、豌豆和罂粟等经济作物。玉米还可以用手磨磨成细面,那里家家户户历史上几乎都有一台手磨,于是,玉米成了猪的主要饲料,人偶尔也吃一些。最后,同样重要的是,玉米成了家酿白酒最受欢迎的原料,高地大力消费这种自熬酒,而且正形成一个蒸蒸日上的生意行当。④

高地人借助这一独特的谷物,成功地扎根于那样艰苦的环境中。当前,玉米也帮助低地中国汉族民众应对人口压力,协助他们向不那么肥沃的山地与高原迁移,在那些过去只有山民居住的地方定居下来。

鸦片(Papaver Somniferum)为我们提供了这个区域与世界融为一体的更有说服力的例子。由于欧洲人和印度人在中国大量销售鸦片,19世纪出现了

---

① 菲斯克修《采矿》,第241-264页。
② 安·麦克斯威尔·希尔(Ann Maxwell Hill)《商人与迁徙者:东南亚云南籍华人的族姓与贸易》,纽黑文,CT:耶鲁大学出版社,1998年;威廉·G·克拉伦斯·史密斯(William G. Clarence-Smith)《东南亚大陆及其边境地区马的饲养》,载于彼得·卜姆伽德(Peter Boomgaard)与大卫·亨利(David Henley)编辑《小所有者与饲养者:东南亚食物作物与家畜农业史》,莱登:KIRLV出版社,2004年,第189-210页。
③ 这两个例子来自让·米肖《东南亚大陆各民族历史词典》,拉纳母,MD:斯卡雷克劳(Scar-erow)出版社,2006年(于2009年作为《东南亚大陆民族百科全书》重印),第149-150、183-186页。
④ 见萨拉·特纳《关于边境与边境叙述》,第265-287页。

最高额度的消费水平（根据麦考伊提供的资料，1870年中国有1500万瘾君子）①。英国东印度公司明显地刺激并巧妙地维持了这一趋势。根据1842年的《南京条约》，中国被迫允许西方人在中国这个巨大的市场上几乎自由地销售鸦片。留给中国人与入侵者进行竞争的唯一选择就是倡导并支持国产鸦片。居住在适宜鸦片生产地区——也就是西南石灰岩山区和高原地区——的人们被鼓励种植罂粟，生产鸦片原材料并卖给政府。国家反过来加工原材料并将成品销往内陆市场。②那些通过缅甸与印度支那（Indo-China，指越南为主的东南亚地区）到达中国"佐米亚"地区的英国人和法国人，对西南高地的许多鸦片生产者殷勤备至。鸦片成品也从西贡和加尔各答装船运输到欧洲在中国海岸的商埠和世界其他有中国移民定居的地方。正如迪斯卡尔·盖廷（Descours-Gatin）最近所说的，这一贸易是如此的有利可图，而需求数额又那么巨大，以至于，在1898年到1922年间，这一行业对法国在印度支那的总殖民预算的贡献率在25%到42%之间浮动。③佐米亚地区的高地少数民族也因此成为激烈的国际竞争的参与者。19世纪下半叶震撼华南的暴动与反叛，比如"藩塞"与苗民反叛，还有接下来向半岛高地的移民潮，至少可以部分地与控制销售鸦片的强烈愿望相联系起来。④

　　进入20世纪下半叶，控制鸦片生产与销售对各种好战群体来说仍然至关重要，它为他们提供了一种进行武装斗争的资助手段。在第二次印度支那战争中，甚至美军也协助运输、储存、分销与消费鸦片及其衍生品（海洛因或吗啡）。但当这一区域的战事消退后，各国政府更多地看到了这一奇特贸易有害的一面而不只是它带来的好处，于是开始正式结束这种贸易。他们得到了那些现在必须遏制由归国部队带来的毒瘾问题的国家的资助。所有东佐米亚区域国家最终在1988年签署了《联合国禁毒宣言》。大规模的鸦片生产及其

---

① 阿尔弗雷德·麦考伊（Alfred McCoy），同凯瑟琳·B·利得（Cathleen B. Read）和里奥纳德·P·亚当斯（Leonard P. Adams）《东南亚海洛因政治》，新加坡：Harper Torchbook，1989年；参见皮埃尔·阿诺德·仇威（Pierre-Arnaud Chouvy）《鸦片：揭开罂粟政治》，伦敦：I. B. 陶里斯出版人，2009年。

② 大卫·A·贝罗（David A. Bello）《鸦片与帝国的局限：中国内陆地区禁毒 1729-1850》，剑桥，MA：哈佛大学亚洲中心，2005。

③ Chantal Descours-Gatin, *Quand l'opium financait la colonization en Indochine*, Paris: L'Harmattan, 1992; Philippe Le Failer, *Monopole et Prohibition de l'opium en Indochine: le pilori des Chimeres*, Paris: L'Harmattan, 2001.

④ 罗伯特·D·杨克斯（Robert D. Jenks）《在贵州的暴动与社会混乱：苗民的反叛，1854-1873》，火奴鲁鲁：夏威夷大学出版社，1994年。

一系列后果,现在已经转移到另一个主要战争地带,这一次则位于大佐米亚西部地区:阿富汗和中亚高地。这一地区的全球性联系继续发展着。

来自亚洲高地的早期欧洲视角

现在,我建议我们进入佐米亚区域亲自见证一下它的范围与独特性。作为开始的第一步,我们可以借助地方层次的视角来理解其中一些错综复杂的因素。我们的田野向导是一位孤独的殖民传教士阿罗伊·肖特(Aloys Schortter)。他在一个世纪前就以学术论文的形式记述并发表了他所观察到的一切。1890年初,刚刚任命的天主教牧师随(巴黎)海外传教会到达了中国,并很快发现自己被安排在兴义府(Hin-y-fu)。这是一个位于遥远的贵州教区的边远小镇,也就是在现在的中国贵州省。① 接下来的43年里肖特在少数民族部落中传教,直到63岁离世,他称这些部族为苗族和夷族,后者也被称为彝族、倮倮族或怒苏人。

图1 阿罗伊·肖特(最上排中间)和贵州的皈依者,资料来源:(巴黎)海外传教会。

在任职期间,他表现出勇往直前的坚强意志:除了完成艰巨的宗教职责,

---

① 有关肖特的更详细的生活与研究,见米肖《偶然的民族志学家》,第145-150页。

他还设法找时间搜集资料，就他日常观察到的未来的皈依者进行全面的民族志描述。1908年，时年50岁，他在《人类学》（Anthropos）期刊上发表了一些他观所察到的社会现象。这是一份两年前刚由神圣语言协会的威廉·施密特神父发起的期刊，威廉·施密特神父专门从事传教士民族志、民族学和语言学研究。肖特这样写道：

> 对于民族志学家和语言学家……来说，贵州就像一个植物园、一个民族学博物馆。那里陡峭的高山与深邃的山谷形成了巨大的箱盒式空间，其间生活着已被归类或分类了的许多部落。他们是被中国汉人入侵者战退之前构成中国最初人口的土著种族存活者。他们是中华民族（这一概念）出现之前的早期人类群体；我们的贵州教区是中国行省制度未形成之前的典型地区。①

这位牧师接着为他的读者解释了这个地区的地理状况和人类群体的分布情况："苗族，就像灌木丛一样，覆盖了贵州的山区。夷（彝）人，就像巨大的树干，将他们稠密的村庄向肥沃的坝子延伸。"②

肖特的散文是珍贵的，因为他把这些高地区域富有意义的群体包括在他的散文里面。在第一个引文中，他总结了高地地区不同居民之间可能存在的历史性等级关系。这里，他注意到了由陡峭的高山围绕着的独特而崎岖不平的地形，这样的地形有利于地方文化长期地与世隔绝。这一万花筒式的民族是古老的，也许比汉人还古老。从第二部分节选内容中，我们知道，随着时间的推移，按一定的至少是基于人口数量的功能性安排，具有一定特征的民族占据了独特的生态位（ecological niches）；人口相对比较多的群体如彝族占据了适宜精耕细作之灌溉稻作农业的高地坝子。从宽泛的意义上来说，封建体制接着就发展了起来；亦即，这种不平等的政治关系，是由土地分配状况和控制军队的传统精英决定的，后者还拥有一群顺从的农民③；而人口较少的部族如苗族，则选择更高且互不相连的生态位中去生活。这一差异性指向了一种政治等级关系，根据这一等级关系，生活在中等海拔高度的群体面对更高海拔的群体时，夸耀自己比后者享有更多的权力。然而，两者都是该地区

---

① 阿罗伊·肖特《贵州（中国）部落民族志手记》，载《人类学》，1908年，第397-398页。
② 同上，第403页。
③ 乔治·孔多米纳斯（Georges Condominas）《论泰国政治体制的演变》，载于《民族学》，41，1976年，第7-67页。

的土著居民之一。第三者,也就是汉人,与前两者形成了鲜明的对照。

肖特对这一观察的简短阐述,其目的既不是要延续也不是要倡导一种关于这些高地居民的原生论、本质论观点,或一种社会科学家普遍所持的理论观点。① 尽管如此,这并不妨碍我们接受一些事实。在地面上,人与空间总是相交的,当地理上的遥远性与经济政治的孤立性相当的时候尤其如此。当这种孤立性被那些在历史上的掌权者划分为原始人或野蛮人的从属者当作工具来使用的时候,情况尤其如此。这一过程已经导致了那些被认为从属者的人做出了有人所谓的"现代性土著化"的适应性回应。② 正如我们在本文中进行的讨论,斯科特甚至大胆地说道,这些群体或多或少地把国家的概念抛在身后逃跑了,加入到更公平的政治形式中去了。③

"佐米亚"的命名与界定

肖特当时内心深处受到个人意识形态和自己所处的环境的限制,他心里并没有一个像"佐米亚"这样包罗万象的概念。申德尔的观点值得赞许的是,他号召学术界对真正处于国家与文明体边缘的这些地区与社会给予更多的关注;否则,只会将它们忽略并仅仅作为边缘的、充满异国情调的和落后的地方来看待。运用这种方法,冯·申德尔承认了他从前辈那里得到的灵感。这一陈述是20世纪80年代由一个其基地位于尼泊尔的发展群体——国际山地一体化发展中心——提议的,该中心发布"兴都库升-喜马拉雅山地区"地图的目的更多的是想让世人了解这一区域,而不是出于学术的目的。当时没有引起太多学术性的探讨,但在这里,它作为"大佐米亚"(greater Zomia)明显的前身引起了我们的兴趣。④

---

① 斯蒂文·弗希(Stephan Fuchs)《反本质主义:一种文化与社会理论》,剑桥,MA:哈佛大学出版社,2001;J. D. 艾勒(J. D. Eller)和R. M. 卡夫兰(R. M. Coughlan)《原生论的困乏:民族依附之去神秘性》,载《民族与种族研究》,16,第181-202期,1993年。

② 马歇尔·萨林斯《什么是人类学启蒙? 二十世纪的一些教训》,载《人类学年度评论》,28,pp. i-xxiii,1999年;萨利·恩格尔·梅利(Sally Engel Merry)《跨国人权与地方积极主义:绘制中间层》,载《美国人类学》,108,1,第38-51页,2006年。

③ 詹姆斯·斯科特《逃避统治的艺术:东南亚高地的无政府历史》。

④ 冯·申德尔《认知地理和无知地理》,第655页,n.20。国际山地一体化发展中心(ICIMOD)把自己描述成"一个服务于兴都库什——喜马拉雅八个地区成员国——阿富汗、孟加拉、不丹、中国、印度、缅甸、尼泊尔与巴基斯坦——的地区性知识发展与学习中心":http://www.icimod.org/(2010年3月31日查询)

"佐米亚"及其影响力

接着，冯·申德尔带着"佐米亚"之名出现了，这是一个值得关注并加以解释的概念。冯·申德尔的田野调查是在印度东北端，缅甸与孟加拉交界的小邦国中进行的。"佐米亚"这个新词所代表的地方很尴尬地位于一个其情境需要一个更宽泛、无所不包的标签的地方。命名并不是一个简单的创造性行为。它也需要一个强大的逻辑支撑，容许一个合理而方便的名字符合通过这样命名的尽可能最宽泛的主体或社群。在这一场命名的论辩中有几点被遗漏了，也许是因为"佐米亚"这个概念本身太有诱惑力了，以至于未加批判地被接受了。冯·申德尔陈述道："'佐米亚'源自佐米（zomi），一个描述缅甸、印度、孟加拉许多讲钦-米佐-库基语（Chin-Mizo-Kuki）的高地地区的概念。"① 这些地方方言，主要由居住在缅甸西部、印度最东端和孟加拉东部相接的边境钦人山区（Chin Hills）一小块地方为中心的人类群体所讲的，所以高度的地方文化，与其他高地没有共性。钦人山区以外的高地社会没有用佐（zo）或佐米（zomi）这个概念的，这一点弗兰克·莱曼已经在1963年提到过。②

冯·申德尔很精明。"佐米亚"像香格里拉（Shangeri-la）或香娜都（Xanadu）一样，是一个时髦的名字，人人都想咬它一口。它很有可能与媒体和学术出版商胶着在一起，因为他们对这个词所包含的神秘气味有种嗜好。我也怀疑，无论在普通学术圈还是在受过良好教育的大众中间，我们每天都在接近这种创造与传播一种"新的令人兴奋的"亚洲人群——"佐米亚"人（伯纳德·福摩萨已经使用了），而"佐米亚"人研究紧随其后。③ 但我们必须记住，关系到一个广袤而极富差异性的现实，"佐米亚"作为地域名称仍然是个蹩脚的选择。用北美做类比，这就相当于落基山脉（the Rockies）的命名——用一个英语名字（Rockies）为一个从中美洲延伸到阿拉斯加的巨大山脉——源自一个育空（Yukon）东部阿拉斯加人使用的地方民族地名。作为一种选择，亚洲高地（Haute Asie）的概念，广泛地运用于法国喜马拉雅山研究界，也许提供了一个更有前途的选项。但我想，坚持认为冯·申德尔的新词应该是完美的这种想法并没有什么目的性，而且"佐米亚"大可继续留用。关键是，正如伯纳德·福摩萨问到的那样，这个名字后面的现实是否真正能

---

① 冯·申德尔《认知地理和无知地理》，第653页。

② 弗兰克·K·莱曼（Frank K. Lehman）《钦人社会结构》，厄巴纳，IL：伊利诺伊大学出版社，1963年。根据莱曼的说法，在钦语中，佐（Zo）是边缘之意，米（Mi）是人的意思；佐米（Zomi）于是可以翻译为"边缘地带的人"。（2008年3月个人交流）

③ 最终，学者们会意识到"佐米亚"和"亚马孙尼亚"（Amazonia）放在一起考虑时潜在的和谐之处，一些新词也会随之出现。

25

够为亚洲高地的社会与历史研究带来意义。

迄今，佐米亚这个概念最著名的运用来自詹姆斯·斯科特《逃避统治的艺术：东南亚高地的无政府历史》一书。在这本富有学术启发性的书中，詹姆斯·斯科特明确地提到了冯·申德尔的著作，并把"佐米亚"作为他进行明确的分析。然而，斯科特称之为"佐米亚"的区域与冯·申德尔的提议是明显不同的。为了公平看待这种不一致性，斯科特在前言中进行了简单的陈述，但没有进一步给出细节：

> "佐米亚"是一个几乎包括从越南中部高地到印度东北，并横跨五个东南亚国家（越南、柬埔寨、老挝、泰国和缅甸）以及中国的四个省份（云南、贵州、广西和部分四川）的所有海拔大约高于300米的区域。这是一片囊括大约100万多样化的少数民族和语言多样性的250万平方公里的广袤大地。地理上，它以东南亚大陆（the Southeast Asian mainland massif）地块著称。①

斯科特选择称之为"佐米亚"的区域与冯·申德尔的提议并不相符，但正如这一引文指出的，它符合其他人称之为东南亚地块的区域，而且，这一相似性值得进一步解释一下。

也许，如斯科特所建议的，这样一个非地理概念的佐米亚，可能看起来更适合东南亚地块这样一个作为社会空间而非地域空间的名称。这一同样的困境也适用于安第斯山、亚马逊、地中海或喜马拉雅地区的社会与文明。这些区域的社会与文明尽管也有这样的关切，几十年来广泛而有益地使用这样的名称。冯·申德尔的佐米亚概念在其地理、文化及语言等方面的定义是不准确的；因为他主要建议的是宽泛的政治标准而不是精确的边界。相对照之下，正如我将在下面讨论的，东南亚地块的概念来得更具有操作性，且它的内在逻辑也界定得更清晰。人们讨论这一概念的时间比冯·申德尔的佐米亚稍长一些，也因此有时间比较精确地把握它的特征。本期特刊多数撰稿人的研究基于亚洲陆地东南部——东南亚地块——的地理范围之内，从而以不同方式削弱了它的逻辑性。

冯·申德尔"佐米亚"概念中所指的区域与东南亚地块所覆盖的区域不同，二者只有东佐米亚部分是重合的，这一区域也是斯科特所关注的地带。

---

① 詹姆斯·斯科特《逃避统治的艺术：东南亚高地的无政府历史》。

"佐米亚"及其影响力

某种程度上，我理解冯·申德尔划定大佐米亚的原因和赋予它宏观地理形态逻辑的做法，这一大区域所囊括的社会多样性拒绝任何结论性的文化评估。基于地方志和区域史，巴基斯坦游牧的普什图族、克什米尔的古加尔牧民、中尼边境的夏尔巴农民、西藏西部的牧民、缅印边境上的园艺种植者钦人、滇中处于封建社会的彝族与白族、广西西半部高度汉化的壮族、穿梭于各社会群体中的回民（中国穆斯林）商人，以及生活在老挝南部和越南以亲属制度为基础的南岛语族群体，这些群体之间存在着巨大的差异性。居于对诸如语系、宗教系统、不同的社会结构、迁徙模式以及来自外界的不同影响等这样一些文化因素的考虑，作为社会人类学家的我，对在社会研究中，把这些区域作为一个内在联系体的实际操作性表示质疑（cf. Formoso）。不容置疑，冯·申德尔是从宏观的、历史的和政治科学的角度进行分析。因此他不可能像社会人类学家或是人文地理学家那样对文化差异的细节那么关注。

几年前，在做关于《东南亚地块民族的历史词典》一书时，我不得不为所遇到的"东南亚地块"这一条目做出详尽的解释。这一名称最初来源于林朱乔（Lim Joo Jock）写的这篇具有重大影响力的文章："领土权利范畴、东南亚和中国：涵盖一切的山地地理战略。"① 当时尽管在文章中，以及在我所编辑的文集《动荡的时代和坚韧的民族：东南亚地块的山地民族》中曾多次使用过"东南亚地块"这一术语，我和其他的一些学者都没有意识到有必要或义务对这一区域进行定义。直到2006年编纂字典时，我才决定把区域性历史进程、政治集权化（political crystallization）、语言扩散、族群分类和迁徙，以及地理特征等元素包含在内。

从该地带显著的外部维度入手，基于这一大区域特别复杂的地形和频繁的人口流动，用精确的海拔、纬度、经度，以及特定的外部限制和内部分支来界定这块区域不太现实也没有意义。② 然而从最大限度上来看，这些高地族群大多散居在海拔300—500米的地带，所包括的区域大概有西欧那么大。以

---

① 参看让·米肖（Jean Michaud）《泰国一个苗族村寨的经济转型》（Economic Transformation in a Hmong Village of Thailand）。同前，参看《从中国西南到印中的上部：苗族移民概观》（From South-West China into Upper Indochina: an Overview of Hmong (Miao) Migrations）；同上，参看《动荡的时代》（Turbulent Times）。

② 参见如下例子。关于婆罗洲（加里曼丹的旧称），参看伯纳德·赛拉托《婆罗洲雨林的游牧民：经济、政治和定居的意识形态》（Nomads of the Borneo Rainforest: the Economics, Politics, and Ideology of Settling Down）；关于印度尼西亚，参看塔尼亚·默里·李（Tania Murray Li）编辑的《改变印度尼西亚的高地》（Transforming the Indonesian Uplands）一书中的《边缘性、权利和生产：高地改革的分析》（Marginality, Power, and Production: Analyzing Upland Transformations）。

划分中国南北温暖的长江（扬子江）为界，东南亚地块向南延伸，涵括了从东到南，从喜马拉雅山到西藏高原这一带的高山区域，还有那些受季风影响，被来自雅鲁藏布江下游、伊洛瓦底江、萨尔温江（中国境内称怒江）、湄南河、湄公河、红河（Song Hong），以及珠江流域水流所冲刷的高地国家。在中国，佐米亚地块包括了西藏的最西边，四川的西部和南部，湖南的西部，广东西部的一小块区域，整个贵州和云南，广西的北部和西部，以及海南岛的高地这些区域。从东南亚半岛延伸出来，佐米亚包括了与缅甸接壤的印度东北部，孟加拉东南部这一大片边界区域，泰国的北部和西部，湄公河谷以上的老挝，沿东部安南山系越南的北部和中部边界地带，以及柬埔寨的东北部边沿地带。

  我未把超出东南亚地块以北界限的重庆盆地包含在内的原因主要在于，一千多年前这一区域曾受汉人统治，大量的人口涌入海拔 500 米以上，被四川中部和西部称为"米饭碗"的肥沃之地。出于同样的原因，北方的甘肃和山西同样也未被包含在这一区域内，因此东南亚地块北方的界限大致是沿扬子江来划分的。在最南端，我认为马来西亚半岛高地不应该被包含在内，因为它被泰国西南部的克拉地峡所隔断，从地理位置上来看，它和马来世界的关系更亲密①。那就是说马来西亚半岛高地上很多属于南亚语系的原住民，例如奥拉阿斯利（Orang Asli），和东南亚地块上的佤、克木等还有巴纳族群都有关联。

  冯·申德尔最初关于佐米亚定义的区域和东南亚地块所包含的区域范围很接近，有意把西藏自治区，与之毗邻的新疆、青海、四川，以及尼泊尔、不丹和印度的高地排除在外。我也决定不把西藏纳入到东南亚地块，撇开它作为中国少数民族一员这一无可辩驳的身份，从历史上来看西藏和藏文化给周边文化带来的影响更适合把它看作是一个独特的实体。② 西藏世界有自己的内部逻辑：它是一个政治上中央集权、宗教上和谐统一，有着悠久历史、特色鲜明的政治存在，是一个可以被划归到"封建"帝国范畴的实体。这是历史上与东南亚地块有关联的其他社会群体基本达不到的。③ 在这个意义上，西

---

  ① 霍尔（Halling）《历史》（History）；塔林（Tarling）《剑桥的历史》（Cambridge Hisootory）。

  ② 参看萨拉·施耐德曼（Sara Shneiderman）《喜马拉雅的中心在"佐米亚"吗？——些跨越时空的学术和政治思考》（Are the Central Himalayas in Zomia? Some Scholarly and Political Considerations across Time and Space）。

  ③ 梅尔文·C·戈德斯坦（Melvyn C. Goldstein）《现代西藏的历史，1913—1951：喇嘛王国的覆灭》（A History of Modern Tibet, 1913—1951: the Demise of the Lamaist State）。

方学术界关于东南亚地块的限定,既是历史和政治的,又是语言学的、文化的和宗教的。当然,这并非是绝对的。西藏周边地区的族群,例如中国云南的康巴人①、纳西族、独龙族、摩梭人、珞巴族(Lopa),或是锡金的布提亚人(Bhutia),历史上曾几度与古代西藏保持或近或远的关系。此外,藏缅语系和藏传佛教延伸到青藏高原的东端,其边缘地区很直观地呈现出多种文化传统的交融性。

如需进一步细数东南亚地块的特征,一系列核心要素需要被考虑在内:首当其冲的是历史,其次是语言、宗教、传统的社会结构、经济以及与低地邦国的政治关系。广袤的生态系统、边缘化的状态以及与主体民族之间的从属关系,所有这些高地族群所共享的特性不足以掩盖它们之间的差异性。四大语系在这里纵横交错,但没有哪一种语系占主导地位。说到宗教,一些族群信仰万物有灵,一些信仰佛教,一些信仰基督教,很大一部分信奉道教和儒家的价值体系,回族信仰伊斯兰教,然而还有相当一部分群体仍然保留着不同信仰的复合体。纵观历史,世仇和当地群体之间频繁的敌对状态是文化多元性的证据。② 这一区域在政治上从来没有统一过,也从来没有出现过帝国,或是几个世仇邦国共同的空间,抑或是几个政体和谐共处的区域。那些主要表现为世系制与封建制对抗的各种不同形式的典型的政治组织在这一带长期地存在着。③ 从今天国家层面来看,不同国家的不同政体(民主国家、三个社会主义政权、一个合乎宪法的君主政体、一个军事独裁制政权)共享着这一块区域,这样的现状充分显示了东南亚地块在古代时期的政治多样性特征。

从世界范围来看,和喜马拉雅山一带其他跨国区域的高地一样,用历史、经济和文化的术语来表述东南亚地块,更别提冯·申德尔的佐米亚,都是边缘化的和碎片化的。作为亚洲研究这一大背景下具有研究前景的区域分支研究,东南亚地块缺乏应有的实际价值。然而我并不想成为这一新的亚洲区域分支研究的旗手,我想强调的是我们必须重新考虑建立在国家基础之上的研究,探讨跨边境和边缘社会。

在对整个东南亚地块进行细致的调查后会发现,这一区域的民族和主体

---

① 在格尔施(Giersch)的《穿越佐米亚》(Aross Zomia)一文中讨论过。

② 赫尔曼(Herman)的《云彩之间》(Amid the Clouds);兰布德-萨尔蒙·克劳丁(Claudine Lombard-Salmon)《中国文化适应的一个例子:18世纪的贵州》(Un Example d'Acculturation Chinoise:la Province du Guizhou au XVIIIe siécle)。

③ 参看米肖的《历史字典》(Historical Dictionary)介绍部分。

民族都是不一样的，如上述提到的那些民族。从地理位置而言，他们都居住在遥远偏僻之处；从政治和经济而言，他们都和地方政权保持着一定距离，处于一种边缘的状态；从文化角度而言，这些高地群体更像是一块色彩对比鲜明的文化马赛克，而非一幅色调和谐的拼图——后者被特里·兰博称为"一场引起幻觉的噩梦"①。然而，当从某一特定的距离进行观察时，这块马赛克也可以成为一幅与众不同的、有着特殊意义的图画，尽管有时这样的描述不尽准确，但这些正是冯·申德尔和斯科特所做的，为此他们应该得到嘉奖。

让我们回到斯科特的佐米亚，把有关印度和西藏外围喜马拉雅人口的讨论留给萨拉·施耐德曼和帕德森·格尔施。② 从历史上来说，如作者之前所探讨过的③，这些高地不是被低地帝国作为诸如奴隶等资源的获取地，就是作为他们之间领地的缓冲地。撇开政治上的统治和隶属关系，确切地说，詹姆士·C·斯科特认为他的佐米亚区域内存在着一种内在的凝聚力，正是这种力量把居住在那里的人们的命运紧紧地联系在一起。斯科特尝试用地中海世界的例子来反观佐米亚：

> 这是一个（即地中海地带）不需要通常意义上统一的领土或政治管理来定义的社会，这是一个通过积极的物流、人流和思想交流来进行维护的社会。从一个稍小的层面来说，爱德华·怀廷·福克斯认为古希腊的爱琴海在政治上虽然从未统一过，但它是一个独特的、社会性的、文化的、经济上的有机体，通过便利的水路，爱琴海上人们之间频繁的接触和交换被紧密地交织在一起。

把类似的分析转移到东南亚，斯科特接着补充道：

> 历史上这种现象最典型的一个例子来自马来世界——航海世界中最

---

① 参看 A. T. 兰博（A. T. Rambo）《越南北部山区的发展趋势》（*Development Trends in Vietnam's Northern Mountainous Region*）一文。

② 施耐德曼（Schneiderman）的文章《喜马拉雅的中心在"佐米亚"吗？——一些跨时空的学术与政治思考》；格尔施（Giersch）的《穿越"佐米亚"》。

③ 参看格尔施（Giersch）的《穿越"佐米亚"》（*Across Zomia*）；费斯克修（Fiskesjo）的《采矿》；利姆（Lim）的《领土权的势力范围》（*Territorial Power Domains*）；Wijeyewardene 的《民族》（*Ethnic Groups*）；安德鲁·沃克的《金船的传奇：老挝、泰国、中国和缅甸边境的规则、贸易和商人》（*The Legend of the Golden Boat: Regulation, Trade, and Traders in the Borderlands of Laos, Thailand, China and Burma*）。

出类拔萃的一个——其文化从太平洋的复活节岛一路影响到马达加斯加，再到南非海岸。在南非海岸港口人们所说的斯瓦希里语就带有马来文化的印记。十五世纪到十六世纪处于全盛时期的马来国，简直可以像汉萨同盟那样成为贸易港口之间的转运联盟（shifting coalition）。最基本的管理国家的单元是如占碑、巨港（又名巴邻旁）、柔佛和马六甲这样的港口，马来西亚的贵族阶层利用政治和贸易上的优势对他们进行洗牌。当面临这样一些远距离的海上群体时，我们陆地国那些"由一系列紧凑相邻的领土组成的'王国'"的概念在这里就毫无意义了。①

以上这些被斯科特用作例子来支撑他把佐米亚当作一个有着内在联系的社会空间的论据。然而从地理空间上来看，同相对容易到达的海洋水路相比，东南亚地块就不像水上群体那样易于协商。②

佐米亚区域内的国家、边界及其人类群体的能动性

让我们撇开斯科特的文章，来看一下一个世纪前的"佐米亚"；它是一个非国家的空间，那里小邦林立，比如云南西双版纳说泰语的勐（Muang），在越南境内的西双楚泰国（Sip Song Chau Tai），在老挝境内的澜沧国（Lan Xang），缅甸的掸邦，③ 南诏"封建"政权，还有云南和贵州的彝、侗、白族④。事实上，国家的缺位并不是东南亚高地的主要特征，相反，它是大量小型的，有着松散联系的，处于各种社会形态下小邦国的聚集地。他们在活动的区域内遵循平均主义，但他们从不联合，也从来没有完全地融入周边的政治实体中去。正如帕特森·格尔施和马格努斯·菲斯克修所解释的：那些危险但可行的商旅贸易通道有助于让这些空间上分离的政治实体保持着经济上的往来。

欧洲影响在东南亚扎根之前，该地所盛兴的是曼荼罗式的国家治理模式。封地和帝国中心的外围地带被看作是缓冲区，那里居住着不太文明或尚未开化的人们，他们与帝国核心区所形成的朝贡关系基本能够保证核心区政治上

---

① 参看斯科特的《逃避统治的艺术：东南亚高地的无政府历史》，第48-49页。
② 参看格尔施（Giersch）的《穿越"佐米亚"》。
③ 参看孔多米纳斯（Condominas）的《随笔》（Essai）; J. Rispaud, Les Noms à élémentsnumérauxdesprincipautéstaï.
④ 译注：均为前现代的小国或邦。

的安全和稳定。① 相比之下，目前人们普遍接受的把这一文化大陆分区细分为南亚、东亚、中亚（Inner）和东南亚的分法，主要是基于欧洲和中国关于民族国家以及线性边界的概念。

后来，有关东南亚地块的研究被划归至诸如美国协会这样专门研究亚洲的学术机构之名下，其研究小组和论文不得不定位于一个既定的次区域。那些为数不多、跨越两个或多个次区域的小组则被归到新近成立的名为"跨边界"的部分，这样的跨区域研究虽然姗姗来迟却势头喜人。② 和这一视野相一致，在某种程度上作为这一区域研究的结果，大部分政治学家或多或少意识到，由于少数民族的政策是建立在国家之上的，少数民族的事宜也应该在国家的大背景下进行研究。克里斯多夫·邓肯编纂的标题为"开化边缘地带"（2004）③ 这一卷集中，虽然举出相应的例子，并给予每个国家相应的篇幅进行分析，但对于中国或印度周边的区域，或是跨边界讨论的这一部分却是空白的。

然而，"少数群体"或是由它派生而来的"偏远和边缘"这样的分类，只有从低地的视角出发才有意义；只有涉及国家中心产生的关于边缘地带的权威知识（这些知识无论是来自古代年鉴零星的记述、异国最近的研究，还是年代久远的自述）才有意义，只有把它们放在国家背景之下才有意义。④ 在一个既定的民族国家框架之下来研究高地的社会群体，会将一个个有着紧密联系的文化实体推向诸如"主体－少数、现代的－古代的、文明的－野蛮的"这样的二元论战中。此外，诸如"民族少数"和"少数民族"这些预设的标签不加区别地贴在这些人群身上。在过去的 100 年中，根据一系列原则，许多建立在国家基础之上关于东南亚地块和佐米亚的研究，为我们提供了具有说服力的例子来证明国家因素如何抑制或消除整个跨边界社会的规模。这一

---

① O. W. 沃尔特（O. W. Wolters）的《东南亚的历史、文化和宗教》（*History, Culture and Region in Southeast Asian Perspectives*）；Thonchai Winichakul 的《暹罗：一个国家地质体的历史》（*Siam Mapped: A History of the Geo-Body of a Nation*）；Michel Bruneau, *Evolution des étagements ethnopolitiques das les montagnes Sino-Indochinoises*.

② AAS Website, http://www.aasianst.org/, accessed February 2010.

③ 参看克里斯多夫·R. 邓肯（Christopher R. Duncan）的《开化边缘地带：东南亚政府关于少数民族发展的政策》（*Civilizing the Margins: Southeast Asian Government Policies for the Development of Minorities*）。

④ 例如 Ma Touan Lin, *Ethnographie des Peuples Étrangers à la Chine: Ouvrage Composé au XIIIe Siècle…Traduit…du Chinois avec un Commentaire Perpétuel par le Marquis d'Hervey de Saint-Denys* 一书；谭章的《"窄门"前的石门坎：基督教文化与川滇黔边苗族社会》（*The stone threshold in front of the 'narrow door': Christian culture and Miao people's society of the border regions of Sichuan*）一书。

"佐米亚"及其影响力

点在世界上别的国家也看得到，例如库尔德人、吉普赛人、因纽特人、努尔人、玛斯昆族人和婆罗洲土著等群体。作为充满政治意味的边界这一概念人为地割裂了跨边界群体的历史、社会和文化结构；当把这一概念运用于这些碎片化的小群体时，建立在国家基础之上的研究成果的有效性也随之被削弱了，更大的实体往往消失在国家边界之外。①

社会人类学家们并非否认国家背景和国家定义的重要性，他们的争辩是应该从跨境的角度来研究这些因边界划分出的民族群体文化的完整性，而不该仅仅把他们当作某一民族国家的一部分。严格地把佐米亚和东南亚大陆当跨国界的社会空间来看待有助于我们对它们的理解。在这一问题上，萨拉·特纳向我们展示了苗族如何很好地利用家族和贸易的网络越过中越边界进行交易，而马格努斯·费斯克修（Magnus Fiskesjo）〔某种程度上也包括伯纳德·福摩萨（Bernard Formoso）〕则探讨了佤族如何利用中缅边界的优势。② 从更广泛的层面来看，跨境研究有助于在全球范围内提升对这一占世界一定人口数量人群的关注，历史上这一人群一直处于被曲解和被剥权的境地。

就这一点而言，斯科特的著作对于重新评价这段历史，对赋予高地居民能动性做出了巨大贡献。采用类似政治学家的视野，斯科特粗略地描述了佐米亚区域人类达成的协议和相应的政治关系（即他关于佐米亚的定义）。他在文中写道：

> 佐米亚是世界上存留下的最大一块还未被完全划归民族国家的区域；这样的时日不多了。然而，不是太久之前，这些自治的人群曾是人类历史上人口数量较大的一个群体。时至今日，河谷地带的人们仍把他们看作是"我们活着的先民"，抑或是"在稻作文化、佛教和文明未出现之前

---

① 就这一点而言泰国被看作是典范，从20世纪60年代到20世纪90年代之间，出现了苗族、克伦人或者是阿卡族的成百的专题著作。然而针对各个案例，每个族群的代表并不多。比如，戈登·杨（Goerdon Young）的《泰国北部的山地部落》（The Hill Tribes of Northern Thailand）；因加·莱尔·汉松（Inga Lill Hansson）的《泰国北部阿卡人的民间故事》（A Folktale of Akha in Northern Thailand）；保罗·E·杜任伯格（Paul E. Durrenberger）的《泰国北部傈僳族的灾难和治疗》（Misfortune and Therapy among the Lisu of Northern Thailand）；罗伯特·G·库伯（Robert·G·Cooper）的《苗族群体性别的不平等》（Sexual Inequality among the Hmong）。

② 佐米亚或东南亚地块研究的类似案例研究请参看下列两部作品：让·米肖的《动荡的时代与恒久的民族：东南亚大陆的山地少数民族》；让·米肖和蒂姆·福西斯（Tim Forsyth）编辑的《移动的山：中国、越南和老挝山地民族的生计和种族地位》（Moving Mountains: Highland Livelihoods and Ethnicity in China, Vietnam and Laos）。

我们的样子"。然而，我认为山地民族应该被理解为在过去2000多年的历史进程中，为逃避河谷地带建立国家工程的压迫——奴隶制度、征兵、课税、徭役、传染病和战争——而进行逃逸的、流亡的和孤立的人群。他们居住的大部分区域被称为破碎带或者避难区。①

虽然这一大胆的论题并没有以一种透彻的、强有力的以及纪实性的记述方式加以论证，但是与斯科特观点相容的那部分以前已经讨论过了。一般地，借助那些对表现出逃逸策略者的实地调查，总是人类学家先展开这样的讨论。19世纪60年代在北亚马逊盆地和当地各群体合作一段时间之后，法国人类学家皮埃尔·克拉斯特在1974年发表了一篇简短的题为《抵抗国家的社会》（La societe contre l'etat）的文章，这篇文章在当时引起了极大的争议。② 克拉斯特的论点在于讨论前哥伦布时期美洲那些被称为原始社会的群体，他认为那些缺乏复杂分层社会结构的群体并不意味着他们"还"没有发现社会分层。相反，克拉斯特推测，经过时间的沉积，那些社会群体形成了一种避免陷入社会分层困境和承诺的能力。对他而言，这些所谓原始社会存在的目的正是为了避免他们当中出现国家。在当时的法国，克拉斯特的论文引发了人们激烈的讨论。让人印象深刻的是他对现代性罪恶的极力反抗遭到人们的指责，人们认为他在把这群"高贵的野蛮人"浪漫化，一些人或许觉得这样的批评也适用于斯科特。

斯科特向皮埃尔·克拉斯特表达了对他的感激之情，克拉斯特"在充分的、新的证据支撑下，其对后统治时期南美逃离和躲避国家控制的原住民大胆的诠释……具有很强的洞察力"③。他也向冈萨洛·阿吉雷·贝尔特兰（Gonalo Aguirre Beltrán）对于墨西哥人类学家所命名的"避难所区域"具有重大影响力的分析表示感谢。④ 同时他引用了其他一些在全球范围内探讨类似情况的学者的观点，那些被征服的社会看起来想把自己隔离起来，忽视或拒绝国家对他们的控制。欧内斯特·盖尔纳（Ernest Gellner）意识到北非的马格利布（Maghreb）也存在这样的生存模式，为远离定居下来的穆斯林阿拉伯人和躲避后者势不可当的文化浪潮，那里信仰万物有灵的柏柏尔人宁愿选择

---

① 参看詹姆斯·斯科特《逃避统治的艺术：东南亚高地的无政府历史》，第9页。
② 参看皮埃尔·克拉斯特（Pierre Clastres）的《抵抗国家的社会》（La Société Contre l'éta）一书。
③ 参看詹姆斯·斯科特《逃避统治的艺术：东南亚高地的无政府历史》，第13页。
④ 参看冈萨洛·阿吉雷·贝尔特兰（Gonzalo Aguirre Beltrán）的《避难所区域》（Regions of Refuge）。

游牧的生活方式而非定居某地。① 施瓦兹（Schwartz）和所罗门（Solomon）记录了在欧洲统治时期，天主教会在巴西企图让印度土著定居下来，并试图改变他们的信仰，这一尝试引发了希瓦罗人和扎帕罗人（Zaparo）沿袭一场古老的撤离方式，反映的是一种对印加帝国进行抵抗更古老的模式。② 有意思的是在后一个例子中，与佐米亚的情况正好相反，占统治地位的印加人住在高地，处于社会边缘的群体则被驱赶至疾病蔓延的低地热带雨林。再一次强调我们在分析中要避免赋予过多的原始效能在海拔上，把它当作划分社会的标志。

斯科特也注意到理查德·怀特（Richard White）记录的一群美洲印第安人，一个世纪后在更往北的地方，如何利用北美五大湖区作为避难所来躲避美国和法国的殖民统治。③ 在欧洲，斯科特指向罗马的吉普赛人如何马不停蹄地躲避各国对他们的控制、囚犯以及15世纪逃亡到哥萨克前线的俄罗斯农奴。在亚洲，他用拉铁摩尔关于为了躲避汉人的同化而逃到山上的小型社会的研究（1962）；罗伯特·哈夫纳关于爪哇高地印度教徒腾吉里人（Tengeri）躲避控制岛屿的强大穆斯林邦国的著作；还有基辛关于菲律宾吕宋岛北部山区（Northern Cordillera）尹富高省的结论（1976）。斯科特还大量使用了关于缅甸高地有影响力的分析（1952），在那里，平均主义的克钦社会根据情况与战略性目的，在他们基于亲属制度的地方权力形式和他们的低地封建社会邻居掸族更集权化的政治组织之间来回摇摆。④ 在这些令人信服的研究之上，我们还可以加上帕德森·格尔施（Patterson Giersch）关于清朝如何逐步控制云

---

① 参看欧内斯特·盖尔纳（Ernest Gellner）的《圣人的地图集》（Saints of Atlas）一书。
② 参看斯图尔特·施瓦兹（Stuart Schwartz）和弗兰克·所罗门（Frank Solomon）合著的《新民族和新国民：南美土著社会（殖民时期）的适应、调整、和种族进化》（New Peoples and New Kinds of People：Adaptation, Adjustment, and Ethnogenesis in South American Indigenous Societies（Colonial Era））一文。
③ 参看理查德·怀特（Richard White）所著的《中间立场：五大湖区的印度人、帝国（君权）和共和政体，1650—1815》（The Middle Ground：Indians, Empires, and Republics in the Great Lakes Region, 1650—1815）。
④ 欧文·拉铁摩尔（Owen Lattimore）《历史上的边疆》，载《边疆史研究：论文集1928—1958》，伦敦：牛津大学出版社，1962年；罗伯特·W·哈夫纳（Robert W. Hefner）《印度教爪哇人：腾吉儿传统与伊斯兰》，普里斯顿, NJ：普林斯顿大学出版社，1985年；菲利克斯·M·基辛（Felix M. Keesing）《北吕宋民族史》，斯坦福, CA：斯坦福大学出版社，1976年；埃德蒙·利奇（Edmond Leach）《缅甸高地政治制度：克钦社会文化研究》，剑桥, MA：哈佛大学出版社，1954年。关于利奇，同样可以参见：乔纳森·弗里德曼（Jonathan Friedman）《亚细亚社会形态演化中的制度、结构与矛盾》，沃尔纳特克里克, CA；Altamira Sage, 1998；还有曼迪·萨丹（Mandy Sadan）和弗兰索瓦·罗宾内（Fransois Robinne）编辑《东南亚高地的社会动态学：重新考虑 E. R. 利奇的缅甸高地的政治制度》，莱登，布里尔，2007年。

南的西双版纳的深入研究。或者，还有伯纳德·赛拉托（Bernard Sellato）和让罗姆·卢梭（Jerome Rousseou）关于婆罗洲①高地丰富多彩的研究，这是一个与佐米亚极富可比性的地区。他们观察到，那里的浦南（Punan）游牧民与迪亚克（Dayak）农民保持一定的距离，以便恰好可以避免臣属于他们。类似地，阿兰·泰斯塔尔特也陈述道，那些世界各地被包围的狩猎——采集社会的流动性，体现了他们想同包围他们的农耕民族的控制保持一定距离的愿望。②

斯科特的分析有一个与他所谓的"褶皱的地形"相关的非常创造性的想法。③ 对他而言，这一概念是他解释为什么佐米亚地区的小型社会选择高地作为庇护所的原因的一部分。艰苦而难以到达的地域环境，具备了一定的安全感，那样的地形又可以社会性地加以设计，使本已连绵起伏的山地更加难以通过。相反地，想到达那里并控制这些群体的雄心勃勃的国家，却可以通过一系列"缩短距离的技术"，如桥、全天候公路、伐木修路、精确的地图和电报等，缩短连绵起伏的山地距离。先进的脱叶技术、直升机、飞机和现代卫星照片进一步缩小了山地的起伏跌宕。这种"褶皱"并不简单地以力学的方式"在那里"存在着，而是为了某一目的不断地被创造出来。从逻辑上来说，斯科特观察到，对于那些想把"地形的褶皱"最大化并把它作为一种阻碍国家控制的人来说，可以使用许多对抗性的策略：摧毁桥梁、在关隘设陷阱、沿公路伐木、切断电话电报线路……大部分游击战争（不是如何获取情报的技术那部分内容）的文献都是关于如何利用地形使其有利于自己的做法的。④

这样一来，佐米亚居民不只是被动的臣民，而且可以作为主动的参与者（agents）。正如尼古拉斯·塔普（Nicholas Tapp）最近在他评论詹姆斯·斯科特《逃避统治的艺术：东南亚高地的无政府历史》一书时说到的那样：

> 斯科特想把能动性赋予那些被认为是没有能动性的人，来理解历史

---

① 译注：加里曼丹的旧称。
② 格尔施（Giersch）《亚洲边境》；伯纳德·赛拉托（Bernard Sellato）《婆罗洲热带雨林的游牧人：安顿下来的经济学、政治学与意识形态》，火奴鲁鲁：夏威夷大学出版社，1994年；让罗姆·卢梭（Jerome Rousseou）《中部婆罗洲：分层社会的族群身份与社会生活》，牛津：牛津大学出版社，1990年；阿兰·泰斯塔特（Alain Testart）《原始共产主义：经济与意识形态》，巴黎，Editions De la Maison des Sciences De l'Homme, 1985年。
③ 詹姆斯·斯科特《逃避统治的艺术：东南亚高地的无政府历史》，第2章。
④ 同上，第166页。

上出现的那些实行刀耕火种、裂变式的亲属制度和口承传统,……等习俗的人们有意识的政治选择与策略化的行为。这是一副与人们通常接受的把这些认为是国家代理不情愿而倒霉的牺牲品、历史上的输家、富庶土地边上的强盗与某些史前遗留下来的化石遗存。①

关于这些"设计出来的野蛮人"②,斯科特试图告诉我们的是,他们按照外来的处方,试着根据自己所处的独特情况尽可能加以土著化,并以外来观察者不容易解读且具有创造性和文化独特性的方式,炮制出他们量身定制的回应。

结论:超越"佐米亚"

大家出于几个原因都同意将这期特刊称为《超越"佐米亚"》。我们选择采用"佐米亚"这个概念是因为,尽管它缺乏精确性,其定义也充满争议,但正是这么一个术语似乎能够不断地引起争论。况且,这个术语具有一种无可估量的品质,它能引起国际社会去关注一个由各种独特社会和几乎没被研究过、却完全值得为世人更好地了解的历史组成的(区域)混合体。我们用"超越"(beyond)这个词,因为它强调这么一个事实,即,这一期的每个作者都同意,他们将在自己专门从事调查研究的地点和时段内,通过脚踏实地的研究,用现实来检验佐米亚这个概念。这一检验在一个专业的历史期刊上进行,其作者来自各种学科,从而为仔细权衡超越任何特定学术团体的"佐米亚"这一术语的相关性做出贡献。参与这一研究的所有作者对佐米亚的想法有一定的保留态度,并在这里以原创者可能没有预见到的方式进行理解与表达。其结果不但推进了关于这个概念学问的学术边界,也扩展了意在包括的有关人类群体的知识边界。

本文出现了一个有待解决的问题:到底是谁需要一个像"佐米亚"这样的概念?我猜,很可能不是那些共同拥有高地的民族国家。如果佐米亚区域的国家语言中都有各具地方特色的名称来指称境内高地的情况确实存在,据我所知,他们还没有一个国家采用了一个功能性的术语来谈论国境之外的高地。

---

① 尼古拉斯·塔普(Nicholas Tapp)《詹姆斯·斯科特〈逃避统治的艺术:东南亚高地的无政府历史〉书评》,ASEASUK News,47,2010年。

② 詹姆斯·斯科特《逃避统治的艺术:东南亚高地的无政府历史》,第8页。

我们也可以认为，我们谈论的主体们他们本身从未需要过诸如佐米亚、东南亚地块、喜马拉雅地块和高地这些概念。在山上，数百种地方语言有指称本地居住环境的名称，有时明确指称一种具体的地形。但是我怀疑，世居于此的各个社会从未从地方的角度来设想像"佐米亚"这么一个无所不包的概念。有关这些高地的一个或另一个群体的专家们可以确认的是，无论是从实用的角度还是从象征的角度来说，这种规模层次的事物对于高地人是没有什么意义的。通常情况下，社会人类学（而且也包括语言学家，实际上还有阿罗伊·肖特这样的偶然民族志学家①）专门只研究一个独特的高地社会群体而不是几个，而且通常只在一个国家的范围之内进行。有数百篇关于傈僳、纳加、布提亚、瑶、苗、傣、哈尼、侗、布依等的文章，都证明了这一趋势。② 我还怀疑，许多扎根于本土的学者会持有这样的观点，即，佐米亚这个笼统的概念是在一个过于宏观的层面上加以定义的，在他们的学科里并不是一个可操作性的对象。

虽然高地人、他们国家的统治者，还有学术专家们也都不大可能需要佐米亚这么一个概念，它会受到那些为了机构、学术、研究或教学性的目的而想在宏观层面上交流关于"高地"及其民族想法的国际组织与学术界的欢迎。其他跨国标签最近也以同样的方式出现了，比如环北极研究专门研究北极圈周围的土著人。③ 旨在研究南美洲中部跨国热带雨林地区的亚马逊研究也成立了。这些都表明，我们不但需要一个宏观的视野来研究分布在广袤土地上的大部分人类群体，而且也需要有一个超越政治边界与学科边界的愿望，以便以不同的方式评估当前和未来地方社会的状态。

在亚洲，从长远来看，佐米亚及类似概念与历史学和普通社会科学的相关性，仍有待思考。尽管，它目前很有吸引力，但也有可能证明是昙花一现的。跨越这些高地的公路铁路网的密度的日益增强、通信技术（电视、移动电话、因特网）的几乎全覆盖还有边境地区对贸易和旅游业的逐渐开放，可能很快就会磨平这个区域地形的摩擦（friction of terrain）。这将把这些民族融入更广阔的亚洲，而且，最终融入全球化的世界。

大量的高地人已经离开他们祖先们曾经耕作过的乡村，现在居住在佐米

---

① 让·米肖《偶然的民族志学家》，第 67 页。
② 让·米肖《历史学词典》，第 273-355 页。
③ 见马基维基地图制作（Makiviki Cartographic Service）提供的地图 2000，加拿大，http:/www.makiviki.org/en/media-centre/nunavik-maps（2010 年 4 月 1 日查询）。北极大学现在提供环北极研究的本科学位。

亚地区及其周边的低地与都市地区。这一运动所涉及的范围是惊人的。克伦和拉祜已经成为曼谷城市周边的非熟练劳工。男男女女的岱依人、泰人、侬人在河内的人民大会里代表他们的选区。夏尔巴人在印度北部城市经营旅游业。受过教育的纳西族、白族和彝族在昆明和成都当任公务员。瑶族、侗族和布衣族学术研究人员在贵阳当老师。壮族电脑程序员在南宁和香港推销他们的技术。苗族出租车司机在上海忙忙碌碌。民族流行歌手偶尔登上佐米亚各地的排行榜首。

在相反的方向上，佐米亚地区的每一个国家已经或仍在推进鼓励低地居民到人口压力低于全国水平的高地去追求他们的经济之梦的移民政策。这一政策从20世纪60年代越南的新经济区规划到近年来中国西南地区西部大开发计划。典型的高地城镇就这样在过去的100年左右从主要以土著居民为主的实体演变成巨大的文化杂交所在地。佐米亚地区的土著社会可能迟早会被来自外部的人口整合或取代，使得这一独特的社会空间变得不再那么具有相关性。中国的西藏、新疆等省为我们提供了这一趋势有说服力的例证。

然而，当代的各种联系也很有可能又一次重塑了佐米亚区域，而不是使之消失。① 游客要求差异性，而不是千篇一律。多数高地人仍然在乡野里生活与劳作，无论从人口、技术还是从思想方面来说，都很少直接受到低地移民的影响。其结果，从民族方面而言，高地地区仍然在很大程度上有别于低地地区，在未来的许多年里，这一区域的民族多样性仍将继续存在。面对同化、逃跑、避难和反抗的情况是否依旧那么严重，仍有待观察。面对现代化的这一困境，詹姆斯·斯科特在《逃避统治的艺术：东南亚高地的无政府历史》一书中谨慎地表明，他对这一情况的解读只适用于20世纪50年代以前的情形。然而，他早期关于底层政治（infrapolitics）和日常反抗的著作中强烈地建议，这一现代化进程也许没有它的支持者预告的那样有效地得到进展。②

参考文献

Baker, K. M. 1982. On the Problem of the Ideological Origins of the French Revolution. In Modern European Intellectual History: Reappraisals and New Per-

---

① 见福摩萨《佐米亚人或僵尸？》。
② 詹姆斯·斯科特《弱者的武器：农民日常反抗的形式》，纽黑纹，CT：耶鲁大学出版社，1985年；同前，《支配与反抗的艺术：隐藏的文本》，纽黑文，CT：耶鲁大学出版社，1990年。参见本尼迪克特·J. 特里亚·克科夫列特（Benidict J. Tria Kerkvliet）《农民社会（和我们的）的日常政治》，载《农民研究期刊》，36，第227-243页，2009年。

spectives. D. LaCapra and S. L. Kaplan, eds. pp. 197 – 219. Ithaca, NY: Cornell University Press.

Bello, David A. 2005. Opium and the Limits of Empire: Drug Prohibition in the Chinese Interior, 1729–1850. Cambridge, MA: Harvard University Asia Center.

Beltran, Gonzalo Aguirre. 1979. Regions of Refuge. Society for Applied anthropology (Mon. Ser.) No. 12.

Biagioli, Mario. 1992. Scientific Revolution, Bricolage and Etiquette. In The Scientific Revolution in National Context. Roy Porter and Mikulas Teich, eds. pp. 11–54. Cambridge: Cambridge University Press.

Brooks, James F., with Chris DeCorse, and John Walton ed. 2008 Small Worlds: Method, Meaning, and Narrative in Mirohistory. Santa Fe, NM: School of American Research Press.

Bruneau, Michel. 2002. Evolution des étagements ethnopolitiques das les montagnes Sino-Indochinoises. Hérodote 10 (4): 89–117.

Chouvy, Pierre-Arnaud. 2009. Opium: Uncovering the Politics of the Poppy. London: I. B. Tauris Publisheers.

Clarence-Smith, William. G. 2004 Horse Breeding in Mainland Southeast Asia and Its Borderlands. In Smallholders and Stockbreeders: History of Foodcrop and Livestock Farming in Southeast Asia. Peter Boomgaard and David Henley, eds. pp. 189–210. Leiden: KITLV Press.

Clastres, Pierre. 1987 (1974). Society against the State: Essays in Political Anthropology. Robert Hurley, trans. New York: Zone.

Cohn, Bernard, S. 1981. History and Anthropology: towards a Rapprochement? Journal of Interdisciplinary History 12: 227–252.

Condominas, Georges. 1976. Essai sur L'evolution des Systemes Politiques Thais. Ethnos 41: 7–67.

Cooper, Frederick. 1994. Conflict and Connection: Rethinking Colonial African History. American Historical Review 99 (5).

Cooper, Robert G. 1983. Sexual Inequality among the Hmong. In Highlanders of Thailand. John McKinnon and Wanat Bhruksascri. Kuala Lumpur and New York: Oxford University Press.

Descours-Gatin, Chantal. 1992. Quand L'Opium Financait La Colonisatoin En

Indochine. Paris: L'Harmattan.

Duncan, Christopher R., ed. 2004. Civilizing the Margins: Southeast Asian Government Policies for the Development of Minorities. Ithaca, NY: Cornell University Press.

Durrenberger, Paul E. 1979. Misfortune and Therapy among the Lisu of Northern Thailand. Anthropological Quarterly. 52 (4): 204-210.

Eberhard, Wolfram. 2005. A History of China. London: Routledge.

Eller J. D. and R. M. Coughlan. 1993. The Poverty of Primordialism: the Demystificaton of Ethnic Attachments. Ethnic and Racial Studies 16: 181-202.

Evans Grant, with Christopher Hutton, and Kuah Khun Eng, ed. 2000 Where China Meets Southeast Asia: Social and Cultural Change in the Border Regions. Singapore and Canberra: Institute of Southeast Asian Studies and Allen & Unwin.

Evans-Pritchard, E. E. 1961. Anthropology and History. Manchester: University of Manchester, the University Press.

Fabian, Johannes. 2001. Anthropology with an Attitude: Critical Essays. Ethnology and History. Ch. (4). Stanford, CA: Stanford University Press.

Failler, Philippe Le. 2001. Monopole et Prohibition de L'Opium en Indochine: Le Pilori des Chimeres. Paris: L'Harmattan.

Friedman, Jonathan. 1998. System, Structure and Contradiction in the Evolution of "Asiatic" Social Formations. Walnut Greek, CA: Altamira-Sage.

Fuchs, Stephen. 2001. Against Essentialism: a Theory of Culture and Society. Cambridge, MA: Harvard University Press.

Geerts, Clifford. 1990. History and Anthropology. New Literary History 21 (2): 321.

Gellner, Ernest. 1969. Saints of the Atlas. London: Weidenfeld and Nicholson.

Giersch, C. Patterson. 2006. Asian Borderlands: the Transformation of Qing China's Yunnan Frontier. Cambridge, MA: Harvard University Press.

Ginzburg, Carlo, with John Tedeschi, and Anne C. Tedschi 1993. Microhistory: Two or Three Things That I Know About It. Critical Inquiry. 20 (1): 10-35

Goldstein, Melvyn C. 1989. A History of Modern Tibet, 1931-1951: the Demise of the Lamaist State. CA, Berkeley: University of California Press.

Hall, D. G. E. 1981. A History of Southeast Asia. Hong Kong: MacMillan.

Hansson, Inga Lill. 1984. A Folktale of Akha in Northern Thailand. Copenhagen: University of Copenhagen.

Hefner, Robert W. 1985. Hindu Javanese: Tengger Traditon and Islam. Princeton, NJ: Princeton University Press.

Herman, John E. 2007. Amid the Clouds and Mist: China's Colonization of Guizhou, 1200-1700. Cambridge, MA: Harvard University Asia Center.

Hill, Ann Maxwell. 1998. Hill, Merchants and Migrants: Ethnicity and Trade Among the Yunnanese Chinese in Southeast Asia. New Haven, CT: Yale University Press.

Jenks, Robert D. 1994. Insurgency and Social Disorder in Guizhou: the Miao Rebellion, 1854-1873. Honolulu: University of Hawai'i Press.

Jock, Lim Joo. 1984. Territorial Power Domains, Southeast Asia, and China: the Geo-Strategy of an Overarching Massif. Singapore: Institute of Southeast Asian Studies.

Kalb, D. and H. Tak. 2005. Critical Junctions: Anthropology and History Beyond the Cultural Turn. New York: Berghahn.

Keesing, Felix M. 1976. The Ethnohistory of Northern Luzon. Stanford, CA: Stanford University Press.

Kerkvliet, Benedict J. Tria. 2009. Everyday Politics in Peasant Societies (and Ours). Journal of Peasant Studies 36 (1): 227-243.

Ladurie, Emmanuel Le Roy. 1975. Montaillou, Village Occitan, de 1294 a 1324. Paris: Gallimard.

Lattimore, Owen. 1962. The Frontier in History. In Studies in Frontier History: Collected Papers, 1928-58. London: Oxford University Press.

Leach, Edmund. 1954. The Political Systems of Highland Burma: A Study of Kachin Social Structure. Cambridge, MA: Harvard University Press.

Lehman, Frank K. 1963. The Structure of Chin Society. Urbana, IL: University of Illinois Press.

Li, Tania Murray, ed. 1999. Marginality, Power, and Production: Analyzing Upland Transformations. In Transforming the Indonesian Uplands. pp. 1-44. Amsterdam: Harwood.

Lin, Ma Touan. 1883. Ethnographie des Peuples Étrangers à la Chine: Ouvrage Composé au XIIIe Siècle … Traduit … du Chinois avec un Commentaire

Perpétuel par le Marquis d'Hervey de Saint-Denys. Paris: Ernest Leroux.

Lieberman, Victor. 2003. Strange Parallels: Southeast Asia in Global Context. In Volume 1: Integration on the Mainland. Cambridge: Cambridge University Press. Volume 2: Mainland Mirrors: Europe, Japan, China, South Asia, and the Islands. Cambridge: Cambridge University Press.

Lombard-Salmon, Claudine 1972 Un exemple d'Acculturation Chinoise: La Province du Guizhou au XVIIIe siècle. Vol. 84. Paris: Publication de l'Ecole Francaise d'Extreme-Orient.

McCoy, Alfred W. with Cathleen B. Read and Leonard. P. Adams III 1989 The politics of Heroin in Southeast Asia. Singapore: Harper Torchbooks.

McKinnon, John and Jean Michaud. 2000. Presentation: Montagnard Domain in the South-East Asian Massif. In Turbulent Times and Enduring Peoples: the Mountain Minorities of the South-East Asian Massif. J. Michaud, eds. pp. 1–25. Richmond, Surrey: Curzon Press.

Merry, Sally Engel. 2006. Transnational Human Rights and Local Activism: Mapping the Middle. American Anthropologist 108 (1): 38-51.

Michaud, Jean. 2006. Historical Dictionary of the Peoples of the Southeast Asian Massif. Lanham, MD: Scarecrow Press. 2007. "Incidental" ethnographers: French Catholic Missions on the Tonkin-Yunnan Frontier, 1880–1930. p. ix. Leiden and Boston. MA: Brill Academic Publishers. 1997. Economic Transformation in a Hmong Village of Thailand.

Human Organization 56 (2): 222-232. 1997. From South-West China into Upper Indochina: An Overview of Hmong (Miao) Migrations. Asia-Pacific Viewpoint 38 (2): 119-130

Michaud, Jean and Tim Forsyth, eds. 2010. Moving Mountains: Highland Livelihoods and Ethnicity in China, Vietnam and Laos. Vancouver: University of British Columbia Press.

Pluvier, Jan. 1995. Historical Atlas of South-east Asia. Leiden: Brill.

Rambo, A. T. 1997. Development Trends in Vietnam's Northern Mountain Region. In Development Trends in Vietnam's Northern Mountain Region. D. Donovan, A. T. Rambo, J. Fox, and Le Trong Cuc, eds. p. 8. Hanoi: National Political Publishing House.

Rispaud, J. 1937 Les Noms à éléments numéraux des principautés taï, Journal of the Siam Society 29 (2): 77-122.

Rousseau, Jerome. 1990. Central Borneo: Ethnic Identity and Social Life in a Stratified Society. Oxford: Oxford University Press.

Salins, Marshall. 1999. What is Anthropological Enlightenment? Some Lessons of the Twentieth Century. Annual Review of Anthropology 28: i-xxiii.

Schendel, Willem Van. 2002. Geographies of Knowing, Geographies of Ignorance: Jumping Scale in Southeast Asia. Environment and Planning D: Society and Space 20 (6): 647-668.

Schotter, Aloys. 1908. Notes Ethnographiques sur les Tribus du Kuoy-Tcheou (Chine). Anthropos 2: 397-398.

Sadan, Mandy and Francois Robinne, ed. 2007. Social Dynamics in the Highlands of South East Asia: Reconsidering Political Systems of Highland Burma by E. R. Leach. Leiden: Brill.

Schwartz, Stuart, and Frank Solomon. 1999. New Peoples and New Kinds of People: Adaption, Adjustment, and Ethnogenesis in South American Indigenous Societies (Colonial Era). In The Cambridge History of Native Peoples of the Americas. Stuart Schwartz and Frank Solomon, eds. pp. 443 - 501. Cambridge: Cambridge University Press.

Scott, James C. 2009. The Art of Not Being Governed: An anarchist History of Upland Southeast Asia. New Haven, CT: Yale University Press. 1990. Domination and the Arts of Resistance: Hidden Transcripts. New Haven, CT: Yale University Press. 1985. Weapons of the Weak: Everyday forms of Peasant Resistance. New Haven, CT: Yale University Press.

Sellato, Bernard. 1994. Nomads of the Borneo Rainforest: the Economics, Politics, and Ideology of Settling Down. Honolulu: University of Hawai'i Press.

Shneiderman, Sara. Are the Central Himalayas in Zomia? Some Scholarly and Political Consideration Across Time and Space. pp. 289-312.

Tan, Zhang. 1992. "Zhai men" qian di shi men kan: Jidu Jiao wen hua yu chuan Dian Qian bian Miao zu she hui The stone threshold in front of the "narrow door": Christian culture and Miao people's society of the border regions of Sichuan, Yunan and Guizhou provinces. Kunming: Yunnan jiao yu chu ban she Yunnan Sheng Xin hua shu dian jing xiao.

Tapp, Nicholas. 2010. Review of James C. Scott's "The Art of Not Being Governed". ASEASUK News: 47.

Tarling N. 1992. The Cambridge History of Southeast Asia (2 Vols.). Cambridge: Cambridge University Press.

Testart, Alain. 1985. Le Communisme Primitif, Vol. 1: Economie et ideologie. Paris: Editions De La Maison Des Sciences De L'Homme.

Thomas, keith. 1963. History and Anthropology. Past and present 24: 3-24.

Thomas, Nicholas. 1996. History and Anthropology. In Encyclopedia of Social and Cultural Anthropology. Alan Barnard and Jonathan Spencer, eds. pp. 273-277. London: Routledge.

Tonkin, Elizabeth. 1975. Implications of Oracy: An Anthropological View. Oral History 3 (1).

Vansina, Jan. 1985. Oral Tradition as History. Madison, WI: University of Wisconsin Press. 1965. Oral Tradition: A Study in Historical Methodology. H. M. Wright, trans. London: Routledge & Kegan Paul.

Valeri, Valerio. 1994. Our Ancestors Spoke Little: Knowledge and Social Forms in Huaulu. In Halmabera and Beyond: Social Science Research in the Moluccas. Leontine E. Visser, eds. pp. 195-212. Leiden: KITLV Press.

Walker, Andrew. 1999. The Legend of the Golden Boat: Regulation, Trade and Traders in the Borderlands of Laos, Thailand, China and Burma. Honolulu: University of Hawai'i Press.

White, Richard. 1991. The Middle Ground: Indians, Empires, and Republics in the Great Lakes Region, 1650-1815. Cambridge: Cambridge University Press.

Wijeyewardene, Gehan. 1990. Ethnic Groups across National Boundaries in Mainland Southeast Asia. Singapore: Institute of Southeast Asian Studies.

Winichakul, Thonchai. 1994. Siam Mapped: a History of the Geo-Body of a Nation. Honolulu: University of Hawai'i Press.

Wolters, O. W. 1999. History, Culture and Region in Southeast Asian Perspectives. (Revised edn.) Ithaca, NY, and Singapore: Cornell Southeast Asia Program and Institute for Southeast Asian Studies.

Yang, Bin. 2009. Between Wind and Clouds: the Making of Yunnan (Second Century BCE to Twentieth Century CE). New York: Columbia University Press.

Young, Gordon. 1962. The Hill Tribes of Northern Thailand. Bangkok: The

Siam Society.

AAS Website

http://www.aasianst.org/, accessed February 2010.

Makivik Cartographic Services

2000 Map. Http://www.makivik.org/en/mediacentre/nunavik-maps, accessed April 1st, 2010.

Van Schendel "Geographies"

The ICIMOD described itself as "a regional knowledge development and learning centre serving the eight regional member countries of the Hindu Kush-Himalayas-Afghanistan, Bangladesh, Bhutan, China, India, Myanmar, Nepal, and Pakistan. Http://www.icimod.org/, accessed March 31st, 2010.

认知地理和无知地理[1]
——在东南亚的跳跃规模

荷兰阿姆斯特丹大学社会科学系　Willem van Schendel[2]　著
云南民族大学云南省民族研究所　李全敏　译

摘　要："区域研究"是指用一个地理比喻来可视化和自然化特定的社会空间以及分析的特定规模。它们产生出具体的认知地理的同时派生出无知地理。本文以东南亚地区为例，作者将会探索区域如何被设想，以及区域知识是如何被构成用来建构区域的"中心地带"和"边界地带"。这将通过思考亚洲的一个大区域（这里命名为"佐米亚"）在第二次世界大战后的区域分配中没能成为世界区域的国家形成的强大中心，在政治上模棱两可，并没有足够的指挥学术的影响力。由于东亚、东南亚、南亚、中亚区域研究专家强大共同体的出现，"佐米亚"分散在边缘，有关它的知识生产滞后了。作者认为，当社会空间理论进入一个新的和未知的领域时，有必要更加仔细地检查创造和维持区域研究规模的学术政治。想象领域的启发式冲动以及区域研究生产的高品质和文本化的知识，可能用于设想其他空间配置，诸如"横切的"区域、边界的世界蜂窝组合，或者跨界流动的过程地理学。所有传统领域的学者都能参与这个项目来"跳跃规模"以及发展区域空间的新概念。

关键词：中心地带　边界地带　区域空间　构建

　　坐在小吃摊上，听周围的人讲话，想象你是一个语言专家，享受着来自你周围餐桌的孟高棉语的流动，倾听着孩子们在街上用藏缅语叫嚷的声音，以及从收音机传来的印欧语的歌曲，看着柜台上摆着的有5种字体的报纸，用任何一种语言为自己订一份竹笋午餐，猜猜自己在什么

---

[1] 原文出处：Van Schendel, Willem. 2002. Geographies of knowing, geographies of ignorance: jumping scales in Southeast Asia. *Environment and Planning D*: *Society and Space* 20: 647-668.

[2] 作者简介：Willem van Schendel，阿姆斯特丹大学社会科学系教授；佐米亚概念原创学者之一，为郁丹教授环喜马拉雅研究、印度-中国走廊、亚洲边疆研究等重要合作伙伴，共同获得瑞典国家科学研究基金。

地方。欢迎来到……东南亚？

嗯，是的，也不是。我们在西隆，印度东北部的一个小镇。这里是东南亚吗？如果是，为什么？重要吗？在本文，我将关注20世纪下半叶作为世界学术区域化结果而出现的"认知地理"。我特别感兴趣的是探究这些区域的边缘，或被称为"区域研究"的知识框架的条纹。围绕西隆的区域能被描述为东南亚的西北边界，或者南亚的东北边界。我从东南亚的角度来探究"区域边界"的问题。因而，西隆可能代表着分散的城镇，如安塔那那利佛、亭可马里、马老奇和昆明。

对区域的争夺

第二次世界大战后的世界学科分界既不是军事也不是行政行动，但它显示出两代人之前对非洲争夺的某种相似性。首先，如同它的起因，其动力对其关注的区域是政治的和外部的：它来自北美和欧洲，这些地方没有真正把自身考虑为"区域"。其次，它导致世界地图上边界线的绘制，正如在柏林会议设想的帝国边界线一样大胆；事实上，他们经常遵循帝国的边界。再次，它创造了概念上的帝国，被认为基本上是同质的和自成一体的，以及它弱化了切割新设想"区域"原有的社会现实，那些带有（新）殖民地权利的除外。

界定区域概念的争议导致了世界各地学术性团体的制度性固化，它们各自对区域概念进行了深度的具体研讨和争辩，形成了各自的参考圈，并且发展了各自的机制和方式，来维护它们的学术领域。北美"区域研究"（are studies）的出现曾经是一种学术力量的源泉，但也导致了蒙昧现象和守旧形式的区域研究，因而阻碍了不同学术圈之间的信息流动。这个不足为奇的现象，如同一位拉丁美洲的学者，入席一个非洲研究的会议，或者如同一位中东研究学者站在东南亚学者群里，感觉自己像一位讲英语的非洲学者在参加一个讲法语的国际会议。即便是对那些研究在地理上有连贯性的区域的学者来说，听懂邻近的区域学会议内容都会有困难。例如，在亚洲研究会议上，很容易观察到不同的区域学专家在各自的研讨组里非常热烈的相互交流，却很少与邻近研讨组进行互动。甚至在茶歇时，不同区域研究的子学科学者，只顾与同僚继续交谈，而不扩展自己的圈子。

同时，对区域的争夺仍在继续。当世界已经超越了19世纪中期的政治现实，产生了区域研究，学者们已经试图适应他们相应的区域。这可以从20世纪90年代一个新的学术领域"中亚"得到清楚的表明。① 领域已经变化，因为每一个领域变成了区域专家和他们"北方"同事们之间改变关系的纽带；这些关系从对立到协同各不一致，并在特定领域的模式中进化。经过几代的发展，这些关系网已经发展成"区域谱系"，想象区群落的纠纷和成见把他们更加紧密地联系在一起，还创造了自己独特的奖励、制裁和禁忌系统。在以前的殖民社会中，带有国际野心的快速发展的知识成员只能选择适应区域的模具。此外，从20世纪最后几年看出区域研究项目本身就在遭受批评，尤其在美国，在制度化中已经走得很远了。全球经济和金融联系意识的增强，国际移民，次领土化和离散者的身份认同，导致了对区域研究盲目迷恋地方的指责，并迫使区域研究重新整合其原则，即，没有"语境化"的知识生产充其量具有可悲的缺陷性。最后，逐渐走进那些欧洲、北美、澳大利亚有专业知识的人群，他们如同其同事花一生的时间来分析非洲或拉丁美洲，来从事区域研究。

区域是什么？

理解一个学术领域有三种主要的方式：作为一个地方，作为一个知识生产的场所，作为一种职业机器。让我以东南亚为例来说明。

许多人把东南亚描述为一个物质空间，一个地理单元，一个在地球上指得出来的区域。② 但是东南亚学者对他们的区域明显地缺乏自信，该区域没有非洲或拉美独特的陆地形状，是一个由大面积水域联合而成的非连续性的领域。③ 由于东南亚缺乏其他地区的地理和地形特征，东南亚学者就强调人际关

---

① 这个区域仍是一个悬而未决的单元，从其周围术语的混乱看得出来。中亚的许多著作大量地研究过苏联部分，现在分散在里海东部的五个独立的国家之间。然而一些国家还包括前苏联在高加索地区的部分。Lewis and Wigen（1997, pp.176-181）提出了一个较大的区域，包括里海东部的国家、新疆、蒙古和西藏。有学者提出异议，如 Soucek （2000）认为只有苏联部分是"中亚"，Lewis and Wigen 提出的区域应该命名为"内亚"，或者 Christian（1994）在亚洲研究期刊的"中国与内亚"的标题下的书评中提出术语"欧亚大陆"。

② Agnew（1999：92）描述了这种方法，如同现实主义者的"区域"通常会联想到一种空间的同质块的理念，因其物质和文化特性而具有持续的特征。其说法是世界上存在着"不存在"。他们发现自己与建构主义者在一个"不幸的对立面"中，"他们把所有区域看作观察员的发明，其定义更多在说明观察员的政治社会地位，而不是区域分类的现象"。

③ 东南亚学者已经讨论过该区域的本质和认同，正如他们自己的成绩和缺点，在一定程度上，他们诸如研究南亚的同事对此一无所知。 （见 Emmerson, 1984; Hirschman et al., 1992; Solheim, 1985; *Weighing the Balance*, 2000）

系使得该区域成为空间的建设中，物质的意图被注入了比其他地方更多的社会意图。(Smith, 1990)

但是即使谈到居住在这些领域的人们，他们常会被不符合实际的描述。近年来，查尔斯·凯斯（Charles Keyes）曾提到，东南亚是一个区域，包括"印度东部、中国南部和澳大利亚北部的人群"（*Weighing the Balance*, 2000: 8）。其他学者则试图强调该区域人群的团结，通过表明其特征在于"共享理念，相近的生活方式和悠久的文化联系"（Lewis and Wigen, 1997: 158）。这通常是模糊的，尽管文化联系实际上在定义东南亚中被认为是关键的部分，但是文明、语言和宗教具有替代性。① 这些定义分享的是对东南亚的某种关注，该区域具有某种内在一致性的有限的地理位置和甚至是区域专家都无法言喻的某种区域气质。② 作为结果，该区域的地理边界存在着诸多的问题：文明、语言和宗教从未彼此一致，也不如同大多数专家接受的作为其追求知识空间限制的当代政治边界。

另一种分析区域的方法是把它作为一个象征的空间，作为一个理论知识生产的场所，而不是作为一个单纯的专业知识的对象（Morris, in *Weighing the Balance*, 2000: 11）。娜菲媞·塔迪阿（Neferti Tadiar）提出：

> 东南亚的"区域"可以更多地理解为一个理论问题而不是作为一个审视目标近似于我们把"文化研究"理解为提供问题和方法论"领域"的方法。(in *Weighing the Balance*, 2000: 18)

这种方法接受了东南亚的知识社会学。东南亚研究如何被北美、欧洲、澳大利亚、日本和东南亚学术机构的偏好、冲击和理论潮流所构成？在任何明确的方式中定义"理论问题"可能吗？授予新进入者的经典是什么？东南亚提供给其他领域的问题和方法论是什么？而且，在更广泛的区域研究中，一些关键问题在于知识的"区域"系统，其重点在于空间配置的特殊性，如

---

① 但文化标准使得地理定义极度有问题。如同 Hill and Hitchcock (1996: 12) 的讨论："在地理术语中，印度东北部、中国南部和台湾可以视为东南亚，而伊里安查亚与美拉尼西亚人的世界有着太多的共同点。"

② 如何把其置入剑桥东南亚史的序言中，这对外行人来说是相当神秘的："东南亚一直被视为一个整体，尽管这个区域也用其他术语表示。东南亚的名称，在第二次世界大战期间普遍使用，作为识别该区域的统一而被接受，但不是判断其统一的本质。然而，学术研究和写作已表明，它不仅仅是地理上的表达。"（Tarling, 1999, 第1卷, 第xi页）

何与其他区域系统相联系？在其与总体的社会理论之间的中介是什么？区域研究对该理论持续的空间化的贡献是什么？①

最后，东南亚被认为是一个制度空间，一个跨国学术谱系群、参考系、权威和赞助机构的名称。从这个角度看，"东南亚"既是一个全球相互支持的社会，也是一个保护、促进、验证特定种类专长的网络。这个跨界的社区是由既定学者充当一个受控"区域"劳动力市场的看门人，这个市场只有被选中的年轻学员才能进入。关键是在于保护，如果有可能，关键是在大学、研究机构和决策中心内部中该领域的扩展。东南亚（或其他"领域"）的学者扮演着他们领域的游说者。今天，困扰东南亚学者的一个烦恼是，该领域的领军人已经到了退休的年龄。令人担心的是，这将会弱化"东南亚"作为学术项目和职业机器的角色。

区域研究的结构

区域研究使用地理隐喻来合法化知识生产的具体类型。这方面的知识不仅通过学科还需要通过地理位置来架构。地理隐喻要求一个"区域"的结束另一个"区域"的开始，但现实中区域研究类似古老的地理范围和边界模糊的政治实体。在目前被称为东南亚某些部分的王国，曾经其中心势力强大并有明确的定义，然而其边缘却模糊且有争议。其扩展和缩减依赖他们与周围政治实体的关系，而且常有一些区域存在于未定的政治身份之间。区域研究是这样的，其缺乏明确的边界，如果有适合的，他们可能会提出新的边界。一个很好的例子就是阿富汗，被纳入进中东、中亚和南亚等不同的区域，或被这些地方所忽略。

部分区域研究有一个强大的中心。南亚研究就是一个例子。这里的大部分学者从事印度研究，甚至是印度北部的研究。相比之下，东南亚的研究似乎形成了一个以三类主要的省级派系联盟为基础的多中心实体：印度尼西亚专家、泰国专家、越南专家。（*Weighing the Balance*, 2000：17-20）这些群体的关注占该领域的主导地位。他们容忍着来自边缘较弱的派系，例如，那些有关较小殖民地如菲律宾、老挝、马来西亚或者缅甸而生成的学术知识。接着有边疆和边境把该区域从世界的其他部分分离出来。在东南亚的例子中，

---

① 这方面的工作在人类地理学中进行着，人类地理学是一门与区域研究整合不密切的学科。（如参见 Harvey, 1996; Gregory, 1994; Smith, 1990; Soja, 1989.）

这些是以上提到的阈限之地：印度东北部、云南、斯里兰卡、马达加斯加、新几内亚等。那些对这些地方生产专业知识的学者可能偶尔被邀请议政，但是他们永远都不可能成为政治精英的一部分。在真正的政治实体潮流中，这些游走有时被称作区域问题的一部分，但这总是从政体的角度来看。边境很少值得真正的开战——在相邻的区域中，它们比争议更容易被遗忘。

类似地，区域性研究是由学科架构的，有些则提供给他者更高的地位（和更好的事业前景）。最近的一个综述表明，人类学和历史学主导了东南亚的研究，尽管研究者的其他群体更倾向于有政策导向的学科。（*Weighing the Balance*, 2000）但显然，有些学科地位低下。在职业生涯规划方面，学生们更明智地接受作为一名人类学家而不是地理学家的训练，其更明智地选择爪哇而不是柬埔寨。这当然不是因为柬埔寨的地理研究本身没有爪哇的人类学研究重要——事实上有可能在一个相对封闭领域中某个学者对知识生产的影响更大——而是因为在那些定义区域相关性的人群中奖励系统的运行。

不被关注的区域

区域研究作为一种学术项目在当前的振兴可能会使学习者悲伤但也可以作为一种他人的救济。他们欢迎一种对争夺区域的内容、边界和知识类型的重新思考。它不仅是迫不及待的"全球主义者"。[①] 其他人早就认为，为了学术认可，区域研究的支持者夸大了他们的情况。在区域研究的旗帜下，特定的学术区域被允许以牺牲他者为代价，甚至那些认为以区域为基础学术活动理念是健全的可能是对现实的反叛。例如，尽管许多东南亚学者把其区域认为是一个年轻脆弱需要进一步发掘的地方，他们已经将东南亚描述为"传统区域"和提出诸如"印度洋"或"亚洲太平洋"的区域环境的新来者置于防守地位。[②]

人类活动被认为发生的空间的构造总是有争议的，关于这些社会空间，

---

① 对区域研究的猛烈攻击和勾勒为"个别的，自我参照，……在一个不合时宜、实证主义、认识论中的锚定"，参见 Palat, 1996, 第 301 页。

② 在 20 世纪后期，这两个区域横切"东南亚"，获得了相应的地位。其出现主要归功于 Fernand Braudel 有关地中海的观点，Reid（1988；1993）也运用过此观点。对于印度洋区域的一个纲领性阐述，参见 Dowdy（1985）。自此，学术期刊（如印度洋评论）和研究机构，如帕斯科廷技术大学印度洋区域研究中心已经把该区域列为其关注点。环太平洋、太平洋盆地、亚洲-太平洋，参见，如 Dirlik（1992）。

它们的"认知地理"（Gregory，1994）的知识生产也是如此。因为空间的隐喻在区域研究的构成中是如此重要，这些空间的可视化需要被仔细考虑。地图是空间表征的主要工具，在此之下的愿景、政治和假设已经成为人类地理学中的一个重要的研究领域（如 Harley，1992）。在过去半个世纪中，对该区域的争夺已经影响了制图者和我们其余人，地图集通常有带着"东南亚"和"南亚"标题的地图。这些看似客观的可视化地图呈现出世界的中心，其边缘地带总是从地图中漏掉，或消失在两页褶皱之间，或最终作为插图。这样，地图的方便加强了空间等级的认知，突出了地球上的某些地区，忽略了其他一些地区。

例如，有兴趣寻找显示缅甸、印度东北部和中国相邻地区的相当详细的任何人都知道这些是不存在的。这是一个成为制图术受害者的区域。东南亚的地图可能甚至没有包括缅甸的北部和西部，更别说印度和孟加拉相邻的区域。① 而且南亚的地图不常显示印度东北部（有时是孟加拉）而将其作为一个不方便的归为插图的异常值。西藏和云南的位置可能会出现在边远的角落，只是因为要填充地图的矩形形状。

这是一个区域的例子，通常被区域地图制造者切割为碎片，例如爪哇或恒河山谷从来不会列为"中心地带"。这不是牵强附会地认为地图边缘化暗示了区域研究中一个地区的边缘状况，不仅仅根据到达某些想象区域核心的物质距离，而且根据接触主要关注点和问题的知觉关联性，来驱动在这种情况下东南亚、南亚、中亚和东亚四个汇集在此的区域的研究。② 换句话说，这个区域，如同其他区域，被排除在"区域想象"中。这些区域被归为受忽视和字迹模糊的"区域"的学术范畴中。③

这可能是有意突出这个区域对区域研究的无关性，以及对这个区域的区域研究的荒谬性。以喜马拉雅山脉东部 4 个定居点为例，这 4 个定居点每个相隔约 50 公里。在遥远的研究和会议室中做出的武断决定把它们分配给了 4 个不同的世界区域：Gohaling 在云南（"东亚"），Sakongdan 在缅甸（"东南

---

① 在东南亚的作品中，地图不是不经常被修剪来排除明显无关的缅甸北部。这种趋势在"现代"东南亚地图中尤其明显。因为东南亚学者从早期历史到殖民和后殖民时期，似乎变得缺乏包容，而倾向于"海滨"的说辞（参见，例如，maps in Pluvier，1974；Rigg and Scott，1992；Tate，1971；1979；Williams，1976）。

② 与在 Lewis and Wigen（1997：187）中的地图比较。

③ Scott（1998）探讨了权利、知识和国家的清晰度之间的关系，但是清晰度的理念可以用于观察员的其他结构化小组，诸如区域专家。

亚"),Dong 在印度("南亚"),Zayu 在西藏("中亚")。对这些地方更有意义的连接不是彼此之间而是与遥远的"区域中心"有关的猜想是相当荒谬的,以及有关区域研究心系统一人们共享的理念、相关的生活方式和悠久的文化联系的断言就是栽在这里。

在这方面,东南亚研究当然没有什么特别之处。区域研究的结构导致了某些区域和某些知识类型的边缘化。下面,我将横跨当前4个学术区域来探索一个无名的区域的问题。让我们把其命名为"佐米亚"(Zomia)。①

为什么"佐米亚"不是一个区域

根据用于合理的区域研究的物理空间标准,"佐米亚"当然可以作为一个区域。其"共享的理念、相关的生活方式以及悠久的文化联系"是多样化的。它们包括语言的类同(如藏缅语)、宗教的共性(如族群宗教以及在普世宗教如佛教和基督教)、文化特质(如亲属制度,民族散居地)、古代贸易网络以及生态条件(如山地农业)。② 在过去,"佐米亚"是国家形成的中心(如云南的南诏国、吐蕃、阿萨姆的阿洪国),但是现在其政治地位降低到与其有对立关系的10个山谷为主的国家的边缘。③ 尽管其没有一个令人喜欢的(次)大陆形状,"佐米亚"可能已经定义为一个独特的地理区域,一个研究对象,一个世界区域。

但是如果我们用塔迪阿(Tadiar)提出的象征-空间标准来思考"佐米

---

① 这来自 zomi,是分布在缅甸、印度和孟加拉的下巴米佐库基语言口语中指称山地人群的一个术语。语言学家把这些语言归属于遍及整个"佐米亚"的藏缅语族中,"佐米亚"〔克什米尔、印度北部、尼泊尔、西藏(中国)、锡金、不丹、印度东北部、吉大港(孟加拉)、缅甸、云南(中国)、四川(中国)、泰国、老挝和越南〕。没想到的是,由于这个大区域的生物安全隔离区,"除了少数例外这些语言在学术文献中描述的非常不充分……目前存在于关于这些语言之间的相互关系和类同的混乱情形是很难令人惊讶的"(Shapiro and Schiffman, 1983:115;比较于 http://linguistics.berkeley.edu/stedt/html/STfamily.html)。

② 如果这遇到特征的奇怪分类,有好处意识到其特性通常用于定义一个倾向于"自然地理、文化、政治范畴的不被承认的混乱"的区域(Lewis and Wigen, 1997:197)。在这个方面,以上述提到的标准为基础对"佐米亚"的要求不比中东远,其基于"一个'十字路口'的位置、干旱、石油财富、伊斯兰文化、阿拉伯语、对文明的早期贡献,以及激烈争斗的现代历史"(Wheeler and Kostbade, 1993:196);对其批判性的评论,参见 Lewis 和 Wigen(1997,第197页与第195页相比)。

③ 唯一的例外是不丹,其国家权利正式掌握在"佐米亚"精英手里,但是这些精英受印度国家精英所控制。这10个国家是中国、越南、老挝、柬埔寨、泰国、缅甸、印度、孟加拉、不丹和尼泊尔。

亚"，它并不具有资格成为一个区域，并没有被放入"一个理论问题……提供新的问题和方法论中"。相反，它作为一个理论生成轨迹已急剧下降。例如，在人类学领域，"佐米亚"直到20世纪中叶才变得重要。它产生出了一些有影响的研究，诸如来自艾德蒙·利奇（Edmund Leach），F. K. 雷曼（F K Lehman），以及克里斯托夫·冯·福勒·海门道夫（Christoph von Furer-Haimendorf）的成果，提供了亲属、政治结构、民族认同和生态学之间的理论连接。这样的研究为一个展开的"理论问题"形成了基础，堪比20世纪后半叶中安第斯研究的发展。如果大海能激发学者构建布罗代尔区域的山脉，为什么它不是世界上最大的山脉？但这都没发生。相反，"佐米亚"不同部分的优秀研究继续要被完成，但是这些都没有提到追随"'佐米亚'主义者"的观众，他们也没有野心来构建一个"佐米亚"视角，给社会科学提供新的问题和方法论。（关于这个区域的一些最近的成果参见：Atwill，2000；Chiranan Prasertkul，1990；Hill，1998；Jonsson，1999；Michaud，2000；vanSchendel et al.，2000；van Spengen，2000；Walker，1999；Wijeyewardene，1990）这些成果的出台或是为了对此区域不甚了解的学术同事们所写，或是为了云南、印度东北部或西藏的更狭隘的专家群所写。如果以"佐米亚"分出的4个学术"区域"的专家表现出了兴趣，这仅仅是一个意想不到的好事。①

换句话说，"佐米亚"也没有资格成为一个制度空间。没有强大的跨国学术谱系、参考系或者权威结构和赞助人围绕"佐米亚"而发展。不像"东南亚"或其他使其学术化的区域，"佐米亚"如同其他潜在区域一样，缺乏一个制度化的牢固网络，来保护、促进和验证区域专业知识。对此，这似乎有3个主要的原因。

首先，冷战的地缘政治缓和了"佐米亚"的构建，因为该区域横跨共产主义和资本主义的势力范围。不像在北部受研究资助的其他地区的案例可以在政治上是"了解你的敌人"或"指导年轻的国家走向民主"，"佐米亚"是一个令人困惑的区域，政治上不足以构成值得大量关注的威胁。

第二，"佐米亚"没有覆盖重要的国家而仅涉及国家中政治边缘区域。这是一个严重的缺陷，因为区域研究对它们文化者的语言而言，在其定位中是牢固存在的。所有成功的地区已经构建在20世纪中期的国家群中，甚至是国

---

① 在东南亚的研究中，目前正在进行一项尝试，来使该案例成为"山地居民的范围"。在文献综述中，McKinnon 和 Michaud（2000：2）表明，有对单个个案的研究但没有任何研究指出"（东南亚）板块不止一个山地社会给予后者一个连贯的超国家空间和社会单元的状态"。

家联盟的基础上。① 国家边界通常是用于区分每个区域的外边界。② 大多数区域专家根据民族国家来思考和识别国家水平和特定的国家有界社会（比较Reynolds and McVey, 1998）。对外面的世界，他们自称是印度尼西亚学者而不是孤立的东南亚学者或加里曼丹学者。在北部大学中教给年轻的区域学者的语言是美国的"国家的"语言。③ 国家层面不仅优先考虑概念术语，而且也逃避不了经费、制度知名度和国家间的联网。这就是为什么"佐米亚"，一个没有独立国家的区域，永远不会有机会站起来。④

更糟的是，在20世纪后半期，很多"佐米亚"抵制其归属国家的国家建构的项目。在这些项目中，高地人通常被排斥在公民身份的话语之外，被赋予非公民的角色，或者国家林业资源的偷猎者，只有同化到低地"主流"才能免受责难。（Jonsson, 1998）在整个"佐米亚"中，国家实施人口迁移、山地农业防治、土地登记、伐木、野生生物保护、大坝建设、流域保护以及国家语言的教育等政策，这导致了竞争和紧张的新形式。"发展"的这些形式没有充当一种反政治的机器。（Ferguson, 1990）相反，"佐米亚"的特点为地方主义和分裂主义运动的高发率，"非国家空间"以及围绕诸如"部落"和"原住民"等观念的话语战争。（Scott, 2000）一些运动被世界媒体报道（使西藏、克什米尔和金三角成为家喻户晓的名字），但即使对区域专家而言

---

① 许多东南亚学者把其研究范围局限在东盟（东南亚国家联盟）各国（其几十年来不包括老挝、越南、柬埔寨和东帝汶），正如南亚学者之后对南盟（南亚区域联盟）各国那样。带有"不具备建国形态"的区域很难作为学术区域建立自我——例如，"中亚"，直到其在后苏联国家形式中发展出独立的国家形态才作为一个区域出现。

② 通常有些奇怪的不一致。Tarling (1961: xi) 有关区域的定义似乎直接统计为："术语'东南亚'常用来描述位于印度和中国之间的一组国家。"但是，到领土范围时，他包括的不仅有8个州域，而且有安达曼群岛和尼科巴群岛（属印度）。

③ 在美国雄心勃勃且成功的 SEASSI（东南亚研究暑期学院）的语言教学计划就是一个很好的例子。这里可以学到越南语、他加禄语、老挝语、高棉语、泰语、印尼语和缅甸语；这些是所有国家的语言。此外，东南亚上百种非国家的语言，在这可以学到两种：蒙语和爪哇语。大多数东南亚区域研究与这种丰富性不相匹配。它们偏重关注该区域两个国家的语言，印度语和乌尔都语（但不提供尼泊尔、孟加拉、不丹、斯里兰卡或马尔代夫的国家语言），以及两种"古典的"语言，梵语和泰米尔语。

④ "佐米亚""国家能见度"的低等级也反映出跨该区域国家联盟的长期缺乏，没有东盟、东盟贸易组织，或者南亚区域联盟。直到20世纪80年代，第一个国家自主的计划才实现，例如，ICIMOD（国际山地综合发展中心），于1983年发起，关注跨越"佐米亚"的网络。它最初的重点是喜马拉雅区域的兴都库什山脉，通过亚太山地网络（见http://www.icimod.org/）逐渐被扩展。

大多数都是未知的。① 例如，一般的南亚学者很难对一个阿萨姆和印度东北部有的已有 50 多年历史的州域，做出有关其高度活跃的自治运动的知情分析。

在"佐米亚"区域中作为这种对立关系和国家控制弱化的结果，有些国家已经严格控制外来者的进入。② 这样，国家的边缘性也减轻了"佐米亚"区域研究的繁荣。曾于 20 世纪 40 年代和 50 年代在该区域自由工作的区域专家发现，近几十年来进入该区域对他们和他们的学生变得越来越难。尽管这些限制不是统一的，在大多数"佐米亚"区域现在看起来在减少，难于接近、国家监控和外在危险的历史已经证明了这些对该区域的研究是一个倒退。

第三，"佐米亚"缺乏两种有影响的以大学为基础的群体的支持，这在北半球建立学术区域研究是有作用的。一个群体由"殖民专家"——负责殖民官员和学员以前的培训课程的知识分子——其在殖民时代的末尾在寻找新的角色。他们中的许多人试图将自己改造为区域敏感性发展专家，他们强烈地支持用区域研究的形式重新包装他们的知识和技能。另一个群体是"文明的专家"，研究非西方"文明"的学者，尤其通过他们的文本遗产，并被称为印度学家、伊斯兰学家，或者，更普遍的是，汉学家。这些专家们都热衷于确保任何新的区域研究是围绕他们自身投入的文明建设而被建立。在"南亚"和"中东"的情况中，殖民专家和文明专家参与在他们"区域"的创造中方法几乎等同，而在"东亚"的情况中，文明专家占主导地位，在"东南亚"的情况中，殖民专家占主导地位。东南亚学者敏锐地意识到文明专家给"区域"不可缺少的声望，他们热衷于指出，尽管少数文明专家认为他们的"区域"是世界上伟大文明地之一，"东南亚的文化传统过于丰富及动态而不能作为奉献给世界的'伟大'传统的领域中的事后追悔"（Keyes，1992：18）。③ 而且不像，例如，南亚、东南亚留下一个弱势建构的区域，因为其没有发展出强

---

① 一些区域专家遵循着 Wolters（1999：160-162）的观点，在一篇有趣的自我批评的作品中，称其为"低地精英的思想"和"低地者的偏见"对于高地，被认为是在世界秩序中地位低下的遥远的孤立的内地。

② 例如，印度保留了殖民的"内线条例"，禁止外国人和非印度人包括括研究者进入北方——东印度（见 Chakraborty，1995；Robb，1997）。

③ 东南亚学者曾试图解释为什么他们的区域在世界区域中姗姗来迟。Anderson（1998：4-5）为此给出 4 个原因：缺乏一个历史性的霸权国家、宗教异质性、帝国主义的片段历史、以及离帝国中心最遥远的位置。在该区域中，他提出，团结感是由 3 个因素形成的：第二次世界大战时期日本占领、反对帝国主义的武装斗争和冷战时期的经验，东南亚对美国是最不稳定的区域，其担心共产党接管这里。

壮的本地根基：

> 东南亚，一般而言，在该区域的国家中不是一个有意义的研究领域，因其国家历史为首要关注，并一直主要是一个欧洲-日本建构体。（Reynolds，1995：420；与 Tarling，1999：xviii 比较）①

但"佐米亚"更为不利，它是一个内陆区域，在边缘，甚至超过海上欧洲殖民征服在南亚和东南亚研究中产生出的热烈辩论的外部影响的有效范围。"佐米亚"缺乏一个强大的殖民专家阵容。在北方的大学中，它也没有发展出一个强大的文明形象，因为它位于边缘或超越在印度、中国和伊斯兰的"文明"影响之外。因此没有什么文明专家在关照它。

作为这三个障碍的结果——政治上的模糊、国家形成强有力中心的缺乏以及学术影响力的不充足——预期的"佐米亚"学者们迷失在第二次世界大战之后对该区域的争夺中。他们不能为他们自己以及为他们研究的社会关系和网络创造一个生境。因为他们的区域被驻扎，他们无法从智力上再生产自我，所以关于该区域的知识生产放缓了，新的区域分配定义了他们的工作不那么重要。50 年后，随着该区域大面积海洛因生产的出现、矿产资源的发现、旅游发展以及对环境和本土问题新的关注，即使"佐米亚"的地缘政治的可见性有些变化，这些障碍继续存在着。但是这些变化不足以取消"佐米亚"在知识层次中的边缘地位，或者恢复知识生产，更别提给该区域的可行要求提供支持。②

区域研究的规模

"佐米亚"的例子说明，在第二次世界大战时期发展起来的区域研究并不

---

① 最近，Anderson 这样说："作为一个有意义的想象，（东南亚）曾经有一个短暂的生命，比我的还短。毫不奇怪，其命名来自外部，甚至今天对于生活在 175 万平方公里土地上（更不用说水域）的 5 亿人，很少有人认为自己是'东南亚人'。"（1998：3）

② 近年来，著名的东南亚学者一再描绘他们的领域为弱化的、相对无形的和学术边缘化的。这里保持一种角度的感觉有好处。当东南亚学者把他们的区域描绘为"最无实体的世界区域"，他们显然没有考虑到如"佐米亚"或中亚。相似的，当他们担心东南亚研究中"代沟"的威胁时，以此与"佐米亚"研究中开启的真正的"代际鸿沟"来比较是发人深思的。（Weighing the Balance，2000：13、14、16）

像它们看起来的样子：由社会科学和人文科学实践者提出的世界不同区域的综合知识的联合企业。他们都越来越少了。作为权利的一个特定地理学的表示，他们是工具来自然化那个时代中地缘政治的安排。作为某些学术兴趣和学科的表达，他们在有关资金、学生、工作和声誉的机构策略中是工具。当区域研究趋向行会模式，他们促成了关键见解的某种隔都化。区域专家因"知其合适的地方"被奖励：在区域研究中心培训，在其区域统一的更大范围内识别不同，把他们的研究提供给以区域为重点研讨会和期刊，把他们的事业致力于其培训领域的研究，不必与邻里的知识发展保持同步。

区域研究强大的地理图像强调了社会分析中的系列性和物质接近性，提出某种跨越每个区域的可能会投射回时间的同质性。这种修辞，自由地用于合法的领域研究，是很少被测试的。一个根本性的问题是区域研究已经产生了许多的"次区域专家"（采用一个 Wolters 用过的术语，Wolters，1999：213），但是值得注意的是全盘掌握了其研究区域的区域专家很少。相反，某些研究过的次区域和主题不可避免地被描绘为体现区域的本质，因此可以作为部分代替整体被呈现。这样，区域研究提升了这些次区域和主题但对其他做得很少，有效地使这些不明显化。作为一个想象，然后，区域较其他对某些关注、比较和兴趣更为有意义。①

今天，这些重要的问题似乎不再寻找东南亚的文化语法、伊斯兰文明的本质或者东亚的精神。这些本质的疑问不再容易与杂合性、跨国主义和导致许多现代研究项目的全球转型相混合。地理区隔已成了一个缺点。聆听到呼声来克服"盛行区域方案的邻近迷恋"来：

> 可视化不连续的"区域"可能需要格、空间形态的群岛、空心环，或者拼凑物……距离的摩擦大大少于过去的情况；资本流动和人类迁移能创造和再创造遥远地方之间的深厚联系。因此，一些我们时代的最强大的社会空间的聚合不能被绘制为单一的、有限的领土……20世纪末的社会生活区域已经不但超过了战后世界地图的轮廓，而且超过了我们用图像和文本表示的空间模式的常规。（Lewis and Wigen，1997：

---

① 其中一个关注是来构建区域认同除了，或反对，同一时期强烈促进的国家认同（对东南亚，见 Emmerson，1984；21）。国家主义者和区域主义者在这一努力中都使用历史作为一种强有力的工具。因此，一本书的名称如《东南亚的历史》同样具有纲领性，如同《发明的奇迹》《巴基斯坦的5000年》。上半个世纪区域研究的努力也许在另一本书得到最好的总结：《寻找东南亚：一个现代的历史》。

190，200）

换句话说，被提倡的是"一个决定性的转变，远离我们可能称为的'特质'地理学，进入我们称为的'过程'地理学"，以保留想象领域后的启发式冲动而将其视为偶然的有变数的文物。（Appadurai，2000：7）这种反思社会生活空间的关注则受益于最近的贡献，其批评社会科学为其把空间当成"不言而喻的、没有问题的和没有要求的理论"以及看"历史为独立的变量、演员和作为依靠的区域——事件'发生'的范围，历史呈现的领域。"（Smith，1992：61、63）

拒绝空间范畴为本体论——作为静止的、永恒的历史性容器（Brenner，1999：46）——人类地理学的理论家就在发展地理规模理论的过程中。① 他们强调的是我们用于社会分析中空间表征的不同规模或层次——例如，地方的、国家的、区域的、全球的——是没有预定的但在社会构建中应被理解为"在一个永久变革的……社会-空间权利斗争中的临时支架"（Swyngedouw，1997：169）。② 断言规模总是权利斗争的暂定的地理决议，它们使我们要考虑这些在历史上是如何产生、稳定和转化的。③ 显然，标量配置——或者"标量修正"（Smith，1995）——能够长期存在，它们作为权利和控制某些形式的"脚手架"变得如此稳定以致我们将其作为自然和永久的来体验它们。但是它们总是有限的。④

正如我们所看到的，"世界区域"或"地区"是一个相对新的规模，至少作为一种空间陈述被想象为横跨全球连续网络的一个组成部分，它也是有争议的。建构主义的方法对上述概述出的规模，可以帮助更系统地研究权利的几何学讨论"改比例"以生产出第二次世界大战以后区域研究的结构。同时，这一努力在3个方面可以有助于扩宽地理规模的理论。

首先，尽管公认"地理规模被生产、被争议、被改变是通过一个大范围的社会政治和话语的过程、策略和斗争，这些情况都不是单一而成的"

---

① 对这种方法一个重要的灵感来源是 Lefebvre 的作品（特别是 1976-1978 年；1991）。就其概述，参见 Marston，2000。

② "这些斗争改变了某些地理规模的重要性和角色，重申了它者的重要性，有时创造了整个新的重要规模，但是——最重要的是——这些规模的再定义，通过加强某些的同时削弱其他的权利和控制，改变和表达了社会权利几何学的变化。"（Swyngedouw，1997：169）

③ 如 Howitt（1998）认为，重要的是要把规模作为关系来理解，不仅仅按其尺寸和水平来看。

④ 自19世纪末，对标量修正的原理图，参见 Brenner（1998）。

(Brenner, 1998: 461)，到目前为止，研究规模的理论家们已经把他们的注意力集中在资本主义生产的角色和规模建构的国家中。① 区域研究的建构，然而，看起来已经发生在相对独立的资本、劳动力和国家机构外。为此，区域建构可以提供一个很好的案例来探索在改变比例的过程中，除了社会经济的还有社会文化和话语因素的重要性。

第二，研究规模的理论家们已经研究出多于其他研究者的某些规模。随着近来对家户和身体的呼吁，城市、国家和全球的规模已受到最多的关注。但是国家和全球之间的规模不太明晰，世界区域的规模是一个有用的领域做进一步探究。

第三，规模的社会建构理论依旧是北大西洋和都市为强。它涉及高度工业化（"核心"）社会，其案例研究来自欧洲和北美，也就是，来自仅一个或两个"世界区域"。这些选择性被解读为"规模政治学"的一个特定的例子，在一定程度上它含蓄地传达工业资本主义，强大的官僚国家以及规模的"西方"构建是最为重要的。（一个罕见的例外，见 Kelly, 1997）这正是许多区域研究的从业者长期质疑的问题。对规模的理论是有必要来考虑产生于世界各地已经形成我们现代条件的规模政治的诸多方法。作为世界区域的欧美想象的时代结束了。

> 不同区域的演员们现在有了详细制定的利益和能力来建构世界图片，其互动影响着全球的进程。因此世界可以包括区域（被看作进程性的），但是区域也想象着它们自己的世界。（Appadurai, 2000: 10）②

什么是需要的，然后，是一个新的社会空间的词汇，使我们充分地分析这些发展（Lewis and Wigen, 1997: 192）。区域研究的地理隐喻已经被用来可视化和归化特定的社会空间以及规模的特定分析。一种重要的问题是，这样的隐喻空间如何与物质空间关联，是到了什么程度，它们已经导致了一个方法论的地方主义，作为自我封闭的和领土为界的地理单元，来分析空间形式和规模（Brenner, 1999: 45-46）？有哪些认知地理导致区域研究？以及有哪些无知地理？

---

① 对合并社会再生产和消费的首次尝试，参见 Marston（2000）。
② Kelly 断言，在菲律宾这些全球的替代性想象的确存在，尽管大量地超越了制度政治的范围（1997: 169）。

在本文，我已经注意到区域专家非常不关注其隐喻看不见之处。随着南亚、中亚、东亚和东南亚的区域专家强大社区的出现，我通过援引一个存在边缘物质空间（"佐米亚"）来这样做。① 毫无疑问，不透明的问题最好能接近东南亚研究，因为这些研究已经产生了这样一种反省、自省的文献——通过对比，其他区域文献显得更自满。② 但是即使东南亚学者很少关注探索他们的地理比喻如何决定他们视觉化空间之法以及他们看不到之处。还有，据我所知，没有激烈的辩论存在于优先化"心脏地带"的影响，区域的精确划定，最远范围的定界，或者探索和包围其边缘的需要中。相反。基础文本处理这些事件的文雅方式或许提示了，精确标定可能被认为是行人和学究者。但是这可能值得更严肃关注区域研究的地理意图以及考虑其他的视角把区域"里外化"（用一种稍有不同的方式使用一个术语，见 Wyatt，1997）。对距离的地理概念的考察也许特别有助于开拓新的研究路线。

偏远之地

偏远的概念在区域研究创造中当然是重要的，因为这些遥远的地方需要在权利的世界中心被更好地理解。距离是一个物理现实和文化隐喻，区域研究提供了远程认知地理。半个世纪后，通信技术已改变了面貌。距离已不再占统治地位，一种世界在畏缩的敏锐意识围绕全球在广泛地不均匀地扩散。这是真的，不仅在世界区域之间也在它们的内部（自 20 世纪 80 年代中期，在缅甸-中国边界旅行的时间大大缩短，见 Porter，1995：36-40）。有太多的作品关于交通、媒体和数字网络的新技术建造了地方性和全球性的新社区，只通过看网络，其不包括国家和地区的边界领土，这些社区如何被充分地研究。距离在地理和文化术语中不再被主要地理解。它越来越被视为一种社会属性：人类的某些群体比其他更好地接触技术来克服距离。

区域研究及其问题不适合处理溢出区域边界的人类关系，我们不得不想出更合适的观点来包含这些。尽管全球化研究强调世界网络的增长（新媒体、

---

① 这个边缘化在关注考古学和亚洲早期历史的区域专家中不太突出，但是在对现代历史和现代感兴趣的区域专家中比较明显。Jonsson（1998）提到，东南亚研究中山地者的隐形也导致了人类学理论化对特权化统治者和农民作为政治和经济主角的趋势。

② 关于特定区域构建有用性的辩论偶尔会爆发，例如，在 Pina-Cabral（1989）和 Gilmore（1990）之间关于地中海的短暂争论，或者 Ascherson（1995）对黑海的描写。

资本流动、散居、国际组织和"全球城"),还有许多其他需要被理解的边境交叉点。假设最明显的交叉点是处于西方和非西方之间,这是一个错误。对全球联结的认识需要在研究"南部"不同部分的学者之间出现强有力的直接对话。

在 21 世纪早期重构世界科学界的一个主要的任务是建立机构以培养特定领域的研究者,来克服诸多边界,促进彼此更有意义地在多层面交流:理论知识的生产、重点专题的制作、方法论和经验技能。我们需要"跳跃规模"(Smith,1992:60)战略的学术视野,这让我们"规避或拆除历史上领土组织和其相关标量形态的盘踞形式"(Brenner,1999:62)。①

跨越区域边界

区域专家规律性地宣称对"边界交叉点"的需要,旨在突出区域间的联结而不是区域认同,但是对于这些呼吁很少被转化为持久的制度性的安排以带来跨区域的创新合作(如:Volkman,1998)。区域研究的学术中心对其他领域的专家是一个明显的荒凉之地,跨区域合作几乎从来没有摆上重要的议事日程。然而,在跨区域项目形式中的合作的确发生,例如,在东南亚和东亚之间以及在东南亚和环太平洋之间。② 这些跨区域认知地理在东南亚和中亚或者在东南亚和南亚的专家中比较弱势,甚至缺乏。③

两个主题在发起区域间有意义的学术合作看起来特别有用。两者都联系着空间、距离和流动的观点——联系着我们用之订购社会生活的观念地图。第一个主题是边界,第二个主题是物体、人和观念的流动。

---

① 在追求规模的政治学中,人群常常在一个更全球化的尺度中通过组织跳跃规模,但是跳跃的规模也会在一个更地方化的尺度中导致移动(比较 Cox,1998)。
② 例如,1987 年在澳大利亚国立大学设立的泰国-云南项目,或者荷兰国际亚洲研究院 1997 年发起的研究项目"东亚和东南亚国际社会组织:二十世纪的侨乡联结"。
③ 在这个方面,学术界看起来远远落后于政治时代。例如,国家对国家的网络,其似乎适合区域模式但不断跨越区域边界来形成多国经济-生产和贸易网络(增长的三角区,四角区)以及多国的基础设施(亚洲高速公路、横贯亚洲铁路、重开的从阿萨姆到云南的史迪威公路)。这些是在观念和经验中需要被探索的在"地方"和"全球"之间的整个距离范围的例子。见 Sobhan(1999;2000)有关 BBIMN(不丹、孟加拉、印度、缅甸、尼泊尔)的增长区域和跨区域交通,以及 Carter(1999)有关中国-缅甸增长区。

边　界

"区域"的外围少为人知，因为大多数研究集中于处理被认为是中心地带和权利与变化的中心的问题。① 今天，因为社会科学家正在疏远 Eric Wolf 曾提到的"社会文化台球的世界"的空间框架，正在认定所有社会生活地理的过程本质，如"中心地带"和"中心"看起来越来越做作。（Wolf，1982：17；对美国一个工业重地的片段的分析，见 Smithand Dennis，1997）当政治权利被更多地看作每天的社会实践，而其最初是在正规政治学的制度和过程中得以体现，研究政体、国家和社会的常规方法就需要被审查。② 一个关于国际边界的新兴文学表明通过边缘可以了解很多关于权利的中心的情况。许多引起当前社会科学家关注的问题——跨国主义、公民身份和他者化、民族聚居、杂合性、规模的阐释和监管实践、地下经济，以及国际冲突——对边境环境总是不可缺少的。（Baud and van Schendel，1997；Donnan and Wilson，1999；Martinez，1994）

在社会科学研究中，以长期的趋势来看被命名的单位（国家、社会和文化）独立且不同，每个单位有其内在的结构和外在的边界。20 世纪后期的思想根据独立的"区域"已经遵循那个例子。但是区域比国家更不像台球。关于区域专家们已经思考的其区域边界的更多研究的焦点或许有助于克服其认知区域的模糊和边缘化：这些动态关系之间的许多互联性。重振区域研究的现代关注已经开始注意到这点。他们在区域作为"间隙区"之间阐释边疆，作用于"几乎像他们自己权利中的混合区域"（Lewis and Wigen，1997：188，203）。

流　动

发展一个历史更完全和理论更丰富的相互联系的观念的一个有前途的方法是从在跨国（或"跨区"）流动中的物体和人开始。我们知道跨国流动的巨大重要性，但是仍缺乏概念、理论和措施来充分地研究它们。甚至一些如跨国流

---

① 在这个意义上，区域边界对区域专家而言如同"无管理的区域"对殖民官员一样遥远（见 Means，2000）。

② 正如 McVey（1978：3）提到，历史学家已经把其注意力转入"社会的低层次既是经验的重要场所，也是理解社会变革的基本依据"。这份关注可以通过更体统地关注经验的场域而远离当前定义的区域中心来扩展。

动的规模如此直接的情况常常是未知的，尤其是被一些，或者所有国家宣称为非法的那些商品的流动的规模。举个例子，毒品在世界贸易中1年的成交在5千亿到1万亿之间，也就是等同于东南亚所有国家国民生产总值的总和。① 如果我们加入其他非法的流动（小型武器的走私、非法劳工的流动、核武器、动物、人体器官、工艺品等物的贩卖），以及在国家和国际中会计中显示为世界贸易的流动，我们可以在过程地理学的创造中开始获知一种流动角色的感知。

因为这些流动穿过地方，造成其起起落落，它们与国家和非国家组织互动。由此产生的相互作用的模式是复杂的，随着时间在变化。国家会禁止某些流动，产生出颠覆性的经济体，或者会加以鼓励，上升到国与非国之间的联盟。流动会作为如战争、经济危机或崩溃的消费需求等事件的结果突然改变过程。在任何情况下，跨国流动、网络、迁徙、企业和组织促使区域专家走出他们为自身创造的场域。

区域边界的研究有时与跨国流动相重叠，而且其尤为值得关注这个层面的一些新问题。在东南亚北部边界的例子中，新研究能建立在前人研究的基础上，主要集中在云南和"东南亚大陆"交汇的区域（例如，Vorasakdi Mahatdhanobol, 1998; Wijeyewardene, 1993）。这里已经发展出的一种方法就是分析边界的流动，根据流动的政治学———种规范的实践用于发起和控制流动和相互联系的聚合。正如安德鲁·沃克（Andrew Walker）在湄公河贸易者的近期研究中提出，正是领土国家在边界汇集，而跨国流动的规范不只是国家的范围。非国家行为体在流动的政治中是积极的参与者，会鼓励或阻碍跨国（和"区"）边界物品和人的流动（Walker, 1999）。

相比之下，被南亚和东南亚学生忽视的西北边界，现在是世界上最不知名的区域。然而，相当多的跨国流动通过这里。大多数被一个或多个有关注的国家禁止，因此至少部分是秘密进行的。其中最明显的是小型武器和爆炸物、海洛因和所需生产的化学品，劳动移民、游击队员和难民。② 国家与这些

---

① 联合国全球有组织犯罪问题会议（1994）提出了大约1年5000亿美元的估计，但是其他有信誉的估计的正确的数字是在此金额上翻两番。同期东南亚的整体国民生产总值估计为约7000亿美元。

② 缅甸西北部、印度东北部和孟加拉国东南部数十年的叛乱，已经使该区域成为一个长期的军火市场，拥有通过泰国、中国和孟加拉湾（通过孟加拉国港口）的主要供应线路。来自金三角的海洛因用于供应南亚迅速增长的消费市场。近年来，许多海洛因加工厂已经从泰-缅边境（掸邦）到印度-缅甸-孟加拉国的边界（钦邦），南亚港口和机场现被越来越多地用作运输海洛因到欧洲市场。该区域的人口流动很大：数百万计的孟加拉人已非法移入印度东北部搜寻工作和土地，来自缅甸的难民和劳工移民进入印度和孟加拉（而且，来自缅甸的罗辛亚族人在孟加拉国、巴基斯坦和亚洲西部海湾形成了大规模的社区。该区域所有国家的反叛者习惯性地跨越边界，躲避安全部队，为了武器交易金钱和毒品，以及与外国势力结盟。

流动互动的方式（通过大规模的军事化、跨国移民项目、作物替代、税收等），以及这些流动与国家互动的范式（通过其官僚机构进行渗透、锻造与国家权力持有人的联系以及影响其政策），在边界区域往往是最明显的。

显然，如果我们想分析跨国流动，"国家"和"地区"作为规模太受限制。此外，事实上流动不尊重这些规模，在流动调整之上的斗争在持续地影响着规模，改变着他们相对的重要性，或创造着全新的规模（比较 Swyngedouw, 1997: 169）。在制作中，这些"过程地理学"能在边界观察到。例如，穿过南亚和东南亚边界的小型武器的流动。边界本身联系着众多的武装叛乱，他们和反对他们的国家军队，使用产于美国、俄国、以色列或比利时突击步枪、冲锋枪和火箭发射器。① 但是武器也用来保护海洛因和许多其他商品的非法流动，当其穿越边界运向遥远的市场。社会科学家们对区域中的武器流动知之甚少，我们对如何在边界重塑监管实践，或者在这一区域重新测定国家知之更少。小武器通过东南亚大陆向西的流动在一定程度上被记载（Pasuk Phongpaichit et al, 1998: 127–154），以及在对小型武器最近的一项世界调查中，孟加拉被识别为一个重要的提供南亚和东南亚小型重要武器的仓库：

> 孟加拉国是该区域武器的一个重要的中转站。小型武器一方面从阿富汗和巴基斯坦另一方面从泰国、新加坡、缅甸和柬埔寨来到孟加拉国。从那里，武器通常北上提供给印度东北的反叛者，或者南下供应给 LTTE（在斯里兰卡）。(*Small Arms Survey*, 2001: 182)②

但是国家的使用，或者说是"区域"，作为分析流动的尺度很难包括相关的关系。尤其是在这些流动发生的孟加拉边界地方，如果我们专注于"监管的政体"，创造这些地方性的监管实践，或许更有帮助。例如，在孟加拉东南部的特克纳（Teknaf）不起眼的边境小镇和科克斯巴扎尔（Cox's Bazar）附近的渔港已经发展成一个武器交易跨国网络的重要的节点。它们接收来自缅甸和海外的武器和弹药，然后按线路将其运到印度、孟加拉和周边的目的地。是什么流动的政治以及什么监管实践已合并进这两个地方？什么社会权利的

---

① 沿"东南亚"和"南亚"之间边界的反叛组织，包括 Arakanese, Jumma, Chin, Meithei, Naga 以及其他一些来自印度、缅甸和孟加拉为区域自治或独立而战的群体。

② LTTE 是泰米尔伊拉姆猛虎解放组织，为斯里兰卡北部和东部泰米尔家乡而战的分裂组织。

新几何学是来自它们,以及这些如何作用于调整提升一些和降低另一些的过程?这些是问题的类型,可能导致我们得出在制造中的过程地理学的答案。

格,群岛,空心环和拼凑?

如果我们真的从特质地理学到过程地理学,其中区域可能会采取不熟悉的空间形式——格、群岛、空心环、拼凑——我们为了如"东南亚"传统区域的研究必须考虑未来是怎样的。应对全球视角的挑战,重新认知的"区域"体系势在必行。当社会理论的空间化进入一个新的、未知的领域,被区域研究和区域研究的规模想象的社会空间正在重新被审视。我们越是了解现代生活逃避区域共享理念和生活方式的传统假设的方法,这些假设对过去就越具有挑战性。我们越是意识到来自"边缘"空间的社会力量如何抵抗甚至重新安排,建立的权利结构,我们越要放弃区域研究中内在的中心地带主义和国家中心。

显然,区域研究是不会被抛弃的。毫无疑问,围绕区域研究的强大的学术社区将继续生产有关区域问题的高质量的知识。但是谁会发现这些有关的问题呢?未来的学者会把此当作是一些过时的特质主义的表示,或者作为21世纪早期东方主义的形式吗?当然,区域研究的力量在于他们对空间结构特殊性的坚持。但是其弱点是空间界限的强加除了可能来自中心地带的观点外,没有任何意义。为了克服无知地理的后果,我们需要从其他观点来研究空间配置。因为建于第二次世界大战后的标量固定被改变了,世界被重新领土化,有必要重新设想国家和全球之间的应急空间配置。本文提到的建议指出了3种选择。

首先是横切常规的区域构建。这种方法在一定程度上是创新的,因为它把学术上边缘化和分隔化的空间和社会实践结合在一起。但是这种方法也可能通过创造新的中心地带和边缘复制区域研究的曲解,以及倾向于保持在新领域之内的学者社区。第二个选择是寻找不是紧凑领土的空间配置。边界研究提供我们一个世界范围的共同的物质空间,有明显的社会结构但无特定的中心地带。空间特异性和全球覆盖使边界成为一个不同的世界区域,恰当地研究它需要所有传统"区域"学者的参与。第三个选择走得远一些。跨国流动的确形成空间配置,但是其架构更为短暂,其在规模、紧凑性和复杂性中有时变化很快。

这些流动的研究,尤其是被国家禁令而秘密进行的流动,是出了名的困难，即使在空间或时间上都被瞄定到特定的点。在这里，专业知识对"流动研究"是不可少的：它能为流动的研究提供一个在空间和时间上的牢固基础。反过来，过程地理学（以及巩固和溶解它们的常规实践）将有助区域专家跳跃规模，打破发生在第二次世界大战后区域分配的不成熟状态，以发展区域空间的新概念。

同时，回到西隆，你已吃完你的午餐——由来自尼泊尔的非法移民烹制，盛在从中国走私来的盘子里。从柜台上拿一张报纸，新闻有来自孟加拉国突击步枪的，有缅甸红宝石的价格，有来自西隆、在加拿大做得很好的一个女人的故事，有上个月吸毒致死的事件报道。收音机中的歌曲停了，响起的是一则庆祝印度共和日的告示。两个年轻的女人在旁边的桌子暗笑，吃着她们的泰国面条。你走在阳光下，思考着空间、规模和流动。

参考文献

Agnew J, 1999. Regions on the mind does not equal regions of the mind. Progress in Human Geography 23, 91-96.

Anderson B, 1998. The Spectre of Comparisons: Nationalism, Southeast Asia, and the World. Verso, London.

Appadurai A, 2000. Globalization and Area Studies: The Future of a False Opposition. Centre for Asian Studies Amsterdam, Amsterdam.

Ascherson N, 1995. Black Sea. Jonathan Cape, London.

Atwill D, 2000. Reorienting the "Yunnan world": shifting conceptions of ethnicity, boundariesand trade, paper for the workshop, Beyond Borders: (Il) licit Flows of Objects, People and Ideas, Centre d'Eètudes et Recherches Internationales, Paris, 1-4 July.

Baud M, van Schendel W, 1997. Toward a comparative history of borderlands. Journal of World History 8, 211-242.

Brenner N, 1998. Between fixity and motion: accumulation, territorial organization and the historical geography of spatial scales. Environment and Planning D: Society and Space 16, 459-481.

Brenner N, 1999. Beyond state-centrism? Space, territoriality, and geographical scale in globalization studies. Theory and Society 28, 39-78.

Carter G F, 1999. China's Southwest and Burma's Changing Political Geography. (1979-1996) University Microfilms International, Ann Arbor, MI.

Chakraborty P, 1995. The Inner-line Regulation of the North-east, Together with the Chin Hills Regulation Etc. and with Commentaries, Linkman Publication, Titagarh.

Chiranan Prasertkul, 1990. Yunnan Trade in the Nineteenth Century: Southwest China's Cross-Boundaries Functional System. Institute of Asian Studies, Chulalongkorn University, Bangkok.

Christian D, 1994. Inner Eurasia as a unit of world history. Journal of World History 5, 173-211.

Cox K R, 1998. Spaces of dependence, spaces of engagement and the politics of scale, or: looking for local politics. Political Geography 17, 1-23.

Dirlik A, 1992. The Asia-Pacific idea: reality and representation in the invention of a regional structure. Journal of World History 3, 55-79.

Donnan H, Wilson T M, 1999. Borders: Frontiers of Identity, Nation and State. Berg, Oxford.

Dowdy W L, 1985. The Indian Ocean region as concept and reality, in The Indian Ocean: Perspectives on a Strategic Arena Eds W L Dowdy, R B Trood. Duke University Press, Durham, NC, pp. 3-23.

Emmerson D K, 1984. "Southeast Asia": what's in a name? Journal of Southeast Asian Studies 15, 1-21.

Ferguson J, 1990. The Anti-politics Machine: "Development", Depolitization, and Bureaucratic Power in Lesotho, Cambridge University Press, Cambridge.

Gilmore D, 1990. On Mediterranean studies, Current Anthropology 31, 395-396.

Gregory D, 1994. Geographical Imaginations. Blackwell, Oxford.

Harley J B, 1992. Deconstructing the map, in Writing Worlds: Discourse, Text and Metaphor in the Representation of Landscape Eds T J Barnes, J S Duncan, Routledge, London, pp. 231-247.

Harvey D, 1996. Justice, Nature and the Geography of Difference. Blackwell, Oxford.

Hill A M, 1998. Merchants and Migrants: Ethnicity and Trade Among Yunnanese Chinese in Southeast Asia. Yale University Southeast Asia Studies, New Haven, CT.

Hill L, Hitchcock M, 1996. Anthropology, in An Introduction to Southeast Asian Studies Eds M Halib, T Huxley, I B Tauris, London, pp. 11-45.

Hirschman C, Keyes C F, Hutterer K (eds.), 1992. Southeast Asian Studies in the Balance: Reflections from America. The Association for Asian Studies, Ann Arbor, MI.

Howitt R, 1998. Scale as relation: musical metaphors of geographical scale Area 30, 49-58.

Jonsson H, 1998. Forest products and peoples: upland groups, Thai politics and regional space. Sojourn 13, 1-37.

Jonsson H, 1999. Shifting Social Landscape: Mien (Yao) Upland Communities and Histories in State-client Settings. University Microfilms Incorporated, Ann Arbor, MI.

Kelly P F, 1997. Globalization, power and the politics of scale in the Philippines. Geoforum 28, 151-171.

Keyes C F, 1992. A conference at Wingspread and rethinking Southeast Asian studies, in Southeast Asian Studies in the Balance: Reflections from America Eds C Hischman, C F Keyes, K Hutterer, The Association for Asian Studies, Ann Arbor, MI, pp. 2-4.

Leach E, 1954. Political Systems of Highland Burma: A Study of Kachin Social Structure. London School of Economics and Political Science, London.

Leach E R, 1961. The frontiers of "Burma". Comparative Studies in Society and History 3, 49-68.

Lehman F K, 1963. The Structure of Chin Society: A Tribal People of Burma Adapted to a Non-Western Civilization. University of Illinois Press, Champaign, IL.

Lefebvre H, 1976-78. De l'Eè tat (The state) 4 volumes, Union Gënërale d'Eè ditions, Paris.

Lefebvre H, 1991. The Production of Space. Blackwell, Oxford.

Lewis M W, Wigen K E, 1997. The Myth of Continents: A Critique of Metageography. University of California Press, Berkeley, CA.

McKinnon J, Michaud J, 2000. Introduction: Montagnard domain in the South-East Asian massif, in Turbulent Times and Enduring Peoples: Mountain Minorities in the South-East Asian Massif Ed. J Michaud, Curzon, Richmond, pp. 1-25.

McVey R, 1978, Introduction: local voices, central power, in Southeast Asian Transitions: Approaches through Social History Ed. R McVey. Yale University Press, New Haven, CT, 1-27.

Marston S A, 2000. The social construction of scale, Progress in Human Geography 24, 219-24.

Martinez O J, 1994. The dynamics of border interaction: new approaches to border analysis, in Global Boundaries: World Boundaries, Volume 1 Ed. C H Schofield, Routledge, London, pp. 1-15.

Means G P, 2000. Human sacrifice and slavery in the "unadministered" areas of Upper Burma during the colonial era, Sojourn 15, 184-221.

Michaud J (ed.), 2000. Turbulent Times and Enduring Peoples: Mountain Minorities in the South-East Asian Massif. Curzon, Richmond.

Palat R A, 1996. Fragmented visions: excavating the future of area studies in a post-American World, Review 19, 269-315.

Pasuk Phongpaichit, Sungsidh Piriyarangsan, Nualnoi Treerat, 1998. Guns, Girls, Gambling, Ganja: Thailand's Illegal Economy and Public Policy, Silkworm Books, Chiangmai.

Pina-Cabral J, 1989. The Mediterranean as a category of regional comparison: a critical view. Current Anthropology 30, 399-406.

Pluvier J M, 1974. South-East Asia from Colonialism to Independence. Oxford University Press, Kuala Lumpur.

Porter D J, 1995. Wheeling and Dealing: HIV and Development on the Shan State Borders of Myanmar. UNDP, New York.

Reid A, 1988. Southeast Asia in the Age of Commerce, 1450-1680, Volume 1, The Land Below the Winds, Yale University Press, New Haven, CT.

Reid A, 1993. Southeast Asia in the Age of Commerce, 1450-1680, Volume 2, Expansion and Crisis, Yale University Press, New Haven, CT.

Reynolds C J, 1995. A new look at old Southeast Asia, Journal of Asian Studies 54, 419-446.

Reynolds C J, McVey R, 1998. Southeast Asian Studies: Reorientations; The Frank H. Golay Memorial Lectures 2 and 3, Cornell University Southeast Asia Program, Ithaca, NY.

Rigg J, Scott P, 1992. The rise of the naga: the changing geography of South-East Asia, 1965 - 90, in The Changing Geography of Asia Eds G P Chapman, K M Baker, Routledge, London, pp. 74-121.

Robb P, 1997. The colonial state and constructions of Indian identity: an example on the northeast frontier in the 1880s, Modern Asian Studies 31, 245-283.

Scott J C, 1998. Seeing Like a State: How Certain Schemes to Improve the Human Condition Have Failed, Yale University Press, New Haven, CT.

Scott J C, 2000. Hill and valley in Southeast Asia, or... why civilizations can't climb hills, paper for the workshop, Beyond Borders: (Il) licit Flows of Objects, People and Ideas, Centre d'Eè tudes et Recherches Internationales, Paris, 1-4 July.

Shapiro M, Schiffman H F, 1983. Language and Society in South Asia, Foris Publications, Dordrecht.

Small Arms Survey. 2001: Profiling the Problem 2001, Oxford University Press, Oxford.

Smith N, 1990 Uneven Development: Nature, Capital and the Production of Space 2nd edition, Blackwell, Oxford.

Smith N, 1992. Contours of a spatialized politics: homeless vehicles and the production of geographical scale, Social Text 33, 55-81.

Smith N, 1995. Remaking scale: competition and cooperation in prenational and postnational Europe, in Competitive European Peripheries Eds H Eskelinen, F Snickars (Springer, Berlin), pp. 59-74.

Smith N, Dennis W, 1997. The restructuring of geographical scale: coalescence and fragmentation of the Northern core region. Economic Geography 63 160-182.

Sobhan R, 1999. Transforming Eastern South Asia: Building Growth Zones for Economic Cooperation Centre for Policy Dialogue and the University Press Limited, Dhaka.

Sobhan R, 2000. Rediscovering the Southern Silk Route: Integrating Asia's Transport Infrastructure, University Press, Dhaka.

Soja E, 1989. Postmodern Geographies: The Reassertion of Space in Critical Social Theory (Verso, London).

Solheim WG II, 1985. "Southeast Asia: what's in a name", another point of view, Journal of Southeast Asian Studies 16: 141-147.

Soucek S, 2000. A History of Inner Asia, Cambridge University Press, Cambridge.

Swyngedouw E, 1997, Excluding the other: the production of scale and scaled politics, in Geographies of Economies Eds R Lee, J Wills (Arnold, London), 167-176.

Tarling N, 1961. A Concise History of Southeast Asia (Praeger, New York).

Tarling N (Ed.), 1999. The Cambridge History of Southeast Asia 2nd edition, Cambridge University Press, Cambridge, two volumes.

Tate D J M, 1971. The Making of Modern South-East Asia, Volume 1, Oxford University Press, Kuala Lumpur.

Tate D J M, 1979. The Making of Modern South-East Asia, Volume 2, Oxford University Press, Kuala Lumpur.

van Schendel W, MeyW, Dewan A K, 2000 The Chittagong Hill Tracts: Living in a Borderland, White Lotus, Bangkok.

van Spengen. W, 2000. Tibetan Border Worlds: A Geohistorical Analysis of Trade and Traders, Kegan Paul, London.

Volkman TA, 1998. Crossing borders: the case of area studies-in an increasingly interconnected world, the discipline of area studies is at a turning point, Ford Foundation Report 29, 28-29.

von Fürer-Haimendorf C, 1939. The Naked Nagas, Methuen, London.

von Fürer-Haimendorf C, 1964. The Sherpas of Nepal: Buddhist Highlanders, John Murray, London.

Vorasakdi Mahatdhanobol, 1998. ChineseWomen in the Thai Sex Trade Ed. P Trichot, Institute of Asian Studies, Chulalongkorn University, Bangkok.

Walker A, 1999. The Legend of the Golden Boat: Regulation, Trade and Traders in the Borderlands of Laos, Thailand, Burma and China, Curzon Press, London.

Weighing the Balance: Southeast Asian Studies Ten Years After-Held in New-York City, November 15 and December 10, 1999, 2000. Proceedings of Two Meetings, Social Science Research Council, New York.

Wheeler J H, Kostbade J T, 1993. Essentials of World Regional Geography, Harcourt Brace Jovanovich, Fort Worth, TX.

Wijeyewardene G, 1990. Ethnic Groups Across National Boundaries in Mainland Southeast Asia, Institute of Southeast Asian Studies, Singapore.

Wijeyewardene G, 1993. Southeast Asian borders: report of a seminar held at the Australian National University, 28-30, October 1993, Thai-Yunnan Project Newsletter 23 (December).

Williams L E, 1976. Southeast Asia: A History, Oxford University Press, New York.

Wolf E R, 1982. Europe and the People Without History, University of California Press, Berkeley, CA.

Wolters O W, 1999. History, Culture, and Region in Southeast Asian revised edition Cornell University Southeast Asia Program Publications, in cooperation with the Institute of Southeast Asian Studies, Singapore, Ithaca, NY.

Wyatt D K, 1997. Southeast Asia "inside out", 1300-1800: a perspective from the interior. Modern Asian Studies 31, 689-709.

喜马拉雅中心区在"佐米亚"吗?[①]

——一些跨时空的学术与政治思考

加拿大英属哥伦比亚大学　Sara Shneiderman[②]　著
云南民族大学　　　　　　曾　黎　　　　　　　译

摘　要： 本文以喜马拉雅中心区为焦点，探讨佐米亚（Zomia）概念对于喜马拉雅地区进行社会科学研究的适用性。虽然由于经验和政治的原因，佐米亚的术语本身可能并不完全适用于喜马拉雅地区，但是詹姆斯·C·斯科特以佐米亚为基础的分析很有必要，特别强调高地群体的民族、国家和宗教流动性，以及面对与之关系密切的国家时的意向性和能动性，这对喜马拉雅地区的研究工作起到巨大作用。通过回顾"喜马拉雅研究"的区域传统史，以及对尼泊尔、印度和中国西藏自治区等地区跨境唐米群体的民族志简述，作者认为佐米亚概念的潜力在于它提供一个额外的分析框架，这增加了"传统"民族-国家框架的价值，而不是替代它。

关键词： 佐米亚　喜马拉雅地块　佐米亚思维　地域政治

这篇文章考察了佐米亚概念在我所指的喜马拉雅地块（Himalayan Massif），特别是喜马拉雅中心区，进行社会科学研究的适用性。作者参考了

[①]　这篇文章基于1999年以来进行的一项研究而完成，由富布赖特委员会、美国国家科学基金会、社会科学研究理事会、梅隆基金会/美国学习社会协会、康奈尔大学、威廉姆森弗雷德思克纪念基金会和剑桥圣凯瑟琳学院支持。非常感谢让·米肖（Jean Michaud）首次邀请我研究这个特殊问题。《全球历史杂志》的两位匿名评审和编辑，戴维特·格尔纳（David Gellner）、米瑞勒·莫扎德（Mireille Mazard）、马克·图林（Mark Turin）对文章的初稿提出了有益的意见。而诺西恩·阿里（Nosheen Ali）、纳扬尼卡·马图尔（Nayanika Mathur）和玛丽恩·威斯坦（Marion Wettstein）则指点我获得了有用的资源。最后，我要感谢尼泊尔和印度的唐（塔）米群体，以及跨越喜马拉雅山脉的其他朋友和同事，多年来他们（向我）分享自己的知识和经验。原文出处：Shneiderman, Sara. 2010. Are the central Himalayas in Zomia? Some scholarly and political considerations across time and space. *Journal of Global History* 5 (2): 289-312.

[②]　作者简介：Sara Shneiderman，加拿大英属哥伦比亚大学助理教授。喜马拉雅研究新秀，理论观点广泛被引用，学术见解上与威廉·冯·申德尔、詹姆斯·斯科特和让·米肖同样受到学界敬重。为郁丹教授环喜马拉雅区域研究合作伙伴。

威廉·冯·申德尔（William van Schendel）和詹姆斯·C·斯科特（James C. Scott）的佐米亚构想，前者从地理学定义以亚洲高地为中心的"世界区域"（Willem van Schendel, 2002: 647-668）；后者以社会、政治和经济术语界定了一个"无国界空间"（James C. Scott, 2009）。我吸取了让·米肖（Jean Michaud）以"东南亚地块"术语涵盖西部边缘与喜马拉雅地块东部边缘叠合的"高亚洲"有限区域的运用方式，提出了"喜马拉雅地块"的术语（Jean Michaud, 2006）。

虽然由于经验和政治的原因，佐米亚的术语本身可能并不完全适用于喜马拉雅地区，但是詹姆斯·C·斯科特以佐米亚为基础的分析很有必要，特别强调高地群体的民族、国家和宗教流动性，以及面对与之关系密切的国家时的意向性和能动性，这对喜马拉雅地区的研究工作起到巨大作用。这不仅对跨境性质的研究项目，而且对那些单一民族国家的研究都是如此。这些民族国家的部分领土构成了喜马拉雅地块，如尼泊尔、不丹、印度和中国等。

在此，我的讨论主要集中在喜马拉雅中心区。关注这一次区域，不是要把东喜马拉雅（Erik de Maaker and Vibha Joshi, 2007: 381-390; Stuart Blackburn, 2008; Michael Oppitz, Thomas Kaiser, 2008）或西喜马拉雅（Ramachandra Guha, 2001; Ravina Aggarwal, 2004; Martijn van Beek and Fernanda Pirie, 2008）从喜马拉雅地块中排除，也不是要忽略进一步向西延伸的印度库什-喀喇昆仑山地区。相反，我在此根据自己在该区域中所知的最佳实际经验提出初步意见，我希望其他人能以喜马拉雅背景中获取的其他材料来补充或是反驳。[①]

"亚洲高地"（High Asia）作为一个与经验和理论相关的世界区域，对其研究兴趣的复兴为从事喜马拉雅研究工作的学者提供了一个机会，以重新审视他们学术传统中的一个至关重要方面：早期强调超越单一民族国家的区域文化构成。喜马拉雅研究中的"区域民族志传统"（Richard Fardon, 1990: 1-35）在许多方面领先于这一曲折路径，它界定了一个以语言、文化、宗教、经济的共同性为特征且与佐米亚类似的分析单元，而不是以国家为中心的政治统一体（David M. Waterhouse, 2004）。

在此区域中，相对早期的民族志研究重点关注文化变迁和种族关系（Gerald Berreman, 1960: 774-794; Christoph von Fürer-Haimendorf, 1960;

---

① 见让·米肖关于此问题的编著第 187-214 页，其中有地图以及这些区域与佐米亚之间关系的深入讨论。

12-32；Chie Nakane，1966；Nancy Levine，1987：71-88），跨喜马拉雅贸易（Christoph von Fürer-Haimendorf，1975；James Fisher，1986）以及跨国家范围的印度教、佛教和萨满教活动等话题。（David Snellgrove，1961；Gerald Berreman，1964：53-69；Alexander Macdonald，1975）殖民"民族志"和调查也需要明确承认该地区劳动力跨境迁移的重要性。（Brian Hodgson，1874；George Grierson，1909）然而，许多这样的研究很少谈及民族国家的存在及其政治史和特定轨迹的重要性，导致一些现代学者将相互关联的喜马拉雅地区的概念视作早期时代一个不成熟的遗产而必须予以抛弃。

与之不同，我认为斯科特的佐米亚表述方式提供了一个新框架，其中存在着喜马拉雅研究对高地边缘的强烈历史关怀，这可以用更加现代的关注将国家形成的政治史及其"国家效应"有效地结合起来。与此同时，我认为具体的民族、历史和政治等领域（terrain）在喜马拉雅地块相遇产生更多普遍性问题，即如何让佐米亚概念试图去涵盖的多元和交错群体接受它，这一问题同样涉及东南亚地块的那些研究。循着这些思路，我认为现在的知识和政治争论涉及多个跨国地点，沿着佐米亚研究线路（Zomianist line）重建世界区域的支持者在参与论战时要谨慎，尽管不是必然要对其不加批判。为了取得成功，这种论战需要现在的佐米亚和喜马拉雅或东南亚地块等相关概念作为额外的分析框架，因为它将增加目前民族-国家"传统"框架的价值，而不是替代。

我讨论中的资料来自在唐米人（也被称为塔米）中近10年的民族志工作。这是一个约4万人的族群，他们跨境分布于尼泊尔中东部（多拉卡和辛杜帕尔乔克地区），印度东北部（在西孟加拉邦的大吉岭和锡金）和中国的西藏自治区等高地区域（Sara Shneiderman and Mark Turin，2006：97-181；Sara Shneiderman，2009A；Sara Shneiderman，2009B：115-141）。根据斯科特的评断标准，他们是一个典型的"佐米亚"群体：中高海拔的耕作者，以森林产品作为日常食物和牛马饲料，保持高度的流动性，相对平等的社会结构，以及一种融合性的独特口传宗教传统（James C. Scott，2009：19）。他们讲不同的藏缅语言，依赖的本土萨满巫师作为其原始仪式的操演者。直到最近，他们在很大程度上仍然未进入国家正式承认的管理范围之中。1995年，他们被印度列为"其他落后阶层"（Other Backwards Class）；2001年，被尼泊尔归入加纳加提（Janajati，土著民族）群体。在唐米人居住的三个国家中，许多国民从来没有听说过这个族群。

我认为，这种承认缺失很大程度上是历史上故意保持"不被治理"（根据斯科特 ungoverned) 策略的结果，但在过去的半个世纪，特别是近 20 年，唐米人对承认的诉求已经明显转变。在这点上，唐米人的案例为这种"意向性"提供了许多现代的经验性证据。斯科特根据高地族群与国家的历史关系总结了这种意向性，但他声称 1950 年后的意向性分析就"没有多大意义了"（James C. Scott，2009：19），而事实持续存在的情况比他认为的更加长久。"意向性"一直存在，其预示着一种为得到多个国家承认而进行的努力，也表现出了佐米亚的学术概念与政治的潜在关联。最后，我认为像唐米人那样的群体成员在共同进行一个定位自身的持续进程，以形成应对多个民族-国家的策略和政治主张，同时也要深入保持自己在文化和心理身份上的"不被治理"状态。

我不打算建议将唐米人作为所有喜马拉雅中心区族群的代表，更不用说代表整个喜马拉雅地块中的所有族群了。显然，在此问题上，该地区生活的其他群体已经经历，并将继续面对与上述国家之间的不同关系。例如，在民族史语境中，像拉萨的藏族或加德满都的尼瓦尔人（Newar）等这些群体可能就是国家或文化精英的代表。而像印度东北部的纳伽人（Naga）等其他群体可能一直将自己置于与国家直接对立的一面，而不是寻求策略性的主张。斯科特假设佐米亚的所有群体存在一种动力，在这篇文章中我开始了一个考察这种动力在喜马拉雅地块中如何呈现其可能性的进程，并通过引入一个实地的经验性案例研究对此进行说明。

喜马拉雅地块是否在佐米亚

威廉·冯·申德尔（Willem van Schendel）在他关于佐米亚的早期观点中囊括了我所指的喜马拉雅地块的一部分。构成此区域的 10 个现代民族国家如下所列：中国、越南、老挝、柬埔寨、泰国、缅甸、印度、孟加拉国、不丹和尼泊尔等（Willem van Schendel，2002：654）。然而在斯科特的构想中，佐米亚"成员国家"的名单减少至 8 个，不丹和尼泊尔以及印度所属之喜马拉雅山脉的西部被排除在外。虽然斯科特偶尔提到了西藏（James C. Scott，2009：45），但是并没有持续考虑将它作为一个独立的前现代国家，或是将现代中国西藏原住民作为佐米亚民族语分布图的一部分。因此，斯科特缩减的佐米亚区域图相当于米肖的东南亚地块区域图，这需要加入缺失的喜马拉雅中西部，以成就冯·申德尔佐米亚难题更广阔的视野。

在此值得提及其他 4 种构想，包括了喜马拉雅地块的一些部分，这些区域在文化、语言或生态等方面类似佐米亚。法兰兹·鲍亚士（Franz Boas）以共享的口述叙事归纳出"文化区域"的观点，斯图尔特·布莱克本（Stuart Blackburn）使用此观点论证了"扩展的东部喜马拉雅"区域，包括阿鲁纳恰尔邦（印度采用此称谓，中国西藏藏南的行政区），印度-缅甸-孟加拉边境的纳迦山、钦山和吉大港等山区，以及东南亚和中国西南部高地（Stuart Blackburn，2007：423-424）。杰弗里·塞缪尔（Geoffrey Samuel）建议我们可以"尝试将藏族社会，连同尼泊尔、锡金和不丹等讲藏缅语的其他民族看作是东南亚一部分"（Geoffrey Samuel，2005：199），乔治·范·德里姆（George van Driem）使用语言标准来定义"泛喜马拉雅地区"，"从西部的印度库什山和天山延伸到东部的阿鲁纳恰尔邦和上缅甸"（George van Driem，2001）。最后，冯·申德尔曾记载，国际山地综合发展中心（ICIMOD）提出将"印度库什-喜马拉雅区"作为一个以持续发展为目标的生态区（ICIMOD，2009）。

目前还不清楚为什么斯科特选择把喜马拉雅地块的中部和西部从冯·申德尔的佐米亚（概念中）分离出来。虽然沿着不同的思路，就像原来的（概念）一样它可能是独特的，但他选择边界时的明显随意性突显了他划定的新"世界区域"有潜在缺陷。斯科特本人也承认我们所说的"佐米亚思维"（Zomia-thinking），包括"佐米亚"空间中的住民意识形式和用于划定"无国界空间"的理论术语形式等两个层面，这可有效地将他认为的佐米亚地理边界扩展得更远。反过来说，在这个问题上，米肖认为不是东南亚地块中的所有地理区域都具有斯科特归纳的佐米亚社会政治特性。

考虑到这些观点，我建议最好将喜马拉雅地块作为一个东部边界与邻近的东南亚地块西部边界重叠的地区，并且两者都可以通过"佐米亚"分析框架来更有效地理解。此外，在对喜马拉雅地块和东南亚地块进行比较分析时，重叠的边界以及二者之间的共通显得特别重要。该地区在语言上共通，许多群体都在使用不同的藏缅语（Mark Turin，2006：35-48）；在宗教上，佛教和印度教是强大的塑造力量；在经济上，普遍依赖水稻种植和跨区域贸易。这些共通性最初在区分地域之间和内部的地方特征时显得尤为重要，因此不能将东南亚地块的特征假设为喜马拉雅地块的标准，反之亦然。当然，应该将这两个地区看作是互补互惠互利的整体以作比较分析，但实际情况又有其特殊性。

非后殖民性问题：喜马拉雅中心区的学术和政治史

1905年时，法国语言学家西尔万·列维（Sylvain Lévi）写道："尼泊尔就是建立进程中的印度"（Sylvain Lévi, 1905; Theodore Riccardi, 1975: 5-60; Andras Höfer, 1979: 175-190）。尼泊尔被概念化为一个"实验室"，在这里有关印度的历史假说如今都得到验证。在同一年，一位英国殖民地官员劳伦斯·瓦德尔（L. Austine Waddell）在后来获得独立的锡金，炫耀自己占据了与西藏首府拉萨距离非常接近的有利位置："我曾花费数年时间研究藏传佛教的现状……这里比其他可从事此研究的任何地方都要接近拉萨，并且我可以感受到这个圣城的脉搏在许多本土群体中跳动，他们中的许多人离开拉萨才10天或12天呢。"（Donald Lopez, 1995: 262）这些引文引起了一种研究路径，即早期的西方学者常常试图以喜马拉雅地区中的一部分替代另一部分——用尼泊尔替代印度，用锡金替代西藏，等。这种替换从一个由帝国动机和神学动机共同构成的复杂结构中生成，它抛开了个别民族国家的政治史，以一个泛化认知的、非时间性的和非政治性的喜马拉雅地区的名义产生集体性的影响。印度教、佛教以及"部落"文化形式都能够在这个泛化的喜马拉雅地区中观察到。

这种无国界视野把喜马拉雅地区视为一个文化让人着迷的、政治上未区分的区域，这种视野部分的产生于殖民者将这个地区视作仍然停留于认知范围之外的区域，因此超越了殖民统治（就算不能完全外在于殖民区域的影响），甚至超越了历史（Lopez, Curators and idem, 1998; Peter Bishop, 1993; Thierry Dodin and Heinz Rather, 2001）。正如玛丽·德思·策尼（Mary Des Chene）从尼泊尔得出的观点那样："我不禁这样思考，如果西方人不在某个地方出现或者表现活跃，那里就没有历史，这种根深蒂固的假设一直在发挥作用"（Mary Des Chene, 2007: 212）。在1950年以前，尽管历史上构成喜马拉雅地块中心区（尼泊尔，中国西藏，锡金和不丹）的国家都与英属印度互动而深受影响，但没有一个被完全殖民化。其他人也曾讨论了东西部喜马拉雅（地区）的不同殖民经历（Stuart Blackburn, 2003: 335-365; Martin Sökefeld, 2005: 939-973）。另外，一些人将锡金看作印度殖民地，尽管这个国家在1975年完全并入印度，但是一些锡金人仍然将印度视为殖民力量。上述这些国家在努力应对各种形式的内部殖民，以下作更详细的讨论。然而，德思·策尼认为，由于没有将西方殖民影响考虑进来，那些在20世纪50年代开始在这个区域开始工作的早期人类学家们倾向于在一个历史及政治的真空中描绘他们的民族志对象。具有讽刺意义的是，正是在这其中，"我们在尼泊尔早期的民族志中找到了也许是最具殖民主义意味的内容"（Mary Des Chene, 2007: 212）。

德思·策尼提出，在喜马拉雅研究中"非后殖民性"的影响与所期望的大相径庭。邻近地区的区域研究（area studies）根植于殖民主义的民族志传统之中，喜马拉雅研究向东方主义的妥协却并不比它们更少，甚至在更彻底的东方主义之中停留得更长，正是因为没有一个强有力的殖民主义民族志传统可用作对抗的标靶。基于这个原因，现代喜马拉雅中心区的研究特别倾向于与"后殖民研究"的主流叙事保持距离（有时有意，有时无意），从而使得在这个区域中产生的许多重要的经验性作品外在于城市中主流理论（Metropolitan theory）的视野。卡罗尔·麦克格拉纳罕（Carole McGranahan）沿着相同的进路提出："西藏的帝国故事（Tibetan imperial stories）并非由我们熟知的统治范畴所组成。相反地，他们与殖民主义、资本主义和欧洲海港地区模式（European moorings）相背，因此也就背离了殖民地研究和后殖民理论的主要关注点。"（Carole McGranahan，2007）彼得·汉森（Peter Hansen）提出，西藏流亡政府将新中国成立前的西藏形象建设成为永久且和平的香格里拉，如此行动使情况更加恶化。这就解释了为什么没有持续的努力来形成一个"西藏专题研究"（subaltern studies for Tibet）的原因（Peter Hansen，2003：7-22）。

就喜马拉雅地区佐米亚思维的可能性而言，这些情况在学术历史上呈现出一个与东南亚洲高地所见非常不同的领域范围。斯科特指出东南亚研究完全聚焦于国家之上，而喜马拉雅地区研究至今还处于与东南亚相反的状态，即国家几乎完全缺失。东南亚研究范式形成的作品是"国家史"，这"暗示着他们自己处于一个被民族史占领的地方"（James C. Scott，2009：33）。相反，至少在西方学术界，喜马拉雅中心区（尤其是尼泊尔）研究范式形成的作品事实上一直是高地群体民族志。随着20世纪50年代以来，第一批进入尼泊尔的西方研究者专注于个别高地群体的民族志（Christoph von Fürer-Haimendorf，1964；Bernard Pignède，1993；John Hitchcock，1966），就此在该区域中展开了专门关注高地群体的学术图景。这些群体并没有在他们与所居住的民族国家或者与那些国家的主导人口文化世界的关系中得到持续的承认。

但这并不意味着此地区的政治史没有被记录下来。更确切地说，由于普瑞特姚斯·翁塔（Pratyoush Onta）所说的在西方人类学家和尼泊尔历史学家之间"奇特的劳动分工"（Pratyoush Onta，1993：30）。相比"尼泊尔研究者"几乎只关注其民族国家生活，西方人类学家的工作更加坚实地塑造了该地区的整体学术形象（Pratyoush Onta，1993：30；Ludwig Stiller，1973；Adrian Sever，1993；John Whelpton，2005）。事实上，这一民族主义的历史长期以来成为跨越这个区域的不管是尼泊尔语的还是藏语的公共领域中的知识分子话语的一个重要组成部分。然而，普瑞特姚斯·翁塔、德思·策尼，还有其他学者正确地指出，用本土语言写成的历史著作关注以国家为中心的政治史，并没有较好融入描述该区域的民族和文化的西方民族志作品中（Rhoderick Chalmers，2003）。这样的分歧，以及在当代知识分子当中基于喜马拉雅中心区的加德满都、拉萨、甘托克和廷布等城市来弥补这个历史倾向的诉求，可能会引起对佐米亚概念的一些质疑，认为它是一个过时的观念，这会将过去非殖民化的、却是高度东方主义的不悦记忆带回来。这种学术史打破了单一民族国家及其政治史的特殊性，以此创建了一个更宽广的区域分析框架。

超越"西藏"和"印藏交界"的喜马拉雅

喜马拉雅地区的许多民族志学者主要对"西藏"的文化世界感兴趣，然而却在尼泊尔或印度做研究，因为西藏对研究者而言仍然是可望而不可及。直到 20 世纪 90 年代之后，这一状况才有所改变。然而，次仁沙加（Tsering Shaka）认为，实际障碍不仅仅是梅·格尔斯坦所说的让西方学者远离"政治西藏"（Melvyn C. Goldstein，1998：4）。当然，"还有一种残留的意识，即 20 世纪 50 年代以后的西藏没有研究价值；好像传统社会外在层面的终结使它失去了进一步研究的价值和趣味"（Tsering Shakya，1994：9）。这总结了最近在西藏研究中开始讨论的一个动态。当个别高地群体的民族志描述占据"喜马拉雅研究"的认识论领域时，宗教作品的文本研究也在做与"西藏研究"相同的事情，即在一定程度上以文本固化保存 1950 年以前的世界才是真正的西藏（Lopez，Curators，1998）。这种强调创造了"宗教西藏"的视野，它在某种程度上脱离了特定的政治实体，即乔治·德莱弗斯所说的"原始民族主义"（proto-nationalist）的独立国家（George Dreyfus，1992：205-219）。在这个意义上，尽管（中国西藏和尼泊尔）有不同的原因，但西藏的学术研究发展了出一种与尼泊尔相似的非政治路径。

然而，一般认为西藏文化仍然完好保存在文化西藏的"喜马拉雅边缘"，而且许多在尼泊尔和印度做研究的民族志学者，试图将他们的主要研究对象定位在藏传佛教的文化世界中。他们努力通过分别部分地淡化印度教以及尼泊尔和印度等世俗国家中民族志研究对象的公民身份（直到近期）来实现。人类学家斯坦·芒福德（Stan Mumford）的《喜马拉雅对话》是 20 世纪 80 年代后期研究佛教和萨满教之间关系问题的一部经典著作，他在前言的开篇中为这种趋势提供了一个范例："一部关于西藏村落中藏传佛教的完整民族志，只有在西藏边境下方喜马拉雅边缘的尼泊尔才可能完成，但在西藏之内是不可能的。"（Stan Mumford，1989：ix）在此，把"尼泊尔"降级并归属于"喜马拉雅边缘"，而不是一个在政治上一直延续的民族国家，这表明了去除国家边界的期望。芒福德选择接近边界的田野点，以此进一步强调其研究对象的定位是真正的西藏。尽管在最后他不得不承认没有在西藏之内完成研究，当然也不可能进入。但是民族志中也包含了一些小小的尝试，将研究主题与尼泊尔的政治历史背景相联系。然而，许多喜马拉雅民族研究的民族志学者，因为没有在较为传统的西藏文明框架里解释从尼泊尔高地中获取的经验材料而备受批评（Nick Allen，1993：726）。通过有意地模糊政治边界，在某种方式上呼应了早期学者如列维和瓦德尔所采取的替换方法，像这样的方法，为图便利，用喜马拉雅地块的群体替代想象中的不可进入的西藏中心，而不是去调查他们与所居国家之间关系的特殊性。

与许多其他颇有影响力的喜马拉雅民族志一样，芒福德的著作表现出以"印藏交界"模式的话语先导来理解喜马拉雅地区的文化复杂性。根据现有佐米亚研究论文回溯，这种模式起初在理解喜马拉雅山区的文化融合与变迁方面呈现出明显的预见性，事实上这种佐米亚构想模式形成于 30 年前。然而，当进一步检验的时候，它仍是一种具有启发性的论述，说明了为什么这一路径比他们最初认为的更具折中性的原因。

1978 年出版的《喜马拉雅人类学：印藏交界》一书影响深远，冯·福勒·海门道夫（von Fürer-Haimendorf）在前言中总结了这一概念：

> 在这座大山的峡谷之中，印度-雅利安语和藏缅语相互结合和重叠，印度北部具有高加索人种特征的人群与蒙古族群相遇并融合，并且亚洲的印度教和佛教两大宗教也在这里共存并以各种方式相互作用。在这一范围中，界线并不是清晰可辨，事件发展带来现今多变的样式，这也更加难以辨识。很多无文字部落社会的历史也鲜为人知，因为它们长期以来在先进文化间的夹缝中生存。（这个地区）几个世纪来一直是不同种族以及亚洲两大文明的交汇点（Christoph von Fürer-Haimendorf，1978：ix-xii）。

人类学家詹姆斯·费舍尔（Fames Fisher）在其著作的引言中延续了这种思路，通过一系列有细微差异的表达来描述先前的"交界"，如"边缘层"

和"介于二者之间的交界区域"（James Fisher，1986：1）。更有趣的说法是："因此，与其说喜马拉雅（地区）是分界线，边界或者缓冲区，不如说它是将两种文化像质地密厚的织物一样结合在一起的拉链。"（James Fisher，1986：2）界定这个地区的这些描述结合了地理、语言、种族和宗教等要素，但是这些迁移和融合的过程理论化不足，国家形成的历史仍作为其中的推动力。

这种"交界"模式，也称作"生态模式"，因为它把"印度"和"西藏"的文化形式和喜马拉雅南北坡的独立生态区域联系在一起，所以曾备受批评。杰弗里·塞缪尔（Geoffrey Samuel）提出：它"无助于让我深化对于这些社会如何运行的理论理解……它们不只是'西藏'和'印度'影响的混合物（混合状态）"（Samuel，2005：198）。一般情况下，这在人类学中被称作生态决定论，伯纳德·科恩（Bernard Cohen）解释道："社会组织形式要和特定生态位相联系，将生态与社会形态相联系的一小步会（让我们）看到生态在其中的生成力。"（Cohen，1980）

由于佐米亚概念强调海拔和生态是形成高地群体文化世界的首要因素，它看上去与过去识别民族群体时关注生态群落而不考察政治史的路径有些尴尬的类似。德思·策尼早已考虑到这个问题，写道："发现用边境群体语言重写的'印藏交界'图景，我并不为之惊奇。"（Mary Des Chene，2007：219）仔细阅读斯科特的作品之后，就会发现这种批判隐含其中。佐米亚并不是用"边境"语言重写的交界图景。更确切地说，佐米亚构想清晰地表述了一个以各国家政治史为中心的区域视角，在将这些国家原先的民众可能遭遇的区域框架的幅度进行概念化的时候，佐米亚构想并没有受其（指以政治史为中心的视角）局限。

然而，当我总结了佐米亚的想法并告诉在尼泊尔的几个同事时，他们基本上都是围绕这样的主题回应："这听起来像老套的生态模式，我们为什么需要它？"国际知识分子和社会活动分子以及当地受过教育的高地群体成员均持这种态度。实际上，尽管斯科特的佐米亚视角是以认真检视对高地人口而言的"国家效应"和对国家而言的"高地人口效应"（Highland population effect）为前提，但是整个地区由多种政治史所构建，用一个简单术语界定整个地区的做法肯定很容易招致如此批评。这在一些地方如尼泊尔，尤其如此，高地人民和国家之间力量关系中原初未被解决的问题仍然存在，这处于现代国家政治轨迹的中心。

在如此背景下，佐米亚的倡导者必须弄清楚佐米亚构想并不是回归以前的文化和生态决定论模式，而是尝试承认国家高地群体塑造中角色，同时调查此进程中本土意识的形式和能动性。此外,"喜马拉雅地块"的概念化过程不能再次把"喜马拉雅"当做"西藏之外的西藏"的代名词。而是,必须把喜马拉雅这个概念认可为历史上喜马拉雅地区的多种政体,带有各自政治史。同时,这个概念必须把喜马拉雅地块作为一个多个边缘和带有来自多个政治中心的"国家效应"的区域。当代西藏从属于中国,在历史上曾经是一个重要的区域中心,其主导政治和宗教意识形态与格鲁派关联密切,它没有很多容忍异议的空间,而与中国西藏交界的尼泊尔、印度和不丹的喜马拉雅地区,他们的祖先是藏传佛教其他教派的追随者(主要为宁玛派和萨迦派,但也有噶举派和本教),他们在卫藏受到宗教迫害而逃离西藏。(Ramble,2008)

承认在西藏佛教世界中的不平等和压迫关系的历史事实,能够使我们看到喜马拉雅政治统治的经历并不仅仅与某种特殊的文化、宗教和民族身份有关。例如,不仅佛教或者萨满教的宗教职业者不得不与以印度教为国教的尼泊尔政府(Hindu state of Nepal)协商彼此的关系结构,而且印度教的宗教职业者也必须与以佛教为国教的不丹政府(Buddhist state of Bhutan)协商他们的艰难关系(Hutt,2003)。佐米亚构想竭力去理解这整个区域里的多个人群的如此经验的纠缠在一起的动力,以及区域内国家间的政治关系创造出来的一种路径的可能性——还常常是必要性的——那就使喜马拉雅的平民同时周旋于多个国家之间。

我主张以受佐米亚模式影响(Zomia-influenced)的独特路径来研究喜马拉雅地块,以此有效回应策尼的观点。德思·策尼提出:"喜马拉雅研究常试图抛开环喜马拉雅地块上各国政治史来分析文化,但这些国家往往对这一理念感到不悦。人们可以想象出一个不同的喜马拉雅研究,它以这个地区的政治史为基础。"(Des Chene,2007:210)现在我开始考虑,如何将喜马拉雅研究重新概念化,并将之清晰地表述为一个超越单一民族国家边界局限又类似佐米亚的框架,通过它来理解高地群体在面对多个国家时保持其关系结构的策略。

"夸大的"案例

为了回应个别群体的民族志方法一直主导了喜马拉雅研究的观点,近期的学术工作正在致力于重新确立国家史的中心地位,并将之作为该地区学术话语的基础。在尼泊尔的背景中,像马荷什·昌达·瑞格米(Mahesh Chandra Regmi)和普拉亚·拉吉·萨马(Prayag Raj Sharma)等尼泊尔历史学家正引导着这一工作。他们努力将著名的国语学者［如巴布拉姆·阿昌亚（Baburam Acharya）和丹纳瓦加拉·瓦加拉昌亚（Dhanavajra Vajracharya）］带入国际学术话语的英语圈中（Mahesh Chandra Regmi, 1976; Thatched huts and stucco palaces, 1978; The Regmi Research Series, 2010; Prayag Raj Sharma, 2004）。外国人类学家也为这一事务做出了巨大贡献，特别是他们联系国家形成过程，努力将民族身份历史化（Andras Höfer, 2004; Richard Burghart, 1984: 101-125; Levine, 1989; David Holmberg, 1989; David Gellner, Joanna Pfaff-Czarnecka and John Whelpton, 1997; William Fisher, 2001; Arjun Guneratne, 2002; Genevieve Lakier, 2005: 135-170）。萨罗·穆拉德（Saul Mullard）最近在锡金开始了一个类似的项目（Saul Mullard, 2009），同时一些学者强调不丹独特历史中的不同方面（Hutt, 1997; Christian Schicklgruber and Françoise Pommaret, 1997; Richard Whitecross, 2007: 707-711）。这样的工作偏离了喜马拉雅中心区研究以前的轨道，因为它试图将单一民族国家作为主要的分析单元，以一个村庄或地区而不是以"族群"为案例。

然而，在大多数情况下，放弃"喜马拉雅"这个分析范畴的诉求会导致学者们夸大他们的案例，只是狭隘地在一个国家范围中关注民族、国家以及其他政治身份形式的相互作用，以此整体概括此前用来明确界定喜马拉雅地区的跨境流动和关系。在《抗争与国家：尼泊尔的经历》的导言中，人类学家大卫·盖尔纳（David Gellner）为这种夸大的陈述提供了一个绝佳例子：

> 我们不可能理解尼泊尔人如何看待"他们自己"，除非首先意识到他们的"自我形象"与西藏毫无关系，甚至连一个对照点都没有。对大部分尼泊尔人来说，西藏是一个他们一无所知的遥远之地（David Gellner, 2002）。这些陈述以民族主义话语狭隘地限制了真实的"尼泊尔"身份，这种民族主义话语不承认尼泊尔与西藏以及现在的中国和印度之间的经济、政治和文化交流史仍旧塑造着许多现代尼泊尔人的身份。例如，这包括了18到19世纪间3次西藏-尼泊尔战争的长期冲突，还有尼泊尔与西藏的民众间持续的跨境贸易和宗教关系。事实上，尼泊尔与西藏的既定历史关系以及恰当的藏文化实践已经成为许多骄傲的尼泊尔民族主义者的象征工具。夏尔巴人和古隆人等族群利用重新界定西藏人的概念证明他们作为土著少数民族的地位，应该享受到现代尼泊尔联邦民主共和国的特殊权利和福利（Ernestine McHugh, 2006: 115-126）。

虽然盖尔纳是正确的，但我们必须挑战简单地把尼泊尔称为喜马拉雅的做法。我们需要认识到尼泊尔国家史和现代经验的特殊性，并承认尼泊尔只是喜马拉雅地块的一小部分，这些议题与另一些并不互相排斥，那些议题致力于确认在民族国家之间在文化上、政治上、宗教上、经济上以及历史与现代的联系；还有些议题关注边界区域仍在持续扩张的事实，对这些区域来说某个单一国家并没法声称完全的文化上的或政治上的霸权。国家史同时也可以是跨境的历史，正如最新研究表明尼泊尔和西藏的民族主义在20世纪前10年的印度形成并初步显现（Rhoderick Chalmers，2003；Carole McGranahan，2007）。在尼泊尔与印度、中国西藏自治区的狭长边境以及这两个区域之间，至今仍存在着跨境流动的大量喜马拉雅平民，他们将公民概念视作一个多重的范畴。

夸大案例的另一个模式正如德思·策尼的论证，即从整体上将尼泊尔作为一个边缘或从属空间，因为"尽管研究人员对边缘、边缘化和从属等感兴趣，但很少有人关注一些边缘和从属地区，尼泊尔及尼泊尔人就在其中"（Mary Des Chene，2007：219）。这一观点将整个尼泊尔视为从属空间，抹杀了位于高地和平地信仰印度教的尼泊尔语区与其边缘群体间的权力关系。1769年，沙阿王朝的第一位国王以武力"统一"尼泊尔，开始了长期的内部殖民主义进程，权力关系由此建立（John Whelpton，2005）。实际上，这种叙述似乎与德思·策尼另外的激烈讨论不相符，我们应该认真对待尼泊尔的政治史，因为喜马拉雅山"核心国家"辐射出的文明话语明确肯定了那段历史的主要特点，这些"核心国家"试图将山林中的所有人群定义为落后群体，他们需要现代化、教育以及国家在文化和语言上的同化（Kumar Pradhan，2009）。

同样可以说，关于西藏的学术成果将喜马拉雅边境地区的"西藏化"进程限定为对佛教国家权力的积极表达（Geoffrey Samuel，1993：198）。与长期遭受批评的南亚梵化相比，现代流亡政治势力战胜了将历史上的西藏化方案作为文明使命的企图，实际上西藏化对周边地区存在某种傲慢和轻视的态度，在现代术语中，它可与"殖民主义"态度相比较（Françoise Pommaret，1999：53；Sara Shneiderman，2006A：9-34）。事实上，西藏化方案源于拉萨特别是格鲁派，它一直以来是迫使喜马拉雅地区的许多群体向南部腹地（更南部）迁徙的一个原因。同样，这一进程很大程度上始于19世纪初的内部殖民主义和经济边缘化，这导致了大量人口从尼泊尔山区向东迁徙到达东北部，这里后来成为印度的一个邦。

然而，在此区域广泛的学术研究项目中，尼泊尔和西藏确实被视为边缘，这些国家从边缘化和从属化视角构建文明话语的行动有从学术上复原的需求，却忽略了群体在自己国家背景中的历史不平等和权力关系。这个论点对那些更偏好位于国家中心而非偏远地区的研究主题的研究也同样成立。这一论点对那些定位于国家中心而非偏远地区的专题研究项目同样有效。这种趋势与日益普遍的人类学理念交叉："描述其他文化的作品，无论勾画得多么好，在某种意义上都不再是主要选择。"（Sherry Ortner，1999：9）在现代学术环境中，这使得喜马拉雅地块人群的民族志研究相对萧条。正是在这种背景下，佐米亚提供了一个可能的路径，避开了人类学夸大案例的"简单"方法所造成的死胡同。

德思·策尼正确地指出，承认尼泊尔和西藏在1950年以前有独立的政治史，就必须将它更好地整合到对一些甚至是所有人群的人类学研究中，而不是假设生活在这些国家边界上的所有不同人群都将这些国家的权力视作霸权，或者将政治史完全整合于一个国家，在一定程度上才有可能认为这些国家的历史在本质上是一种从属的历史。同时，佐米亚分析框架需要承认，1950年这个神奇时间的很久以前，"国家效应"已经成为锻造高地身份的重要组成部分，其结果是这些效应并未与高地群体完全整合，而往往是自我边缘化（也就是斯科特所谓的"异化"），并在大多数情况下延续至今。这并不仅仅是盖尔纳作品中提到的"抗争"，而是一个意识和实用策略的复杂组合，即喜马拉雅地块的许多人群同时深受多个国家影响，但是没有一个国家完全或部分承认他们。这一视角挑战了喜马拉雅地区的国家主义进路和斯科特的观点，即佐米亚事实上是过去的事物，因为高地人群在1950年以后就完全被现代国家所"包围"。通过唐米人的民族志描述，我现在提出虽然佐米亚构想在社会、经济和政治关系等事实层面上的表现并不明显，但它可能继续存在于民族意识的主观层面。

唐米人作为跨境公民：历史背景

现代许多唐米人已经建立起年度循环迁徙模式，他们一年中分别在3个国家生活，包括尼泊尔的多拉卡和辛杜帕尔乔克乔克山区，印度孟加拉邦（特别是大吉岭区）和锡金，还有中国西藏边境地区。这种流动的生活逻辑以及文化与政治身份所产生的情感影响，同样出现在唐米群体的流动史和神话中。

"唐米"一词的意思可能是指讲藏语或者其他藏缅语支的"边境之人"或者"平原之人"。从语言学的角度来看，唐米语属于藏缅语族，是一种在尼泊尔达丁区（Dhading district）几乎绝迹的语言。它与巴拉姆语（Baram）有着密切的亲缘关系，也与东部古代早期尼瓦尔语和拉埃-基里巴斯语（the Rai-Kiranti languages）存在有趣的联系（Mark Turin，2004：97-120）。

唐米人的一些起源故事声称他们从斯姆拉噶德（Simraungadh）到多拉卡形成固定的群体，很早就定居在现代尼泊尔与印度的边界地区。其他神话描绘了唐米人半神式男女祖先的迁徙轨迹，他们沿着森科西河和塔马戈希（Tamakoshi）河到达叫舒斯帕（Suspa）的村庄。还有其他传说讲述了该族群与西藏的古老关系，认为他们的群体起源于北方。根据几位学者的介绍，这很可能是早期一位米提拉（Mithila）国王与多拉卡地区之间的联系（Dhanavajra Vajracarya and Tek Bahadur Shrestha，2031 VS（1974-75 CE）；Casper Miller，1997；Mary Shepherd Slusser，1982）。1324年到1325年，国王哈里·斯姆·代瓦（Hari Simha Deva）那"横跨比哈尔和德赖边境"（Mary Shepherd Slusser，1982：55）的王国被穆斯林军队占领，他向多拉卡逃亡，但在途中病逝。据说，他的儿子和随从到达了目的地，但被多拉卡的统治者囚禁起来。这让人不禁产生疑惑，哈里·斯姆·代瓦的德赖公国（Tarai principality）是否就是那个唐米人起源的斯姆拉噶德。即使一些唐米人的祖先确实是从德赖迁移过去的，似乎他们很可能一到多拉卡就与其他族群通婚了。

1568年，一个叫"唐米"的群体在多拉卡形成，至今尚能辨识的碑刻上将其列为这个地区3个重要的社会群体之一，并立法规定将唐米人的税收纳入多拉卡尼瓦尔统治者的管理之下。口述史表明，尽管唐米人从属于多拉卡的尼瓦尔人，但他们曾经拥有客普（kipta）地区一块很大的条形土地。祖先遗留的财产一直默认为这一特定族群所占有，随着来自更西边的种姓制印度人迁徙到多拉卡，并逐步占据唐米人的土地，他们才在近200年里逐渐失去这片土地。如今，唐米人成为尼泊尔最穷和受剥削最严重族群之一（Lynn Bennett and Dilip Parajuli，2008）。大部分唐米家庭只有一小块土地，收获的粮食仅够维持不到6个月的时间。

随着多拉卡与尼泊尔王国的关系变更，土地所有权不平衡已经开始出现了。尽管多拉卡公国名义上保持独立，在18世纪中叶其村民就接受了国王贾葛贾亚·马拉（Jagajjaya Malla）从坎提普尔（Kantipur）派去的税务人员的管辖。文献显示一些村民通过登记对投诉意见来反对税收官员的干扰（Regmi Research Series，1981：12-13）。自从1769年，普利特维·纳拉扬·沙阿

（Prithvi Narayan Shah）将多拉卡并入刚刚建立的尼泊尔王国，用大片土地代替现金支付给军官和国家官员的情况司空见惯；而此前这些土地很多都是由唐米人耕种。在宰相比姆森·塔帕（Bhimsen Thapa）的统治下，土地重新分配的速度大大加快，他在 1805 年到 1806 年间把多拉卡地区的大量稻田充公用作军官的薪资（Regmi Research Series，1981：15）。

据唐米人的叙述可以确定，19 世纪初期阶段，他们的土地快速流失到军队和国家官员手中。第一批移民在此定居后，许多肆无忌惮的新移民开始向他们的唐米邻居放贷以占据更多土地。这些放贷者每年收取 60% 或者更高的利息，然后刁难唐米农民使其难以偿还贷款，当借款人违约时，贷款人就会取消其所抵押土地的赎回权。因此在过去的一个世纪里，唐米人拥有的土地急剧减少，许多唐米人要么深陷债务之中，要么成为佃农租种他们曾经所拥有的土地。然而，大多数家庭从自家耕地中获得的产出仅够维持几个月。19 世纪末期，一方面没有足够的土地来维持生存，另一方面又有大量土地废弃，尼泊尔唐米村庄的经济情况迫使人们巡回迁徙，这一方法是在保持原有土地基础上扩大土地范围以获得现金收入。

在大致相同的历史时期，大吉岭出现了新的创收机会。1835 年，英国实际控制了这一大片几乎无人居住的森林地区，基础设施建设需要工人，19 世纪 50 年代建立的茶产业也需要大量的人力资源。这些劳动力绝大多数来自尼泊尔。许多最早的唐米移民就是到茶园工作。最初从村庄里出来的少数人将自己塑造成可信赖的工人，他们最终被提拔为工头。在数年里，他们会间或回到尼泊尔，通过亲属关系网招募新劳动力，并带回种植园。在大吉岭，政府或私营茶叶公司几乎占据了所有的大块土地，小块的土地分配给种植园的工人，但他们只有暂时使用权没有所有权（参见 Tanka Subba，1989；Piya Chatterjee，2001）。这就意味着唐米移民获得财产所有权的前景渺茫，他们首次面对与尼泊尔不同的经济生产方式，在尼泊尔尚能获得温饱。

除了茶叶，1857 年成立的英国军队招募中心是大吉岭的其他吸引源。应征进入廓尔喀军队是尼泊尔所谓"尚武民族"中许多年轻人梦寐以求的目标，但这个军队并不接受唐米人。招募官员诺西（Northey）和马里斯（Morris）拒绝唐米人的理由是"因为他们外表粗俗，在社会和宗教事务上比其他民族低劣，他们不值得进一步描述"（W. B. Northey and C. J. Morris，1928：260）。但这并不能阻止唐米人像基兰特族人（Rai）、古隆人（Gurung）和马嘉人（Magar）等一样用假名入伍，并过着双面生活。

通过茶叶、度假区、道路和边境防御战略的有力组合，大吉岭及其周边地区的发展刷新了"19世纪孟加拉地区最快发展速率的纪录"。1881年，在大吉岭地区有88000名尼泊尔籍居民（Dane Kennedy, 1996: 184）。1872年印度人口普查列表记载在大吉岭地区有13人讲唐米语，到1901年上升到了319人（George Grierson, 1927: 280）。然而，这些数字只是印度和尼泊尔在唐米人口统计中政治争议的开端。在大吉岭多民族的社会背景下，由于错误地将自己表述为其他族群的成员，以及偏爱将尼泊尔语作为一种通用语，那些基于语言而不是族群性的统计数据很有可能没有反映出唐米人的真正数量。

唐米人作为跨国公民：历史背景

我曾在别处指出过，"Thangminess"（唐米人）这个概念基于跨国经济的归属感，多地的经验和知识特殊性构建了个人的完整身份（Sara Shneiderman, 2011）。简而言之，不考虑个体经验多样性，尼泊尔唐米人在财产所有权和文化资源方面比印度唐米人更"富有"，但在社会包容和政治资源方面更加"贫乏"，而印度唐米人在这方面却有长足的进步。整体而言，归属感的概念在尼泊尔是以财产所有权和土地开发同时并存的经验为前提；在印度，是以相对贫乏的私有财产和基于土地的僵化社会等级制度所推动的社会流动为前提。唐米人会在中国西藏度过一段时间，这从另一维度增加了他们的经验，尽管时间很短（由于中国的规定，大部分情况下不超过一个月），但当唐米人考虑在其他两个国家中做一个长期选择时，这为他们提供了一个值得深思的优越之地。唐米人在尼泊尔、印度和中国西藏持续地流动，巡回迁徙使他们充分利用了这3个不同的但同样令世界瞩目的地区。

对于那些流转或停留于一个或另一个国家的唐米人来说，在这些世界中迁徙以及与多个国家互动所必需的经验成为唐米人有效身份的范式特征。亲属关系与群体网络使得那些定居和迁徙的唐米人能够定期联系，在大吉岭和达玛 [Dram或者卡萨（Khasa），西藏自治区边境小镇，毗邻尼泊尔] 的集市，"唐米"常常是移民搬运工的通称，正如"夏尔巴人"这个术语意味着"登山者"一样。尽管以上讨论的这些国家没有一个承认双重国籍，但持有至少两个国家的文件证明其公民身份已经成为许多唐米人的常态。

斯科特认为，高地群体从历史上就试图通过"异化"策略保持"无治理状态"，并声称"我们是没有国家的人"（James C. Scott, 2009: 174），而就一个带有独特佐米亚特征的高地群体而言，它与多个民族国家的策略关系使这一观点复杂化。为使这些群体适应多变的"承认的政治"（Charles Taylor,

C 1992), 控制"承认条件"（Arjun Appadurai，2004：59-84）是佐米亚工具箱中的一项基本要素。尽管对许多唐米人来说，获得国家政治承认的期望是一个较新的现象，但从唐米人社会关系领域之外特别是来自神圣世界的其他资源中获得的承认，一直以来都是他们组成关系和构建身份的重要力量。现代唐米人遇到一系列"承认主体"，从地方神灵到尼泊尔、印度、中国等国家，从（国际）非政府组织和人类学家到其他族群成员，以上每一个都再次确认了唐米人身份的不同方面。我认为，我们应该看到在这种支配性冲突中控制"承认条件"的能力，而不是强调这种承认期望的缺失，这正是佐米亚构想的重要特征。换句话说，事实上一些唐米人（特别是相对受过良好教育年轻族群成员）期望从他们所居住国家那里获得政治承认，这与他们保持自我承认或让更大群体的其他成员承认他们是一个"无国家"群体（斯科特个人风格的术语）并不矛盾。然而，觉察到群体内的多样性意见和多元关系结构创造的策略性机遇的自我意识，同时在其他时间和地点仍然保持着"异化"技术，有助于在政治上和实践中有益的时候提高唐米人寻求承认的能力。

正如上文所说的军队招募，唐米人在历史上成了煽动他们自己的错误认知的共谋。国家主要表现为一个收税人，对国家的不信任使他们有意回避文化客体化的公共形式以维持其独特的文化实践，而文化客体化往往能够吸引好奇的外来者。事实上，我研究过的许多老年唐米人很庆幸自己没有被列入尼泊尔《民法大典》（*Muluki Ain*），该法典将尼泊尔的族群编入正统的印度种姓制度框架中（Andras Höfer, 1979）。这种空缺意味着在唐米人居住地以外很少有人知道他们的族称，这使得唐米人在遇到专家学者的时候将自己错误地表述为某个较知名族群的成员。

在尼泊尔，对负面经验的常见反应就是暂时或永久地迁徙到印度或是更远的地方。但在印度，一系列不同力量使唐米人远离了承认他们作为一个独立"唐米"群体的诉求。到 20 世纪 90 年代初，大吉岭的大部分尼泊尔籍印度公民致力于建立一个完全的尼泊尔身份，并鼓动在印度成立一个讲尼泊尔语的廓尔喀兰邦（Tanka Subba, 1992）。在淡化种族差异的政治时期，要求承认"唐米人"身份没有太大意义，而在大吉岭长期跨民族的婚姻实践成为创建超越了等级和民族差异的完整尼泊尔身份的主要手段。

1989 年，大吉岭廓尔喀兰山地委员会（DGHC）成立，结束了暴力的廓尔喀兰运动。这个委员会是一个半自治组织，意在迎合大吉岭尼泊尔语群体的特定需求。建立这个委员会是为了尽快弥合裂痕，但同样重要的是贯彻 1990 年的《曼达尔（委员会）报告》，这个报告修订了印度现有的保留地制度，为表列部落、表列种姓阶层和其他落后阶层重新制定了一系列改良福利。廓尔喀兰山地委员会的领导地位很快稳定，廓尔喀兰成为独立邦的希望化为泡影，当时许多尼泊尔遗民群体开始尝试进入其他落后阶级或表列部落的可能性，这成为他们在印度土邦中发出声音的新路径。然而，这一策略需要完全转变对族群身份的态度：在廓尔喀兰运动期间，战斗是为了将"尼泊尔人"识别成为一个整体的族群类型，但现在斗争是为了使每一个单独群体成为独特的"部落"单元。国家规定的部落识别标准对很多印度的尼泊尔传统（遗民）群体来说是一个挑战，因为他们长期致力于将他们的文化差异纳入完整的尼泊尔身份中，而现在他们反而试图要去发掘和找回独特的"部落"文化特征（Sara Shneiderman，2006b：54-58）。2008年，在撰写此文时，事情又发生了改变，建立喀尔喀兰邦的诉求再度复兴，与印度中央政府和西孟加拉邦政府的三方会谈始终悬而未决。

1990年以尼泊尔回归民主为标志，这使人们首次有可能在公共场合讨论族群身份和差异。从那天起，许多成年唐米人已经开始有意识地在国家层面上固化他们的唐米人身份，而不是逃避它。直到最近，尼泊尔也没有一套针对具有族群特征群体的反歧视行动和福利（制度）综合系统，但现在情况正在迅速改变。在2008年5月，有史以来第一次选举产生的制宪会议召开，目标定位在2010年10月普及新宪法。审议的主要内容包括以民族为纲重组联邦，建立一个主要基于族群、种姓和区域身份的积极行动系统（Townsend Middleton and Sara Shneiderman，2008：39-45）。在这种情况下，对许多像唐米人这样的族群来说，为适应以民族为纲的国家重建，寻求国家承认成为一种新策略。因为政府只向那些得到官方认可的族群下放大部分"自治权"，一旦中央政府开始提供自我管理的选择权，那么保持无治理和隐匿状态还有什么用呢？

自1990年起，尽管印度和尼泊尔唐米人期望获得国家承认，但否认唐米人身份——一个控制承认条件的手段——仍然是一种常见的策略，用它来预先阻止那些对唐米名称不熟悉的人提出一些令人不悦的问题。20世纪90年代末期，当我第一次在尼泊尔唐米地区的农村做研究时，在地区总部接触那些讲唐米语的人，他们在回答"你是唐米人吗？"的问题时，会很快切换到尼泊尔语，并确定地说"不是"。

这种防御性反应最初是为了逃避被识别（为唐米人），这表明唐米人可以评估多个"承认主体"提供的不同"承认条件"，如国家、研究者和他们自己的神。

他们在每个历史和个人的时间里权衡识别带来的利弊。如果这个国家只从你这里攫取资源而不是给予，为什么还要向这个国家表明自己身份呢？尽管一个研究者占用了自己的时间，却不给予任何有用的东西，为什么还要让他识别你（的身份）呢？

理解唐米人历史上如何在与外来者交往中控制识别条件的出发点就是唐米古鲁（guru，萨满教职业者，同时作为群体领袖和文化知识拥有者）和群体的其他长辈对唐米文化问题的倾向性回应方式。他们坚称没有这种事情。这种陈述否认了唐米人有桑斯克瑞提（sanskriti）——这是一个尼泊尔语词汇，指产生的"高雅文化"终结了"文化"连续统一体，特别是由他们视作纯洁、历史悠长和文本权威的印度教和佛教"大传统"界定。在唐米村庄的日常生活中，确实没有能作为唐米人识别特征的图标、艺术、建筑和服装等物质文化，也没有任何文字传统。

唐米群体内部实践中产生的丰富文化外表掩盖了这些明显的缺失。这些人在谈话中迅速否认"唐米文化"概念，却一生致力于通过神话、仪式、亲属关系、迁徙和日常生活等实践来生成唐米文化。唐米古鲁主要以唐米语引导与地方本土神灵的交流，这是一种深度的整合实践，在某种意义上他们把佛教和印度教的核心思想融入萨满教的实践框架，结果形成了独特的复合唐米文化。

唐米文化生活由宗教核心思想融合、语言混合和种族融合等共同形成，思想融合只是其中的路径之一。这种融合形式成为他们明确的族群标志，形成了文化生产中具有自我意识的融合模式。其他群体强烈抵制这一共同的融合过程，唐米人不但公开表达，而且还积极地将这种融合作为建立自我特征感和身份感的源泉。

然而，在尼泊尔或印度等国家的族群分类框架中，强调所有类型的融合无助于建立一个文化样式。1854年，《穆鲁吉艾恩民法大典》将印度教中强调文化教化观念和宗教纯洁性的思想意识奉为神圣，而印度殖民分类方案使此前已有的"种族"和"部落"观念更加具体化。矛盾的是，当西方社会科学费尽周折否认以本质主义的文化理解时，尼泊尔和印度的民族社会活动分子借用这些纯粹的特有本土概念，并且将之运用于他们所居住国家中，作为争取固有权力运动的政治工具。这种运动被看作是一种本质化的自我表达诉求以换取正式承认。

此外，唐米人"缺乏文化"的自我表达体现在承认缺乏明确的文化客体。文化目标可使唐米人在国家制度中更容易得到识别。国家制度包含一种先进且非常简明的"文化"观，认为文化是一个静态、纯粹和有清晰边界的事物，由离散的、同源的且易于识别的各个独立群体所维系。那么，"没有唐米文化"的说法并不是绝对的，而是有语境的。这一说法只是在民族国家层面上接受了关于民族主义"文化"视野的意义，即文化的可识别性和具体化形式是与生俱来的，它们可方便地运用于国家目标所做的独立族群分类。这一陈述清晰表达了一种替代性的"国家视角"（Prasenjit Duara, 1995），即什么让一个人成为尼泊尔或印度公民。它们将国家的存在的基础阐述明确，而避免了混杂的暗示。在这一点上，唐米人的认知观念中很早就认识到民族国家的族群性标准，但是民族意识没有被族群标准排斥性地限制或是做出与之相反的界定。

考虑到这一点，我们可以看到在特定的历史时刻声称"没有文化"是一种异化策略，并使像唐米人这样的群体保持斯科特意义上的"不被治理"状态。如同前述，在个体意识到有多个、同等强大承认主体的环境中，这些策略可能特别有效。但是当情况发生改变，国家承认变得更明显且在本质上比其他承认形式更有效时，对融合文化形式的历史依赖可以是一个比较现实的倾向。这是现代许多唐米人找回自己的关键点，融合文化实践让他们知道是什么塑造了自己；他们渴望一个纯粹和独特的文化形式，它使政治目的更容易具体化；在融合文化实践和纯粹文化期望等两者间的鸿沟可导致明显的主观矛盾。

通过这个简短的民族志掠影，我希望说明几个观点。第一，斯科特认为东南亚地块的"圈地"运动已经在1950年结束，但这在喜马拉雅地块仍然持续，并且在1990年之后大幅度加速，结果导致政局变动。第二，作为像唐米人这样的群体的历史结局，他们现在回归自我时面临挑战，但是以能动性和意向性的方式来协商承认条件是一个潜在的有效定位。这可能使他们一方面保持"不被治理"状态的主观感受，另一方面从国家中获得实际利益。第三，当这一进程同时在多个国家展开时，拥有多种公民身份带来的利益可能使高地人群保持对承认资源的最大控制。最后，正是因为这种争取国家承认的运动现在还在进行中，所以很值得思考如何用一个与社会活动分子相近的概念来清晰表达的学术范式。

佐米亚和领土政治

这些问题的广泛性（currency）表明将佐米亚概念引入学术研究工作时必

须谨慎,如果要全面运用,它会涉及文化政治、公民身份和国家政策等问题。佐米亚是一个更大地理区域的描述符号,这些区域是许多不同少数民族的家园,每个民族都有他们自己的族称和政治方案(projects),在学术上借用佐米亚有限区域里数个语言群体的族称可能会导致群体范围内的恐慌。虽然它为学术目标提供便利,但是使用佐米亚术语这一宽泛的构想方式,强调边境群体作为"无国家"族群的地位,有可能阻碍在特定国家政策框架内针对少数民族群体获取权利和资源的政治规划。

为了进一步追问佐米亚概念在如此政治背景下的意义,让我们更深入地探讨尼泊尔当前的领土政治。2006年,和平协议结束了毛派造反分子和国家安全部队之间的10年内战,随后2008年进行了制宪会议选举,尼泊尔便一直处于"联邦重组"的进程中。会议提出了国家权力下放,从一个中央集权制向联邦国家转变的框架,但大部分框架太依赖于人类学家唐纳德·穆尔(Donald Moore)所说的"民族空间固化"(Ethnic spatial fix)(Donald Moore, 2000: 654-689)。换言之,通过建立新的半自治行政单元,计划范围涵盖8到25个政党和其他民间社会团体,那么在边境族群和领土的不同部分之间的假定历史关系便处于一个具体化的进程中(参见 Pitamber Sharma and Narendra Khanal, 2009)。所有这些计划要求创建独立的民族语言单元,并根据此区域中大部分族群的族称来命名。在这个国家中,59个不同族群为国家承认,但是不同的语言群体超过100个,甚至设立更多行政区的计划也不可能为每个群体单独提供一片领地。

这一状况在许多像唐米人这样的众多小族群中造成了巨大的沮丧,这样的许多人已经实现对尼泊尔国家承认条件的相对控制,他们中的许多人想象如果没有保持现状,而是被纳入到一个由人口众多的族群所掌控的国家之中,他们的命运将会失去希望。因此唐米人中的社会活动分子开始要求建立他们自己的自治区——塔姆布旺(Thambuwan)。大部分塔姆布旺的支持者私下里都承认,他们并不寄希望于国家同意他们建立独立行政区的要求,但是他们感到无从选择,只能继续在公共领域中开展运动。在认识到巨大风险的前提下,加之佐米亚作为一个其他地方族群的一个通称,社会活动分子把自己当作佐来亚居民的建议不会是一个受欢迎的主张。尽管这是事实,现代唐米人常常在他们更加扩展的跨境身份上保持高度的主观意识,但是他也有兴趣学习在此区域内的其他高地群体如何联系他们所居住的国家来界定他们的身份。再次,我们必须认识到,许多唐米人在主观层面上一直认为自己是"无国家"的人群,并与其他各处的类似人群具有重要的历史和现实联系。然而,在政治实践层面，他们积极投入去证明自己是一个在文化和地域边界上独立的边境群体，以此获得数个特定民族国家的特殊权利。这两方面的视角并不相互排斥，如何创造出一个学术概念同时兼顾主观性的这两个方面，仍然是一个待解决的问题。

结论：重申喜马拉雅地块

我希望这篇文章特别是其中提出的喜马拉雅地块中心区研究将迈出第一步，以结束冯·申德尔提出的在"开展佐米亚研究"（Willem van Schendel，2002：657）中出现的"代际分歧"。我曾试图探索在喜马拉雅研究中产生这种分歧的学术轨迹，并认为佐米亚概念可能提供了一种路径但缺乏深度。然而在那条路径过时之前，我认为如果要更好地运用它，就需要进一步提升，不仅要涵盖喜马拉雅中心区，而且要囊括整个喜马拉雅地块。最终，只要继续发展喜马拉雅地块的概念使之成为一个分析性的区域单元，特别是将此区域中的经验研究放入东南亚地块和其他广义世界区域中的那些研究中作比较对话时，学者们将受益匪浅。

参考文献

Alexander Macdonald, 1975. Essays on the ethnology of Nepal and South Asia, Kathmandu: Ratna Pustak Bhandar.

Andras Höfer, 1979. What we social scientists owe to Sylvain Lévi, Kailash, pp. 175–90. 2004. The caste hierarchy and the state in Nepal: a study of the Muluki Ain of 1854, Kathmandu: Himal Books (first published 1979).

Adrian Sever, 1993. Nepal under the Ranas, New Delhi: Oxford & IBH Publishing Company.

Arjun Guneratne, 2002. Many tongues, one people: the making of Tharu identity in Nepal, Ithaca, NY: Cornell University Press.

Arjun Appadurai, 2004. The capacity to aspire: culture and the terms of recognition, in Vijayendra Rao and Michael Walton, eds., Culture and public action, Stanford, CA: Stanford University Press, pp. 59–84.

Brian Hodgson, 1874. Essays on the languages, literature and religion of Nepal and Tibet, London: Trubner and Company.

Bernard Cohn, 1980. History and anthropology: the state of play, Comparative

Studies in Society and History.

Bernard Pignède, 1993. The Gurungs: a Himalayan population of Nepal, Kathmandu: Ratna Pustak Bhandar (first published 1966).

Christoph von Fürer-Haimendorf, 1960. Caste in the multi-ethnic society of Nepal, Contributions to Indian Sociology, pp. 12 – 32; 1964. The Sherpas of Nepal: Buddhist highlanders, Berkeley, CA: University of California Press. 1975. Himalayan traders: life in highland Nepal, London: John Murray. 1978. Foreword, in James Fisher, ed., Himalayan anthropology: the Indo-Tibetan interface, Paris: Mouton, pp. ix–xii.

Chie Nakane, 1966. A plural society in Sikkim: a study of the interrelations of Lepchas, Bhutias and Nepalis, in Christoph von Fürer-Haimendorf, ed., Caste and kin in India, Nepal and Ceylon, Bombay: Asia Publishing House.

Charles Ramble, 2008. The navel of the demoness: Tibetan Buddhism and civil religion in highland Nepal, Oxford: Oxford University Press.

Casper Miller, 1997. Faith-healers in the Himalayas, New Delhi: Book Faith India, (first published 1979).

Charles Taylor, C, 1992. Multiculturalism and "the politics of recognition": an essay, Princeton, NJ: Princeton University Press.

Carole McGranahan, 2007. Empire out-of-bounds: Tibet in the era of decolonization, in Ann Laura Stoler, Peter Perdue, and Carole McGranahan, eds., Imperial formations, Santa Fe, NM: School of American Research Press, p. 173.

David M. Waterhouse, ed, 2004. The origins of Himalayan studies: Brian Houghton Hodgson in Nepal and Darjeeling, 1820–1858, London: Routledge Curzon.

David Snellgrove, 1961. Himalayan pilgrimage: a study of Tibetan religion, Oxford: Bruno Cassirer.

Donald Lopez, 1995. Foreigner at the lama's feet, in Donald Lopez, ed., Curators of the Buddha: the study of Buddhism under colonialism, Chicago, IL: University of Chicago Press.

David Gellner, Joanna Pfaff-Czarnecka, and John Whelpton, eds, 1997. Nationalism and ethnicity in a Hindu kingdom: the politics of culture in contemporary Nepal, Amsterdam: Harwood Academic Publishers.

David Gellner, 2002. Introduction: transformations of the Nepalese state, in

David Gellner, ed., Resistance and the state: Nepalese experiences, New Delhi: Social Science Press, p. 5, emphasis in original.

Dhanavajra Vajracarya and Tek Bahadur Shrestha, 2031 VS (1974-75 CE), Dolakhako aitihasik ruprekha (A historical review of Dolakha), Kathmandu: Institute of Nepal and Asian Studies,

Dane Kennedy, 1996. The magic mountains: hill stations and the British Raj, Berkeley, CA: University of California, p. 184.

Donald Moore, 2000. The crucible of cultural politics: reworking development in Zimbabwe's eastern highlands, American Ethnologist.

Erik de Maaker and Vibha Joshi, 2007. The northeast and beyond: region and culture, South Asia, pp. 381-390.

Ernestine McHugh, 2006. From margin to center: "Tibet" as a feature of Gurung identity, in P. Christiaan Klieger, ed., Tibetan Borderlands, Leiden: Brill, pp. 115-126.

Françoise Pommaret, 1999. The Mon-pa revisited: in search of Mon, in Toni Huber, ed., Sacred spaces and powerful places in Tibetan culture, Dharamsala: Library of Tibetan Works and Archives, p. 53.

Gerald Berreman, 1960. Cultural variability and drift in the Himalayan hills, American Anthropologist, pp. 774-794;

Gerald Berreman, 1964. Shamans and Brahmins in Pahari religion, Journal of Asian Studies, pp. 53-69;

George Grierson, ed. 1909. Linguistic Survey of India, Calcutta: Superintendent of Government Printin.

George Grierson, 1927. Linguistic survey of India (Volume I), Calcutta: Office of the Superintendent of Government Printing, p. 280.

Geoffrey Samuel, 1993. Civilized shamans: Buddhism in Tibetan societies, Washington, DC: Smithsonian Institution Press, p. 148;

Geoffrey Samuel, 2005. Tibet and the Southeast Asian highlands, in Geoffrey Samuel, ed., Tantric revisionings: new understandings of Tibetan Buddhism and Indian religion, London: Ashgate, p. 199.

George van Driem, 2001. Languages of the Himalayas: an ethnolinguistic handbook of the greater Himalayan region, Leiden: Brill, p. Ix.

Genevieve Lakier, 2005. The myth of the state is real: notes on the study of the state in Nepal, Studies in Nepali History and Society, pp. 135-70.

George Dreyfus, 1992. Proto-nationalism in Tibet, in Per Kvaerne, ed., Tibetan Studies: proceedings of the sixth seminar of the International Association for Tibetan Studies, Oslo: Institute for Comparative Research in Human Culture, pp. 205-219.

Gray Tuttle, 2005. Tibetan Buddhists in the making of modern China, New York: Columbia University Press.

Hutt, 1997. Unbecoming citizens; Christian Schicklgruber and Françoise Pommaret, eds., Bhutan: mountainfortress of the gods, London: Serindia.

ICIMOD, 2009. Hindu Kush-Himalayan region, http//www.icimod.org/?page¼43 (consulted 14 March 2010).

James C. Scott, 2009. The art of not being governed: an anarchist history of upland Southeast Asia, New Haven, CT: Yale University Press.

Jean Michaud, 2006. Historical dictionary of the peoples of the Southeast Asian Massif, Lanham, MD: Scarecrow Press.

James Fisher, 1986. Trans-Himalayan traders: economy, society, and culture in northwest Nepal, Berkeley, CA: University of California Press. Introduction, in Fisher, Himalayan anthropology, p. 1.

John Hitchcock, 1966. The Magars of Banyan Hill, New York: Holt, Rinehart and Winston.

John Whelpton, 2005. A history of Nepal, Cambridge: Cambridge University Press.

Kumar Pradhan, 2009. The Gorkha conquests, Kathmandu: Himal Books (first published 1991).

Lopez, Curators, and idem, 1998. Prisoners of Shangri La: Tibetan Buddhism and the West, Chicago, IL: University of Chicago Press.

Levine, 1989. "Caste"; David Holmberg, Order in paradox: myth, ritual, and exchange among Nepal's Tamang, Ithaca, NY: Cornell University Press.

Ludwig Stiller, 1973. The rise of the house of Gorkha: a study in the unification of Nepal, 1768-1816, New Delhi: Manjusri Publishing House.

Lynn Bennett and Dilip Parajuli, 2008. Nepal inclusion index: methodology, first round findings and implications for action, Kathmandu: World Bank.

Michael Oppitz, Thomas Kaiser, Alban von Stockhausen and Marion

Wettstein, eds., 2008. Naga identities: changing local cultures in the northeast of India, Gent: Snocck Publishers.

Martijn van Beek and Fernanda Pirie, eds., 2008. Modern Ladakh: anthropological perspectives on continuity and change, Leiden: Brill.

Mark Turin, 2004. Newar-Thangmi lexical correspondences and the linguistic classification of Thangmi, Journal of Asian and African Studies, pp. 97-120. 2006. Rethinking Tibeto-Burman: linguistic identities and classifications in theHimalayan periphery, in P. Christiaan Klieger, ed., Tibetan borderlands, Leiden: Brill, pp. 35-48.

Mary Des Chene, 2007. Is Nepal in South Asia? The condition of non-postcoloniality, Studies in Nepali History and Society, p. 212.

Melvyn C. Goldstein, 1989. A history of modern Tibet, 1913-1951: the demise of the Lamaist state, Berkeley, CA: University of California Press

Melvyn C. Goldstein, 1998. Introduction, in Melvyn C. Goldstein and Matthew T. Kapstein, eds., Buddhism in contemporary Tibet: religious revival and cultural identity, Berkeley, CA: University of California Press, p. 4.

Martin Sö kefeld, 2005. From colonialism to postcolonial colonialism: changing modes of domination in the northern areas of Pakistan, Journal of Asian Studies, pp. 939-973.

Michael Hutt, 2003. Unbecoming citizens: culture, nationhood, and the flight of refugees from Bhutan, New Delhi: Oxford University Press.

Mahesh Chandra Regmi, 1976. Landownership in Nepal, Berkeley, CA: University of California Press.

Thatched huts and stucco palaces, 1978. New Delhi: Vikas Publishing House.

The Regmi Research Series. http://www.digitalhimalaya.com/collections/journals/regmi/ (consulted 14 March 2010). Cumulative index for 1981, pp. 12-13.

Martin Mills, 2003. Identity, ritual and state in Tibetan Buddhism: the foundations of authority in Gelukpa monasticism, London: Routledge Curzon.

Mary Shepherd Slusser, 1982. Nepal mandala: a cultural study of the Kathmandu Valley, Princeton, NJ: Princeton University Press.

Nancy Levine, 1987. Caste, state, and ethnic boundaries in Nepal, Journal of Asian Studies, pp. 71-88.

Nick Allen, 1992. Review of Sherry Ortner's High religion: a cultural and political history of Sherpa Buddhism, In American Anthropologist, pp. 967-968.

Peter Bishop, 1993. Dreams of power: Tibetan Buddhism and the Western imagination, London: Athlone Press.

Peter Hansen, 2003. Why is there no subaltern studies for Tibet? Tibet Journal, 28, 4, pp. 7-22.

Pratyoush Onta, 1993. Whatever happened to the "golden age"? Himal, p. 30.

Prayag Raj Sharma, 2004. The state and society of Nepal: historical foundations and contemporary trends, Kathmandu: Himal Books.

Piya Chatterjee, 2001. A time for tea: women, labor and post/colonial politics on an Indian plantation, Durham, NC: Duke University Press.

Prasenjit Duara, 1995. Rescuing history from the nation: questioning narratives of modern China, Chicago, IL: University of Chicago Press.

Pitamber Sharma and Narendra Khanal, 2009. Towards a federal Nepal: an assessment of proposed models, Kathmandu: Social Science Baha.

Ramachandra Guha, 2001. The unquiet woods: ecological change and peasant resistance in the Himalaya, New Delhi: Oxford University Press (first published 1989).

Ramble, Charles, 2008. The Navel of the demoness: Tibetan Buddhism and civil religion in highland Nepal. Oxford: Oxford University Press.

Ravina Aggarwal, 2004. Beyond lines of control: performance and politics on the disputed borders of Ladakh, India, Durham, NC: Duke University Press.

Richard Fardon, 1990. "Localizing strategies: the regionalization of ethnographic accounts", in Richard Fardoned., Localizing strategies: regional traditions of ethnographic writing, Edinburgh: Scottish Academic Press, pp. 1-35.

Rhoderick Chalmers, 2003. "We Nepalis": language, literature and the formation of a Nepali public sphere in India, 1914-1940, PhD thesis, School of Oriental and African Studies, University of London.

Richard Burghart, 1984. The formation of the concept of nation-state in Nepal, Journal of Asian Studies, pp. 101-125.

Richard Whitecross, 2007. Separation of religion and law? Buddhism, secularism and the constitution of Bhutan, Buffalo Law Review, pp. 707-711.

Stuart Blackburn, 2008. Himalayan tribal tales: oral tradition and culture in the Apatani Valley, Leiden: Brill.

Sara Shneiderman and Mark Turin, 2006. Revisiting ethnography, recognizing a forgotten people: the Thangmi of Nepal and India, Studies in Nepali History and Society, pp. 97-181.

Sara Shneiderman, 2006A. Barbarians at the border and civilising projects: analysing ethnic and national identities in the Tibetan context, in Klieger, Tibetan borderlands, pp. 9-34. 2006B. Ethnic (p) reservations; and Sara Shneiderman and Mark Turin, Seeking the tribe: ethno-politics in Darjeeling and Sikkim, Himal Southasian, pp. 54-58. 2009A. Rituals of ethnicity: migration, mixture, and the making of Thangmi identity across Himalayan borders, PhD thesis, Cornell University. 2009B. Ethnic (p) reservations: comparing Thangmi ethnic activism in Nepal and India, in David Gellner, ed., Ethnic activism and civil society in South Asia, New Delhi: Sage Publications, pp. 115-41. 2011. Circular lives: histories and economies of the transnational Thangmi village, in Joanna Pfaff-Czarnecka and Gérard Toffin, eds., The politics of belonging in the Himalayas: local attachments and boundary dynamics, New Delhi: Sage Publications.

Stuart Blackburn, 2003. Colonial contact in the "hidden land": oral history among the Apatanis of Arunachal Pradesh, Indian Economic and Social History Review, pp. 335-65.

Stuart Blackburn, 2007. Oral stories and culture areas: from northeast India to southwest China, South Asia, pp. 423-424.

Sylvain Lévi 1905. Le Nepal: étude historique d'un royaume hindou, Paris: Ernest Leroux, Vol. 1, p. 28.

Stan Mumford, 1989. Himalayan dialogue: Tibetan lamas and Gurung shamans in Nepal, Madison, WI: University of Wisconsin Press, p. ix.

Saul Mullard, 2009. "Opening the hidden land: state formation and the construction of Sikkimese history", PhD thesis, University of Oxford.

Sherry Ortner, 1999. "Introduction", in Sherry Ortner, ed., The fate of "culture": Geertz and beyond, Berkeley, CA: University of California Press, p. 9.

Theodore Riccardi, 1975. Sylvain Lévi: the history of Nepal, part I, Kailash, pp. 5-60.

Thierry Dodin and Heinz Rather, eds., 2001. Imagining Tibet: perceptions, projections, and fantasies, Boston, MA: Wisdom Publications.

Tsering Shakya, 1994. Introduction: the development of modern Tibetan Studies, in Robert Barnett, ed., Resistance and reform in Tibet, Bloomington, IN: Indiana University Press, p. 9.

Tsering Shakya, 1999. Dragon in the land of snows: a history of modern Tibet since 1947, New York: Columbia University Press.

Toni Huber, 1999. The cult of Pure Crystal Mountain: popular pilgrimage and visionary landscape in southeast Tibet, New York: Oxford University Press, p. 4.

Tanka Subba, 1989. Dynamics of a hill society: the Nepalis in Darjeeling and Sikkim Himalayas, New Delhi: Mittal Publications;

Tanka Subba, 1992. Ethnicity, state, and development: a case study of the Gorkhaland movement in Darjeeling, New Delhi: Har-Anand Publications.

Townsend Middleton and Sara Shneiderman, 2008. Reservations, federalism and the politics of recognition in Nepal, Economic and Political Weekly, pp. 39-45.

Willem van Schendel, 2002. Geographies of knowing, geographies of ignorance: jumping scale in Southeast Asia, Environment and Planning D: Society and Space, pp. 647-668.

William Fisher, 2001. Fluid boundaries: forming and transforming identity in Nepal, New York: Columbia University Press.

W. B. Northey and C. J. Morris, 1928. The Gurkhas: their manners, customs and country, London: J. Lane, p. 260.

关于边境与边界的叙述[1]
——中越边境地区地方商人机遇和挑战的纵向研究

麦吉尔大学地理系　　Sarah Turner[2]　著
云南民族大学云南民族研究所　贺佳乐
广西民族大学东盟学院　　潘艳勤　　　译

摘　要：在这篇文章，我将尝试使用"似佐米亚"（like-Zomia）的方法而非通常所用的民族-国家的视角来理解中越边境地区高地居民的生计生活。我将探讨中国西南的云南省与越南北部的老街省之间的国际边界线给当地的京族（低地的越南人）和中国汉族带来的挑战与机遇。我通过对跨境贸易网络历史与现状的分析，来考察这条边界线以及边境空间的创造与巩固。本文着眼于两个时期：法国殖民地时期和当代经济改革时期，在这两个时期，全球-地方联系在直接对边界协商的塑造有着特别重要的意义。目前学者们从中越边境经营重要山地商品的商人那里得到的田野叙述为研究边界和边境空间提供了新的方法，并且继续呈现未来研究的机遇和局限性。

关键词：似佐米亚（like-Zomia）　中越边境　贸易景观　生计

中国云南省边陲小镇小坝子概述

一个雾蒙蒙的阴天，我们乘坐一辆本地小巴从中国云南省马关镇（文山

---

[1] 我要感谢评议人让·米肖（Jean Michaud）和威廉姆·卡拉伦斯·史密斯（William Clarence-Smith）给我的有益建议。感谢在此领域给我提供帮助和建议的研究员同事克里斯汀·保林（Christine Bonnin）和白廷斌（Bai Tingbin），以及苗语翻译 Chau、Lang、Chi 和 Lan。感谢埃里克·黄（Eric Huynh）和阿玛拉·珀希娅（Amara Possian）的研究赞助。这项研究由加拿大社会科学和人文科学研究会资助。原文出处：Turner, Sarah. 2010. Borderlands and border narratives: a longitudinal study of challenges and opportunities for local traders shaped by the Sino-Vietnamese border. *Journal of Global History* 5: 265-287.

[2] 作者简介：Sarah Turner，麦吉尔大学地理系教授，著名东南亚跨界研究学者，为郁丹教授东南亚高地边疆、边境、跨区域研究合作者，共同获得加拿大国家社科基金。

壮族苗族自治州，后文简称文山）出发，迎风在碎石路上行驶一个小时后，我们到达了边陲小镇的小坝子。我们之所以有此行程，是因为在越南老街省（Lào Cai province）新马街市场（Si Ma Cai market）附近，我们曾遇到过许多来自小坝子的商人，他们大多数是能说一口流利苗语的中国汉人。这一事实令我在越南的苗族研究助理感到非常惊讶，他曾经反复强调"但是京族人（越南的低地民族）从不学苗语！"在小坝子，正当我们在这样雾气浓重的天气里不知下一步该做什么的时候，我们遇到了一位中国汉族男子韦。韦非常好奇到底为什么在这样一个痛苦的日子，或者，确切地说，任何一天，会有外国人在他的小镇子里。韦一辈子都住在小坝子镇，这个镇距离越南边境6公里。很快，他邀请我们到他在主街道上的家和他以及他的朋友们聊天。让我吃惊的是，作为一个到2000年为止已有20年跨境走私经验的人，他很快地向我们详细讲述做生意的诀窍。这个镇上的人们通常拿什么货跨过边界卖到越南？"哦，主要是香烟、电池、火柴、纺织品、药品、手电筒，类似这些的东西。"你在哪里越过边界？如果你被抓了会怎样？"我们通过当地的检查站过边界，如果我们被抓（与货物一起），那么警察就会收走我们的东西，我们就疯一样的逃跑并躲起来。"你去越南的哪个市场？"新马街，我舅舅住在那里，所以非常方便，而且距离也比较近。"得知在小坝子附近有一个很大的水牛交易市场，我就问他这种在中越边境地区少数民族用于犁田耕地的珍贵的牲畜的跨境贸易情况。韦回忆道，直到两年前，大多数的水牛都是从中国卖到越南，但是现在，是越南人，大部分是少数民族，把水牛卖到中国。这恰好与同一周早些时候在老街省的 Cán Câu 市场苗族水牛贸易商告诉我们的信息相关，在那里，一位水牛贸易商，陆（Lue），为了赶在黄昏前从"秘密通道"前往中国曾打断我们的谈话。

  我们交谈的时候，我意识到韦的故事隐含了许多这一地区边境贸易值得注意的各个方面。这里不仅有一个重要的、随时间涨落形成了一定合法性的跨越中越边境的小规模的边贸市场，而且还有很多少数民族，他们与越南的京族和中国的汉族一样，从事各种各样产品的买卖，从水牛到刺绣编织品、从草果到水稻种子。此外，这些边民在边境两侧有亲戚、朋友和熟人，他们把这条边境线视为一条人为隔离了他们数世纪历史的贸易以及社会网络的线。

  在前殖民地时期，跨越东南亚大陆的高地边境地区常常被看作是缓冲地带,并且少有认为有必要精确领土的范围。① 然而,在现代国家边界塑造的过程中,越南北方和中国西南许多民族群体的历史家园被政治地分隔了。这导致亲属和长期的邻居被官方地分离,有时分离成敌对的政治组织。② 越南和中国都曾通过阻止欧洲殖民进程、革命战争以及社会主义改革而历经了深刻的转型,两国的经济自由化政策都进一步转变了在高地的国家角色。③ 此外,1979年中越两国之间的边界战争以及随后官方之间的边境关闭,对当地(正式的)人口流动和贸易影响了近10年。直到1988年,中越两国才重新官方地开放边境,紧接着1991年双方恢复外交关系正常化。④

对于同是社会主义国家的越南和中国,国家边界是国家管控领土、公民以及贸易的重要象征。而市场自由化及全球化进程有助于跨越国家边界贸易格局的形成,但他们几乎没有证明这样一种论断,即我们生活在一个无国界的世界——这两个个案都差远了。尽管两国对边境贸易实践的态度摇摆不定,但两国都屡次重申要管控他们的边界。⑤ "边民"因此影响着国家政权的波

---

① 参见 Michel Bruneau, *Diasporas et espaces transnationaux*, Paris: Anthropos-Economica, 2004; Thongchai Winichakul, *Siam mapped: a history of the geo-body of a nation*, Honolulu: University of Hawai'i Press, 1994.

② 参见 J. McKinnon, *Ethnicity, geography, history and nationalism: a future of ethnic strife for the inland border peoples of mainland Southeast Asia?*, in R. F. Watters and T. G. McGee, eds., Asia-Pacific: new geographies of the Pacific Rim, London: Hurst, 1997, pp. 283–330; Jean Michaud, *The montagnards and the state in northern Vietnam from 1862 to 1975: a historical overview*, Ethnohistory, 47, 2, 2000, pp. 333–367; idem, *Historical dictionary of the peoples of the Southeast Asian Massif*, Lanham, MD: Scarecrow Press, 2006; Laura Schoenberger and Sarah Turner, Negotiating remote borderland access: small-scale trade on the Vietnam-China border, Development and Change, 39, 4, 2008, pp. 665–693.

③ 参见 Colin Mackerras, *China's ethnic minorities and globalization*, New York: Routledge Curzon, 2003; Pamela McElwee, *Becoming socialist or becoming Kinh? Government policies for ethnic minorities in the Socialist Republic of Vietnam*, in Christopher R. Duncan, ed., *Civilizing the margins: Southeast Asian government policies for the development of minorities*, Ithaca, NY: Cornell University Press, 2004, pp. 182–213.

④ 参见 Chau Thi Hai, *Trade activities of the Hoa along the Sino-Vietnamese border*, in Grant Evans, Chris Hutton, and Kuah Khun Eng, eds., *Where China meets Southeast Asia: social and cultural change in the border regions*, New York: St Martin's Press, 2000, pp. 236–253; Brantly Womack, Sino-Vietnamese border trade: the edge of normalization", Asian Survey, 34, 6, 1994, pp. 495–512; Li Tana, *Nguyen Cochinchina: southern Vietnam in the seventeenth and eighteenth centuries*, Studies on Southeast Asia 23, Ithaca, NY: Southeast Asia Program Publications, 1998.

⑤ 参见 Peter Andreas, *Border games: policing the U. S.-Mexico divide*, Ithaca, NY: Cornell University Press, 2000; David Held, Anthony McGrew, David Goldblatt and Jonathan Perraton, *Global transformations: Politics, economics, and culture*, Cambridge: Polity Press, 2000; Kenichi Ohmae, *The borderless world: power and strategy in the interlinked economy*, New York: The Free Press, 1990.

动,同时还协商贸易的机会和亲属关系的连接,这些都超越了民族国家的边界。

在越南北部(中国西南)的边疆,这些边民包括当然不仅仅限于相当大数量的诸如苗族的少数民族,苗族在越南大约有80万,在中国250多万(他们被划分在苗瑶语系中的苗语支)。① 同时这些高地的居民还包括被称为瑶族的道教群体(Dao group),瑶族在越南有62万,在中国有260万。岱族是越南人口最多的少数民族(约150万),在中国则被划分在更广泛的壮族(超过1600万)之下。最近才可能获得的(1999)上一次人口普查的数据显示,与中国交界的越南各省高地少数民族人口为(奠边省建立前):莱州(488488人),老街(397475人),河江(529551人),高平(467379人),谅山(587718人)。在中国,2000年云南的少数民族人口大约有1430万人,而广西(广西壮族自治区)的少数民族大约有1750万人。由于历史上复杂的迁徙、贸易、和睦与敌对,这一"佐米亚"区域(或者更确切地定义为"东南亚地块")是一个民族的万花筒。

当今的越南,这些高地少数民族仍然没有被越南低地主体民族很好地了解,他们常常被描述成"落后的"或"懒惰的"。② 这些观点随着时光被保存了下来,像低地京族非常重视追忆和纪念他们的过去一样,而只有为数不多的少数民族文化有本土的书写档案。高地少数民族与低地京族之间的差异被国家简要的表述,并体现在当今的发展政策上。③ 在中国,汉族的标准模式是

---

① 纵观最近的历史,越南与中国的政府将这些群体划分为不同的种类,并且纳入不同的民族学体系中。这里没有太多精力可以对此探索,想要了解更多,参看Jean Michaud, Handling mountainminorities in China, Vietnam and Laos: from history to current concerns, Asian Ethnicity, 10, 1, 2009, pp. 25-49。数据来自Michaud《历史词典》(Historical dictionary);国家统计局年鉴,北京:中国统计出版社,2002年;越南社会主义共和国,越南人口普查,河内:越南统计局,1999年。

② 参见 Gerald C. Hickey, Free in the forest: ethnohistory of the Vietnamese central highlands, 1954-1976, New Haven, CT: Yale University Press, 1982; Jennifer C. Sowerwine, The political ecology of Dao (Yao) landscape transformation: territory, gender and livelihood politics in highland Vietnam, PhD thesis, University of California, 2004; World Bank, Country social analysis: ethnicity and development in Vietnam, Washington, DC: The World Bank, 2009。

③ 参见 Sarah Turner, Trading old textiles: the selective diversification of highland livelihoods in northern Vietnam, Human Organization, 66, 4, 2007, pp. 389-404; James C. Scott, The art of not being Governed: an anarchist history of upland Southeast Asia, New Haven, CT: Yale University Press, 2009; Oscar Salemink, A view from the mountains: a critical history of low lander-highlander relations in Vietnam, in Jeff Romm, Nghiem Phuong Tuyen, and Thomas Sikor, eds., Montane choices and Outcomes: contemporary transformations of Vietnam's uplands, Singapore: Singapore University Press, Forthcoming。

将中心-边疆的关系,视为"自上而下的关系,边疆是低劣的、愚昧的地方,遥远的闪耀的中心照亮他们的黑暗"①。生活在中国边境的少数民族不仅是数量上的少数,同时还被认为是与众不同的、奇怪的以及有异国情调的;在文化的进化上低于汉族的族群②。

在这篇文章,我通过历史和当代关于边境协商和贸易的记录来探讨中越边境对这些边民有何意义。把边境置于历史的脉络之后,我重点关注的是日常生活的过程,通过这个过程,边民如何像他们创造的且多样的日常生计那样来应对这一政治边界。③ 我试图揭示这种人为的自然的边界,它的多孔性以及边境居民——"边民"在空间和隐喻上使用这一术语的手段——(协商)它的存在。不论是历史还是当代,对一些人来说,任何一个国家的边界为货物的供需盈亏创造了机会是显而易见的。对另一些人来说,边界为贸易机会谈判以及与需要逃避的官员带来了挑战。而对越南高地的一些年轻人来说,边界已经成为一个令人生畏的实体界线,他们害怕跨越边界后被走私和贩卖。

那么我应当如何将这篇文章与"佐米亚"的讨论相结合呢?我的目的是探讨边民被人为地分隔在这些跨国高地的程度,以及当地边境居民如何协商或忽略越南北部高地与中国西南之间的边界谋生的。我认为他们的贸易景观(trading-scape)并没有被政治边界所约束,而是依靠跨国文化的联系、亲属关系和婚姻的社会关系、跨境流动以及经济交换。④ 因此我赞同威廉·冯·申德尔(Willem van Schendel)的观点,我们需要超越将高地视为分裂的区域的传统的区域研究,将越南居民纳入东南亚研究,并把他们的邻邦纳入中国(东亚)研究中。当研究非国家联盟的族群(non-state aligned ethnic groups),

---

① 参见 Diana Lary, Introduction, in Diana Lary, ed., *The Chinese state at the borders*, Vancouver: UBC Press, 2007, p.6.

② 同上。

③ 有关当代大范围的图景,官方的跨境贸易,参见 Martin Gainsborough, Globalisation and the state revisited: a view from provincial Vietnam, *Journal of Contemporary Asia*, 37, 1, 2007, pp.1–18; Gu Xiaosong and Brantly Womack, Border cooperation between China and Vietnam in the 1990s, Asian Survey, 40, 6, 2000, pp.1042-58。更多有关中国汉族-京族的跨境贸易,参见 Chan Yuk Wah, Trade and tourism in Lao Cai, Vietnam: a study of Vietnamese-Chinese interaction and borderland development, PhD thesis, The Chinese University of Hong Kong, 2005。

④ 我基于阿帕杜莱(Appadurai)的"一域(-scape)"理论来解释底层经济、文化以及政治之间的脱节。这个观点,简要来说,是指边疆居民的贸易图景是文化的、流动的以及无规律的,不与国家指令和边界管控保持一致。参照 Arjun Appadurai, Modernity at large: cultural dimensions of globalization, Minneapolis, MN: University of Minnesota Press, 1996, p.33; Bernard Formoso, Zomian or zombies? What future exists for the peoples of the Southeast Asian Massif?, in this issue, pp.313-332。

如这些边疆地区的苗族和瑶族时,这并非是重要的。同时我建立在詹姆斯·C·斯科特的观点上,即高地居民遇到在其他地方需要他们的货物的人的时候,会绕过国家的障碍。我会证明随着国家对边疆控制的起落,当地居民如何展示他们的足智多谋,以及他们在维护边境贸易流动和信息交换中如何施展他们的能动性。尽管这一区域的流动及当地居民的贸易没有民族国家的束缚,但必须考虑和理解这是一个更广阔的社会空间的一部分。① 尽管近年来中国和越南加强了边境地区的控制,但我认为当地对这种控制的协商以及维护跨境生计的方式依然非常坚决和强大。

在一个日常生活的动力受到国家边界的影响的社会空间里,对当地居民来说,利用这条边界线与国家政策进行公开或隐蔽的协商具有非常实在的意义。实际上,我们也许可以将政治边界视为桥梁:是互动的交叉点和分界面的范围,而不是障碍。② 事实上,我们甚至可以将政治边界视为桥梁:是互动的节点或交界面,而不是障碍。③ 让我们通过这些特定边境的历史来一探究竟吧。

越南帝国时代的末期

19世纪末之前,关于越南北部高地以及当地少数民族和他们边境贸易的信息非常少。④ 这一时期,低地的越南人对这些高地地区相对没有太大的兴

---

① 参见 Willem van Schendel, Geographies of knowing, geographies of ignorance: jumping scale in Southeast Asia, *Environment and Planning D: Society and Space*, 20, 6, 2002, pp. 647-668; Scott, Art。

② 参见 Michiel Baud and Willem van Schendel, Toward a comparative history of borderlands, *Journal of World History*, 8, 2, 1997, pp. 211-242; Norris C. Clement, Economic forces shaping the borderlands, in Vera Pavlakovich-Kochi, Barbara J. Morehouse, and Doris Wastl-Walter, eds., Challenged borderlands: transcending political and cultural boundaries, Aldershot: Ashgate, 2004, pp. 41-61; Karin Dean, *Spaces and territorialities on the Sino-Burmese boundary: China, Burma and the Kachin, Political Geography*, 24, 7, 2005, pp. 808-30; Barbara J. Morehouse, Theoretical approaches to border spaces and identities, in Pavlakovich-Kochi, Morehouse, and Wastl-Walter, Challenged borderlands; David Newman, The lines that continue to separate us: borders in our "borderless" world, Progress in Human Geography, 30, 2, 2006, pp. 143-162。

③ 参见 Newman, Lines。也可参见 Baud and van Schendel, Toward a comparative history; Brantly Womack, International relationships at the border of China and Vietnam: an introduction, Asian Survey, 40, 6, 2000, pp. 981-986; Demetrios G. Papademetriou and Deborah Waller Meyers, eds., Caught in the middle: border communities in an era of globalization, Washington, DC: Carnegie Endowment for International Peace, 2001。

④ 参见 Michaud, Montagnards。

趣，相反地，他们加强对南方领土的权利以主张国家从中国的独立，同时强调低地水稻农业的发展。① 然而，为避免潜在的边界争端和贸易中断的风险，与中国保持一个稳定的边界至关重要。② 因此，越南帝国王朝似乎更关注的是政治边界，而不是高地的边境。与此同时，在中国，在已建立的政体之间有一些真空的地带，例如西部的傣泐（Dai Lue）、北部的彝族（Yi）、东部的壮族和西部的傣族（Thái），这些生活在元江（红河）附近边境地区的居民被称为"野蛮人"或"蛮"（man）：即尚未文明的少数民族并且需要臣服在中华帝国的控制之下的边民。③

1802年，嘉隆帝（Gia Long）的统治从其在越南中部的政治王朝顺化发展到越南北部，建立了今天的越南（后被法国人称为东京），而越南与中国仍然保持朝贡的关系。④ 越南北部高地更直接的由越南兵部管理，然而只有红河三角洲附近的少数民族受到严密的控制，并需要纳赋税。那些比较偏远的北部山区一般不受王朝的管制，只有高地的首领偶尔向顺化朝贡。⑤

尽管越南有兵部，但是这些地区依然经常遭受来自于云南和广西游击队的洗劫，19世纪下半叶，一些反抗清朝的逃兵，比如南方的黑旗军、黄旗军、红旗军，进入越南。在一定程度上基于法国军队已抵达越南北部以及法国传教士在越南工作的考虑，顺化王朝起初很欢迎这些人。⑥ 这些军队控制了越南北部高地的一些贸易路线，但是除了一些比较发展的讲泰语的族群外，很少

---

① 参见 Alexander B. Woodside, Vietnam and the Chinese model: a comparative study of Vietnamese andChinese government in the first half of the nineteenth century, Cambridge, MA: Harvard University Press, 1971; Li Tana, Nguyen Cochinchina; Sowerwine, Political ecology。

② 参见 Emmanuel Poisson, Unhealthy air of the mountains: Kinh and ethnic minority rule on the Sino-Vietnamese frontier from the fifteenth to the twentieth century, in Martin Gainsborough, ed., On theborders of state power: frontiers in the greater Mekong sub-region, London: Routledge, 2009, pp. 12-24。

③ 参见 Stevan Harrell, Introduction: civilizing projects and the reaction to them, in Stevan Harrell, ed., Cultural encounters on China's ethnic frontiers, Seattle, WA: University of Washington Press, 1995, pp. 3-36; Sowerwine, political ecology。

④ 参见 Michaud, Montagnards。

⑤ 关于越南西北部的傣族封建制度无论如何都应该记载。这些族群有着完善的政治等级不仅臣服于他们自己的首领，而且也控制其他族群臣服于他们的封建君主体系。他们与低地京族统治者例行朝贡关系。参见 Jacques Lemoine, Féodalité Taï chez les Lü des Sipsong Panna et les Taï Blancs, Noirs et Rouges du Nord-Ouest du Viêt-Nam: emergence de l'Etat et féodalité, Péninsule, 28, 35, 1997, pp. 171-217; Woodside, Vietnam。

⑥ 参见 Michaud, Montagnards。也可参见 Bradley Camp Davis, States of banditry: the Nguyen Government, bandit rule, and the culture of power in the post-Taiping China-Vietnam borderlands。PhD thesis, University of Washington, 2008。

有触及与少数民族开展贸易的，与云南及红河三角洲区域的中国汉族和越南京族之间的长途贸易相比，他们的贸易被认为是微不足道的。作为这些军队的士兵，大量的少数民族，如苗族，大约在19世纪60年代抵达越南，并在越南尚未开垦的地方定居。①

法国对高地地区感兴趣的主要原因是，他们可以绕开中国沿海省份的通商口岸，通过红河到达云南。这些源自北部山脉的河流长期以来是当地居民与云南、广西和红河三角洲之间的贸易路线。法国的探险家如19世纪60年代的弗朗西斯·卡尼尔（Francis Garnier）和欧内斯特·特拉格莱·拉格雷（Ernest Doudart de Lagrée），19世纪70年代的埃米尔·罗切（Emile Rocher）参与了穿越此区域的航行，希望找到新的贸易路线，然而，黑旗军给他们设置了许多的障碍。② 事实上，由于越南王朝对盘踞在高地的军队深感厌恶，因此他们对这些高地的控制甚微。普瓦松（Poisson）指出越南王室以及随之而来的法国殖民当局都发现很难找到官员在这样的边境地区驻扎相当，因此都得依靠当地世袭的土官对边界进行防御与管理。③

法国殖民统治越南高地时期

法国殖民在越南-中国边境的控制是否可以被认为是全球-地方连接的开始，取决于全球化如何被构想：作为一个当代的进程，自20世纪60年代，全球联系越来越成为可能，或者作为一个正在进行的过程，通过殖民扩张把部分纳入到发展的世界中。④ 不管理论如何定位，法国殖民管制高地时期所发生的一切不仅，不仅加强了中国和越南的边境线，同时也加大了法国殖民对边境居民直接参与的商品生产、交通运输以及鸦片等货物的税收的控制。

1883年8月，顺化政府与法国签署了十分苛刻的《顺化条约》（Harmand

---

① 参见Christian Culas & Jean Michaud, A contribution to the study of Hmong（Miao）migrations andHistory, in Nicholas Tapp, Jean Michaud, Christian Culas, and Gary Yia Lee, eds., Hmong/Miao in Asia, Chiang Mai: Silkworm, 2004, pp. 61-96。

② 参见Henry McAleavy, Black Flags in Vietnam: the story of a Chinese intervention, London: George Allen and Unwin, 1968。

③ 参见Poisson, Unhealthy air。越南官员经常假装生病来避免这样的派遣，而另一些人则由于他们的当班而放弃他们的职位或者居住在低地的权利。

④ 参见Anthony Giddens, The consequences of modernity, Cambridge: Polity Press, 1990。

Treaty），东京（Tonkin）和安南（Annam）成为法国的保护区。① 作为越南的宗主国，中国的强烈反对导致了1883年底中法两国不宣而战。法国获胜之后，满族皇后慈禧太后被说服签订协议。1884年5月，中法两国签订《天津条约》（又称《李福协定》）。与这个边境研究直接相关的条款是，中国在东京的驻军要撤离边境，中国同意越南北部与中国自由贸易并受商业和海关条约监督。② 然而，这一条约并没有指明中国撤军的具体时间，由此导致了军队之间的冲突，结果引发了1884年8月中法战争的爆发。③ 在和平条约签署大约1年之后，至1885年6月底，中国军队撤离东京（Tonkin），其中大部分是黑旗军。

尽管早期中越边界的划分可以追溯到公元240年，然而直到殖民时期才被严格地划分。④ 1887年，中国与法国政府达成中法边界划分公约，明确了有关边疆划定的内容，随后在1895年签署了《中法越南续议界务专条附章》（*the Supplement to the Convention*）。根据这些条约文件，中越边境立了300多块界碑。⑤ 兴建于19世纪90年代末并于1910年竣工的从海防经老街至昆明的铁路，加快了法国人和京族人到达北部高地的速度。然而，即便是在法国殖民地的控制下，指派到这些边疆地区的岗位不论对殖民地官员还是对法国管辖之下的越南官员来说都算是一种惩罚。⑥ 1924年，法国官员莫里斯·阿

---

① 这个条约于1884年6月6日被措辞不那么严厉的《顺化条约》或《乙巳条约》取代，然而其内容依然保留其主要原则。参见Albert Billot，*L'affaire du Tonkin：histoire diplomatique du l'établissement de notre protectorat sur l'Annam et de notre conflit avec la Chine*，1882-1885。Par un diplomate，Paris：Hetzel et Cie，1888。

② 参见Lloyd E. Eastman，*Thrones and mandarins：China's search for a policy during the Sino-French controversy*，1880-1885，Cambridge，MA：Harvard University Press，1967。

③ 参见A. Thomazi，*La conquête de l'Indochine*，Paris：Payot，1934。这场战役的战场不在中越的高地边境而是在低地，因此这里不进一步讨论。

④ 参见Maurice Abadie，Minorities of the Sino-Vietnamese borderland, with special reference to Thai tribes，Trans。Walter E. J. Tips，Bangkok：White Lotus，2001（originally published as Les races du Haut-Tonkinde Phong-Tho à Lang-Son，Paris：Société d'Éditions Géographiques，Maritimes et Coloniales，1924）。

⑤ 参见King C. Chen，China's War with Vietnam，1979：issues, decisions, and implications，Stanford，CA：Hoover Press Publications，1987。也可参见Pierre Lefèvre-Pontalis，Voyage dans le Haut-Laos et sur lesfrontières de Chine et de Birmanie。Mission Pavie Indo-Chine 1879—1895：géographie et voyages，Vol. 5，Paris：Ernest Leroux，1902；Pierre-Bernard Lafont，Les frontières du Vietnam：histoire des frontières de lapéninsule indochinoise，Paris：L'Harmattan，1989。

⑥ 因气候条件而将许多高地岗位归到"危险的"岗位并没有太大的意义，1912年的一种分类将今天的老街省包括进去，这是我们在下面有关边界叙事的一个讨论点。参见Poisson，Unhealthy air。

巴迪（Maurice Abadie）把边界线描述为"纯粹是常规，边界两边都有着相同的物理特征，生活在此的部族在各个方面都是相同的"①，强调了这种尖锐的政治分割如何通过一个更广泛的社会和族群空间进行切割的。

那么，对当地居民来说，20世纪初他们是如何在边境展开日常实践的？殖民地档案的军事报告可以提供一些见解，否则，当前单凭高地老人的口述史是很难得知的。殖民时代期间，如今越南的老街省大致等同于第四军事领地（the 4th Territoire militaire）或东京第四军事领域（4th military territory of Tonkin）。这是一个特殊的使用中国-老挝-越南边境线来管理边境领土的形式，这种形式于1891年官方公布，并在随后的几年内实施。② 在这一范围内，位于红河东部边疆地区的孟康县（Mường Khuong）自1893年由法国军队有效的管制。③ 一份来自那个地区的1898年的军事报告揭示了许多有关殖民地边境的内容，包括当地的居民、他们与其他族群之间的关系以及边境贸易。法国殖民在今天的孟康县（Muong Khuong）附近建立军事站能够被当地的少数民族所接受，但是，往北的巴隆（Pha Long）地区仍然由一帮中国人控制，他们不时还抢劫当地的村庄。④ 从1894年至1895年这一地区的报道相对还是平静的，然而在孟康以及巴隆附近的山谷仍然由中国的匪帮控制。至1895年11月，法国已成功接管巴隆并开始在那里建立军事站，至1897年，当地那些曾因战乱逃亡到中国的村民又重新返回到越南境内的村子。

红河西侧巴刹县（Bát Xát）出现的关于跨境匪帮的情况也非常类同，来自中国的入侵的团伙定期被驻扎在该地的法国军队镇压。正如1898年关于巴刹地区一份军事报告记述的一样，法国官员无疑认为少数民族居民是靠不住的"边境公民"，摘录一份先前的报告如下：

> 大多数情况下，当地居民很有自由感，因为一旦我们从他们那里拿了任何东西——无论是让他们做苦力，还是让他们从我们这里购买基本的物品，他们都会毫不犹豫地跑到中国去；因此我们应该让这个地区保

---

① 参见 Abadie, Minorities, p. 22。
② 参见 Michaud, Montagnards, pp. 345-349, 有关1903年军事领地的详细描述。
③ 参见 Centre des Archives d'outre-mer, Archives Nationales, Aix-en-Provence, France（henceforth CAOM）, GGI 66105, Mường Khuong, ch. 2, 1898。
④ 例如，1894年11月20日，当地的法国军队前往Lang-Xa-Hoan（一个从孟康县至那里需要两个半小时脚程的小寨子）进行侦察，并镇压了那里的来自中国的土匪。

持原样，通过勘探简单要求维护这条路（1888年11月11日-20日）。①

在法国军事讨论中边界是至关重要的。例如，在孟康军事部，从今天越南的巴隆（Pha Long）跨越边界到达中国的边境小镇老卡镇（Lǎo Kǎ）的路线非常重要，这条连接高地和低地的路线从巴隆穿过孟康到达老街，是与低地人员和物资往来的主要干道。② 当时在云南，边境县老街被法国人称之为凯花（Kai-Hoa），这个县又被分成下属县、区和州，当地的居民根据地理等级纳税。巴隆-老卡的跨境路线非常的繁忙，"如果不出所料，（这条路线）注定前途光明，是我们与中国贸易增长至关重要的路线"③。在讨论当今纺织品贸易的过境通道时我们将再回到这条路线来。

在法国殖民地早期，越南北部高地的边境贸易是很重要的。法国军事记录列出的清单有来自中国的马蹄铁、钉子、妇女的银饰（和少数民族用铁或银等原材料制作他们自己的首饰一样）、金属丝、针和药品。而进入中国的商品则是诸如来自越南沿海地区的盐，因为要被位于今天河口的中国海关征税，盐一旦进入中国边境价格就提高了50%。在高地市场，盐用来交换货币（法国殖民地的货币）或鸦片，同时也是跨境走私的货品："盐的走私是很容易的，因为中国海关官员乐意鼓励这种行为以便增加他们的资源。"④ 来自越南的福建柏木贸易同样存在。这种广受欢迎的耐腐蚀的木材在中国和越南高地用于制作棺材。1/4个世纪过去之后，阿巴迪（Colonel Abadie）同样记录了中国边民为这种商品"花很大的价钱"⑤。

19世纪80年代末，越南边境的市场也有中国商人在做生意，高地少数民族居民谈及的贸易路线，其中位于中越高地的一些市场如今依旧存在。今高地少数民族所说到的圆形贸易路线已经在中国和越南双边许多高地市场中存在。那时，越南边境的市场例如巴刹、孟康以及巴隆的少数民族居

---

① CAOM, GGI 66105 Ba-Xat, 1898, written by Lieutenant Victor Frobet。

② 虽然我在本篇文章中重点关注高地的跨境贸易以及流动，但是并不是否认历史上存在的低地-高地之间的贸易。更多相关内容参见 Salemink, View。

③ CAOM, GGI 66105 Muòng Khuong, ch. 3. 5, 1898。

④ 参见 CAOM, GGI 66105 Muòng Khuong, ch. 4. 3, 1898。法国殖民政府对酒、盐和鸦片一直保持垄断，据计，在20世纪20年代，大约70%的殖民地预算费用来自这些垄断的间接税收。参见 Luong Văn Hy, Revolution in the village: tradition and transformation in North Vietnam, 1925-1988, Honolulu: University of Hawai'i Press, 1992. Trần Hũu Son, chủbiên, Lich súcông nghiêp Lào Cai (Tran Huu Son, ed. Industrialhistory of Lao Cai), Lao Cai Tourism and Cultural Bureau, 2004。

⑤ 参见 Abadie, Minorities, p. 15。

民出售家禽、鸡蛋、水果和米酒，或者与从云南跨境而来边民物物交换，交换的制成品上文已经列出。跨越边境的运输工具主要是步行，有时也要马驮马。① 中国商人从越南少数民族那里购买来饲养的猪也是重要的边境贸易商品；这些商人通过"与当地居民大量购买鸡、购买芒胡（Muong-Hum）和Trinh-Thuong的苗人（the Méos）生产的用来制作棺材的木板"而获得更多的利益。②

那时候，报道称第四军事基地东西两边的政府、地方和跨境关系都很友好，法国的档案记录指出："与中国边境当局的关系非常友好，双边经常互为访问。"③ 在巴剎区，边境跨越在法国军队看来扮演着重要的政治角色，"（这是一个）很好的让我们的长官与邻国保持友好关系的位置"④。

1924年，法国莫里斯·阿巴迪上校更广泛地记录了越南北部高地贸易，他写道："中国的小贩和商人经常组成马帮来运输货物：盐、鸦片、草药、大米、玉米和欧洲商品等。"⑤ 那些还记得高地法国殖民者的越南苗族老人也回忆道，边界的跨越在这一时期相对比较容易，那些生活在越南的边民可以拜访他们在中国的亲戚。生活在老街省沙巴县的京族老人在采访中透露到，1945-1946年间在镇上就有两个中国商人开的店铺，人们经常跨越边境做生意。⑥ 到1946年第一次印度支那战争爆发，越南-云南高地显然已经成为一个世代相传的统一的贸易空间。

第一次印度支那战争（1946—1954）

1946年底，法国殖民地与越南、老挝、柬埔寨的民族主义者和共产主义之间的第一次印度支那战争爆发。⑦ 格斯查（Goscha）在回顾1945—1950年间与中国的贸易关系——越南民主共和国建立的最初几年以及自1949中华人民共和国的成立——指出越南民主共和国1947年2月建立了对外贸易局

---

① 参见CAOM, GGI 66105 Ba-Xat, ch.4, 1898。在法国军事报告文档中记录的是chevaux（马）而不是mulets（骡子）。

② Man Yao指的是越南的瑶族（道），而Meo指的是越南的苗族。

③ 参见CAOM, GGI 66105 Muòng Khuong, ch.5, 1898。

④ 参见CAOM, GGI 66105 Ba-Xat, ch.5, 1898。

⑤ 参见Abadie, Minorities, p.15。

⑥ 参见Interviews, Sa Pa, March/April 2007。

⑦ 参见Larry R. Jackson, The Vietnamese revolution and the montagnards, Asian Survey, 9, 5, 1969, pp.313-330.

(BET) 来负责对外贸易。① 这个对外贸易局主要管辖东京（Tonkin）北部与广西交界的高平省，同时在更西部的老街也有管理机构。它在很大程度上依赖跨境的中国商人以及古中国的贸易路线，格斯查指出："对外贸易局主要进口货物包括军用服装、石油产品、药品、炸药、武器和火药。作为交换，它出口鸦片、黄金、锡、钨，以及可能的少量大米。"② 尽管大量的鸦片来自西北高地的边境，但不清楚这一地区到底有多少鸦片贸易。

东京（Tonkin）的法国殖民者非常清楚这些贸易通道对越南民主共和国的重要性。至1947年底，虽然还存在一些例如鸦片、药物和化学制品的秘密的商品交易，但他们已经控制了北部边境沿线主要的贸易路线。第一次印度支那战争仍在持续，1950年中华人民共和国率先承认越南民主共和国，接着中国成为越南民主共和国对抗法国活动的主要的军事供货商和经济援助者。③ 1950年夏秋两季，中国积极援助越南民主共和国在边境地区的战役，以驱逐占据越南北部边境地区的法国势力。接着，中国边境重新开放，政府鼓励边境贸易，越南民主共和国也降低了过去由法国设立的税率。④ 1952年签署的贸易协议使贸易关系正规化，并随着1954年签署的《边境小额贸易议定书》（*Protocol on small-scale border trade*）得到巩固。后一协议正式明确了在中国的边境县以及越南边境省份设立贸易办事处。

越南北部的少数民族老人在访谈中回忆道，在抗击法国的战争期间，他们仍可以继续自由地通过山间通道跨越边境，和小规模的边境贸易相比，越南更关心法国的威胁。受访的苗族人认为："因为中国和越南共同抗击法国，因此中国人都很欢迎越南人民。"⑤

---

① 参见 Christopher E. Goscha, The borders of Vietnam's early wartime trade with southern China: acontemporary perspective, Asian Survey, 40, 6, 2000, pp. 987-1018.

② 参见 Ibid., p. 994. Goscha 提供了这一时期官方批准和私人的中越贸易的概况，大部分的贸易为越南军队采购武器。

③ 参见 Christopher T. Roper, Sino-Vietnamese relations and the economy of Vietnam's border region, AsianSurvey, 40, 6, 2000, pp. 1019-1041.

④ 参见 Womack, Sino-Vietnamese border trade; Mari Olsen, Soviet-Vietnam relations and the role of China, 1949-64: changing alliances, London: Routledge, 2006; Qiang Zhai, China and the Vietnam wars, 1950-1975, Chapel Hill, NC: University of North Carolina Press, 2000.

⑤ 2005年6月3日对 Ku 的访谈，来自 Laura Schoenberger, Crossing the line: the changing nature ofhighlander cross-border trade in northern Vietnam, MA thesis, Department of Geography, McGill University, 2006, p. 71.

第二次印度支那战争（1955—1975）①

第二次印度支那战争时期，尽管中越两国领导人在一些较小的、具体的地方的划分有一定的分歧，但他们依然遵循越南在法国殖民时期形成的边界线。② 1954 至 1960 年间，专门从事小规模贸易的边境市场已经形成。然而，沃马克（Womack）指出，这些市场的规模在 20 世纪 60 年代已经萎缩。③ 中国商人可以进入到越南边界线 10 公里以内的地区，并且每次可以购买价值 30 元人民币的货物。夸·昆·恩（Kuah Khun Eng）指出，这种贸易主要是为了弥补本地的货物匮乏，以及销售其他的剩余农产品。④ 然而，由于边界线疏于管理以及官员的腐败，造成大规模的制成品被输往越南以及大量的原材料流进中国也时有发生。

这一期间与第一次印度支那战争时期一样，越南政府更多关注的是低地的战争而非越南-中国边境地区边民的贸易活动。一个越南官员在孟康县过境处接受舍恩伯格（Schoenberger）的访谈指出，在此期间，"因为国家没有资源严格地控制边界，因此过境不需要办理手续"⑤。

中越战争（1979—1989）

第二次印度支那战争不久，由于中国不满越南国内对待中国侨民的态度以及由于越南在政治和军事上向苏联倾斜导致的紧张关系等其他原因，使得越南与中国之间的边界变成了矛盾冲突的聚集地。⑥ 中越边境地区开始发生摩

---

① 美国从未正式地向越南宣战，因此有关第二次印度支那战争开始的准确时间是有争议的。一些学者认为始于 1948 年美国向法国提供顾问和资金援助时；其他学者声称始于 1955 年，在 1954 年法国攻击越南北部失败后；还有一些学者认为在 1965 年，这一年美国总统约翰斯敦向越南派去第一支陆战部队而作为战争的开始。我将始端标注为 1955 年，简单地讲事件，从殖民时期分离出来。

② 参见 Nguyen Manh Hung, The Sino-Vietnamese conflict: power play among communist neighbors, Asian Survey, 19, 11, 1979, pp. 1037-1052.

③ 参见 Womack, Sino-Vietnamese border trade.

④ 参见 Kuah Khun Eng, Negotiating central, provincial, and country policies: border trading in South China, in Evans, Hutton, and Kuah Khun Eng, Where China meets, pp. 72-97.

⑤ 参见 Schoenberger, Crossing, p. 71.

⑥ 有关更多长期的因素加剧中越边境紧张局势并导致这场边境战争的内容，参见 Nguyen Manh Hung, Sino-Vietnamese conflict; John C. Donnell, Vietnam 1979: year of calamity, Asian Survey, 20, 1, 1980, pp. 19-32; Roper, Sino-Vietnamese relations.

擦事件，到 1978 年，紧张局势上升以致两国开始实行边界军事化。① 中越边境地区变成了重雷区，地雷如此之多以致一位当地的中国官员宣称，这一边境地区是"世界上最大的布雷区，在这片地势最多的区域有最大量的和种类最多的地雷"②。重划边界的机会在这一时期不容忽视，阮孟勋（Nguyen Manh Hung）指出："中越战争前以及战争期间，中国和越南经常试图要变动已经存在差不多一个世纪的划定边界线的界碑。"③ 1979 年 2 月，中国军队进入越南，给地方造成了很大的破坏。在高地，许多公共设施和房屋遭到破坏。④

战争的主要势头虽然短暂但很激烈，极大地改变了边民跨越边界线的能力。跨境贸易极大减少，"除了极隐蔽且小规模的边界活动外，两国之间的敌对关系阻碍了所有跨境往来"⑤。上了年纪的边境少数民族居民解释说，这一时期，越南北部充斥着饥饿与贫穷。各家各户不得不恢复从前的生存手段，包括到森林里寻找诸如根茎、蘑菇和昆虫等为食，同时还要躲避出现在这一地区的军事力量。⑥ 同时，京族老人讲述了为了躲避战争，大多数的京族人如何从沙巴县步行 5 至 6 天到达老街省南部的安沛省（Yên Bái），并在安沛滞留将近两个月，确保足够安全后才返回家园。⑦

至 20 世纪 80 年代中期，为了购买物品或者走访亲戚，边界线两侧的少数民族开始重新跨越边界，他们经常是在晚上走"秘密通道"⑧。沃马克（Womack）同样也指出，这一时期，"贸易开始重新出现，住在边界两侧的少数民族携带货物蜿蜒穿过布雷区"⑨。

---

① 参见 Nguyen Manh Hung, Sino-Vietnamese conflict.
② 参见 Womack, Sino-Vietnamese border trade, p. 498.
③ 参见 Nguyen Manh Hung, Sino-Vietnamese conflict.
④ 参见 Donnell, Vietnam.
⑤ 参见 Womack, Sino-Vietnamese border trade, p. 498.
⑥ 2007 年访谈；参见 Claire Tugault-Lafleur and Sarah Turner, Of rice and spice: Hmong livelihoods anddiversification in the northern Vietnam uplands, in Jean Michaud and Tim Forsyth, eds., Moving mountains: highland livelihoods and ethnicity in China, Vietnam, and Laos, Vancouver: UBC Press, forthcoming.
⑦ 当地的京族居民，个人访谈，2000 年。
⑧ 2007 年访谈。
⑨ 参见 Womack, Sino-Vietnamese border trade, p. 499。也参见 Do Tien Sam, Vietnam-China cross-bordertrading in the highlands of Vietnam, in Miriam Coronel Ferrer, ed., Sama-sama: facets of ethnic relations in South East Asia, University of the Philippines: Third World Studies Center, 1999, pp. 101–13.

革新（1986—）及中越关系的正常化（1991）

由邓小平发起的经济自由化在中国实施8年后，1986年10月，越南共产党第六次代表大会正式提出革新开放政策，确立了由中央计划的经济转变为以市场为主导的经济体系。1988年11月，越南政府发布了"关于越中边境贸易的第118条指令"，根据这一指令，官方重新开放越南北部地区与中国的边境贸易。允许与边境线直接毗邻的边民可以相互过境，只要一个相对简单的登记程序，他们就可出境探亲及交换货物。①边境贸易蓬勃发展，进口到越南的商品开始从日用品转向更高质量的消费品以及工业品。向中国出口的是食物、林产品和原材料。虽然在这一时期的关税有限，但在边境地区，这依然是当地政府重要的收入来源。

1991年，越中关系正常化，1991—1992年，越南通过了新的边境贸易政策以加强边境贸易的管理。这些都表明了边境贸易被纳入到国家贸易政策的整体中，同时加强了边境市场的管理。②中国也以自己的政策作为回应以改善边境贸易，到1992年，云南和广西已经开放了56个边境县来进行边境贸易和社会交流。③在云南省和老街省之间，针对边界两侧边民的许可制度已经出台，高地少数民族之间重要的边境贸易再次出现。这并没有侵犯到那些喜欢利用老街与河口之间的边界线跨越红河的京族和汉族商人，反而这一地区的贸易迅速繁荣。

边界限制的松弛导致大量的中国消费品进入越南，数量如此之多以至于越南政府担忧贸易失衡，因而在1992—1993年间试图禁止某些特定商品，然而这一举动不久就发现是无效的。④无论如何，越南政府总的来说依然鼓励边境贸易，并在特定的边境地区给予优惠政策，包括减少土地使用税、给予新企业免税期、放松外国人的出入境管理，以及把50%的税收用于本地的再投资。1998年，这一政策推广至老街省。⑤

至1996年，中国政府决定重新制定更加具体的指导方针，进而国务院颁

---

① 参见 Chau Thi Hai, Trade activities, p. 238. Roper, Sino-Vietnamese relations；2005年访谈的一个当地京族贸易商。
② 参见 Gu Xiaosong and Womack, Border cooperation.
③ 参见 Kuah Khun Eng, Negotiating.
④ 参见 Roper, Sino-Vietnamese relations.
⑤ Gu Xiaosong and Womack, Border cooperation.

布了《国务院关于边境贸易有关问题的通知》(Circular of the State Council regarding relevant issues on frontier trade),指出边境贸易的细致内容,包括"边民互市贸易、边境小额贸易和边境地区对外经济合作"①。中国的各省、区及国家级政府如今下决心出台他们自己的边境政策,许多受到青睐的优惠政策都有利于边境贸易的发展。

  10 年之后,在 1999 年 12 月 30 日,中国和越南官方签署了一项边境协议以解决悬而未决的边界问题,尽管许多界碑的精确位置尚未确定。9 年之后,2008 年 12 月 31 日,中越两国达成了边界线划分的最后协议,尽管越南对此心存顾虑,因为有些人认为这项协议签订过于草率,同时他们认为越南政府做出太多的让步。② 在 2009 年初,中越两国官方共同庆祝中国与越南两国1347 公里边界线上确立的 1971 块界碑。

  这一概述表明,一个密集的社会及贸易关系网在这些边境地区已经存在了几代人,似乎,如大多佐米亚地区,与周围的低地相比,这些都被认为是偏远的、人口稀少的地区。这种贸易的一个重要特点是发生在相对偏远的地区,而且是短途的;然而在形式上又具有国际性的特点,因为个体商贩之间居住地相隔只有几公里,他们沿着山间小路贩卖本地货物。当相邻两个国家在特定的时期因为敌对状态而切断公认的贸易路线时,他们常常会开辟其他非正当的路线,需要一个毛细血管一样的网络以维持货物的流动以及人们的生存。确实,地方特定的跨境联系对国家层面的政治主张来说也许是无关紧要的,尤其如果这种贸易发生在亲属或熟人社会的联系的时候。就这方面,我现在探讨一系列商品,这些商品几十年来一直由老街-云南边境非常偏远的本地居民(主要是少数民族商人)所经营,他们边境贸易背后的原因和边境叙事都概括于此了。

---

 ① 中华人民共和国国务院,《国务院关于边境贸易相关问题的统治》,1996 年 1 月 3 日,参见 http://www.asianlii.org/cn/legis/cen/laws/cotscrrioft672/ (2010 年 3 月 1 日访问)。
 ② 参见 David G. Marr, Vibrations from the north, 31 August 2009, http://inside.org.au/vibrations-from-thenorth/ (2009 年 10 月 1 日访问); Nga Pham, Vietnam quiet on China border deal, 2 January 2009, http://news.bbc.co.uk/2/hi/asia-pacific/7806991.stm (2009 年 8 月 17 日访问)。有关中国的报道参看新华社,《中越共同庆祝陆地边界勘界立碑圆满结束》,2009 年 2 月 24 日, http://jdz.jxcn.cn/get/partypolicy/cdzw/gnsz/20090224054215381479293408.htm (2010 年 5 月 1 日访问)。

当今的跨境生计：机遇与挑战的叙述

当今，越南的老街省和比它大很多的邻国中国的云南省的边界线长 203 公里。边界线两侧的基础设施建设因当地政府设法鼓励国际贸易和跨境旅游而正在蓬勃发展。和中越两国大规模的长途贸易相比，小规模的更偏远的边境贸易显得非常渺小，然而，后者对成千上万的边民的生计来说却起着重要的核心作用。纵观历史，这些在活跃的周期性市场中做生意的边民对维持他们之间社会经济交换扮演着重要的角色。①

现今，越南在中越边境的口岸分为 3 个等级。② 最高级别的是国际口岸，共有 4 个，横跨红河的位于老街省的老街-河口口岸是其中的一个。在这个口岸，第三国公民可持护照和签证通过，越南与中国居民则可持护照或通行证通过。通常不在省会城市居住及工作的山地少数民族很少使用这个口岸。第二等级是国家级或"主要"的口岸，这类口岸在老街省的孟康县至少有一个。中国和越南的公民都可持护照或通行证过关。至于第三等级或者是"辅助的"口岸，尽管中越两国学者尽了最大的努力，但仍很难获得关于这类通道准确的官方数据。这类关口都位于相对偏远的边境地区，如巴隆（越南）-老卡（中国）和新马街（越南）-小坝子（中国），只有当地边民可以持通行证过关。③ 据接受访谈的本地商人透露，从第三等级的关口过关的费用 2009 年大概是 5500 越南盾（0.30 美元），同时，边界条例的实施有很大的弹性。实施的状况与哪个官员当班、是不是集日以及边境政治气

---

① 有关概述中国农村市场贸易网络的重要性在 G. William Skinner 的三篇连续的文章里表述过。参见 G. William Skinner, Marketing and social structure in rural China, Journal of Asian Studies, 24, 1, 1964, pp.3-43; 24, 2, 1965, pp.195-228; and 24, 3, 1965, pp.363-99.

② 参见 Minister of Defence, Decree No. 32/2005/ND-CP of March 14, 2005 on land border-gate regulation, Hanoi: Minister of Defence, 2005; Do Tien Sam, Vietnam-China; Schoenberger and Turner, Negotiating.

③ 在越南 Pha Long 口岸的是 Lồ Cốhin，新马街口岸的准确名称是 Hóa Chu Phùng，但是当地人知道这些口岸被离市集最近的城镇名称代替。据我推断（来自访谈的有效信息）老街省的这种口岸有 11 个，其中有 4 个在 2009 年由官方认可；许多"非官方"的口岸也存在。参见越南测绘部门资料，"Phêduyệt các của khẩu phu trên tuyến biên giới tỉnh Lào Cai"（老街省内官方认可的辅助口岸），Hanoi: Vietnam Departmentof Survey and Mapping, 2009; Manh Hung, "Lào Cai: tăng cường giám sát bệnh cúm tai các của khẩu"（老街省: 加强国门的流动人口监管），在"Báo Biên phòng"（Border Guards Report），Hanoi: Cơ quan của Đảng uỷvà Bô: Tư lênh Biên phòng（党委员会代表及边防部指挥管），2009 年。

候的变化等因素有关。

在边界的另一侧，当代中国的过境分类有：第一类，边境地区对外经济技术合作；第二类，旅游过境；第三类，小规模边境贸易①；第四种，边民跨境。最后一类与本地边民跨境进行小型贸易及探亲直接有关，或者"由生活在边境线 20 公里内的边民进行的、在国家官方认可的边境口岸或指定的市集、不超过官方规定的价值和数量的贸易"②。我访谈过的小规模贸易商——例如萍（Ping），一位卖纺织品的中国汉族妇女——就是符合最后一种类型，他们证实他们需要一本下发后 6 个月内有效的通行证过关。这本通行证允许萍去到越南的边境市场，例如干钩和新马街，但仅限于每周的两个集日。她指出，如果她试图在另一天出境，那么边防工作人员"将会抓你"③。

纺织品贸易商

让我们更详细地了解萍所从事的贸易活动。越南高地的部分苗族妇女种植魁麻（hemp）来制作衣服。④ 他们播下种，收割魁麻，接着准备、纺纱并织成布料，在用靛蓝染色之前，这些魁麻依然可以再长。接着会在布料上绣上复杂的图案，按固定传统风格设计的图案讲述一个人的家族史，以及（或者）可以唤起回忆的事物、动物及植物，对苗族人的日常生活具有重要的意义。相比之下，在云南，如今已经很少有苗族人种植魁麻了，这主要因为是政府的误导，他们认为这种用于纺织的魁麻和用来制作消遣性毒品或药品是同一种植物。⑤ 红河哈尼族彝族自治州和文山壮族苗族自治州政府试图根除大

---

① 这里的第三类是指"从国家制定边境口岸通过的跨境贸易，由审批通过的边境城市中批准的企业进行"。参见联合国开发计划署："加强中国-东盟经济一体化：中越边境跨境经济合作区", 2007 年, http://www.undp.org.cn/showproject%5Cproject.php?projectid55702 （2009 年 8 月 15 日访问）。

② 同上所说，也可参见《中越边境贸易研究》，北京：民族出版社，2006 年。

③ 2009 年 9 月 29 日，新马街，访谈人 Ping。

④ 相比之下，瑶族妇女倾向于使用她们在市集上买的棉线。

⑤ 事实上，四氢大麻酚在这两种亚种中的含量明显不同，这种大麻品种的含量非常少以至于几乎不会对身体和精神造成影响。参见 J. K. Olsen, An information paper on industrial hemp (industrial cannabis), Department of Primary Industries and Fisheries, Queensland Government 2004, http://www.420magazine.com/forums/hemp-facts-information/80195 - information-paper-industrial-hemp-industrial-cannabis.html （consulted 24 March 2010）。

麻，尤其是在主要交通路线上。① 受访的文山苗族对此都有反对的声音。②

一部分由于禁止麻类种植，同时由于引进不同的技术和商品，在云南-老街边境（以及跨越这些高地更远的地方）有一个充满活力的双向的苗族纺织品贸易。销往云南的是没有穿过的传统的麻制织品，通常是精心刺绣的苗族百褶裙。据云南马关及文山市的受访者透露，这些货物接下来会卖给云南其他地方的商人，这些商人通常与美国有联系，产品最终流入海外的"文化纺织品"市场。另外一个方向是卖到越南的"看起来像"苗族裙子的中国生产的合成品，这些产品一部分源自禁种魁麻而不断增加的压力以及日常对轻便裙子的需求。同时卖到越南的还有如今两国苗族、瑶族和其他少数民族使用的人造穗带及合成线。迄今，似乎是中国和越南的苗族以及像萍一样的中国汉族从事这样的贸易，而京族参与的非常少。在越南，穗带和各种线如今被融进诸如再加工的帽子、夹克以及袋子等文化纺织品中，随着自1993年重新开始的国际旅游而成为广泛的、全球贸易网络的一部分。③

许多住在与文山接壤的小坝子的中国汉族纺织品商人能讲流利的苗语，他们每周都要穿过边境线，带着商业化制作的纺织品、穗带和线，以及其他诸如电池甚至农药等物品到越南的一两个周期性的集市做买卖，不过后者需要保管好不要被政府官员发现。例如，在越南干钩（Cán Câu）集市受访的1名中国汉族商人，明（Ming），每周去一次干钩和新马街，跟他一样的还有14个中国汉族商人。在同一个集市上做生意的萍说，他们中的大多数至少这样做了20年的生意。萍和她的那些边贸商同伴们从他们的家乡小坝子购买货物，有时候也从马关县或文山购买。萍甚至提到偶尔也去昆明购买裙子——在她看来最漂亮的裙子。④ 当问及她为什么不辞辛苦地跨越边界到越南而不是在中国做生意时，萍解释说，工业纺织品和工业品目前在越南有更大的需求。因此在回家还能务农的情况下，值得她到那边去做生意。

与此同时，3个同样在干钩集市受访的越南苗族妇女则到小坝子去购买工业纺织品，然后在越南出售。另外3个在新马街集市受访的苗族妇女解释说，

---

① 参见 Yunnan academic, personal communication, 6 June 2009.

② 2009年与当地苗族访谈内容；Gu Wenfeng, "现在的问题是苗族的魁麻纺织文化正面临世代传承与保护"，参见 Proceedings of training workshop on the transmission of traditional techniques of costume-making of the Miao/Hmong people living in China, Laos, Thailand and Vietnam, Kunming, China: United Nations Educational, Scientific and Cultural Organization, 2000, pp. 67-79.

③ 参见 Turner, Trading.

④ 与 ping 的访谈。

20年多年来，她们断断续续地跨境到附近中国的老卡集市购买货物。这个市场就是1898年在法国的档案材料中早就分析过的那个具有重要发展潜力的市场。商人们利用当地这些三级口岸作为通道，每次跨越边境时需要在通行证上盖一个章。或者，也可以从孟康国家级（第二类）的口岸到达中国其他的边境市场。

水牛贸易商

和纺织品相比，水牛是苗族和瑶族生活的核心。它们被用于犁地（在稻田准备阶段要使用两次），并且在重大的祭祀仪式中扮演重要角色：例如，苗族老人的葬礼，或者苗年的时候，富裕的家庭（那些有更多田地和水牛的家庭）都要宰杀水牛。水牛的确是重要的财富资本，在急需一大笔钱的时候，比如家里有人生病或者结婚的情况下，它们也可以被出售，尽管这是不情愿的。包（Bao），我访谈到的一名年轻的越南苗族妇女强调了水牛的重要性，她指出"一头水牛比一辆摩托车重要"，言下之意就是水牛不仅有实用的和商业的价值，还有仪式的价值。

越南和中国的边境有一个定期的水牛交易市场，贸易在两国都有进行。有时，这一贸易通过合法途径，水牛在边境要做健康和疾病检疫；而有些商人，例如像本文开始介绍的陆，在没有许可证的情况下利用"秘密通道"走私水牛。中国的边境地区，有很多特定的、周期性的牲畜市场。例如，文山的夹寒箐市场，离边界线有30公里，据当地居民说这个市场至少已经有30年的历史。相反，越南的水牛市场则是更大的、周期性的出售一系列产品的市场的一部分。

有趣的是，地区气候以及不同地方人们对水牛观念强度的差异使得水牛在边境两边都有需要。韦（wěi），我们早些时候遇到的那位长期生活在边境地区的中国汉族边贸商指出，中国当地对越南水牛的需求量非常大。他和他的朋友解释道，越南养殖的水牛被认为比云南养殖的更强壮通常也更健康，因而需求量很大。另一方面，桃，一个在夹寒箐牲畜市场的中国汉族水牛贸易商指出，这里定期有20到30个越南少数民族贸易商，他能认出的有苗族、侬族、岱族以及彝族，[①] 他们来购买水牛并带着它们一同回到越南，这种需求是因为2008年的严冬导致越南高地大量的水牛冻死。

---

① Tao称那些来自越南的跨境贸易商为壮族（依照中国的分类，合并起来超过1700万的壮族人），依据越南的分类，指的是越南的侬族和傣族，因此很有可能这里的贸易商是壮族。同样，那些他称之为彝族的人，在一些东南亚地区被称之为倮倮或罗倮。参见 Michaud, Historical dictionary。

虽然很难比较水牛的价格,因为许多变数包括年龄、性别以及健康状况——水牛的牙齿以及皮肤状况对苗族商人来说尤为重要——所以尽管水牛的绝对价值相对差不多,但是这种跨境需求依然存在。因此在这种情况下,什么是重要的则有其他的特殊性:越南养殖的水牛因其强壮并且在田间可以卖力干活而在中国有价值;而中国养殖的水牛在边境外有需求是因为越南水牛的绝对短缺。在这种情况下,边界附近气候条件的差异以及不同的本土知识导致这些动物的双向贸易,从而使两边的贸易商都受益。并非边界线本身,而是文化的根植创造出这些商人的利益,对不同的高地边民关于日常生活决策的理解让他们懂得用最佳的方式与边境线协议,公开地或偷偷摸摸地,去碰面或做生意。

其他小规模的边境贸易

其他大量的商品也从二级和三级口岸过境,主要由少数民族商人掌控。从中国流入越南周期性集市的商品包括,但不仅限于,少量的药物、中国高产的稻种、农药、电池、染料以及帆布鞋;相反方向从越南流入中国的是非经济林类产品包括小豆蔻、干蘑菇、水稻、玉米酒以及玉米。

越南的苗族、瑶族和侬族经常过境到中国的边境市场如小坝子、老卡和木厂购买少量的稻种。对于那些想要种植越南政府发放的种子以外的稻种的村民来说,中国的稻种更便宜也更容易获得。① 中国的苗族商人也把稻种带入越南,在边境市场如孟康出售。② 由于这些商品都是由那些从二级和三级口岸出入境的山地人出售,而这些地区没有汽车或卡车可以通行,只能用篮子或者马驮,因此货物的数量相当少。

同时,玉米酒和玉米仁通常是中国的汉族和苗族跨境到越南购买,然后再运回中国。据新马街市场的玉米酒商人得知,越南政府正试图阻止这种形式的玉米出口,因此来自中国的商人们直接去苗族村寨购买他们用来喂猪的玉米,而不在市场上。然而,在过去,猪又会被再卖到越南,但由于担忧疾病隐患,政府近些年来禁止这种贸易。

药用草果是另一种值得注意的边境贸易,这里有一个活跃的草果交易市场,由越南高地苗族和瑶族种植的草果出售给中国的批发商。由于环境原因

---

① 2009年5月30日在小坝子与中国汉族贸易商的访谈。
② 2009年2月22日在新马街与苗族贸易商的访谈。

导致低产，使得近年来中国对这种大众香辛料的需求急剧上升。销往中国的草果要么由少数民族通过本地的口岸，要么更多的是由京族中介经老街市口岸进入中国。

一种令人震惊的贸易是跨境诱拐、走私以及交易年轻的苗族和瑶族妇女，然后通常将她们卖给生活在边境地区的中国汉人当老婆。这种行为出现在2009年，尽管越南警方意识到这种活动，但由于跨境权限（cross-border jurisdictions）的本质，他们没有太多的权力能对此进行干预。老街的苗族和瑶族父母以及年轻妇女开始警惕这些贸易行为并且正改变他们的行为来加强防范。极少有被拐卖的年轻妇女能够跨越边界逃回越南，但迄今为止，大多数父母都不再有她们的音讯，这给当地少数民族社区造成了相当大的痛苦。显然，高地居民想方设法在官方认可的过境通道附近开辟的通道不总是像水牛贸易商的"秘密通道"那样好。

国家指令及灵活的边境贸易空间

那么，这些微型的贸易叙述与这本关注全球话题特刊上的更宽泛的主题讨论有什么关联呢？显然，这里描述的边民在过去的几个世纪里见证了边境控制的强度与策略的多样性。边界控制在历史上一直都有波动，毫无疑问的是，全球化未必会导致两个国家之间的边界更加开放。我们如今看到了一个多元的边境生活，以及边界两边的少数民族越来越多地整合进国家建设的指令中。的确，国家显然存在于当代的中越边境中。正如詹姆斯·C·斯科特所言，伯纳德·福摩萨（Bernard Formoso）也强调了这个问题，自第二次世界大战结束后，"国家部署的摧毁距离的技术已经改变了山地人民和民族-国家之间的权力平衡"①。现在，许多地区的发展规划正在推进昆明-老街-河内-海防经济走廊的发展，同时力争将这些高地整合进大湄公河次区域。② 从昆明至河内，正在修建新的高铁道路，高速公路也已经升级。电信业的发展，包括手机覆盖范围的扩大以及技术的加强，也增加了这一地区时空压缩的可

---

① 参见 Scott, Art, p. Xii。也可参见 Formoso, Zomian or zombies？

② 越南的许多报纸都强调这些的发展对中越关系以及他们的贸易利益的重要性，例如 Nguyễn Minh Hằng，"Lào Cai vói vùng kinh tế tro ng di'ểm BắcBô trên hành lang kinh tế Côn Minh-Lào Cai-Ha'i Phòng"（在昆明-老街-海防经济走廊中老街省是北部经济区的核心），2008. http://portal.laocai.gov.vn:2009/home/vn/news/pages/viewnews.aspx?nId21129&cid407&g 29；586；594；53；31；597（consulted 1 March 2010）.

127

能性。国家管控的延伸以及对高地的控制——福柯的全景敞视监狱理论就要起作用——在高地居民小心地躲避这种窥视的几个世纪之后正在发生。

如今中越边界线本身就是一个国家直接控制的精确的细片,并集中地附在这些高地上,同样边境也日渐变成被包裹的地区。这个佐米亚的一小部分已不再是一个"避难所",而是一个当地居民日渐需要协商并时常要以策略制胜国家管控的地区。然而,尽管国家出于最好的意图以减少"距离的摩擦",但是这些边民依然在偏远的高地山区生活以及做贸易,在那里往来于村落或者市场之间可能是一个费力的、缓慢的并常常深陷危险的过程。鉴于这些情况,对边境边民来说,跨越边界互相做生意比与各自国家其他地方来的商人进行贸易更加有效。

然而,政治边界对边境生计的冲击不可忽视。不但当地居民正在用一些微妙的方式协商这条边界线,而且国家指令也在直接和间接地影响当地的决策。需求的转变是由于两国不同的国家政策和项目引起的——要么禁锢在边界线自身要么禁锢在其他监管领域——为当代贸易商创造新的机会。宏观的国家政策乍一看与边境贸易无关,但是给这种贸易带来了机遇与束缚。例如,稻种是由越南当地的少数民族进口以绕过越南国家分配稻种的制度,这是因为(分配的种子)与特定的环境条件不匹配以及分配的时间安排和数量也不可靠。同样地,中国政府迫使当地苗族减少大麻的种植导致了新的苗族风格的衣服的生产,这一生产正在边境寻求新的商机。其他的需求没有政治关系,而是基于地形和气候的变化,以及当地对牲畜质量文化上的理解。反过来,这种差异为边境贸易提供了机会,这种机会有时候似乎与经济学基本原理相违背,例如每一边都对跨境水牛有需求。

结　　论

总而言之,边境居民在面对国家项目时继续发挥他们的主体性。正如福摩萨(Formoso)在这个特定的问题上所认为的那样,在这个区域依然存在一种主导的意象,即"落后"的山地部族牢固地扎根在偏远地区生活,并受到古老传统的约束。① 由于对变迁和进步无法顺从,他们常常被看作是逃离他们共识的政治逻辑被动的接收者。相反,这篇文章表明,边民根本不是漠视改变或者是被动的接收者。因此,虽然斯科特在《逃避统治的艺术》中指出,

---

① 参见 Formoso, Zomia or zombies?, pp. 313-332。

能够撤退到这样一个避难所仅仅是 20 世纪 50 年代以前佐米亚高地居民的一种选择，这一地区的民族-国家已经把最后的部分带进统治的视野，我认为当代许多小规模的边贸商继续在逃避国家监管。当地的边贸商偷偷利用中国和越南政府对这种小型贸易生计手段不重视的情况，通过小的关口做生意、必要时还走私商品，而这些国家同时在推进他们自己的现代化进程。

参考文献

Asia-Pacific, New Geographies of the Pacific Rim, London: Hurst, 1997, pp. 283-330.

Arjun Appadurai, Modernity at large: cultural dimensions of globalization, Minneapolis, MN: University of Minnesota Press, 1996, p. 33.

Alexander B. Woodside, Vietnam and the Chinese model: a comparative study of Vietnamese and Chinese government in the first half of the nineteenth century, Cambridge, MA: Harvard University Press, 1971.

Albert Billot, L'affaire du Tonkin: histoire diplomatique du l'établissement de notre protectorat sur l'Annam et de notre conflit avec la Chine, 1882-1885。Par un diplomate, Paris: Hetzel et Cie, 1888.

Brantly Womack, Sino-Vietnamese border trade: the edge of normalization, Asian Survey, 34, 6, 1994, pp. 495-512.

Bernard Formoso, Zomian or zombies? What future exists for the peoples of the Southeast Asian Massif?, in this issue, pp. 313-332.

Barbara J. Morehouse, Theoretical approaches to border spaces and identities, in Pavlakovich-Kochi, Morehouse, and Wastl-Walter, Challenged borderlands; David Newman, The lines that continue to separate us: borders in our "borderless" world, Progress in Human Geography, 30, 2, 2006, pp. 143-162.

Baud and van Schendel, Toward a comparative history; Brantly Womack, International relationships at the border of China and Vietnam: an introduction, Asian Survey, 40, 6, 2000, pp. 981-986.

Colin Mackerras, China's ethnic minorities and globalization, New York: Routledge Curzon, 2003.

Chau Thi Hai, Trade activities of the Hoa along the Sino-Vietnamese border, in Grant Evans, Chris Hutton, and Kuah Khun Eng, eds. Where China meets Southeast Asia: social and cultural change in the border regions, New York: St

Martin's Press, 2000, pp. 236-253.

Chan Yuk Wah, Trade and tourism in Lao Cai, Vietnam: a study of Vietnamese-Chinese interaction and borderland development, PhD thesis, The Chinese University of Hong Kong, 2005.

Christian Culas & Jean Michaud, A contribution to the study of Hmong (Miao) migrations and History, in Nicholas Tapp, Jean Michaud, Christian Culas, and Gary Yia Lee, eds. Hmong/Miao in Asia, Chiang Mai: Silkworm, 2004, pp. 61-96.

Centre des Archives d'outre-mer, Archives Nationales, Aix-en-Provence, France (henceforth CAOM), GGI 66105, Muòng Khuong, ch. 2, 1898.

Christopher T. Roper, Sino-Vietnamese relations and the economy of Vietnam's border region, Asian Survey, 40, 6, 2000, pp. 1019-1041.

David Held, Anthony McGrew, David Goldblatt, and Jonathan Perraton, Global transformations: Politics, economics, and culture, Cambridge: Polity Press, 2000.

Diana Lary, Introduction, in Diana Lary, ed., The Chinese state at the borders, Vancouver: UBC Press, 2007, p. 6.

Demetrios G. Papademetriou and Deborah Waller Meyers, eds., Caught in the middle: border communities in an era of globalization, Washington, DC: Carnegie Endowment for International Peace, 2001.

Do Tien Sam, Vietnam-China cross-border trading in the highlands of Vietnam, in Miriam Coronel Ferrer, ed., Sama-sama: facets of ethnic relations in South East Asia, University of the Philippines: Third World Studies Center, 1999, pp. 101-113.

Emmanuel Poisson, Unhealthy air of the mountains: Kinh and ethnic minority rule on the Sino-Vietnamese frontier from the fifteenth to the twentieth century, in Martin Gainsborough, ed., On the borders of state power: frontiers in the greater Mekong sub-region, London: Routledge, 2009, pp. 12-24.

Gerald C. Hickey, Free in the forest: ethnohistory of the Vietnamese central highlands, 1954-1976, New Haven, CT: Yale University Press, 1982.

Gu Xiaosong and Brantly Womack, Border cooperation between China and Vietnam in the 1990s, Asian Survey, 40, 6, 2000, pp. 1042-1058.

G. William Skinner, Marketing and social structure in rural China, Journal of

Asian Studies, 24, 1, 1964, pp. 3-43; 24, 2, 1965, pp. 195-228; and 24, 3, 1965, pp. 363-399.

Henry McAleavy, Black Flags in Vietnam: the story of a Chinese intervention, London: George Allen and Unwin, 1968.

Jean Michaud, The montagnards and the state in northern Vietnam from 1862 to 1975: a historical overview, Ethnohistory, 47, 2, 2000, pp. 333-67; idem, Historical dictionary of the peoples of the Southeast Asian Massif, Lanham, MD: Scarecrow Press, 2006.

Jean Michaud, Handling mountain minorities in China, Vietnam and Laos: from history to current concerns, Asian Ethnicity, 10, 1, 2009, pp. 25-49.

Jennifer C. Sowerwine, The political ecology of Dao (Yao) landscape transformation: territory, gender and livelihood politics in highland Vietnam, PhD thesis, University of California, 2004.

James C. Scott, The art of not being Governed: an anarchist history of upland Southeast Asia, New Haven, CT: Yale University Press, 2009.

Jacques Lemoine, Féodalité Taï chez les Lü des Sipsong Panna et les Taï Blancs, Noirs et Rouges du Nord-Ouest du Viêt-Nam: emergence de l'Etat et féodalité, Péninsule, 28, 35, 1997, pp. 171-217.

J. K. Olsen, An information paper on industrial hemp (industrial cannabis), Department of Primary Industries and Fisheries, Queensland Government 2004

Kenichi Ohmae, The borderless world: power and strategy in the interlinked economy, New York: The Free Press, 1990.

Karin Dean, Spaces and territorialities on the Sino-Burmese boundary: China, Burma and the Kachin, Political Geography, 24, 7, 2005, pp. 808-830.

King C. Chen, China's War with Vietnam, 1979: issues, decisions, and implications, Stanford, CA: Hoover Press Publications, 1987.

Kuah Khun Eng, Negotiating central, provincial, and country policies: border trading in South China, in Evans, Hutton, and Kuah Khun Eng, Where China meets, pp. 72-97.

Laura Schoenberger and Sarah Turner, Negotiating remote borderland access: small-scale trade on the Vietnam-China border, Development and Change, 39, 4, 2008, pp. 665-93.

Li Tana, Nguyen Cochinchina: southern Vietnam in the seventeenth and eighteenth centuries, Studies on Southeast Asia 23, Ithaca, NY: Southeast Asia Program Publications, 1998.

Lloyd E. Eastman, Thrones and mandarins: China's search for a policy during the Sino-French controversy, 1880 – 1885, Cambridge, MA: Harvard University Press, 1967.

Larry R. Jackson, The Vietnamese revolution and the montagnards, Asian Survey, 9, 5, 1969, pp. 313-30.

Laura Schoenberger, Crossing the line: the changing nature of highlander cross-border trade in northern Vietnam, MA thesis, Department of Geography, McGill University, 2006, p. 71.

Michel Bruneau, Diasporas et espaces transnationaux, Pari: Anthropos-Economica, 2004.

Martin Gainsborough, Globalisation and the state revisited: a view from provincial Vietnam, Journal of Contemporary Asia, 37, 1, 2007, pp. 1-18.

Michiel Baud and Willem van Schendel, Toward a comparative history of borderlands, Journal of World History, 8, 2, 1997, pp. 211-42.

Norris C. Clement, Economic forces shaping the borderlands, in Vera Pavlakovich-Kochi, Barbara J. Morehouse, and Doris Wastl-Walter, eds., Challenged borderlands: transcending political and cultural boundaries, Aldershot: Ashgate, 2004, pp. 41-61.

Nguyen Manh Hung, The Sino-Vietnamese conflict: power play among communist neighbors, Asian Survey, 19, 11, 1979, pp. 1037-1052.

Nguyen Manh Hung, Sino-Vietnamese conflict; John C. Donnell, Vietnam 1979: year of calamity, Asian Survey, 20, 1, 1980, pp. 19-32.

Pamela McElwee, Becoming socialist or becoming Kinh? Government policies for ethnic minorities in the Socialist Republic of Vietnam, in Christopher R. Duncan, ed, Civilizing the margins: Southeast Asian government policies for the development of minorities, Ithaca, NY: Cornell University Press, 2004, pp. 182-213.

Peter Andreas, Border games: policing the U. S. -Mexico divide, Ithaca, NY: Cornell University Press, 2000.

Pierre Lefèvre-Pontalis, Voyage dans le Haut-Laos et sur les frontières de Chine et de Birmanie. Mission Pavie Indo-Chine 1879 – 1895: géographie et voyages, Vol. 5, Paris: Ernest Leroux, 1902.

Pierre-Bernard Lafont, Les frontières du Vietnam: histoire des frontières de lapéninsule indochinoise, Paris: L'Harmattan, 1989。

Qiang Zhai, China and the Vietnam wars, 1950–1975, Chapel Hill, NC: University of North Carolina Press, 2000.

Sarah Turner, Trading old textiles: the selective diversification of highland livelihoods in northern Vietnam, Human Organization, 66, 4, 2007, pp. 389-404.

Stevan Harrell, Introduction: civilizing projects and the reaction to them, in Stevan Harrell, ed., Cultural encounters on China's ethnic frontiers, Seattle, WA: University of Washington Press, 1995, pp. 3-36.

Thongchai Winichakul, Siam mapped: a history of the geo-body of a nation, Honolulu: University of Hawai'i Press, 1994.

World Bank, Country social analysis: ethnicity and development in Vietnam, Washington, DC: The World Bank, 2009.

Willem van Schendel, Geographies of knowing, geographies of ignorance: jumping scale in Southeast Asia, Environment and Planning D: Society and Space, 20, 6, 2002, pp. 647-668.

Womack, Sino-Vietnamese border trade; Mari Olsen, Soviet-Vietnam relations and the role of China, 1949 – 64: changing alliances, London: Routledge, 2006.

固定的疆界,流动的地景[1]

——19世纪20年代英国对东孟加拉北部的扩张

瑞典林奈斯大学文化学院　Gunnel Cederlöf[2]　著
中国社会科学院生态环境研究中心　李伟峰　梁欣欣　译

摘　要：这篇论文着重探讨19世纪早期由英国对东孟加拉北部及其相近邻邦的殖民征服所导致的新政治形态和君臣关系的形成。本文强调生态与气候方面的构成条件,并且对改变受限于空间的关系和处置,山地-平原关系的变化,综合政治远景和知识系统之间的碰撞及其特定地域和民族的应用的研究做出贡献。为了实行土地和自然资源的管控及合理使用的法律,在与时代和地域的关联中形成。这一点也被此文给予特别的关注。因此,研究考察了一个不定而又持续变化的地貌景致与既定的疆界观念之间,以及由英国东印度公司(BEIC)控制的政府管制、政治形态及其努力在东孟加拉北部实现的军事和金融控制之间的密切联系。研究提出官僚体制控制的建立方式和原则,形成了一套财政公民资格的基础。该公民资格由一个人的权力和与政府的互动确认。这样的控制在过去纳瓦布(Nawab)[3] 执政时期的境内建立。当时全境主要由平原组成,故此这些地域原本规划用于农业。当比邻独立王国和自治村庄被买,收归东印度公司(EIC)统治时,控制由其他方式达成,随之形成了不同的君臣关系,并最终为一个政府双重政体的形成铺就了道路。

---

　①　本文是由瑞典国际发展署/合作与发展中国家(SIDA/Sarec)资助的"印度殖民时期法律制定、国家建设及土地争端的环境史"研究项目的一部分。我要感谢僧伽蜜多·米斯拉(Sanghamitra Misra)、马赫什·兰加亚南(Mahesh Rangarajan)、亚当·佩恩(Adam Pain)、2008年7月伦敦"猛烈抨击"("Savage Attack")工作坊的参与人员、2008年8月乌普萨拉的"自然、知识、权力"会议(the conference "Nature, Knowledge, Power")以及在贾瓦哈拉尔·尼赫鲁大学(Jawaharlal Nehru University)、贾达普大学(Jadhavpur University)和加尔各答大学(CalcuttaUniversity)历史系研讨会中参与者所提出的建设性意见。同时,为西孟加拉国家档案馆(the West Bengal State Archives)已故馆长巴苏德韦·查托帕迪亚教授(Prof. Basudev Chattopadhyay)的慷慨帮助向其本人表示感激。原文出处：Cederlöf, Gunnel. 2009. Fixed boundaries, fluid landscapes: British expansions into Northern East Bengal in the 1820s. *Indian Economic Social History Review* 46: 513-540.

　②　作者简介：Gunnel Cederlöf,历史系教授(环境法与印度的英殖民史),为郁丹教授环喜马拉雅研究、印度-中国走廊、亚洲边疆研究等重要合作伙伴,共同获得瑞典国家科学研究基金。

　③　译注：纳瓦布(Nawab)为印度地方行政长官。

关键词：英国东印度公司　孟加拉北部　河流系统　地貌

1823年，如同一纸放弃抗议的文书，一封请愿书抵达东孟加拉北部的锡尔赫特区域（Sylhet district）办公室。依照调查员对这一地区经济和军事需求的划分勘定，察查（Cachar）王国败给了英国东印度公司（BEIC），失去了其西部的财税基地。此时，这封请愿书的作者，察查首领马吉特·辛（Marjeet Singh），表达了无力改变英国地方长官沿达拉苏里河（Dalasuri River）① 划定英国与察查王国国界决议的失望。然而，马吉特·辛依然寻索这一决定背后的逻辑。英国地方长官宣称这条河是一条"天然的边界线"。但是马吉特·辛发问道，这条河为何如此天然，以至于它与察查王国领地内所有其他的河流都不一样？孟加拉政府也已于1821年向邻邦曼尼普尔（Manipur）告示宣布其对东至达拉苏里河领地的管控决议。但是曼尼普尔并未回应。现在马吉特·辛知道这是最后的决议。从那之后，孟加拉政府欢迎他和其他察查居民向其申报对河西土地或房屋的私人求偿或者个人权益。如果索赔正当，他们将会根据法律得到补偿。②

自从1790年英国第一次勘测和财税结算之后，英国主张布拉马普特拉（Brahmaputra）③ 以东领地的实现步伐就放慢，并且并不顺利。英国都是在纳瓦布执政孟加拉时期对早期领地进行主张的。现在他们依然使用为自身利益建立起来的官僚建制。它虽然衰落，却仍旧残留。每一次新的财税结算都基于老莫卧儿王朝（Mughal）财税会计人员提供的数据。而这些人员的忠诚度存疑。并且因为广袤的领地，真正的结算从未触及苏尔马河（the river Surma）之外的区域。

另外，19世纪20年代早期，一个重要冲突正在迫近。两个不断增长的势力，东印度公司和缅甸贡榜王朝（the Burmese Konbaung dynasty），同时对主要的两条河流——缅甸的伊洛瓦底江（the Irrawaddy in Burma）和阿萨姆邦

---

① 即达勒什瓦里河（The Daleshwari River）。
② 印度事务部图书馆（IOL），孟加拉政府，税收部门（RD），保存于3.7.1823，第11条；19.6.1823，"在处理1823年6月19国会司法部门尊敬的总督目录中提取。写给司法部门政府首席秘书W. B. 贝利骑士（W. B. Bayley Esqr.）的信，福特·威廉（Fort William）"；第2页；以及一封于印度历1744年5月26日，署名由马吉特·辛（Marjeet Singh）写给锡尔赫特（Sylhet）执行官史密斯先生（Mr. Smith）的信的翻译版本。
③ 译注：在今日中国境内的部分被称为雅鲁藏布江。

（Assam）的布拉马普特拉河——之间的领地具有野心。缅甸的王国已经北进扩张向中国，南部一度到泰国的阿育塔雅（Ayuttaya），西边远至布拉马普特拉河谷，并且进入丹那沙林（Tenasserim）和阿拉干（Arrakan）。他们的理由是，他们有权进入山区，如果有必要，甚至进入英国控制区内，追击不忠诚的独立首领们。东印度公司显然已于1822年谋划对阿瓦（Ava）宫廷的一次袭击。他们以自我保护的名义使军队进发合法化。他们将把缅甸与孟加拉分开的山脉视为一个缓冲区。任何一次缅甸军队对这些王国的逼近都成为公司使其部队东进的合法原因。当缅甸人挺进阿萨姆邦、曼尼普尔（Manipur）和阿拉干时，东印度公司就在布拉马普特河谷迎战，并且沿苏尔马河，途径锡尔赫特（Sylhet），进入察查。又一个前线在吉大港（Chittagong）和阿拉干之外的舒帕雷岛①（the island of Shuparee）展开。夹在这两个巨人之间的是贾因蒂亚（Jaintia）、曼尼普尔、察查和阿拉干。这样，当东印度公司在东孟加拉北部实施控制时，财税和军事运作齐头并进；财税人员通常比部队都早行一步。

　　一个对东孟加拉北部任何推进的主要阻碍来源于自然——气候、生态和自然地貌景致。每一年的季风周期性将湿地变为湖泊，洪水漫入河流，并且随淤泥的运动改变河道的轨迹。某一年的田地、休耕地或湖泊可能在接下去的几年变为灌木丛或者茂密的森林。要按照位于加尔各答的公司管理层命令行事，为屯耕、占有和区别邻邦划定正确和永久的界限，办事人员大多数面临着不可逾越的问题。结果造成不依据社会和自然现实的谈判、妥协以及条例实施。

　　本文探究19世纪早期这个不定而又持续变化的地貌景致与既定的疆界观念之间，以及由英国东印度公司控制的政府管制、政治形态及其努力在东孟加拉北部实现的军事和金融控制之间的密切联系。笔者将会论述，官僚体制控制的建立方式和原则，形成了君臣关系的特定形式。东印度公司是一个全球商品交易公司，从正式意义上来说，并非一个国家。但事实上，它却对被征服领地上政体的形成具有决定性影响。通过将莫卧儿王朝财政制度作为一种获得收益并进行管控的工具，这种主要基于土地所有权的财政关系成为君臣之间交流的链接。然而，这发生在东印度公司对在欧洲的股份持有者，而非孟加拉人民，负有首要责任的情况下。这样新兴的政体一部分基于一种财政主体性的形式，接着变为，也许可以被称作，一种财政公民资格。

---

① 即松迪布岛，W. 怀特（W. White）《一部政治史》（*A Political History*），第142-143页。

然而，所有被征服的领地并没有得到平等的对待。由于鼓励产生屯耕的收益，财政控制扩张到锡尔赫特东部，进入察查西部。但是就这个程度而言，察查区别于其他自治王国，脱颖而出。战争及其余波成就了东印度公司和好几个这些王国之间的条约。这些条约成为这家公司对这些领地控制的调整基础，即，政治管控通过中间人——首领和酋长——来实现，并且一个区别于农业低地政体的政治形态框架开始形成；或者更加精确来说，它在与将要成为农业用地的地貌景致的对比中开始形成。结果，在19世纪的早期，我们可以辨识出一个政府双重政体的雏形。

一个由水框定的地貌景致

19世纪20年代，在他们对东孟加拉北部进发过程中，英方人员面对着一块水域与森林充裕之地。因为1762年的强烈地震和洪水泛滥，较大区域经历了重要的地貌景致变化。这仅仅发生在几十年前，并且在记忆中栩栩如生。像孟加拉这样的一个三角洲区域，地貌景致不断改变，但是1769—1770年和1786—1788年的洪水达到了灾难性、毁灭性的级别，导致了水土流失、森林退化、村庄被淹，甚至，农产品断产。洪水在孟加拉最后一个独立的纳瓦布下台，东印度公司接管实施政治管控之后立即出现，并且它们（洪水）对这一地区生态、社会和经济生活的影响持续大概半个世纪。[①]

这些巨大地貌景致变化之后，英方工作人员和勘测调查人员向东进发，主张领地，并建立管控。所有的交通都是通过河流实现。英方只在锡尔赫特区域周边半径为5—6英里（1英里=1.6公里）的旧纳瓦布领地内发现一些陆路。据报告，这一区域内，连耕畜、驮畜和轮式的小车都没有。苏尔马河和库什阿拉河（Kushiara）是纵横交错于这块土地上河流网络中两条主要的河脉。这两条常流河从山脉将水运送至孟加拉湾（the Bay of Bengal）；从北来的支流汇入苏尔马河，从南来的汇入库什阿拉河（Kushiara）。其他大多数河流是季节性河流。在锡尔赫特区域（Sylhet district）西南部，特里普拉王国（Tripura kingdom）北部，有一个季节性湖泊。根据托马斯·菲舍（Thomas Fisher）于1821—1822年对这一地带的勘察，它水域广阔。湖泊中间人造岛屿星星点点。其上人们将小屋建造得互相靠近，在雨季时，可以为岛上大群

---

① R. 穆克吉（R. Mukherjee）《孟加拉多变的面容》（*The Changing Face of Bengal*），第5—7页。

的家畜腾出空间。①

就如瑞达卡莫·穆克吉（Radhakamal Mukherjee）生动描述的那样，孟加拉河流系统几个世纪以来发生了重大变化，决定了生产的自然前提。理查德·伊顿（Richard Eaton）得出结论，随着河流系统长期向东迁移，留下肥沃的淤泥，使得在东孟加拉种植水稻成为可能。这些地貌景致变化从16世纪开始加剧，导致了莫卧儿王朝（Mughal）时期农业生产力的增加和人口的增长，并且为孟加拉成为全球生丝和原棉的经济枢纽做出贡献。②

这片较大区域由群山围绕。群山中河谷、溪流交叉纵横，形成贸易路线，将山区与平原的经济相连，并且沟通从中国和缅甸到阿萨姆邦、锡尔赫特和孟加拉湾（the Bay of Bengal）更远程的贸易。菲舍（Fisher）是绘制了新征服领地的若干勘测者之一。勘测者们搜寻既存的界线，包括那些由纳瓦布财税会计人员划定的，以及那些在曾经的莫卧儿王朝和独立王国之间确定的界线。但是，气候为他们的进展设限。菲舍报告他每年只能工作5个月。如果按这样的速度，勘测整个锡尔赫特区域需要10年的时间。③ 因着来自加尔各答的命令，要在恒定条件下（甚至首先只要10年的条件下）核定土地税收。这样不定多变的地景将每一个工作人员置于考验之中。

这些勘测有双重的目的。它们被用于将土地分为3种不同的税收等级，同时也要找出军队从布拉马普特拉河西边的朗布尔（Rangpur）进攻阿瓦的最佳路线。基于我们考虑到处理土地财税和军事活动的两个部门的情况，我们首先将得出不同的观点。在财税部门的文件中，没有任何发动战争的迹象，只有经过深思熟虑的关于确定财税收入方式的详细阐述。对比之下，政治讨论报告了缅甸在阿萨姆邦的防御工事，及进军的最佳路线——没有关于财税收入的只言片语。对印度的勘测调查成了这两者之间的链接。并且托马斯·菲舍（Thomas Fisher）就在这些更多参与到该项任务的工作人员中。

部分区域最初在1765—1766年之间由詹姆斯·伦内尔（James Rennell）

---

① 托马斯·菲舍（Thomas Fisher），自1823年开始的调查区域总管副助理。印度国家档案馆，印度勘查。欧洲人称库什阿拉河（Kushiara）和布达泊尔河（Budderpore）之间的河流为苏尔马河（Surma）或者巴拉克河（Barak）。

② R. M. 伊顿（R. M. Eaton）《伊斯兰和孟加拉前沿的崛起》（The Rise of Islam and the Bengal-Frontier），第194-203页。

③ 印度事务部图书馆（IOL），孟加拉政府，税收部门（RD），保存于18.9.1823，第6条；5.9.1823，收入较低地区委员会代理秘书。写给政府海外领土部秘书霍尔特·麦肯齐骑士（Holt Mackenzie Esqr.）的信，第11页。

勘测调查。而他两年后被任命为孟加拉第一勘查总督。然而，根据弗朗西斯·汉密尔顿·布坎南（Francis Hamilton Buchanan）的说法，他的勘测调查却注定变得毫无价值。18世纪80年代的极端天气条件和1787年灾难性洪水完全改变了地貌景致。干旱后紧跟着暴雨与洪水。大量的水泛滥地面，布拉马普特拉河向西改变其河道，曾经通过4条支流与恒河（the Ganges）连接的提斯塔河（the river Tista）改变河道，汇入布拉马普特拉河，造成了1/3人口的死亡。所有村庄被冲毁。里查德·格罗夫（Richard Grove）表明，在1789—1795年间，非同寻常强烈的厄尔尼诺（El Nino）给孟加拉带来更多损失。当布坎南（Buchanan）于1807—1814年勘测调查这个国家时，他无法从伦内尔（Rennell）的勘测中得到基础的引导性数据，因为河流及河道已经改变，或者消失，或者变成湖泊，并且航道也因为大自然的剧变改换名称。接着，据报告表明，这片土地在接下去的40年中没有安定过。从1804年开始，勘测调查人员最常见的抱怨就是之前的财税解决方案与土地现实不符。①

但是即使土地确定方案占据了财税部分文件的主要篇幅，大多数在外的企业家对贸易更感兴趣，而非土地。1788—1790年锡尔赫特西北一场以山下集镇为中心的冲突清晰表明了商业的重要性。这些集市是会面场所，以及私营及公司商业、农业和其他行业的熔炉。他们将各地的人聚集一起：山区的卡西人（Khasis）、孟加拉人（Bengali）、欧洲人、亚美尼亚人（Armenian）、阿富汗商人以及移居者、当地的孟加拉卡西裔居民、公司办事人员、地税征收者（zamindar）② 及附近的村民。为了控制市场而起的激烈的贸易和商业竞争引发了在潘杜阿（Pandua）的战争。在这场战争中，几乎所有的商人，包括欧洲的商人都站在卡西首领（Khasis rajas）一边。他们出售枪支，充当向导和咨询师，并且代表卡西人（Khasis）寻找情报，从而与英国东印度公司对抗，获

---

① 参见印度事务部图书馆（IOL），欧洲手稿（MMS Eur）《弗朗西斯·汉密尔顿·布坎南藏品》(Francis Hamilton Buchanan Collection)，《1807—1814年孟加拉勘测调查》(Survey of Bengal, 1807—1814)，第2章；R. 格罗夫（R. Grove）《大厄尔尼诺现象》(The Great El Nino)，第80页；S. 伊斯兰（S. Islam）主编《孟加拉史》(History of Bangladesh)；R. 穆克吉（R. Mukherjee）《孟加拉多变的面容》(The Changing Face of Bengal)，第6页；J. 伦内尔《孟加拉地图集》(A Bengal Atlas)。地图"越过恒河的低地乡村，从摩尔达河到锡尔赫特，包括中部和东部内陆的运河水道"(The Low Countries Beyond the Ganges, From the Mauldah River to Silhet, Comprehending the Midland and Eastern Inland Navigation)，以及地图"孟加拉北部省份；以及布坦、茂荣和阿萨姆前沿"(The Northern Provinces of Bengal; with Bootan, Morung, and Assam Frontiers)。

② 土地持有者，莫卧儿王朝政府工作人员，负责收取一个区域土地的管理费。

得他们自己的商业利益。在私营商人的眼中，东印度公司损害了自由贸易。①

战争的结果是划定了新的界限。大卫·卢登（David Ludden）论述道，这是符合"现代"意义的第一条清晰表明领土管控的边界线。它被划在潘杜阿（Pandua）和一个在苏尔马地区由公司管控的苏纳姆甘杰镇（Sunamganj）中间，意于防止未获批准的迁移进入英国控制的领地，并且控制了连接山地和平原的交通运输路线。同时它为东印度公司的税收核定，提供了界线以南的土地保证。因此它切断了较大区域中的人口流动性。也因着将山下的农田定义为孟加拉的，使卡西人（Khasis）在锡尔赫特成为异邦人。再进一步论述，卢登认为，它实际上（de facto）成为一条建立于种族分隔、地理主从关系状态基础上，划分分明的现代意义上的边界线。②

然而，假定这个商业贸易公司引进了一条由国家设置生效的现代边界线，即，与种族或者民族观念相连的边界线，这一假定或许并不成熟。早期印度的现代国家也有清晰的地理界线，并且小心翼翼地保护着商业垄断。③ 另外，在假设民族性或者种族构成了空间之前，我们需要意识到一个更广的地理范围。在人种学调查中，很久之后，到19世纪后叶，当特定的"部落"与特定的地貌景致相连时，这样的分类形成了固定模式。这里讨论的时间段的主要特色是，例如"部落"或者"种族"被广义使用，用于表示社区共同体或者人民。

如果将在潘杜阿（Pandua）的冲突与19世纪初在布拉马普特拉河和加罗丘陵（Garo hills）西边及西北边之间山麓丘陵中再次发生的冲突进行比较，那可能会很有用。这一地区隶属朗格泊尔区域（Rungpore district）管辖。这里，虽然冲突导致了分野，使加罗人留在山地，而地税征收者在平原地区，但是我们依然可以看到种族分别次于其他优先考虑的因素。边界线是依据地景做出的划分。

当派驻东北边界的代表大卫·斯考特（David Scott）致力于找到终结冲突的方式时，4大块土地的拥有者与加罗人已经处在无休止的争端中很久。布坎南（Buchanan）指出，森林和山地依然是加罗人天然的堡垒，但是早前，他们也已经占据很多山下的领地。一些布拉马普特拉河南面阿萨姆邦境内低地

---

① D. E. 卢登（D. E. Ludden）《孟加拉国的第一条边界线》（The First Boundary of Bangladesh），第37、43页；根据孟加拉国国家档案馆，锡尔赫特区域记录。卷298：175-85，15.9.1789。

② 卢登（Ludden）《孟加拉国的第一条边界线》（The First Boundary of Bangladesh），第42-43页。

③ 关于早期现代印度的国家垄断和系统的商业政策，请参看 C. A. 贝利（C. A. Bayly）《统治者、市民和市集》（Rulers, Townsmen, and Bazaars），第194页；以及 P. 帕塔萨拉蒂（P. Parathasarathi）《商人和殖民主义的兴起》（Merchantsand the Rise of Colonialism），第202-205页。

乡村的纳贡首领们拥有加罗血统。阿萨姆人为了进行贸易，给他们一些小贡金。然而，当纳瓦布的统治结束时，对山下加罗人的武装袭击逐渐升级。布坎南写道："来到东印度公司领地换取商品的每个加罗人都被施以最重的苛税；并且那些拥有可使用土地的首领们不是被驱逐出自己的土地，……，或，不但被迫让出进贡，而且更多难以计算的损失……"很多过去加罗人的土地闲置作废，并且一个土地持有者在市场上增加苛税的企图导致了山地加罗人的入侵，最终产生很多暗杀及该片土地上人口的减少。斯考特记录了，在1807年到1819年之间，218人被杀，157座村庄被加罗人烧毁。①

然而，英国人对土地持有者比对加罗人更严苛。毫无疑问，谋杀者应该被带到法庭，而保留被杀者骷髅以示众表达杀戮荣耀的习惯应该给予根除。但是斯考特指出他确定自从这一地区被东印度公司接管后，土地持有者就把加罗人从他们的土地上驱逐离开。同时土地权益也发生重大变化，从莫卧儿王朝的统治下转移到了英国的统治下。他认为，相比较在英国的统治之下，虽然"加罗边界"的土地持有者在旧统治者的统治下遭受更专制的管控，但他们在莫卧儿王朝对农民和非独立劳力享有更大程度的权威。

手边的报告、信函和1822年最后的规定表明，在没有东印度公司行政干涉的前提下，自从纳瓦布的统治松动，地主们就试图增强他们对土地和劳力的权力和管控。4个地主只有1个居住在自己拥有的土地上。另外3个中的两个是通过拍卖获得土地的，但从不考虑居住在河东那样的气候下。剩下的那1个地主和他的继承者们，因预言的拦阻，从不跨越河流去对岸。斯考特阐述道，只要不引起骚乱，土地持有者的利益，很明显，必须尽可能从加罗人身上榨取。在比邻的土地上制造动乱干扰对他们更有利，因为这会导致对农民更强的控制以及更多的财富。整个形势引发加罗人剧烈的反应。他们失去了布拉马普特拉河以东土地的使用权，同时发觉自己必须受他们所赖以生存的

---

① 4块土地是哈布拉加特（Hubbraghat）、马克帕拉（Mechpara）、卡鲁玛卢帕拉（Caloomaloopara）及克里巴丽（Currybaree）。请参看 J. 伦内尔（J. Rennell）《孟加拉地图集》（A Bengal Atlas）。地图"孟加拉北部省份；以及布坦、茂荣和阿萨姆前沿"（The Northern Provinces of Bengal; with Bootan, Morung, and Assam Frontiers）。还有，印度事务部图书馆（IOL），欧洲手稿（MMS Eur）《弗朗西斯·汉密尔顿·布坎南藏品》（Francis Hamilton Buchanan Collection），《1807—1814年孟加拉勘测调查》（Survey of Bengal, 1807—1814）, 第2章；印度事务部图书馆（IOL），孟加拉政府，税收部门（RD），保存于25.7.1822，第13条，"在处理司法部门的资料中提取。写给司法部门政府首席秘书 W. B. 贝利骑士（W. B. Bayley Esqr.）的信，福特·威廉（Fort William）"，选自 D. 斯考特（D. Scott）《审判者与法官》（Judge and Magistrate），第3, 11, 13页以及附录2《国会总督拟签署的条例草稿》（Draft of the rules proposed to be issued by the Governor General in Council）。

土地持有者的支配来生活。斯考特对加罗人的描述总体是真实的，而土地持有者则被认为是懒惰、无能和需要管束的。①

斯考特的解决方式（由1822年规定最终确认）就是将土地持有者与加罗人彻底分开。政府保证归还1765年起从加罗人手中抢夺的土地，然后政府购买这些还存留的土地。为了保持和平，土地持有者应当全面停止主张对加罗人的权力，并且所有的权益索赔（租金、贡金、服务等）都应经过一个英国行政长官手下的仲裁官的调查。然而，这一处理的重要目的，不是在优先次序中将加罗人置于孟加拉土地持有者之上，或者建立一个单一加罗人的社区共同体，而是结束冲突，建立东印度公司的主权，并且将土地的出产转化为政府的税收。从某种意义上来说，政府与加罗人的协商应该是"对公共利益最有利的"②。

至此，1822年规定解决了直接的冲突。但是它也会带来长远的影响。斯考特表示实施中的规定不适于加罗社会。在独立村庄中有太多的当地习俗，以至于，"与其试在边界全面介绍一种统一的程序模式，不如允许他们随从当地习俗"。当时的规定只能图此时在说孟加拉语的人中推行。比较起来，新的规定一方面区分了住在平原和住在山地的人民，另一方面，区分了独立和非独立（进贡方）的加罗村庄。前者在英国的"保护"下进行，而后者则在地方管理与法律的获准下保留完整的自主权。因此，新的边界线没有将加罗人作为一个单独的民族处理。③

探究边界线

1821年到1822年之间，当托马斯·菲舍（Thomas Fisher）勘测调查锡尔

---

① 参看印度事务部图书馆（IOL），孟加拉政府，税收部门（RD），保存于25.7.1822，第13条，"在处理司法部门的资料中提取。写给司法部门政府首席秘书 W. B. 贝利骑士（W. B. Bayley Esqr.）的信，福特·威廉（Fort William）"，选自 D. 斯考特（D. Scott）《审判者与法官》（Judge and Magistrate），第4、13、14、18-20页。

② 参看印度事务部图书馆（IOL），孟加拉政府，税收部门（RD），保存于25.7.1822，第13条，"在处理司法部门的资料中提取。写给司法部门政府首席秘书 W. B. 贝利骑士（W. B. Bayley Esqr.）的信，福特·威廉（Fort William）"，选自 D. 斯考特（D. Scott）《审判者与法官》（Judge and Magistrate），第20页。

③ 印度事务部图书馆（IOL），孟加拉政府，税收部门（RD），保存于25.7.1822，第13条，"在处理司法部门的资料中提取。写给司法部门政府首席秘书 W. B. 贝利骑士（W. B. Bayley Esqr.）的信，福特·威廉（Fort William）"，选自 D. 斯考特（D. Scott）《审判者与法官》（Judge and Magistrate），4、23；以及附录1，《总则》（General Regulations），第4、24页。

赫特区域南部，靠近特里普拉王国（Tripura kingdom）边界线时，他以最迫切解决的问题作为其报告的起始：确立准确边界线的需要。接下来10到20年，特里普拉王国与东印度公司一直存在领土上的争议。沿着库什阿拉河（the river Kushiara）向南至特里普拉高山山脉，西至库米拉区域（Comillah district），东至察查（Cachar）王国的土地都存争议。特里普拉（Tripura）首领主张库什阿拉河以南的所有土地，认为这片土地在莫卧儿王朝征服之前就属于特里普拉。但是这些平原现在由向东印度公司（EIC）纳税的土地持有者耕种。在税收估价很低（Joom ka Jumma）的低丘较贫瘠土壤上，每10到12年屯耕一块棉田。后者逐渐很快靠近山谷地区，而该地区部分由特里普拉管辖。这耕地是唯一吸引英国当局的土地。早在伦内尔（Rennell）1765年绘制的地图上，一条边界线将特里普拉和锡尔赫特分开。它被置于山峦之中，远在屯耕山谷之上。但是，伦内尔从未造访过这些地带。此时，1821年，东印度公司发现在山谷地带主张主权很困难，因为纵横的低山山脉，从南贯穿至北，会使任何边界线都从屯耕土地的尽头沿山麓呈之字形划定。①

也像察查王国一样，东印度公司办事人员在此地的自然界中搜寻易于辨认的标志物，以形成一个"自然的"边界线。这可能是一条河流、连绵的山脉，或者任何对于外来者显著的标志物。虽然得到相反的结果，但是工作人员仍不太注意其他非制图人员提出的参考边界的依据。即便有关注，他们甚至很少考虑政治组织的秉性，认为边界线是封闭环绕的。而政治组织看重政治核心高于看重这个圆周线。他们看重通过这个核心与隶属者之间忠诚纽带连接的国家状态，而非必须以精确地理边界来确定的国家状态。但是他们只会关注那些削弱他们权威的贸易路线和地带。菲舍写道，不幸的是，特里普拉并不认同任何持续的自然边界。勘测调查中所绘制的地图用红色标记了一条边界线，然而菲舍从不认为这条界限会被尊重保持。由于缺乏其他方式，他选择了一些小溪来形成一个特里普拉与东印度公司领地之间"近乎完美的自然边界线"。而且特别也因为这条界线的很多部分被广袤的森林切断，他对此边界线是否会被尊重持疑。②

---

① 印度国家档案馆（NAI），印度勘查回忆录，锡尔赫特边界勘察，托马斯·菲舍，1821—1825年，第1部分。

② J. 伦内尔（J. Rennell）《孟加拉地图集》（*A Bengal Atlas*）。地图"越过恒河的低地乡村，从摩尔达河到锡尔赫特，包括中部和东部内陆的运河水道"（The Low Countries Beyond the Ganges, From the Mauldah River to Silhet, Comprehending the Midland and Eastern Inland Navigation）以及印度国家档案馆（NAI），印度勘查回忆录，锡尔赫特边界勘察，托马斯·菲舍，1821—1825年，第1部分。

与特里普拉相比，东印度公司认定的其靠近察查的东部领地边界比较容易确定。达拉苏里河（The Dalasuri River）从高山向北，流入苏尔马河。从苏尔马河，15英里的河谷在密林中穿过。土地局部被清理，可被耕种。这条边界线依然是制图委员会的杰作。在东孟加拉，水道是行进、商贸与交流的工具。水联系着人群，而非将其分离。更不用说，忠诚于察查或者特里普拉的人们依然驻留在河流的两岸。对于他们来说，如果反对首领，不作为其代表驻留，边界线就显得虚假，在现实生活中遥不可及。①

所有以上提到的4条关于锡尔赫特、朗格泊尔、察查和特里普拉边境的边界线都旨在为东印度公司勘测和评估土地的权利划分外部界限，也为他们执行法律和正义的权利建立合理性。接着，对这些边界线涉及地区的具体处理方式出台。但是，1822年，公司的关注点在于平原的农业用地。财税的勘定和管理是建立官僚体制控制和实现新统治者存在性可见性的一种手段。它是由一个办事低效，并且通常有缺陷的官僚机构建立的一种通过税收进行的统治。在过程中虽然经历很多失败，但是农业平原成了东印度公司在孟加拉东部的统治规范，并且其他关系都以此规范来定义。除了这些边界线，英国人给予那些他们不太接触的地方自治王国和独立村庄的身份。此刻，他们优先确保新边界线内的领地安全，而邻邦的自治状态得以强调。所以，所建立的统治常态旨在达成农业型经济的一种地貌景致地形上的永久性权益。与缅甸一触即发的战争马上改变了这种情形。为了理解改变这种情形的方式，我们需要首先找出新关系建立的相对基准。

通过税收进行的统治

拉纳吉·古哈（Ranajit Guha）在1963年关于18世纪90年代孟加拉产权制度知识论辩中的著作具有相当的影响力。他指出英国在财产权方面的一个困扰。这场关于财产的论辩汲养于不同的影响力，主要来自自由主义哲学、

---

① 印度国家档案馆（NAI），印度勘查回忆录，锡尔赫特边界勘察，托马斯·菲舍，1821—1825年，第1部，第1章，"从锡尔赫特区域查干到察查王国戈韦德浦的索尔玛河岸"（Banks of the Soormah from Chagain in Sylhet to Govindpoor in Cachar）。也可以参看印度事务部图书馆（IOL），孟加拉政府，税收部门（RD），保存于3.7.1823，第11条；19.6.1823，"在处理1823年6月19日日期之下国会司法部门尊敬的总督中提取。写给司法部门政府首席秘书W. B. 贝利骑士（W. B. Bayley Esqr.）的信，福特·威廉（Fort William）"；第2页；以及一封于印度历1744年5月26日，署名由马吉特·辛（Marjeet Singh）写给锡尔赫特（Sylhet）执行官史密斯先生（Mr. Smith）的信的翻译版本。

欧洲和北美动荡的政治剧变以及英格兰圈地运动的反对声音。卢登是建基于古哈（Guha）著作研究之上众多作者的一员。他选择强调经济逻辑：所拥有的土地越多，税收也就越多。同时他指出英国在孟加拉统治集权化的过程。当国土更少被用于表述为领地中的土地移交，而更多被用于定义制图意义上的国家的时候，加尔各答的政治和学术趋势也影响着锡尔赫特区域。当收税员罗伯特·林赛（Collector Robert Lindsey）于1787—1789年开展第一次勘测调查的时候，卢登认为接下来决定地产范围的集权，帮助解决了众多的土地冲突，相应地增加了财税收入。①

在财税管理中存在一个内在矛盾。为了使税收估定运作良好，它需要规律性、确定的分类和总体适用性。没有这样的系统操作，财税管理会显得效率低下。同时，对本土惯例的尊重和既存财税管理的采用，是在土地持有者阶层确保信任，以及与英国法律系统所有权适用基本法学原则保持一致的基础。这倾向于在用税收原则进行税收处理的任何地区产生差异及矛盾。②

最近的研究深入到殖民地财税管理的这种裂痕中。乔恩·威尔森（Jon Wilson）最近宣称，古哈暗示东印度公司在孟加拉引进了新的"财产统治规则"，这一看法是错误的。并且他也不是第一个这样认为的人。麦可·曼恩（Michael Mann）在其1995年关于财税处理特征的研究（严格来说限定于西北地区）中，就如在他之前的托马斯·梅特卡夫（Thomas Metcalf）一样，详细论证了19世纪初，税收处理几乎完全基于"现场人员"——收税员——并且他们依次受老莫卧儿王朝的财税会计（canoongoes）、土地测量监察员（aumeens）、乡村会计人员（putwaries）和马拉地人（Maratha）或者其他前统治者行政人员的牵制。所以，曼恩（Mann）认为，本土的评估方式和既定的土地权益——而非实用主义或凯雷伯利租金理论（Haileybury rent theory）——决定了土地的处置。卢登（Ludden）指出在锡尔赫特区域，老莫卧儿王朝财税会计是重要的角色。但是他用相当中立的语气将他们描述为东印度公司的当地税收工作人员，而非尽可能更忠诚和依赖于旧有重要土地持有

---

① R. 古哈（R. Guha）《孟加拉资产统治规则》（*A Rule of Property for Bengal*），第17-19页；D. E. 卢登（D. E. Ludden）《孟加拉国的第一条边界线》（*The First Boundary of Bangladesh*），第24和141页。关于通过税收方式解决土地争端，请再次参看印度事务部图书馆（IOL），孟加拉政府，税收部门（RD），保存于12.10.1830，第3条；19.9.1830，"财税督查菲舍中尉关于在锡尔赫特获得更多税收的范围与来源的备忘录"（Memorandum respecting the extent and sources whence an increase of revenue may be derived in Sylhet by Lieutenant Fisher Revenue Surveyor）。

② G. 赛德罗夫（G. Cederlöf）《地貌景致与法律》（*Landscapes and the Law*），第126-127页。

者的个人。这些旧有的土地持有者精英阶层有可能影响报税准确性。①

但是，连续几十年，东孟加拉实际的财税处置和管控依然薄弱拖沓。现场人员及其不得不做出的协商和妥协减弱了中央集权在地方管理中的系统实施。然而，笔者会认为，考虑到日常管理具有细碎的特性，土地处置并非是即兴，或没有总则的。加尔各答的政府行政机构偶尔会责难热情的收税员。他们因巨量的土地勘查任务泄气，并且在财产所有权处置原则中寻找捷径。政府行政机构强调，他们只能对具有现实土地权益的土地持有者收税。

在任何履职的勘测调查人员的函件中，土地所有权的基本原则和持有财产的自由是具有一致性的。就如威尔森（Wilson）观察到的一样，古哈忽略的是，在引进一个新的税收制度或者为公司自身主张土地之前，东印度公司都会命令辨识既存的财产权益，并保证该命令得到确实的推行落实。根据当地习俗管理财产权益，不仅保证人民的"自由"（liberties）和信任，而且还保持了政治社会的凝聚力。威尔森指出英国在加尔各答的一种担心，即其统治与前殖民时代印度政治现实及系统的脱节。而这也正是编纂财产法令法典的主要推动力。②

东孟加拉北部的土地细碎化程度高。林赛于1784年登记了5000个独立土地所有者，调节了上千件土地争议。他的继任者，约翰·威利斯（John Willis）报告，1790年至1791年间的税收处置结算分布于3万个小税区，以至于出现报表不准确的可能性。即使是10年一次的结算，1791年的第一次结算还是基于永久性原则，并且与"1793年的孟加拉永久结算处置规则"（the Permanent Settlement of Bengal of 1793）紧密相连。③ 这使后期勘测调查复杂化，因为只有三种税收分类的第一个分类——耕作用地——可以估定确认。另外两个，休耕地和荒地依然无法评估。文件中，这三种分类划分清晰明确，但在现实操作中却与实际土地用途几乎不相符。税收员和地方官员强烈意识到土地处置的前提持续变化。1802年，威利斯（Willis）的勘测报告遗失，并

---

① Putwarry 是乡村会计，aumeen 是土地测量监察员，而 canoongoe 是莫卧儿王朝的财税会计。D. E. 卢登（D. E. Ludden）《孟加拉国的第一条边界线》（*The First Boundary of Bangladesh*），第24页；M. 曼恩（M. Mann）《永久的处置》（*A Permanent Settlement*），第245-248，267-268页；T. R. 梅特卡夫（T. R. Metcalf）《土地、地主和英国统治》（*Land, Landlords and the British Raj*），第47-73页；以及 J. 威尔森（J. Wilson）《距离而生的焦虑》（*Anxieties of Distance*），第12-13页。

② J. 威尔森（J. Wilson）《距离而生的焦虑》（*Anxieties of Distance*），第10，12-13，18页。

③ 确保收入稳定是为了永久解决土地处置问题。它是离开孟加拉"耕作体系"的起始。此体系通过竞卖，每次处置之后保有高估价，并且其后在最长5年的租用合同结束时，土地始终可以被租给出价最高的竞价者。该体系因造成不稳定和土地的破坏而被诟病。也请参看 R. 古哈（R. Guha）《孟加拉资产统治规则》（*A Rule of Property for Bengal*），第16-17，99-101页。

固定的疆界，流动的地景

且每一次重新勘测调查时，收税员都必须对不可信任的数据做出解释。它们是之前计算时出现错误，本土税收人员的欺诈或者地貌景致的实际改变而导致的。

但是经年累月，财税收入与屯耕面积都增加。要得到农业扩张的准确数据并不容易。当锡尔赫特区域委任财税会计查尔斯·塔克（Charles Tucker）报告该税区没有找到任何可反映1791年建立了地产档案的准确土地数量的文件后，1823年进行了锡尔赫特区域早前财税处置结算的实质性重估。但是通过1805年一起对抗收税员的案件中，锡尔赫特区域乡村会计人员的请愿书，他计算出，乡村会计人员欺骗了财税部门，将1791年处置土地之外的20500英亩（约83平方千米）土地分给了数量巨大的个人。而且他还注意到，他们之间没有争抢为政府评估土地的权力，也没有自己将土地占为己有。他们只是否认将其出卖。显然，不仅新地，还有之前不适于耕种的土地都被开耕，但是，此外东印度公司官僚制度的不堪一击被显示出来。因为乡村会计认为他们就像自治地主一样，可以不向一个政府行政机构报备就出让土地。东印度公司行政机构慢慢地通过财税处置的各种方式，逐渐获得土地控制权。但1789年到1823年之间财税收入增长3到4倍，几年后出口到南孟加拉的谷物得到了60%的投资利润比。就这些事实来说，我们可以推断小部分屯耕者移居到了孟加拉北部有肥沃土地的地区。①

---

① 税收分类为耕作用地（abadee），休耕地（purreah）和荒地（jungla）。锡尔赫特区域10年一次结算的地契的准确数量为4822。请参见印度事务部图书馆（IOL），孟加拉政府，税收部门（RD），保存于12.10.1830，第5条；保存于44，第1条，"行使第二身份的分分秒秒"（Minute of the officiating Second Member），第33页；印度事务部图书馆，孟加拉政府面对低财税地区的税收部门，21.2.1823，第30条，"来自锡尔赫特区域（Sylhet）委任财税会计查尔斯·塔克写给税部门的信"（To Board of Revenue, from C. Tucker, Commissioner of Sylhet），印度事务部图书馆（IOL），孟加拉政府，税收部门（RD），保存于12.10.1830，第3条；19.9.1830，"财税督查菲舍中尉关于在锡尔赫特获得更多税收的范围与来源的备忘录"（Memorandum respecting the extent and sources whence an increase of revenue may be derived in Sylhet by Lieutenant Fisher Revenue Surveyor）。具体请参看一封由威利斯先生（Mr Willies）写给财税部门的新的梗概；印度事务部图书馆（IOL），孟加拉政府，税收部门（RD），保存于18.9.1823，第7条；"理查德·亨特秘书写给财税收入较低地区财税部门执行秘书福特·威廉姆的信"（To the Secretary to the Board of Revenue, Lower Provinces, Fort William, from Richard Hunter, Secretary），第9页；印度事务部图书馆（IOL），孟加拉政府，税收部门（RD），保存于18.9.1823，第7条；"理查德·亨特秘书写给财税收入较低地区财税部门执行秘书福特·威廉姆的信"（To the Secretary to the Board of Revenue, Lower Provinces, Fort William, from Richard Hunter, Secretary），第27—28、31、33、52页；印度事务部图书馆（IOL），孟加拉政府，税收部门（RD），保存于12.10.1830，第5条；保存于44，第1条，"行使第二身份的分分秒秒"（Minute of the officiating Second Member），第34页；及D. E. 卢登（D. E. Ludden）《孟加拉国的第一条边界线》（The First Boundary of Bangladesh），第23页。

建立统治的合法性一直都是新殖民地政府的难关，因为合法性必须通过被认可的能力和品性来获得。这需要在君臣之间建立链接——沟通权利和义务的链接。在交税的地主、土地持有者与政府之间的经济关系是一种这样的链接。英方办事人员也小心翼翼地区分着老莫卧儿王朝许多不同的精英。但对于税收来说，土地持有者与地主是同等的。被认可为土地持有者，即是有权利的人，意味着拥有与政府直接沟通的权力。作为像东印度公司这样的商业集团，这意味着在孟加拉迈出了实现一种互有责任的关系的重要一步。这区别于与伦敦董事会和持股者之间的责任关系。在当地，得到更多的税收也反映出当局的权威，但将土地持有者对土地的支配最终合法化的是分配给他们的土地权益的品质。在这一形成过程中，土地税是制度化管理的主要模式。在一个较长的政治形态形成过程中，臣民的形成是关键的一部分。我们可以把在东印度公司统治下，改变中的君臣关系视为一种经济附属关系以及经济公民资格的部分认可。

在英国国会辩论（the British debates）中，享有财产、个人安全和自由的权利是没有争议的理想原则。财产所有权植根于英国公法——既保护地主全部权益，也保护佃户使用公用地权利的惯例法。各种政治观点都基本认为财产权只能经过同意才能让与，并且所有英国国民都根据公法的调控拥有他们的财产。所以当欧洲人在英国之外的地方主张此类权利，会有极大的顾虑。甚至将公法调整适应英国征服之领地的新臣民的权益，也令他们更感顾虑。但对土地完全的权利必须被认可。而最重要的证明就是一纸书面的文件。而很多人无法获得其权利，因为他们不能以东印度公司认可的方式提供他们所主张土地所有权的证明。①

在殖民管理的实践中，我们可以看出基本原则运作的方式。简言之，尊重本土惯例根本上意味着寻找原所有者，即那些第一批踏足于这片土地，并将其用于生产的人们。这意味着拥有原始权利，也被认为作与生俱来的权利（birthright）。如果这样也无法确定所有权，那么居住和使用会成为证明一个人权力的第二顺位举证。接下来，最重要的原则是公平性。这表明了一个事实，公法有适应复杂当地情况的能力；在认清差异之后，它在人的看法中也可以被视为合理和公正。最后，证明所有权的一般原则就是书面证明文件。一张由莫卧儿王朝颁发的地契（sunnud）与 10 年一次土地处置结算发给的所

---

① G. 赛德罗夫（G. Cederlöf）《地貌景致与法律》（*Landscapes and the Law*），第 122-123 页；P. J. 马歇尔（P. J. Marshall）《国会与物权法》（*Parliament and Property Rights*），第 530-531 页。

有权证（patta）具有同等法律效力。①

加罗人和卡西人山区以南的锡尔赫特区域和迈门兴德区域（Mymensing）的税务函件中，这些原则在当地管理中的运作变得很明晰。这些原则为协商预留了很多空间。1820年，这两个区域的税收员发觉了将财税收取基于1791年10年一次的处置结算时的严重后果。因其订立的永久财税分类，很多耕地现在无法评估，因为它们从没被列入耕作用地一类。而那之后不久，一部分森林用地和过去被水覆盖的土地都被开垦作为耕地。这些土地现在被土地持有者和佃户占据开垦。

1820年布达泊尔区（Budderpore pergunna）发生的土地争端是一个相关的例子。当10年处置的时候，那块面积为317英亩（约1.3平方千米）的土地是一个大湖泊的湖床。再接下来的15年间，湖泊消失，被森林覆盖。拉姆·琼德尔·杜特（Ram Chunder Dutt）主张对其中36英亩（约0.15平方千米）拥有所有权。税收员报告他发现旧有处置计算时的证明。所以这一主张很轻易就成立了。但是自1805年起的新的土地所有权证（ahalabadee patta）将事情复杂化。虽然有较早的处置依据，但是一名叫作拉姆·柯王特·苏尔玛（Ram Kaunt Surma）的人出示了显然属于拉姆·琼德尔·杜特的36英亩土地中的7.5英亩（约0.03平方千米）土地的所有权证。而且对比拉姆·琼德尔（Ram Chunder），他清理并屯耕了不仅仅这些，而是整整15英亩（约0.06平方千米）的土地。税收员感到困惑不解。但是财税部门决定同时满足他们两者的主张——拉姆·琼德尔得到了拉姆·柯王特（Ram Kaunt）在另一地点的同等土地。这就关乎于一个公平的问题。即使违反规定，但是让拉姆·柯王特离开他开垦耕种了15年的土地也是不合理的。通过妥协处理小的当地争端，符合将冲突和对当局批评最小化的目的。但这种处理方式很有局限性。②

对于勘测调查员、地方官员和税收员来说，建立当地惯例的难处是工作的家常便饭。文件中出现数目巨大的各种状况。当迈门兴德区域的税收员想在苏辛区（Soosing pergunna）拉杰辛王侯（Rajah Rajsing）持有的土地上设置一个财税会计（canoongoes）人员时，这位首领就证实说，他所持有的土地是

---

① G. 赛德罗夫（G. Cederlöf）《地貌景致与法律》（*Landscapes and the Law*），第3章。
② 印度事务部图书馆（IOL），孟加拉政府，财税厅（BR），保存于15.2.1820，第61条，"锡尔赫特区域执行税收员J. P. 沃德写给政府秘书G. 沃尔德的信"（To G. Warde, Secretary to Government, From J. P. Ward, Acting Collector of Sylhet），29.1.1820；以及第62条，"政府秘书G. 沃尔德写给锡尔赫特区域执行税收员J. P. 沃德的信"（To the Acting Collector of Sylhet, From G. Warde, Secretary to Government）。

纳瓦布统治时期赐予他的皇家领地（jagheer）。① 他认为如果委派这样的工作人员，其家庭地位就会降低，变得与那些次一等的土地持有者一样。财税部门立即决定不在其领地上设立任何会降低其地位的任何形式的财税管理机构，并命令税收者远离这一区域。② 同样，当锡尔赫特区域税收员发现在其认为应该纳入税收评估的土地中，大部分是免租金（lakheraj）领地。他从自己的税收会计那里搜集该地区各种土地所有权的信息。他发现近5000英亩（约20平方千米）土地是由莫卧儿王朝纳瓦布所赐予的免租金（lakheraj）土地。这些地当时赐予沙拉辛领地（Cherazee lands）保持穆斯林清真寺里灯火长明的人们、穆木德·马什领地（Muddud Mash lands）接待远客的人们、德奥·乌图尔领地（Deo oottur lands）印度教庙宇中施行印度教祭祀朝拜的人们、布尔穆土尔领地（Burmoottur lands）供养婆罗门（Brahmins）的人们以及（Sheernee lands）支付祭牲花费的人们。这些所有权都是有效的。税收员只对一宗提出异议——将免租金（lakheraj）土地的南卡转让权益（nankar）③ 视为帕德沙禾（Padshahy）的赠予，而非对纳瓦布统治时期过去的财税会计缴纳的酬劳。莫卧儿统治结束后，与旧有皇帝紧密联系的财税会计机构设置也被废除。所以这将是英国人可以正当占用的仅有土地。④

以书面文件确认土地权益也有其复杂性。1822年，税收员提交了37个无效免租金（lakheraj）领地所有权的详细报告。并询问政府如何处理。财税厅似乎被没有估定的土地的规模吓到，要求税收员暂缓，直至他们能抽身派出一个测量和评估这些土地的专员。他们也指出政府从未刻意在这种无足轻重的土地上实施管理。就当时情况而言，他们担心在这些直到当时都免租的土地上，大面积而又快速地推行税赋收缴，会引起广泛的负面回应。缓慢及更

---

① 译注：jagheer，又称jagir，为北印度统治者赐予有权势的人的土地。他享有在该土地上征税、自行使用税赋收入并管理这一地区的权力。

② 印度事务部图书馆（IOL），孟加拉政府，财税厅（BR），保存于9.6.1820，第30条，"迈门兴德区域税收员D. 斯考特写给财税厅的信"（To Board of Revenue, from D. Scott, Collector at Mymensing，24.5.1820，以及第31条，"政府秘书G. 沃尔德写给迈门兴德区域税收员的信"（To the Collector of Mymensing, from G. Warde, Secretary to Government）。

③ Nankar是一种土地转让权利，或者由土地持有者及莫卧儿王朝财税会计所持土地所得的税赋。Nankar既是一种土地所有权的相关权益，也是对财税收取服务的一种报酬和回赠。

④ M. 曼恩（M. Mann）《永久的处置》（A Permanent Settlement），第254页；印度事务部图书馆（IOL），孟加拉政府，财税厅（BR），保存于11.1.1822，第65条，"锡尔赫特区域税收员G. 柯林斯写给政府秘书G. 沃尔德的信"（To G. Warde, Secr. to Government, from G. Collins, Collector of Sylhet）。

加谨慎地处理对政府和个人各自的权利的确认会更好,"……这样对所有权的个人主张者达至尽可能最小的伤害,并且将愤怒与警惕在公众意识里降低到最小程度"。① 但是税收员持反对意见,认为大多数免租土地面积大,对它们推进税赋利大于弊。大多数土地"由没有丝毫能力主张,因此也绝不会冒险为自己宣称这一无用的所有人手中,也对拥有这些土地的所有权不抱期望;反之,政府对这些土地的所有权和权益是清晰而无争议的"。税收员指出,这些地产边界模糊,很多其中最近屯垦的土地也被发现。这会带来可观的税收收入。但是政府行动必须迅速,因为占有者长期对土地的占有"本身就主张了其对土地的所有权"(of itself give the occupants a claim to hold the lands in perpetuity)。②

接下来的1823年,察查王国首领马吉特·辛的请愿书抵达锡尔赫特,寻求政府将察查领地一分两半,并且占有达拉苏里河(the Dalasuri River)以西的西部地区的解释。同时他也充分明白通过文件证据主张土地所有权的方式。在他的请愿书里,他解释察查王国前任首领戈文德·钱德拉(Govind Chandra)在离开察查时将证明所有权的必要文书带走了。所以马吉特·辛不得不"放弃接受任何补偿金,而(自己)依赖于英国殖民政府的公正性"。③

---

① 印度事务部图书馆(IOL),孟加拉政府,财税厅(BR),保存于22.3.1822,第63条,"财税部门秘书R. 亨特写给锡尔赫特区域税收员的信"(To Collector of Sylhet, from R. Hunter, Secretary Board of Revenue)。

② 印度事务部图书馆(IOL),孟加拉政府,财税厅(BR),保存于29.2.1820,第51条,"政府秘书G. 沃尔德写给锡尔赫特区域执行税收员的信"(To Acting Collector of Sylhet, from G. Warde, Secretary to Government);第61和62条;保存于16.4.1822,第59-70条;保存于28.5.1822,第123条。上述所有文件都是秘书R. 亨特(R. Hunter)对锡尔赫特区域税收员G. 柯林斯(G. Collins)所写信件的回复信函。

③ 在曼尼普尔(Manipur),首领加辛(巴格雅·钱德拉)[Jai Sing(Bhagya Chandra)]于1796年退位之后,他的权利分裂到他的儿子们手中。从1810年到第一次英缅战争(the first Anglo-Burmese war),3个儿子卡尔吉特(Chourjeet)、玛吉特(Marjeet)和贡布希尔(甘比尔)[Gumbheer(Gambir)]为应尼普尔(Manipur)和察查(Cachar)的统治权互相争斗。东印度公司的工作人员经常为应该支持谁才能获得这一地区的控制权而争吵。印度事务部图书馆(IOL),孟加拉政府,税收部门(RD),保存于3.7.1823,第11条;19.6.1823,"在处理1823年6月19日日期之下国会司法部门尊敬的总督目录中提取。福特·威廉(Fort William)写给司法部门政府首席秘书W. B. 贝利骑士(W. B. Bayley Esqr.)的信",第2页;以及一封于印度历1744年5月26日,署名由马吉特·辛(Marjeet Singh)写给锡尔赫特(Sylhet)执行官史密斯先生(Mr. Smith)的信的翻译版本;匿名,《缅甸战争(9月份)》[The Burmese War(September)],第319-321页;J. B. 巴塔查尔吉(J. B. Bhattacharjee)《英国统治下的察查王国》(Cachar under British Rule),第30-31页;以及J. 罗伊(J. Roy),第62-67页。

私有废地变为公用

19世纪初以来，察查的情势一直非常不稳定。18世纪后半叶，私营商人和东印度公司已经与察查进行贸易，并且东印度公司还对跨越边界进入锡尔赫特的交易收取费用。19世纪初，苛捐杂税多到一个程度，察查首领戈文德·钱德拉（Govind Chandra）写信给主管——上将康沃利斯勋爵（General Lord Cornwallis）。他认为税收员想要在象牙、蜂蜡、藤和竹的贸易中进行垄断，因此他已经在边界驻军，阻止东印度公司领地与察查之间任何的交易。这位首领指出东印度公司的条例威胁到王国的经济。后来，财税部门在这一区域恢复了过去的无限制贸易。①

当锡尔赫特的税收官员划定一条察查屯耕者不能接纳的边界线时，边界引发了更多争端。因为察查农业用地一直延绵到锡尔赫特一边。1807年，他们跨越边界线收割庄稼。最后，旧有边界被恢复，首领也变得逐渐依赖东印度公司的经济支持和军事保障。很快，察查开始被其东边曼尼普尔邦的动荡局势影响。在过去的一个世纪，曼尼普尔与缅甸之间的关系紧张。曼尼普尔精通马匹驾驭，因而其军事力量迅速增长，并在18世纪的前半叶大部分时间，占据了远至伊洛瓦底江的土地。1765年，缅甸军队报复并入侵曼尼普尔。曼尼普尔向东印度公司求援，因为他们3年前曾签订过条约。然而到1782年，曼尼普尔的一个皇室成员依靠缅甸登上王位，大权稳握。②

曼尼普尔的战略意义是明显的。从察查和孟加拉，途径伊洛瓦底，连接中国的贸易路线中，有3条途经曼尼普尔。曼尼普尔以其食盐、蚕丝、蜂蜡、象牙、棉花和马匹闻名于世。缅甸和中国云南的商人到访曼尼普尔或者山下的集市。察查边界上，山的西面有一些贸易路径。它们就是东印度公司于19世纪早期想要阻断和控制的。③

然而，曼尼普尔首领加辛（Jai Sing）退位后，他的儿子们就王位进行了长期的争夺。1798年，他的四子马吉特·辛（Marjeet Singh）获得了王权；

---

① J. B. 巴塔查尔吉（J. B. Bhattacharjee）《英国统治下的察查王国》（*Cachar under British Rule*），第21页。

② R. B. 彭伯顿（R. B. Pemberton）《彭伯顿报告》（*The Pemberton Report*），第22、28-40页提及1762年9月14日签订的英国与曼尼普尔邦的条约。

③ 同上，第22-24页；B. 杨（B. Yang）《马匹、白银和宝贝》（*Horses, Silver and Cowries*），第289页。

1812年，与缅甸建立了密切的关系；1818年，在缅甸军队的协助下，入侵察查。但是他对察查的控制力依然薄弱，并且土地被4位曼尼普尔王子瓜分。第二年，马吉特·辛拒绝在新王即位礼时访问阿瓦。对这一王国有更强控制力的缅甸人也离弃他。① 东印度公司选择保持低调，只阻止缅甸人将察查变为其今后攻击孟加拉的一个基地。当时，他们的注意力在挺进孟加拉湾（the Bay of Bengal）舒帕雷岛（the island of Shuparee）和阿拉干的缅甸军队行进同时，东印度公司对东孟加拉北部领地的合并在财税管理的框架下进行。这成为锡尔赫特地方官亨利·摩尔（Henry Moore）的职责，将锡尔赫特镇东边和达拉苏里河西边的土地合并于一个区域。虽然察查声称这些土地中的一部分属于察查，但是东印度公司显然坚定地反对承认这一主张。孟加拉政府通过法律审判权达到他们的目的。政府打算对"正确及确定的"主张进行金钱形式的适当补偿。但是马吉特·辛拒绝进入任何这样的法律程序。另外，摩尔对于哪一位察查国王拥有达拉苏里河西边的土地这一问题产生疑虑。更重要的是，他指出，这一地区拥有"原始所有权所有者，我的意思是，那些被察查人逐出该地的人们，以及那些持有清理荒地，进行开垦的单一权利的人们"。②

摩尔对于被赶出的土地所有者的看法为这些土地的处置提供了一个重要的背景。税收是用来稳定地支持战争支出和增强对被征服地区人民的控制的。所以，在领地上建立政治和法律的控制都很重要。并且没有一个察查首领对达拉苏里河西边的土地的权益可以被认可。所以摩尔认为，即使他们现在在这片土地上耕种，他们不是第一批开垦荒地的人。他找到了被察查人（Cachari）入侵夺走财产的"初始"所有者，并且东印度公司也专程澄明事情。

对于任何人来说，达拉苏里河过去看起来并没有现在那么"天然"，但是对于英国人来说，它是一条在战争中具有重要意义的河流。它在加廷戈河（Jaitinga River）北段与苏尔马河交汇点的几英里处流入苏尔马河。这是一个军事战略重地。在这里，孟加拉平原的河流通过北察查（Cachar）的低山，经过东滕西里山谷（the eastern Dhansiri valley）或者西亚穆纳及科皮利河

---

① J. B. 巴塔查尔吉（J. B. Bhattacharjee）《英国统治下的察查王国》（*Cachar under British Rule*），第23、29-30页。
② 印度事务部图书馆（IOL），孟加拉政府，税收部门（RD），保存于3.7.1823，第11条；19.6.1823，"在处理1823年6月19日日期之下国会司法部门尊敬的总督目录中提取。福特·威廉（Fort William）写给司法部门政府首席秘书W. B. 贝利骑士（W. B. BayleyEsqr.）的信"，第4页。

(the western Jamuna and Kopili rivers），将苏尔马河与阿萨姆邦的布拉马普特拉河阿萨姆连接起来。这是一条和平时期的贸易路线，却成了战争时期缅甸援军进入的路线。仅在摩尔财税报告之后半年，英国和缅甸的军队就在这苏尔马河、加廷戈河和达拉苏里河的交界短兵相接。在这个平原与山地交汇之地，财税人员的工作超越了英国部队。①

　　他们论据所使用的术语来自于所有权的原则。当摩尔认为在察查存在原始所有者以及清理废地的人时，它依赖两条基本原则。证明远古时的所有权或者找出第一个将土地作为生产用途——开垦的人，意味着他们拥有对这片土地的继承权。这些是公法保护的权利。但是原始所有权很难被证明，并且，就如我们所知道的，声称发现了原始所有者可以用于反对某人对所有权的主张。这也是马吉特·辛的请愿不被受理的依据。但是这种小范围调查使摩尔得出更简单的解决方式。为了回避处理如洪水一般涌来的所有权主张请求，他认为东印度公司应该只与"实际占有"的人谈论土地的处置问题。其他人则需要到民事法庭递交有关其土地所有权的诉状。这一建议立即得到政府的审批。② 这一解决土地权利的方法反映出处置的仓促及避免触及当地复杂现实的愿望。曼恩（Mann）于19世纪20年代初在西北地区遇到复杂的本地现实。但是曼恩在其研究中描述的随意性却不能代表东孟加拉北部的情况。③

　　"废地"（waste）这个术语接着成为土地税赋3个等级分类0中最难处理的问题。使用"废地"这一词汇时，它预示着有人（一个国家、公司或个人）具有对此土地所有权合理的主张，但是却没有将其投入生产使用中。无论同时有几百人在以开始屯垦、放牧或者集会地点的方式使用此地，这块土地对其所有者依然是无用的。在第一次土地处置中，森林（jungla）被定义为废地。当锡尔赫特税收员们于19世纪20年代再次勘测调查此地时，他们发

---

① 印度事务部图书馆（IOL），欧洲手稿（MMS Eur）《约翰·亚当藏品》（John Adam Collection），第36条，"1824年报至保密部门的信息，东北边境上将总督的情报人员，1824年1月31日，总督情报员大卫·斯考特在布杜尔泊尔军营给政府政治部秘书乔治·斯温顿阁下的信"（Communications to the Secret Department, 1824, Agent of the Governor General N. E. Frontier, 31.1.1824, To George Swinton, Esquire, Secretary to Govt. in thePolitical Department, from David Scott, Agent to the Governor General, Camp Buddurpore'），第2-4页。

② 印度事务部图书馆（IOL），孟加拉政府，税收部门（RD），保存于3.7.1823，第11条，19.6.1823，"在处理1823年6月19日日期之下国会司法部门尊敬的总督目录中提取。福特·威廉（Fort William）写给司法部门政府首席秘书W. B. 贝利骑士（W. B. Bayley Esqr.）的信"，第3-4页；以及总督的命令。

③ M. 曼恩（M. Mann）《永久的处置》（A Permanent Settlement），第250、255-258页。

现几乎所有被划为废地的土地,甚至其重要部分,在那之后都被开垦使用。即便被重新开垦,永久性原则阻碍了土地的重估,因为对土地持有者的要求依然没有增加。所以为了重新解读10年一次的结算处置方案及其中的分类,使森林和废地也能被征税,1823年的再处置可以被视为一次煞费苦心的努力。①

财税会计查尔斯·塔克(Charles Tucker)带着这样的愿望首次定论。即使10年一次的处置结算缺乏很多个体土地持有者的信息,也不能否定,只有被划归为耕作用地的土地才能被估定税赋。但从这一观察,他进而假设,19世纪初的财税官员约翰·威利斯(John Willis),应该可以与那些开垦估定剩下余地的人们订立租约。这样"原始地产"就会更多。塔克因而认为这是土地持有者对政府也可向丛莽荒林地带收取税收默许的凭证。然而,因为没有文件证据而直接跳到结论并不合法,他继续在土地持有者契约的本质上下功夫。结果,评估的本质精神……限制了他们对这些耕地的权益。②

1823年,1790—1791年文件遗失的问题激化,使塔克被迫解释依据第一次处置之后土地所有者的行为及导向,来确定他们是否具有不为开垦了的莽荒林地交税的依据。通过暧昧地优先选择自己的方式,发现具有永久处置性的契约,以及将新地开垦的租约,他认为政府没有理由不估定被开垦的废地的税赋。这样的租约早在1800年,作为莽荒林地开垦地所有权证(jungle abadee pattas)或者森林开垦地土地证(forest cultivation land-deeds)就被提出。它们就像一个将税收分类莽荒林地(废地)[jungle (waste)]和开垦耕地[abadee (cultivated)]谨慎混合的概念。这是税收员在甚至被10年处置结算阻碍的情况下,将莽荒林地列入估定的方法。然而,财税厅从不曾真正

---

① 请参看波尔雅区域(Pergunna Beryah)的例子,那里97%的土地被划为废地,以及土鲍弗区域的例子,那么82%的土地在"废地"的分类中。印度事务部图书馆(IOL),孟加拉政府,税收部门(RD),保存12.10.1830,第5条;保存于44,第1条,"行使第二身份的分分秒秒"(Minute of the officiating Second Member),第31页;印度事务部图书馆(IOL),孟加拉政府,财税厅(BR),保存于4.2.1820,第49条,"锡尔赫特区域执行税收员 J. P. 沃德写给政府秘书 G. 沃尔德的信",(To G. Warde, Secretary to Government, From J. P. Ward, Acting Collector of Sylhet),第1页;印度事务部图书馆(IOL),孟加拉政府,税收部门(RD),保存于18.9.1823,第7条;"理查德·亨特秘书写给财税收入较低地区财税部门执行秘书福特·威廉姆的信"(To the Secretary to the Board of Revenue, Lower Provinces, Fort William, from Richard Hunter, Secretary),第9页。

② 印度事务部图书馆(IOL),孟加拉政府,税收部门(RD),保存于18.9.1823,第7条;5.9.1823,"理查德·亨特秘书写给财税收入较低地区财税部门执行秘书福特·威廉姆的信"(To the Secretary to the Board of Revenue, Lower Provinces, Fort William, from Richard Hunter, Secretary),第21-22页(斜体的部分)。

地感兴趣。他们通知税收员，他们只在土地所有者提交的时候，才会考虑这样的所有权证。因此财税厅认为所有者在土地上的权益被授予了土地持有者，而从土地获取财税的权力被予以政府。这是两件"极不相同的事情"，也不应被混淆。官方在废地（waste）和"莽荒林地"（jungle）这两个词汇上所做的文章，反映了所有权的含糊和在东孟加拉此类权利的不确切使用。同时它还以一种有趣的方式，反映了英国圈地运动中财产的转换。在东孟加拉北部，如果特定地块为森林（forest），那么，它可以被土地持有者或者个体所有，但如果它是废地（waste），随即表明其政府或公共所有的身份，然而后一个术语似乎经过一段时间才出现。在10年一次的处置结算中，一个地产可能会包括财税的所有三种等级分类，之后的重估不再质疑任何地产的土地总量（只会怀疑耕种用地的数量被虚报保低）。只有在政府蓄意增加其影响力的广袤土地——森林，才会出现变化。

　　早期报告中的土地税赋收取者，在文件中被视为土地持有者，更像前圈地运动时代的英国地主。他们同样在其地产中持有公地。但是一份1830年财税厅成员的会议记录解释了，政府当时如何以控制"废地"，或者也许我们应该说"公地"为目标而运作。对比锡尔赫特土地税赋收取者的权益来说，那些森林占地的权益依然称为"待定权益"（yet undetermined rights）。查尔斯·塔克1823年处置结算的准确性被质疑。人们认为，他对废地的处置只涉及靠近耕作用地的一小部分免租废地，而非大量未开垦的森林。最终，这种处置方式被认为基于，对10年一次处置结算性质的误解，而塔克可以不用为此负责。1830年的那份会议记录坚决主张，事实上，那片区域的废地早在1791年的10年处置中完全成为政府财产。这一决定对所有山下的潜在耕地，及在王国当局和独立邦统治下生活的人民所占的土地，都具有重要影响。当东印度公司部队与缅甸军队对抗，沿苏尔马河及巴拉克河（Barak）挺进时，他们贪婪地觊觎河流北面的肥沃低地——那7个属于贾因蒂亚（Jaintia）王国的流域（the Seven Reaches）。①

---

① 印度事务部图书馆（IOL），孟加拉政府，税收部门（RD），保存于12.10.1830，第3条；19.9.1830，《财税督查菲舍中尉关于在锡尔赫特获得更多税收的范围与来源的备忘录》（*Memorandum respecting the extent and sources whence an increase of revenue may be derived in Sylhet by Lieutenant Fisher Revenue Surveyor*）；加拉政府，税收部门（RD），保存于12.10.1830，第5条；保存于44，第1条，"行使第二身份的分分秒秒"（Minute of the officiating Second Member），具体参看第5-6、8、13、31页。作为对比，也请参看G. 赛德罗夫（G. Cederlöf）《地貌景致与法律》（*Landscapes and the Law*），第121-125页。

双线作战

1823年，缅甸途径曼尼普尔对察查发动侵略。它和锡尔赫特的再勘测及马吉特·辛表达对失去达拉苏里河西边土地的抗议的请愿书，在时间上是同步的。东印度公司在东孟加拉北部财税推进和军事力量进驻的同步性，是整个地区东印度公司统治形成过程的特征。一方面，财税工作人员总赶在部队之前到达，而另一方面，征服过程中最重要的机构是部分隶属于军事部门建制的印度测量部门（the Survey of India）。

曼尼普尔、察查及贾因蒂亚承受双重压力。缅甸人在阿萨姆邦的强大控制力远至，可以轻易达到孟加拉平原的滕西里山谷（the Dhansiri valley）地区。他们强迫首领们承认附庸于阿瓦。英国人比起"大棒"来说，使用"胡萝卜"更多。他们提供抚恤金，建立收容所，指定地税收取者，并为这一切提供"保护"，派驻部队。同时，他们构筑法律压力，削弱皇室权威。与曼尼普尔及察查相比，贾因蒂亚王国因其内部凝聚力而相对保持领土完整。

1824年初的事件是这方面恰当的例子。那之前的几个月，缅甸部队已经开始翻越山岭从东边和北边同时进军察查。有传言估计他们的数量在3万到5万男丁（包括缅甸人、阿萨姆人和曼尼普尔人），但是随着部队逼近，情报报告上数字减少。东印度公司在将部队移师沿河往上的问题，遇到极大困难，但虽缺乏兵力，最终现代武器技术使英国比缅甸更有优势。王储首领的皇室身份及他们各自控制的力量不断变化，东印度公司也据此相应地重组其力量和策略。①

在阿萨姆邦的缅甸总指挥官给贾因蒂亚首领的一封信，给首领施加了压力。他在信中提到首领过去对阿萨姆邦的忠诚。当时，缅甸已经攻下了阿萨姆邦境内4个城市和包括贾因蒂亚在内的8个地区。指挥官提醒首领承认缅甸的统治，也命令他为其不臣服向指挥官做出解释。首领立即将此信函送给对首领发出最后警告的斯考特。贾因蒂亚首领被告知，如果他站在缅甸人一边，英国会将其看为敌人，但如果他将他的国家置于英国的保护下，他将会

---

① 印度事务部图书馆（IOL），欧洲手稿（MMS Eur）《约翰·亚当藏品》（*John Adam Collection*），第36条，"政府秘书G. 斯温顿、福特·威廉姆写给孟加拉1824年报至保密部门的信息东北边境上将总督的情报人员D. 斯考特的信"（To D. Scott, Esquire, Agent to the Governor General on the N. E. Frontier, Bengal, from G. Swinton, Secretary to the Govt., Fort William），第3-6页。

得到支援。首领随后选择臣服于英国,一小队英国特遣队被派遣增援他的部队。①

作为部分达至不战的努力,两个条约被签订:一个与贾因蒂亚首领签订;另一个与戈文德·钱德拉(Govind Chandra)签订,确认战后恢复其察查首领的职位。在1824年春季之后的4天,贾因蒂亚和察查都置于了英国的保护之下。通过条约,公司被委任处理所有的国家外部事务,并且如果发现权力"滥用",他们获许干涉这些国家的内政。这两个条约很相像,但又有两点不同。贾因蒂亚承诺当布拉马普特拉河东侧发生战争时出兵参战,而两国中实力较弱的察查则需要每年支付1万新铸卢比(sicca rupees)作为保护费。如果后者没有支付这些费用,那么东印度公司有权将其领地与其他有能力缴纳费用的领地合并。两者均同意保留锡尔赫特区域的司法部、鸦片部和食盐部。

因为察查战后变为废墟,无力支付献金,东印度公司需要决定何时合并他们的领地。虽然公司在战后的几年没有随即要求察查支付献金——斯考特(Scott)认为献金数量远远超过了察查的支付能力——他们将这一条约移作他用。例如,1827年察查没有支付献金,而是建造了一条从平原地带,经由察查通往曼尼普尔的路。这样,这一条约将察查的领土和政体都放置于1824年就存在的威胁之下。这些条约可以被视为一个信号,一方面,是东印度公司无能力和兴趣插手国家内政的信号,而另一方面,也表现了他们在更大政治和经济背景下控制这些邦国的决心。司法部准备在条约上与贾因蒂亚王国进行更大的游戏。他们认为,是时候掌控苏尔马河北侧平原的7个流域了。但是斯考特反对,认为所要控制的7个流域的土地价值,也只等于一半察查领地的价值。而他进一步指出,贾因蒂亚的土地,是根据将土地以劳动报酬的形式分给个人的,没有任何金钱付费能够使人们与土地分离。②

察查战争的强度依据季节不同而不同。像苏尔马河那样的大河,冬天士兵可以涉水而过,也可以乘船经过,而夏天雨季时就不能这样。比较而言,小的季节性河流只能在雨季用于交通运输。比起在战斗中的伤亡,部队因翻

---

① 匿名《缅甸战争(9月份)》[*The Burmese War (September)*],第324页。

② 匿名《条约、契约及地契集》(*A Collection of Treatie, Engagements and Sunnuds*),第XIV、XVI页。也请参看印度事务部图书馆(IOL),欧洲手稿(MMS Eur)《约翰·亚当藏品》(*John Adam Collection*),第36条,"总督情报员大卫·斯考特给政府政治部秘书乔治·斯温顿阁下的信"(To G. Swinton Esquire, Secretary to Government in the Secret and Political Dept. Fort William, from David Scott, A-gent to the Governor General, Sylhet),第2—8、10页及J. B. 巴塔查尔吉(J. B. Bhattacharjee)《英国统治下的察查王国》(*Cachar under British Rule*),第44页。

越高山或者因疾病及缺乏补给伤亡的数量更大。对于任何进入察查的军队而言，缺乏补给都是一个不可逾越的困难。斯考特认为，缅甸军队的困境是由其赶走察查一半人口，及后来奴役余民造成的。但是不重视细节周密的准备，东印度公司无法找到为其部队提供足够食物的方式。大象是运送谷物最好的劳动力，但是它们甚至不能为自己驼载足够的饲料，更不要提额外为士兵们运送足够的谷物。①

1824年秋季，英国援军到了。有3队带有步兵团和7艘炮艇，1队带有3艘炮艇和2个带大炮的军团被派到前线。缅甸部队退到曼尼普尔和缅甸。察查花了很长时间才从战争的疮痍之中恢复。食物缺乏使察查大部地区荒凉。这一国家的资源也几乎耗尽。

察查的战争结束后，在阿萨姆邦、阿拉干和缅甸南部，武装冲突依旧持续了一年半。但是从1824或1825年冬季开始，缅甸撤退，最终于1826年在延达布条约（the treaty of Yandabo）上屈服。东印度公司将阿拉干和丹那沙林（Tenasserim）纳入自己的领地。缅甸被禁止再次进入曼尼普尔和阿萨姆邦。②

1835年，战争过后大概10年，距离林赛在锡尔赫特的第一次处置大约半个世纪，董事会认为，当时在东印度公司管理下的察查，虽然依然人口稀少，税收极少，但看起来颇具有价值的良好前景。但察查要达到东印度公司的财税期望仍需要更长时间。③

战争结束时，距离东印度公司第一次建立边界线，于司法上在东孟加拉北部划立公司领地，已经过去大概40年。接下去的几十年，各种各样财经的、军事的以及商业的边界线被设立。其中很多并没有考虑政治主体双方可接受性的界限，只是反映局部所有权主张的制图产物。相反，因土地划分和勘测调查而产生的财税"边界线"欠缺合法性和弹性。大量土地关系、财税系统及气候的重要影响，不能以相似和集中的财税观念来处理。这导致官僚制度统治的建制缓慢不均。

---

① 1825年6月，缅甸部队离开曼尼普尔（Manipur）之后，甘比尔·辛（Gambir Sing）带领500男丁建立一个防御。但是因事物缺乏，甘比尔·辛（Gambir Sing）很快回到了察查（Cachar），留下300男丁。他们没有等来丰收，几乎全被饿死。参看匿名《缅甸战争（十月）》[The Burmese War (October)]，第414页及匿名《缅甸战争（十一月）》[The Burmese War (November)]，第549-551、554-555、557页。

② 匿名《缅甸战争（十一月）》[The Burmese War (November)]，第555页。

③ 西孟加拉国家档案馆（West Bengal State Archives），财税厅（Board of Revenue），1835年6月6日裁定书，第22号，"政治部任职的董事会成员于1834年3月12日发送的急件梗概"（Extract from a dispatch of the Hon. Court of Directors, in the Political Department, under the date 3.12.1834），第71页。

然而，殖民统治进入的方式，使缴交税收的土地持有者，成为在当地社会中深化政府管控的重要一环。这使政体的基础置于臣民形成过程中日渐重要的财经关系。这一关系以其他关系，如商业关系，无法达到的方式与空间和领土相连。英缅战争（The Anglo-Burmese War）将事情带向一个方向：自治邦国必须与这两个重要势力中的一个结盟。19 世纪 20 年代条约的签订，很长时间优先考虑一些早期的协议。这些协议是关于东印度公司和一些邦国之间特许费及商业利益保护方面的协议。之后，条约与日益增强的殖民统治本质，越来越紧密相连。随之而来的是大量的后续条约。这一方面的研究不在本文范围内。这里所要关注的要点是这些条约逻辑中传达的各种臣服身份（subjecthood）。它们为孟加拉一个政府双重政体的形成铺就道路。就更长远的角度来看，我们或许也能明白，山地-平原区分开始形成的方式。这一分野，之后渐渐在政体、民族性及所谓公民资格的方面，具有不同的表达。

参考文献

主要来源（Primary Sources）

1. 印度国家档案馆［National Archives of India（NAI）］
   印度测量部门（Survey of India）
2. 孟加拉国家档案馆（Bangladesh National Archives）
   锡尔赫特区域的记录（Sylhet District Records）
3. 西孟加拉国家档案馆（West Bengal State Archives）
   财税厅（Board of Revenue）
4. 印度事务部图书馆［India Office Library（IOL）］
   财税厅［Board of Revenue（BR）］
   财税部门［Revenue Department（RD）］
   欧洲手稿［EuropeanManuscripts（MMS Eur）］
   弗朗西斯·汉密尔顿·布坎南藏品（Francis Hamilton Buchanan Collection）
   约翰·亚当藏品（John Adam Collection）

次级来源（SecondarySources）

Anonymous. The Burmese War: Memoirs of Operations on the Silhet FrontierintheYear 1824, Asiatic Journaland Monthly Register. Vol. 24（September）, 1827, pp. 319 – 25. The Burmese War: Memoirs of Operations on the Silhet Frontier in theYear 1824, Asiatic Journal and Monthly Register for British India and

Its Dependencies. Vol. 24 (October), 1827, pp. 413 – 18. The Burmese War: Memoirs of Operations on the Silhet Frontier in the Year 1824, Asiatic Journal and Monthly Register. Vol. 24 (November), 1827, pp. 549–57. A Collection of Treaties, Engagements, and Sunnuds, Relating to India and Neighbouring Countries. Vol. 1 Containing the Treaties, &c., Relating to Bengal, Burmah, and the Eastern Archipelago, Calcutta, 1862.

Bayly, C. A. Rulers, Townsmen, and Bazaars. North Indian Society in the Age of British Expansion, 1770 – 1870. 1st ed, Cambridge South Asian Studies, 28, Cambridge Cambridge shire, New York, 1983.

Bhattacharjee, J. B. Cacharunder British Rule, New Delhi, 1977.

Cederlöf, Gunnel. Landscapes and the Law. Environmental Politics, Regional Histories, and Contests over Nature, New Delhi, 2008.

Eaton, Richard Maxwell. The Rise of Islamand the Bengal Frontier, 1204–1760, Comparative Studies on Muslim Societies, 17, Berkeley, 1993.

Grove, Richard. The Great ElNinoof 1789–93 and Its Global Consequences: Reconstructing an Extreme Climate Event in World Environmental History, Medieval History Journal, Vol. 10 (1&2), 2007, pp. 75–98.

Guha, Ranajit. A Rule of Property for Bengal. An Essay on the Idea of Permanent Settlement. Vol. 1 (19), Le Monde D'outre-Mer, Paris, 1963.

Islam, Sirajul. ed. History of Bangladesh. 3Vols, Dhaka, 1992.

Ludden, David E., The First Boundary of Bangladeshon Sylhet's Northern Frontiers, Journal of the Asiatic Society of Bangladesh. Vol. 48 (1), 2003, pp. 1–54.

Mann, Michael. A Permanent Settlement for the Ceded and Conquered Provinces. Revenue Administration in North India, 1801–1833, Indian Economic and Social History Review, Vol. 32 (2), 1995, pp. 245–69.

Marshall, P. J. Parliament and Property Rights in the Late Eighteenth-Century British Empire, in J. Brewer and S. Staves, eds. Early Modern Conceptions of Property, London, New York, 1996, pp. 530–44.

Metcalf, Thomas. R. Land, Landlords and the British Raj. Northern Indiain the Nineteenth Century, Berkeley, CA, 1979.

Mukherjee, Radhakamal. The Changing Face of Bengal. A Study in Riverine Economy, Calcutta University Readership Lectures, Kolkata, 2009 (1937).

Parathasarathi, Prasannan. Merchants and the Rise of Colonialism, in Seema Alavi, ed., The Eighteenth Century in India, New Delhi, 2002, pp. 199-224.

Pemberton, R. Boilean. The Pemberton Report, 1835.

Rennell, James. A BengalAtlas: Containing Maps of the Theatre of War and Commerce on That Side of Hindoostan, London, 1781.

Roy, Jyotirmoy. History of Manipur, Calcutta, 1958.

White, W. A Political History of the Extra ordinary Events Which Led to the Burmese War, London, 1827.

Wilson, Jon. Anxieties of Distance: Codification in Early Colonial Bengal, Modern Intellectual History, Vol. 4 (1), 2007, pp. 7-23.

Yang, Bin. Horses, Silver, and Cowries: Yunnan in Global Perspective, Journal of World History, Vol. 15 (3), 2004, pp. 281-322.

"我们的脊梁是铁打的"[①]

——加姆尔里妇女运动的政治生态学

澳大利亚阿德莱德大学人类学系　Georgina Drew[②]　著
国际救助儿童会　左　涛　译

摘　要：2000年的下半年，印度北阿坎德邦（Uttarakhand）的加姆尔里（Garhwali）的喜马拉雅山地区，出现了一系列反对在圣境恒河的一条支流上修建水电站大坝的社会运动。抗议活动中，男人通常以高姿态扮演领导的角色，而来自不同社会经济背景的妇女，则形成了参与会议、集会和讨论的绝对基础。本文拟从参与事件和半结构式访谈，探寻关于妇女对自身参与抗议活动的不同动因的解释。本人反对本质主义的理论框架，因而运用女性主义政治生态学的方法，来说明性别化的动态归因于历史、文化、宗教和政治经济的影响。本文通过基于实践和权力的差异化分析，定位加姆尔里的妇女在应对发展带来的挑战中的角色，这将为性别人类学、环境人类学和社会运动人类学的研究提供帮助。

关键词：性别和环境　政治生态学　社会运动　水电开发　恒河　印度加姆尔

在被印度教信徒尊为活女神的印度恒河上游开发水电项目是极具争议的。2006年至2010年，拟于帕吉勒提（Bhagirathi）支流［或"帕吉勒提恒河"（Bhagirathi Ganga）］上初步建设的3个新的水坝，引发了激烈的争论和社会运动。虽然有人认为，地区性就业和电力供应是有需求的，但这些由"径流式"[③]水坝所造成的破坏，遭到了一系列人士的反对，担心将圣水由河床引入山间的长隧道，会破坏生态的完整性，并对文化和宗教产生影响。为了阻止这些项目，并防止河流流量下降，社会运动者持续5年对地区政府和中央政府施加压力。作为对抗议的回应，印度政府于2010年8月26日停止了这些大

[①] 原文出处：Drew, Georgina. 2014. Our bones are made of iron: the political ecology of Garhwali women's activism. *The Australian Journal of Anthropology* 25 (3): 287-303.

[②] 作者简介：Georgina Drew，澳大利亚阿德莱德大学人类学系讲师。南亚水利研究新秀，与云南民族大学有水利合作研究。

[③] 修建径流式水电站需要为引流河水打钻和爆破来形成隧道。

坝的建设。消息一经传出，地区政府随即决定，河流初始的125公里区域，即从冰川源头开始至乌塔卡西（Uttarkashi）的区首府，将成为"生态敏感带"，以后也不会建设任何项目。

这是反对大坝建设的里程碑式的成就，它标志着与以往不惜任何代价的发展方式的割裂。

报纸的头条称，做出这一决定，部分取决于印度宗教领袖和知名社会运动人士的要求。① 特别强调了一名退休于坎普尔（Kanpur）的名校——印度理工学院——的教授阿加瓦尔（G. D. Agarwal）博士的努力。2008年至2010年，他进行了数次"绝食"（bhukh hartal）抗议活动，以宗教的方式捍卫河流的自由流淌。虽然这些抗议确实引起了全国对恒河水电开发问题的重视，但是我在河流沿岸的研究调查所记录的加姆尔（Garhwal）喜马拉雅山区少数民族的民众组织的参与同样至关重要。这些"当地的"社会活动家牺牲了时间、金钱和社会资本，对抗他（她）们认为将威胁到百姓生计，以及与河流息息相关的文化宗教的延续性的有害项目。由于他们在阿加瓦尔（G. D. Agarwal）博士绝食之前和同期，区域性地参与反对项目，使得博士的抗议方式产生了与他（她）们的抗议活动同样的效果。从以往的经验来看，若非某种程度上来自"山里人"（pahari log）的支持，新德里的活动不会如此见效。与印度喜马拉雅山麓西北部的西藏自治区相邻的加姆尔（Garhwal），极富反抗主流力量的案例，我将在文章中进行探讨。妇女的参与在反对沿帕吉勒提恒河建坝活动和其他这些案例中的一样，具有突出作用。

除了20世纪70年代著名的"抱树运动"（Chipko Andolan），很少有学者从性别敏感的角度，强调和解释妇女在加姆尔里社会运动中的作用。为了研讨并弥补这一缺憾，此文运用政治生态学的理论，说明加姆尔里妇女在过去和当代社会运动中的角色变化。同时，我承认"妇女"是一个异质群体，因此她们的关注点、实践和运动参与的模式亦有差异。事实上，正如我所指出的，城乡接合部的妇女与农村妇女可能源于不同的动机来参加社会运动。换言之，社会经济背景的差异以及不同的地理位置，将影响妇女在多大程度上能够参与活动，即所谓的"社会运动"。即便有这些前提，仍然值得一问：为什么如此多的山区妇女参与社会运动，更具体地说，是什么原因驱使她们参加反建坝运动？

---

① 参见《印度斯坦时报》2010年8月21日的一篇文章《压力之下，政府废坝》http://www.hindustantimes.com/Under-pressure-govt-scraps-dam/Article1-589633.aspx，2010年8月28日。

为了从性别维度了解保卫帕吉勒提恒河（Bhagirathi Ganga）上最后一条自由流淌的支流的社会运动，自2008年至2009年，我在加姆尔的喜马拉雅山区进行了田野调查。我的研究是基于已有的对喜马拉雅的资源冲突，以及对恒河（错误）管理的社会文化影响的研究文献基础之上，包括反对印度平原上河流支流的污染的探讨。（Ahmed, 1995; Alley, 2002; Haberman, 2006）我的民族志研究着重对生计的考虑，日常实践以及人与自然的情感联系。我还特别对加姆尔里妇女与恒河的关系，及其对河流延续性的关注感兴趣。在日渐增多的水坝和上游冰川融化的背景下，着重妇女用于强调生态变化对日常生活带来的社会文化维度的影响的担忧和认知。

历次运动中的大多数——关于妇女社会运动的故事和假设

最初，我的研究兴趣并不包括山区妇女参加反建坝的社会运动的动机，以及这如何有别于男性对此问题的不同表述。在初步调研后，我的兴趣开始随着田野调查的深入而与日俱增，直至研究的重点完全改变。随着对大量反对沿帕吉勒提恒河（Bhagirathi Ganga）的发展项目所做的努力的收集，我发现虽然男性经常领导抗议活动，但女性才是山区会议、集会和议会的最主要参与者。

妇女积极参与反建坝运动的案例数不胜数，但有一例格外引人瞩目。2008年2月，在我开始调研之前的几个月，抗议以游行的形式，从恒河的冰川源头走到首都新德里，大约450公里的距离。我收集的逸事中，有一位印度讲经人（kathawala）以戈帕尔尼（Gopal Manni）的名义带领集会，保护河流自由流淌以及依赖于水的神圣的印度教精神的修行。他带领约5000人的游行队伍，其中绝大多数是女性[①]，历时3周游行（一种称为padyatra的策略）到首都，以反对帕吉勒提恒河（Bhagirathi Ganga）上修建水坝。再现这次运动时，我得知当游行的队伍经过村庄，妇女们舍弃了自己的田地和家庭，把自家种的大米和麦子塞到麻袋或是纱丽（Saris，印度妇女的传统服装）中，带着就出发了。这种对女性的自我牺牲的描述，强调了妇女保卫神圣的恒河奉献精神。

当我访问游行的领袖时，我问他为什么这么多的妇女参与其中。答案对他来说似乎显而易见，但他还是向我解释了河流的基本元素或瓦塔瓦（tattva）是如何传递给沿河而居的妇女的。"她们住在恒河边，"他说，"当风

---

① 在2008年8月10日对戈帕尔尼的采访中，他回忆说，游行人群中的95%是妇女。

吹过河面，轻抚她们时，她们的情感变得像恒河。她们是联系在一起的。在每根毛发中，在她们的血液，在每个毛孔里。"由此，他得出结论："她们和恒河之间不分彼此。"这种论点使我困惑，我问道，这与妇女的社会运动有什么关系。看我仍不理解，他重复说道，妇女与河流是命运共同体，因此她们认为自己与河流共存亡。"这很自然，"他补充说，"这是她们的爱。"

虽然这种解释最初给我的印象是本质主义，但我后来认为，他的论点可能隐含更多的语意。强调妇女在物理空间上接近河流，讲经人指出了女性在区域内的地理位置——大多数农村妇女（与男人不同）的一生都只在自己的村庄和森林之间往返。他也承认除了宗教原因，以经验来说，妇女关注河流是因为她们与其为邻，观察它，并通过水流确定自己的位置和状态。很多研究方法支持此观点，例如，检验身份和主体之间的亲密关系的社会实践理论。（Bourdieu，1977；Holland et al.，1998；Holland and Lave，2001，2009）

虽然我可以进一步用理论来支持讲经人的观点，但其他被访问者对于妇女们捍卫这条河的首要动机略有不同的理解。不同的回应构成了数据的重要部分，说明确定妇女关注和参与社会运动的动机并非易事。这也表明，实践理论虽然对于理解女性对诸如帕吉勒提恒河（Bhagirathi Ganga）这样的实体的了解是非常重要的，但政治生态学亦为理解她们关于资源斗争的变化提供了更多的价值。

妇女参与反建坝运动：不同的观点

实质性的转变发生在2009年2月。当时，我还在我的田野点——位于喜马拉雅乌塔卡西（Uttarkashi）县的一个五口之家的现代化两居室中，与妇女和其他参与运动者进行访谈。鉴于这是我第一次到女性社会运动人士拉迪卡（Radhika）（化名）的家中，访谈的全程有正式的茶和点心提供，取用茶点说明了对相互的尊重。一位我在非政府组织（NGO）工作期间的朋友兼前同事加入了我的访谈。

在甜奶茶啜饮间隙，我用印地语询问了听说到的社会运动传闻。我想了解拉迪卡和她的家人对那次游行至新德里的看法。参与者绝大多数是妇女吗？她们是否同意女性对河流的爱激发了她们的行动的观点？她们认同妇女组成了游行队伍的大多数，并与恒河有着情感上的共鸣的说法，但她们也提供了其他的假设。

第一个发言是拉迪卡的小儿子，20岁出头，也深入参与了反对游行。

"姐姐，"他主动提出，"妇女在北阿坎德邦（Uttarakhand）的每次成功的运动中都发挥了重要作用。例如，戈拉·德薇（Gaura Devi）（女）发起了抱树（Chipko）运动……无论什么运动，只要像北阿坎德邦运动那样成为状态，将近90%的支持者是妇女。"拉迪卡点点头，拍着胸脯骄傲地说："我们妇女！"受到鼓励的儿子重复着参与者的数量，并提到即使遭受暴力，这些妇女也依然坚持。"现在，如果有任何人与我们（反建坝者）站在一起，大多数一定是妇女。"当问及原因时，他猜想，山区妇女认为抗议运动在道义上是正确的，或用他的话说，是"神的工作"（bhagwan ka kaam）的一部分。"告诉她这个，"拉迪卡建议，"这里的女人都很单纯①……她们没怎么读过书也不知道怎么写，但她们尊重她们的古鲁（宗教领袖）的教导。"我的朋友和同事打断了拉迪卡，在提出他的见解之前，评论妇女参与反建坝运动是"遵从她们的宗教信仰"。他对比了女性的正直和所观察到的男性行为的不检点，他认为山区女性非常"诚实"，她们"听从自己内心的声音"。"男人，"他解释道，"早上他们谈论工作，晚上喝酒，然后就忘记了事情。"紧接着，话题就转移到了反对男性酗酒和倦怠的长篇演说。

谈话映射出了一些紧张情绪。然而对于历史上出现的女性社会运动是有共识的，她们积极参与过的努力被认为是参与近期活动的原因。妇女，换句话说，她们行动是因为她们之前参与过。即使努力远不止于此，但思考的逻辑并不清晰。这些有限的答案并没有局限于我的受访者，我将在下文列举学者们也仍在争论环保运动中的性别维度。当然，从每个人的观点来看，她们都试图有效解释女性的努力。拉迪卡和她的儿子认为，女性听从自己相信的（或者被教育相信的）正确的行动，即印度教中的教律（dharma）。

然而，这样的态度带来的困难是，他（她）们并没有将诸如抱树运动和北阿坎德邦（Uttarakhand）的独立运动中的妇女的参与考虑其中。虽然她们可能某种程度上受到宗教的影响而参与运动，但她们在捍卫帕吉勒提恒河（Bhagirathi Ganga）的运动中，并非完全被印度教文化遗产或习俗的平衡所影响。对于其他人，例如我的非政府组织的朋友，则认为妇女的行动是源于反对该地区的社会诟病——男性酗酒。而他的经历可能让他敏感地将问题的原因归结为酒精消费，但这无法说明某种程度上男性的参与，包括那些（当然不是所有）像妇女一样努力地白天在地里干活，在外务工，参与社会运动的

---

① 使用的词是seedhi。它可以被翻译成"单纯"或"诚实"。当我的朋友接拉迪卡的话时，用的是第二种翻译。

山区的男性。

本文试图对上述通过聚焦性别差异的日常行为以及跨越多个时间和数量的斗争,将对妇女参与加姆尔社会运动的一般性归纳进行复杂剖析。为了更好地了解妇女参与反建坝的特殊性,我将从分析她们既往的社会运动基础开始。虽然其中的一些运动都有翔实记录,但是关于妇女参与发展和保护的理论基础依然存在分歧。我将对这些不同观点进行概述,并对当代的抗争进行持续的理论性讨论。其次,我将引入实践理论和女性政治生态学,后者突出权力在人类和环境关系中的迂回变化(Peet and Watts,2001;Robbins,2001),以展示历史、文化、经济背景是如何影响女性沿河习俗和她们对保护其延续性的努力。

喜马拉雅加姆尔运动中的女性运动概况

加姆尔地区的环保运动主要与抱树运动的历史一脉相承。这一依然著名的反抗加姆尔喜马拉雅山区的商业伐木的努力,开始于被详细记录的,或有传奇色彩的运动:1974年,妇女紧抱大树来捍卫她们的森林。随着事件的进展,当伐木的合同工人进入瑞尼(Reni)村开始伐木时,男人都躲在很远的地方领取逾期赔偿——这被视为削弱抗议效果的原因。工人到达后,发现约有21位妇女准备誓死保护这些大树。随后对抗发生了,一个醉酒的工人用枪威胁女性领导人——戈拉·德薇(Gaura Devi)。"随即,"黑格(Haigh,1988)写道,"她露出她的胸膛,并怒斥他开火:'开枪啊,然后只有你可以砍这片对我们来说情同母女的森林。'"这个工人被吓到了,男性伐木工们离开了现场,从此抱树运动开始了。运动一直持续到20世纪80年代,直至反对运动形成,反对森林"保护"和相关的后抱树(post-Chipko)政策(Sarin,2001)。[①]

自第一次冲突,接踵而至的很多事件都被写入了抱树运动。但在学术方面,缺乏对性别动态和运动背后的政治的共识。对黑格(Haigh,1988)而言,这是人民运动在妇女解放中扮演重要的角色。席娃(Shiva,1988)认为,抱树运动是一项妇女捍卫女性自然的、却被男权社会所控制的生产力和创造力的女性运动。这种观点支持了"生态女性主义"的论证,在其更多的文化

---

① 诸如《森林水土保持法》等政策,通过制定附加条件限制村民利用森林资源,这激怒了许多人,包括Chipko积极分子。这造成了村民主导的保护区内的森林退化(Sarin,2001)。

特质中，将剥削女性身体与破坏自然①相提并论。古哈（Guha，1989）指出，抱树运动是反殖民的农民运动。然而，他同时指出，妇女通常在农村生活中发挥重要作用，此历史性的参与水平，可以帮助解释她们在当代社会运动中的参与。冉甘（Rangan，2000）在解读抱树运动和其他故事中关于喜马拉雅山区生活的"神话"时认为，村民——男人和女人——坚持不同的地域权利并自主决定利用森林资源。林肯巴赫（Linkenbach，2007）持有类似观点，并深刻检验了村民为何以及如何认为那些利用运动的影响力来为自己谋取私利的人的背叛。尽管关于抱树运动和女性角色的重要程度及重要性存在意见分歧，但各种观点都认同她们的高度参与。

继抱树运动20年后，试图摆脱北方邦（Uttar Pradesh）及印度平原的首都的运动中，再次看到了山区妇女的广泛参与。然而，在为独立抗争的运动中，赌注和人数均大于以往历次运动。90年代中期，事件进入历史性时期，渴望形成一个独立的以山区为中心的北阿坎德邦（Uttarakhand）的愿望，团结了加姆尔和古毛恩（Kumaon）地区的大量民众。虽然呼吁区域自治也许可以追溯至1947年印度从英国独立，但当国家颁布法令扩大保留其他落后种姓和部落（相当于平权行动）的数量时，大规模的反对者开始行动。在之前上等姓氏为主的山区，失业率很高②，这引发了无数的抗议，之后演变成大规模的运动。（Mawdsley，1997：2224）

当要求独立分治的抗议范围不断扩大时，之前就存在的关注环境保护和妇女权利问题也被纳入其中。后者呼吁对酒类销售的审查，因为通常是掌握家庭财政大权的男人用有限的家庭预算来买酒，损害了妇女健康和儿童营养。除此以外，莫兹利（Mawdsley，1997：2224）认为，深层次的争论焦点是关于内部殖民主义的看法。憎恶感源于遥远的印度平原对山区的统治倾向以及猖獗的资源掠夺的结果。由于缺乏对山区人民的理解和对其需求的漠不关心，这些外来者被视为负面因素。

随着北阿坎德邦运动的发展，山区妇女的参与也在与日剧增。据参与了运动的甘地式活动家茹·贝恩（Radha Behn）所述，许多女性参与者表现出

---

① 文化生态女性主义不同于唯物生态女性主义。后者更多关注"双重辨证"的主导，以及人与人，人与自然的关系之间的从属关系。这些维度构成了"男性主导女性随从的不平等的物质关系"（Mellor，2000：111）。

② 当时，参与反抗的大约85%的人口是在北阿坎德邦（Uttarkhand）山上的上等种姓Brahims或Rajputs，另外2%-4%是其他下等种姓。根据政府保留计划，多数北阿坎德邦的青年在一些机会很少的地区，仅有半数的大学录取资格（Mawdsley，1997：2224）。

了惊人的毅力。她回忆说，有时男人放弃了反对派的立场，妇女却仍然坚持抗议的决心。在反对加姆尔的采矿和特赫里（Tehri）大坝的其他努力中，她指出："妇女有很大程度的参与……无论何处，妇女总在最前方。"①

莫兹利的研究同意这一看法。在一篇关于妇女在北阿坎德邦运动的文章中写道，妇女在每个层面都发挥了作用。她们的活动包括制定、领导和参加抗议及示威活动；提出理念的力量和方向；实施抗议行动（Mawdsley，2000）。尽管困难重重，工作仍在推进。做出重大贡献的加姆尔妇女除了要应对许多身体和时间上的局限，还肩负了主要的家庭和农活劳作。她们的努力也将她们置于危险之中，这是妇女及其家庭需要权衡的。

2000年，经过多年的奋斗，北阿坎德邦获得从北方邦（Uttar Pradesh）的独立。居民称，自独立以来，政府改善了基础设施，包括修建道路、学校和医院。但令人遗憾的是，许多政策仍然是精英为了下游中心城市提供货物和服务所制定的。

反对帕吉勒提恒河（Bhagirathi Ganga）上修建截流堤坝正是在此背景下应运而生。虽然北阿坎德邦将因此而获得12%的免费电力供应，但大多数电力将专门用于平原，而珍贵的河水将被穿过山脉引流至电站，为沿河居民留下很少的水资源。民族主义者利用恒河的神圣性，以及作为文化遗产的特点和地域的自豪感，激怒了宗教以及以河流获得必需的物质和精神需求的民众。因此，与抱树运动和北阿坎德邦运动一样，区域敏感和公平发展成为反对帕吉勒提恒河上建坝的一个关键因素。

性别与环境之间的关系：学术分析

以上内容除了总结该地区妇女长期参与社会运动，还强调以山区为中心发展的持续抗争。妇女和男人都参与了抗争，但程度不同。我意在论证这种不同程度的参与，是由两种截然不同的日常实践决定的，受到文化、宗教和社会经济，以及政治生态的影响。此观点是基于前人的研究，其中一些在喜马拉雅运动的历史中有所呈现。

---

① 2009年12月15日茹·贝恩（Radha Behn）在甘地和平基金会接受采访。茹·贝恩（Radha Behn）认为参与最多的"妇女"主要是文盲或半文盲的女人。她解释说："受过教育的妇女会考虑规则和规定以及关于她们行为的后果，例如被逮捕等。但农村妇女在田野和森林里干活，她们只认为森林和土地应该生存和被保护。"

90年代初期,比娜·阿加瓦尔(Bina Agarwal)的"女性环境主义",帮助推进性别和环境问题的讨论,同时超越了生态女性主义的局限。[①] 基于对喜马拉雅妇女的研究和评论,阿加瓦尔(Agarwal, 1994: 323-24)与其他很多学者一同,反对男性和女性具有与自然预设关系的观点。她认为,人对环境的认识,是基于对自然资源不同程度的可及性和依赖性,因为"自然"的知识是经验性的。在她的理论中,性别和阶级(包括种姓、种族)至关重要,以至于影响到劳动力、财产和权力的分配。她认为,这些因素塑造经验性的知识,与环境挑战相互作用或做出反应。在谈到妇女运动参与时,她解释说:

> 在强调贫穷的农民和部落妇女在生态运动中的作用时,我不会像一些女权主义的学者那样,认为妇女具有女性特有的敏感或认知的气质,或者妇女作为女性具有的某些特质使她们成为特别的,互动的而不是个人主义者,以及从整体上理解复杂的自然过程的真实性质。相反,我从贫穷的部落中的农村妇女(往往是整体的和互动的角度)的现实物质基础定位其视角——即在她们对自然资源的依赖和为生存的实际使用过程中获得的关于自然的知识,以及更广泛的定义人类在其社区的活动和思维方式的文化特质。(同上, 348-49)

几位学者在阿加瓦尔的女性主义的政治经济理论基础上进行讨论。讨论中值得注意的是来自女性主义政治生态学领域的理论贡献。在一本详细阐述了该方法的论文集中,罗切里奥(Rocheleau, 1996)等人认为,真实(而非想象)存在关于"自然"和环境的经验,责任和利益的性别差异,但这些差异不一定来自生物属性的不同。"而是,"他们认为,"来自生物和社会对性别的建构的社会解释,且因文化、阶级、种族和地域而异,并受到个人和社会的变化的影响"(Rocheleau et al., 1996: 3)。她们的理论基于女性主义对文化生态学、政治生态学、政治经济和地理学的影响,从而理解和阐释全球的环境和经济变化背景下的地域性的经验。全球经济变化所强调的与近期检验人类主体性在"重新想象"的政治生态中的格局的差别性研究产生共鸣(Biersack, 2006: 5),其同时探寻贯穿于所谓的"全球政治生态"中,不平

[①] 生态女性主义者引来了赞誉和批评。虽然生态女性主义者强调妇女与环境的关系,但少数几位学者在运用该方法时,被批评其对"妇女"的普遍化,以及浪漫妇女与自然的"自然"的关系(Baviskar, 1995)。

等的破坏环境的经济系统所带来的影响（Peet et al.，2011）。

此次讨论源于将女性主义引入政治生态学，同时承认在北阿坎德邦，妇女的物质斗争受到文化和宗教的影响。我发现这种方法有助于思考加姆尔的女性社会运动的一般性，以及沿帕吉勒提恒河（Bhagirathi Ganga）中的特殊性，因为她们承认，虽然定义人类对于资源的可及性和环境的敏感性的权力有几个方面的考量因素，但性别是一个极为重要且复杂的因素值得被关注。

也有学者不赞成这种说法。阿伦·阿格拉瓦（Arun Agrawal）对于环境性（environmentality）的研究，特别反对将性别作为唯一影响环境主体性（2005）的社会维度的观点。他的文章反对将"身份"和"社会类别"具化为性别、种姓、阶层等，因为他认为实践，诸如参与保护森林或森林管理委员会对环境主体的形成以及对环境的关注影响更大。他指出，"外在属性"如性别、种姓、阶层，并没有跨类别的隶属关系那样重要。（Agrawal，2005：163）在其著作《亲密政府》中，邻近北阿坎德邦加姆尔的库马翁（Kumaon）的森林议会，如何用环境条例的制度性机制，造就"环境主体"（environmental subjects）——一个"关心环境者"的术语的出现（Agrawal，2005：161-62）。认同库马翁的居民关于森林保护的信仰有所差别的前提下，他认为这些差异与日常参与监管的做法有关，而非其"种姓或性别在社会结构中的位置"（Agrawal，2005：163）。

虽然阿伦·阿格拉展示了对自然去中心化的管理可促进环境保护，但他对性别和阶级（种姓）的回避，忽略了社会差异在实践和经验中造成的性别差异，包括在可及性、融合性和制度等领域。在性别被列入环保举措的案例中，欧雷利（O'Reilly，2007）关于印度拉贾斯坦邦（Rajasthan）的例子说明，女性在机构中的出席也不能保证平等的参与、话语或其他。正如桑达尔（Sundar，2005）反驳阿格拉（Agrawal）的理论——阶层（和种姓）的差异亦如此。因此，海瑟薇（Hathaway，2005）建议，应强调结构的、财务的和物流的因素对人的行为及参与环保实践的影响和（或）抑制。

阿格拉立即反驳关于妇女天生比男性更关注环境的论述，认为持续探索性别作为影响环境的实践和主体性的社会性维度至关重要。其重要性源于，实践是我们表现出的内在的和生物属性的差异，这会影响我们的社会定位，包括我们"所处的"和对世界的部分认识（Haraway，1991）。这不是朝着"妇女"的理想化的转变。相反，目的是要认识到妇女感知和行动的特殊性，植根于她们发展的拥有对公共空间的内部和外部两种矛盾的洞察力，以及她们的"物质性的劳动"（Salleh，2009）和激励她们的行动和领导力的资源争夺。

帕吉勒提恒河运动的性别、实践和行动主义

在讨论日常和实践的表现时，对社会经济的立场和差异的检验至关重要。这回应了上文提到的桑达尔（Sunder）的评论，同时夏尔马（Sharma，2008）也强调重视妇女日常抗争的细节以及她们的主体性，以便更好地认识反抗以及大众动员背后微观政治语境。在反对加姆尔建坝的活动中，所有核心的妇女活动家都住在乌塔卡西（Uttarkashi）区首府，并不是巧合。虽然她们中许多人来自农村，但她们比周围农村地区的妇女享有更多的空闲时间。虽然她们经常忙于家务，甚至一些农活，但她们城乡接合部的地理位置允许她们比村里的妇女参加更多的会议和集会。个人因素也可能会影响行动的程度。几乎所有的行动领导者都是得到丈夫支持的中年妇女。

虽然主要的妇女运动者大多住在乌塔卡西镇，但支持集会和示威的基础，是来自居住在帕吉勒提恒河（Bhagirathi Ganga）沿岸或附近村庄的妇女。对于这些妇女中的大多数，经常出门参加小型会议和活动是不现实的。虽然当地的交通费对于山区以外的生活标准是能负担的，但对于许多妇女往返乌塔卡西（更不用说其他地点）的车票需要花 20—40 印度卢比（约合人民币 2—4 元）来说，是非常困难的。当游行沿着蜿蜒的山路前进时，时间对于起早贪黑的妇女来说，可能变成了更大的阻力。然而，出乎意料的是，妇女被动员参与更大的活动。在某些情况下，公共汽车运输由其他活动家或投资修建修行场所（精神静修中心）提供，用于阻止建坝。一些情况下，妇女自掏腰包，牺牲宝贵时间在她们的领地反对对河流的阻塞和操纵。

除了影响对运动的参与，妇女不同的社会经济和地理位置也会影响她们对沿帕吉勒提恒河的发展的种种担忧。当前文提到的社会活动家拉迪卡（Radhika）提及文盲妇女跟随她们印度教的宗教领袖的教导时，她间接指出她们在社会的地位，以及她们拥有的空余时间。虽然拉迪卡来自于村庄，记得农村生活的艰辛，她在城乡接合部的位置影响到她的日常实践。一位专职从事宗教而不再需要务农的妇女，她花了相当多的空余时间与其他妇女一起收集能够背诵祈祷歌，聆听讲经人的印度史诗。她注意到，背诵歌曲对恒河的赞美，引发了对河流关爱、同理心和爱（bhawana）①的情感，让妇女们觉

---

① 歌唱虔诚的诗（bhajan）唤起了人们精神上的感觉，并将参与者与崇拜的对象连接。拉迪卡（Radhika）曾在 2009 年 9 月 2 日，生活史采访时解释：“当我们诵经（bhajan）时，感觉就像恒河与我们在一起。”

得连接到了女神。根据我的观察,我看到的这些虔诚的歌词,将恒河视为最重要的印度教文化和精神实践的神圣实体,从而凸显出保护河流的重要意义,以及河流奉献者应尽的职责。

除了实践,是个人表达的倾诉以及恒河赋予的互为主体性的体验。在没有现代心理学工具的地方,恒河成了人类情感的载体;在她流淌的水域附近祈祷,妇女们想象女神在倾听,接收和传递她们的关切和愿望。事实上,我采访的反建坝运动中的每个女人,几乎都有至少一个沿着河岸变化的时刻,包括当恒河女神帮助消除她们的恐惧、忧虑或身体上的疼痛时。这些经验表明,恒河女神(Goddess Ganga)为生命注入意义,同时又被人类实践所建构其意义。① 这样的共生关系进一步帮助促进与河流的连接和关怀,并成为整个体系不可分割的一部分。

农村妇女有时确实会抽出时间倾听讲经人的印度教义,她们也会寻求恒河女神的安慰和情感的力量,但乡村妇女对河流的关切更多是通过对水流变化的直接观察,以及对该地域日益严重的水问题的体验。虽然乌塔卡西(Uttarkashi)享受恒河持续(尽管不稳定)的水流以及来自市政提供的自来水,但先前建造的上游项目,以及干涸的山泉让村里的妇女对新水坝可能引起潜在的生计影响,预先有了切肤之痛的体验。当生活乌塔卡西上游的女性反坝积极分子、村干部——禾木(Hemu)被问及水坝时,她在对文化宗教的内涵进行深入讲解之前,强调了生计问题和公平发展的需要。虽然她肯定水电项目能带来发展或维卡斯(vikas),她解释说:"这是一种伤害我们十倍的发展。"她列举了一系列由大坝建设已经造成的损害或维纳斯(vinas),包括:爆破、混乱的道路建设、砍伐森林、山体滑坡和消失的山泉。这让人们的生活更加困难,妇女尤其如此,因为这样减少了对重要的生活物资——水和木材的可用性和可及性。

禾木(Hemu)进一步断言,将水引出河床对生计的挑战没有任何帮助。提到恒河是山区人民"最伟大的文化遗产"时,她悲痛地说,印度教的生命周期(sanskar)中重要的生命仪式会随着河水流量的减少而面临的潜在中断。女性对水域仪式性地接触特别重要——作为一位好母亲和妻子,需要定期斋戒、祷告和为家庭幸福祈祷。与流动的恒河的联系,在这些仪式中起到决定性的作用,这样做时,这条河使得妇女对家人性别化的义务得以履行。更加

---

① 这联系了罗伊·拉帕波特(Roy Rappaport)的观点,博尔萨克(Biersack, 2006)重复道,生态学研究必须考虑"意义及原因,以及他们之间的关系的复杂动态"(7-8)。

重要的是，能够接近神圣的自由流淌的河水，吸引着游客和朝圣者前往山中，为该地区提供急需的收入。例如，在夏季，河边的众多旅馆和餐馆满是朝圣者。"他们来这里朝圣（tirth yatra）"，禾木指出，"不为别的什么。"这些都将失去，她警告说，如果河流受到影响。

讨论深入的基础是恒河的流动对女性至关重要这一政治经济背景中始终存在的问题。经济的政治性并非抽象，能通过身体感受，因为根据禾木的说法，生计的延续性依赖于山区妇女的力量。另一个女性朋友听了我们的谈话，插话道："妇女做所有的工作……男人只是吃饭和睡觉。"她强调加姆尔里的男人没有"智慧"，很少有人体恤村里的妇女生活的困难，她认为妇女感受这里的痛苦（shetre ka），所以主动保卫它——她们神圣的土地（dev bhoomi）——免受伤害。这并不容易做到，她说："因为妇女已经不堪重负，她们只有做完所有繁重家务才能加入运动。"①

农村妇女做了"所有的工作"的观点成了我田野工作的主线，我提出"脊梁假说"，因为很多人提到加姆尔里的妇女是该地区最强大的力量。这种观点无数次地出现在谈话和访谈以及文献中。如果不使用"脊梁"的英文，人们会用克哈地（ki haddi）或一些其他印地语的替代词。这一术语有时用来赞扬村里的妇女，有时是感叹艰苦的条件来定义她们的日常生活，有时作为一种定位妇女做出的通常由男性所做的贡献。在她们更加激愤的情形下，一些妇女回应她们正在忏悔的想法。② 在情绪好的时候——通常是休息时——她们会提及自己的成就。"如果不是我们，什么都做不成。"一位村民在做家务间隙休息时说。她拍打着臂膀强调说，加姆尔的妇女的骨头是铁打的。③

若男人未被描绘成相对妇女更低的生产能力（如上文提到的，由非政府组织朋友给出的评论），他们往往处于比女人更依赖现金经济的状态。这是有历史先例的。至少在19世纪，英国军队大量从加姆尔征集男性人口用来扩充军队，因而家庭和农活的工作负荷开始压向妇女。这迫使男人在他们的壮年期离开他们的村庄去赚取工资，导致"高度的女性参与"农业（Rawat，2002：299）。在乌塔卡西（Uttarkashi）服役的前军官在回忆录中写道，性别

---

① 2008年7月28日与禾木（Hemu）的访谈。
② 一位妇女说，因为加姆尔里（Garhwali）妇女像"驴"一样干活，她们一定在前世有极大罪孽，所以有如此艰难的化身。
③ 2009年4月23日与乌莎·德维（Usha Devi）的访谈。

失衡一直存留至 20 世纪后半期。在描述她们的困苦与男性面对压力做对比时,他解释说:

> 山区妇女是农业经济的脊梁。她们的一天从磨面开始,到村里的山泉中担水,捣米、挤牛奶、拾柴、割草、做饭、喂牛和养育子女。她们承担各种农活,如播种、除草、锄地、栽水稻、收割、脱粒和筛选。男性只犁地和做一些其他类似维修灌溉渠道或看管田地的事情。男性的迁移(也)将工作量和责任分摊给了妇女。(Kuksal,2007:252-253)

该评论印证了我在 2008 年至 2009 年的观察。在某些方面,由于期望和责任的变化,妇女们的生活显得更艰难了。早些时候,村里的妇女会由她们的子女协助料理家务,如今很多地方的父母为儿子,以及越来越多地为女儿优先考虑教育,这样孩子们今后就可以坐在办公室从事行政工作。虽然一些学者将农村的年龄和性别的不平衡,标签为"农业女性化"(Kelkar,2010),但是承认男性也遭受痛苦是很重要的。由于赚取的现金经常被认为是男人的"责任"的一部分,但往往又无法通过农业生产实现,一些人不得不背井离乡,以便长期赚取满足家庭需要和孩子教育的相关费用。

不难想象赚取收入的压力会限制男人参与运动。一位村民在关于这个话题的焦点小组访谈时,总结道:"男人不来(参与运动事件),因为存在就业问题……当然,不是每个人都能从水坝获取工作,但还是有希望的。"他分析说,因为"男人的工作"——犁地只需要几个星期,而在水坝公司月收入 2000—10000 印度卢比(约合人民币 204—1020 元)的前景是诱人的。然而,他断言,即使在运动中可能看不见男人,很多人都会鼓励女性参与,因为"大家都想看到恒河的流动"①。

虽然我观察到妇女不顾家庭参加运动,但男人的确也会支持妇女的参与。在一个村子,我遇到了三位 2009 年前往新德里的妇女——这是多数人的第一次,参加非政府组织举办的反建坝会议。妇女谈到她们参加会议遇到的困难,但她们表示家人都给予了同意。她们特意看了看我的女助理和我,解释说,这是必要的,因为她们并没有像其他地方的妇女那样享有尽可能的自由。谈到性别的话题,一位女士分享说,尽管两个儿子在水坝建设中就业,仍然鼓励她参与。关于她的行动,她回忆道,他们说:"去抗争吧,妈妈。公司又能

---

① 2009 年 12 月 3 日在拉他(Lata)村的半结构式访谈。

给什么呢？很快就没有了。我们想要长期的工作。"①

解构一般性：结论性意见

　　这篇文章以一个问题开始——为什么有这么多的加姆尔里妇女加入反建坝运动？我的研究表明，答案在于认可过去和现在对资源争夺的重要性，以及文化的力量、社会经济和政治生态方面的考量。从历史上妇女的社会行动可以看出，许多努力是在对平等和以山区为中心的发展的需求。性别实践的探索也表明，并非所有妇女对这条河都有同样的关注和实践。城乡接合部的妇女更易被河流中断所涉及的情感和文化宗教所影响，而村里的妇女经常在恒河被严重中断的问题之前，强调生计带来的挑战。

　　然而，性别并非"女人"的代名词。从不同的责任和斗争可以看出，本文突出讨论了影响不同生物性别的日常实践的条件。尽管很多山区的男性喝酒，但许多人仍是勤劳的住户，为赚取收入外出务工，因而缺乏对当地变化带来的挑战的直接体验。就业的前景也影响男性对水电开发的价值的看法，因为项目可以使一些人留在故土。这些观察显示了对"90%"的妇女参与运动的原因估计的另一面。

　　综上所述，或许是对过于简单的观点的有力反驳。例如，妇女，并没有与帕吉勒提恒河"自然"连接。她们的担忧也不只来源于宗教的考虑。妇女的行动也并不只是一个参与过以往运动的产物。我所阐述的，是包括妇女和男人在喜马拉雅山加姆尔发展出的关于历史、社会文化、宗教和经济方面一系列复杂的力量交织。这些压力在性别化的身体上以不同的方式呈现，影响分工的同时，塑造实践和传递这条河流变化的知识和预期的发展。妇女和男人在反对帕吉勒提恒河大坝上的参与差异，证明了社会性性别差异的确对关注自然世界的发展，以及保护行动的表现和机遇产生影响。

参考文献

　　Agarwal, B. 1994. The gender and environment debate: Lessons from India, in (eds.) L. Arizpe, M. P. Stone, D. C. Major Population and Environment: Rethinking the Debate. Boulder, CO: Westview Press, pp. 87–124.

　　Agrawal, A. 2005. Environmentality: community, intimate government, and

---

① 2009年2月9日在帕拉（Pala）村的焦点小组访谈。

the making of environmental subjects in Kumaon, India, Current Anthropology 46 (2): 161-90.

Ahmed, S. 1995. Whose concept of Participation? State-society dynamics in the cleaning of the Ganges at Varanasi, in (eds.) G. P. Chapman, M. Thompson Water and the Quest for Sustainable Development in the Ganges Valley. New York: Mansell Publishers, pp. 141-60.

Alley, K. 2002. On the Banks of the Ganga: When Wastewater Meets a Sacred River. Ann Arbor: University of Michigan Press.

Baviskar, A. 1995. In the Belly of the River: Tribal Conflicts over Development in the Narmada Valley. New Delhi: Oxford University Press.

Biersack, A. 2006. Reimagining political ecology: Culture/power/history/, in (eds.) A. Biersack, J. B. Greenberg Reimagining Political Ecology. Durham, NC: Duke University Press, pp. 3-42.

Bourdieu, P. 1977. Outline of a Theory of Practice. New York: Cambridge University Press. Guha, R. 1989 The Unquiet Woods: Ecological Change and Peasant Resistance in the Himalaya. New York: Oxford University Press.

Haberman, D. L. 2006. River of Love in an Age of Pollution: The Yamuna River of Northern India. Berkeley: University of California Press.

Haigh, M. 1988. Understanding "chipko": the Himalayan people's movement for forest conservation, International Journal of Environmental Studies 31: 99-110.

Haraway, D. 1991. Simians, Cyborgs, and Women: The Reinvention of Nature. London: Free Association Books.

Hathaway, M. 2005. Comments, Current Anthropology 46 (2): 182. Holland, D. C. and J. Lave. 2001 (eds.) History in Person: Enduring Struggles, Contentious Practices, Intimate Identities. Santa Fe: School of American Research.

Holland, D. C. and J. Lave. 2009. Social practice theory and the historical production of persons, Actio: An International Journal of Human Activity Theory 2: 1-15.

Holland, D. C., W. S. Lachicotte, D. G. Skinner and W. C. Cain. 1998. (eds.) Identity and Agency in Cultural Worlds. Cambridge, MA: Harvard University Press.

Kelkar, G. 2010. The need for women's rights to assets in the context of the feminisation of agriculture in Asia, Gender Perspectives in Mountain Development 57: 12-15.

Kuksal, M. P. 2007. People and Legends of Himalaya and the Ganga. New Delhi: Kalpaz Publications.

Linkenbach, A. 2007. Forest Futures: Global Representation and Ground Realities in the Himalayas. New York: Seagull.

Mawdsley, E. 1997. Non-seccessionist regionalism in India: the Uttarakhand separate state movement, Environment and Planning A 29 (12): 2217-35.

Mawdsley, E. 2000. The role of women in the Uttaranchal regional movement, in (eds.) M. P. Joshi, A. C. Fanger, C. W. Brown Himalaya, Past and Present, IV. Almora: Shree Almora Book Depot, pp. 46-77.

Mellor, M. 2000. Feminism and environmental ethics: a materialist perspective, Ethics and Environment 5 (1): 107-23.

O'Reilly, K. 2007. Where the knots of narrative are tied and untied: the dialogic production of gendered development spaces in North India, Annals of the Association of American Geographers 97 (3): 613-34.

Peet, R. and M. Watts. 2001. (eds.) Liberation Ecologies: Environment, Development, and Social Movement, 2nd edn. London: Routledge.

Peet, R., P. Robbins and M. Watts (eds.) 2011. Global Political Ecology. New York: Routledge.

Rangan, H. 2000. Of Myths and Movements: Rewriting Chipko into Himalayan History. New York: Verso.

Rawat, A. S. 2002. Garhwal (加姆尔) Himalaya: A Study in Historical Perspective. New Delhi: Indus.

Robbins, P. 2001. Political Ecology: A Critical Introduction. Oxford: Blackwell Publishing.

Rocheleau, D., B. Thomas-Slayter and E. Wangari. 1996 Gender and environment: A feminist political ecology perspective, in (eds.) D. Rocheleau, B. Thomas-Slayter, E. Wangari Feminist Political Ecology: Global Issues and Local Experiences. New York: Routledge, pp. 3-32.

Salleh, A. 2009. The dystopia or technoscience: an ecofeminist critique of postmodern reason, Futures 41: 201-9.

Sarin, M. 2001. Disempowerment in the name of "participatory" forestry? Village forests joint management in Uttarakhand, India, in Forests, Trees, and People, No. 44. http://wrm. org. uy/oldsite/peoples/village. html, accessed 31 July 2014

Sharma, A. 2008. Logics of Empowerment: Development, Gender, and Governance in Neoliberal India. Minneapolis: University of Minnesota Press.

Shiva, V. 1988. Staying Alive: Women, Ecology, and Development. London: Zed Books. Sundar, N. 2005. Comments, Current Anthropology 46 (2): 185-6.

藏区和东南亚高地[1]
——反思藏学研究的知识背景

悉尼大学人类学系　Geoffrey Samuel[2]　著
奥斯陆大学　才让三周
四郎翁姆　译

本章节是1992年在挪威举办的第六届国际藏学研讨会议（IATS）上的主旨发言稿，12年后很多部分对我来说仍然具有意义。

如果大小是一个成熟的迹象，那么藏学研究无疑在1992年已经成长到了一定的年龄。第六届藏学会议上发表的论文数量就足以证明这一点。然而藏学研究在智力上是否已经步入成熟却是另一个问题，对此我希望能引发一些反思。

在过去的几年里，亚洲社会研究者已经越来越意识到他们的研究是如何由特定的历史研究模式，以及附和这些模式的社会和政治承诺形成的。几乎很难争论这些问题与藏学家们无关，但总的来说，这一举动的自反性对藏学研究没有什么影响。事实上，藏学家们倾向于避免隐含在他们论点中，关于对社会和政治承诺的自觉反思。这个问题由1984年西藏日报发表的杰姆斯·斯通（James Stone）对藏学的反思中已经提到过，然而在随后的几年里，他所提出的把西方藏人的角色看作是"寺庙猎豹（leopards in the temple）"［这句话来自弗兰兹·卡夫卡（Franz Kafka）的寓言］的观点却几乎没有被采取。于是我开始考虑为何是如此？

有些原因其实是显而易见的，因为如果我们细看藏学研究成果背后这两个主要关键性冲动已转移到了自我意识更大和更为普遍的亚洲研究部分：女权主义和反殖民主义。在西方学术机构工作的少数研究者才可避免与这两个

---

[1] 原文出处：Samuel, Geoffrey. 1994. Tibet and the Southeast Asian Highlands: Rethinking the intellectual context of Tibetan studies. In *Tibetan Studies*: *Proceedings of the 6th Seminar of the International Association for Tibetan Studies Fagernes 1992*. P. Kvaerne ed. pp. 696-710. Oslo: Oslo Institute for Comparative Research in Human Culture.

[2] 作者简介：Geoffrey Samuel，悉尼大学人类学系教授，藏学家。为郁丹教授及青海民族大学藏传佛教与喜马拉雅地区国别研究中心合作伙伴。

批判层面的广泛接触。

除了芭芭拉·阿齐兹（Barbara Aziz, 1988）在慕尼黑举办的第四届国际藏学研究会议上指出的成果，以及很多藏传佛教美国女性研究者的著作，如丽塔·格若斯（Rita Gross, 1984）、安妮·克莱因（Anne Klein, 1987a, 1987b）、珍妮特·嘉措（Janet Gyatso, 1987）和简·威利斯（Jan Willis, 1984），藏学家们普遍忽略由女权主义思想引发的问题。很难猜测为什么会是如此？虽然佛教在西藏有比世界其他主要的宗教传统略微更好的记录，但藏传佛教彻底陷入男权至上的观念。极少藏学学者有意图或勇气，对藏人传统社会制度展开女性主义的批判。没有这样的科研方向，女性主义批判的研究潜力，就在藏学改革中被削弱和分散了。

我认为这不仅仅是一个盲目或怯懦的问题。它与我们许多人的认识有关，这一点史上的藏传佛教就深深地与藏族人民的政治和人类生存绑在一起。攻击佛教就相当于要冒削弱西藏争取自治和解放斗争的风险。

这就给我带来了反殖民主义的冲击，如爱德华·萨义德（Edward Said）的《东方主义》（*Orientalism*, 1978）就属于典型的作品。而为什么藏学家们没有参与到这个辩论中的可能性和显而易见的原因有很多，他们中的大部分人都再次与在西藏的汉族人持续存在联系。这种"存在"意味着藏族学术的本质是政治，以及在某种程度上不同于大多数亚洲学者的工作特征。

毫无疑问，任何撰写有关前现代藏人社会或者藏人历史的学者，都无法回避各种现存的阐释和争论。一般来说，关乎西藏的形势，藏学家们也有自己的承诺，而且可能不愿意承认这些零碎或是害怕他们推测性的解释，因为这可能会削弱他们争议的力量。

这些动机可能有助于解答为什么藏学研讨话题背后，假设只有极少的反思。无论谈及中国西藏事务，或者是佛教在藏文化中的位置，政治形态往往是二分的。我们可以在戈德斯坦（Goldstein）的论著里，看到他力争一条中性的路线（1989, 1991, 1992），同时再海外藏人那里看到相反的意图（Thonden, 1991; Norbu, 1992），均衡的话语实属不可能。[①]

在此我的意图不是责备藏学家们。我也在同样的处境中。我希望指出影响藏学研究的几个因素。

[①] 我应该补充，这种说法并不意味着对戈德斯坦（Goldstein）实际立场的一种认可，令我惊讶的是它自己本身就相对本土（Samuel, 1993: 56-8, 586n2, 592n3）。

藏学研究的几个问题

也许这些领域关注的最重要问题就是普遍倾向于把藏区看作是一个孤立的，并避免涉及更大的区域性说法。毕竟它在保持藏学研究本质的静态和非反思性等方面发挥了很大的作用。藏学家们的会议和出版物往往是内部的事务，而藏区则倾向于构成一个独立自主以及在很大程度上孤立的文化和历史地区。① 这种倾向强调了藏族文化和社会自治，与藏区的政治形势有着明显的关系。

政治以各种方式在学术界渗透。举例来说，选择哪一种出版商、杂志编辑、会议组织者，并且独立的学者偶尔也会做出关于藏区属于亚洲哪个地区的判断，比如东亚？南亚？又或者是中亚？这件事可能听起来微不足道，但它有直接的政治意义。那些把藏区作为东亚地区的一部分（比如美国亚洲协会），汉学家们不可避免的成了藏学研究的"守门人"，由他们决定谁来发言、谁得到出版，以及谁被视为具有合法权力的人。以至于许多汉学家来说，藏区是一个尴尬事件，他们宁愿不知道。

把藏区作为南亚或中亚的一部分，可能涉及较少的政治问题，但这3种选择都有被边缘化的类似风险。那些对于印度学家、汉学家和中亚专家非常重要的问题，在大部分情况下并不是藏区社会研究的核心问题。

一个显著的问题是，欧美藏学家和汉学家之间缺乏了解。鉴于各自不同的专长和政治语境，这个问题是情有可原的，但也是很遗憾的。比如，19世纪和20世纪西方藏学家、汉学家对西康有各自的研究，却很少有共同的话题。有极少学者有能力，或有兴趣来促进双方的沟通。②

另一个重要关注点是对藏传佛教的研讨和解释，尤其是有关寺院佛教的话题。否定佛教在藏文化中的重要地位是荒唐的。同时，值得注意的是，佛教研究在藏学中占据的位置如此之大，遮盖了其他需要研究的领域。寺院对藏人社会的主导地位相对来说历史较短（Ramble，1993），另外，以佛教教义来假设藏人村落的形成可能就过于误导了（Ramble，1990）。

---

① 印度佛教徒在藏传佛教发展中公认的作用对整个景象的影响不大，因为在大多数情况下，印度对藏族的影响被视为13世纪比哈尔邦（Bihar）和孟加拉（Bengal）穆斯林入侵的结束。

② 在例外情况下，人们可能会提到罗尔夫·斯坦（Rolf Stein）和他在法国的一些学生，意大利的卢西亚诺·皮特奇（Luciano Petech），美国的埃利奥特·史伯林（Elliot Sperling）和克里斯·贝克威思（Chris Beckwith Rolf Stein）。

相对于佛教寺院边缘化的藏族宗教文化等方面已收到相对较少的关注，正如芭芭拉·阿齐兹在几年前所说的（Aziz, 1978：253），家庭礼仪是一个典型的例子，藏族家庭中的大多数其他方面也都是一样的。甚至近期本教研究的复苏更倾向专注于那些本教实际上是佛教寺院的一个变体等方面。

另一个密切相关问题是藏学研究的趋势，比起其他西藏政治，更对拉萨的格鲁政府给予特权，并把它当作典型的藏族社会。我也已经在其他地方阐述了这一点（Samuel, 1993），认为它已经在我们对藏族社会的看法中产生了重大的扭曲。前现代时期的藏族地区由各种小型和中型的政体构成，还有一些无政府地域，其特点是政治集权的程度低。格鲁政府仅仅是这个大背景下的一个因素，却仍然经常被视为是整个大背景。

我之前所提到的原因，藏族关于女权主义和反殖民主义批判，以及类似领域的关注，似乎是不大可能会引向更大的自我反思活动。因此，为了从知识的角度对藏族研究做一个透视，可能只得从其他以及较少政治问题的批判方向着手。正是因为这个原因，我的论文标题已暗含了这一点。如果我们将藏区看作是东南亚的一部分，我们将会制造一个怎样的藏区？

藏族社会人类学的问题

我将要阅读的东南亚高地文学主要是由社会和文化人类学家所撰写的，而在这之前，关于藏族社会的人类学文献也值得仔细一看。由于历史原因，虽这类文献在某种程度上在上述提到的问题中共享到，但这一文献在藏学研究中与其他大多数的工作保持相对的独立。

这种单独的强调藏族社会人类学研究的最主要一个原因是，大部分研究都是在尼泊尔或是近期的拉达克藏族人群中进行的，而不是在卫藏、康巴和安多地区。前现代卫藏地区的人类学研究由极少数的难民研究构成，都涉及后藏主要贸易路线的社区：如阿齐兹的定日研究（1978），戈德斯坦（1968, 1971a-d）和达尔杰（Dargyag）的江孜地区研究（1982），卡西内利（Cassinelli）和伊克瓦（Ekvall）的关于萨迦研究（1969）。关于康巴和安多地区的研究更是有限，唯一比较实质性的研究是罗伯特·伊克瓦（Robert Ekvall）关于安多游牧民（1952, 1968，参考 Samuel, 1993）的研究。这些资料来源虽可以通过藏族文学资料和旅游者的记事来补充，试图从这样比较有限和分散的资料来创建一个完整的藏族社会图景，必定会面临方法上的困难。因而，毫不奇怪，人类学家一直来大多回避这些重构宏观藏人社会的意图，而侧重对小型藏人社会的研究。

结果在实践中，藏族社会的人类学以尼泊尔当代民族志为主，尤其是夏尔巴人。并且对于强调格鲁派政权的政治史学家来说，这一机构研究一直是主要的筹码。因此，我们在以夏尔巴人中心主义（Sherpa-centrism）和拉萨中心主义（Lhasa-centrism）之间有一定的选择。

这项研究的大部分是非常有价值的，但在尼泊尔社区和广大社区间的关系问题并未得到解决。例如在康区，我们做详细的田野调查也一无所获。此外，以夏尔巴为中心的人类学家和以拉萨为中心的考据学者间的话语因有巨大的差异，因此这两个群体在很大程度上各说各话。几年前，我认为夏尔巴可能比拉萨更是一个比较典型的藏族社会，我的印象是人类学家认为这是不言而喻的。这两种反应都是我做期望的，这是一个关于藏族社会中变异程度的真正讨论。

关于尼泊尔藏族社会的民族志文献也有自己的难处，特别是缺乏连贯性的理论焦点。克里斯托夫·富勒·韩米多福（Christoph von Fürer Haimendorf）把尼泊尔喜马拉雅看作是西藏和南亚之间文化接触的区域（1966），在某种意义上它显然也是。然而，这并不意味着在对藏人社会的理论阐释上我们有了些进步。中端高地人如古隆（Gurung）（Mumford，1989；McHugh，1989）、塔芒（Tamang）（Steinmann，1987；Holmberg，1989）、马加尔（Magar）（Oppitz，1981，1986；de Sales，1991）和雷布查（Lepcha）都有自己的身份，而这些是我们才刚刚开始划定。他们不仅仅是藏族和印度影响的混合物，就如富勒·韩米多（Fürer Haimendorf）等其他人证实的一样（1975），连贯整个喜马拉雅地区的贸易是非常显著的，但它与社会其他方面的关系仍在等待有效的分析，首要就是宗教（Samuel，1993）。尽管有若干实质性的专著出来，但以尼泊尔藏族社会为核心的民族志写作外，似乎没有其他重大的议题出现（如Jest，1976；Levine，1988；Ortner，1978，1989）。

另一个具有大量实地调查研究的地区是拉达克，其原因可能大多是历史而非逻辑，而且以拉达克为主要研究基地和其他在藏区工作间的相互作用一直到现阶段都受到很大的限制。1990年苏黎世召开的关于藏族和喜马拉雅人类学会议，第一次聚集了大量在尼泊尔、拉达克、藏区和藏族难民中做研究的人类学家，并期望将这一发展不断持续下去。然而，到目前为止几乎还没有展开对这些地区潜在的比较研究。①

---

① 帕斯尔卡·杜鲁弗斯（Pascale Dollufus）最近的研究（1989）是一个值得称道的例外。

如果是为了某些不同的原因，我认为藏族社会的人类学似乎需要把藏族研究作为一个整体的透视观点进行转移。请让我继续声明我其余部分的建议，为了改变，我们可以尝试把藏族社会看作是东南亚的一部分。更准确地说，我也暂时将尼泊尔、锡金和不丹的其他藏缅语民族包括在该地理位置。比如塔芒人、古隆中人、马加尔人和雷布查人，还有不丹非藏语人口（Aris，1979，Imaede & Pommaret. 1990），当然也有拉达克。

稍后我会对这个特殊策略做出更清晰的阐述，在此之前，我要讲述下出于什么原因，使得东南亚研究视野，尽管对我们大多人来说的陌生的，但至少在第一印像上引起了我们的关注。

东南亚背景下的藏族和喜马拉雅社会

首先，正如"藏缅语"这个标签提醒着我们，作为藏缅语族的另外一个主要的语言——缅甸语以及许多更小的大部分语言——的使用者都位于东南亚。如果我们细看藏缅语系的分布，它是严重偏向于东南亚。

如今，语言和文化并不是一回事，但它又确实表明具有历史联系和文化相似性。事实上，这些联系和相似之处确实存在。如果我们回想一下，现在印度东部的大部分，特别是曼尼普尔邦（Manipur）、特里普拉邦（Tripura）、那加兰邦（Nagaland）和米佐拉姆邦（Mizoram）等，都属于东南亚文化而非南亚，这加强了藏缅语社会主要在东南亚背景下的理论基础。

关系到尼泊尔高地社会，我并不否认这明显的一点，而且其在某些情况下影响广泛，如，对处于印度文化领域的很多民族的影响，以及对在尼泊尔长期定居的藏族群体（如夏尔巴人）的影响。此外，把塔芒或古隆看作是主要的南亚人，这显然是不合适的。在相当程度上，这样的处理方式是知识探究区域传统任意性的结果（Fardon，1990）。

这些民族已经被南亚学家进行了研究，与他们合作的很多学者已经在其他知识背景下制定了他们的研究，特别是南亚研究等。这些民族在多大程度上与东南亚高地人群共享的特性仍有待确定。[①]

[①] 调查两个相关领域可能是萨满教综合体或者是古隆人（Mumford，1989），其中如康·马加尔（Kham Magar）（Oppitz，1981，1986；de Sales，1991），相对于精神灵媒和精神附体有更多印度教社会的特征，并强调这些民族中在仪式和日常生活中关于收集吉祥和好运，以及他们相关依存的关系（关于古隆人参考 Mchugh，1989）。

其他很多论点也可引证出来加强我的建议，如藏族和其他属于东南亚高地的民族之间复杂且显著的关系，如纳西族、拉祜族和彝族。目前我把东南亚高地作为最重要的目标，是因为它提供了一个现成的理论传统，而这个理论具有相当程度的内部一致性和关于藏族几个核心问题的真正适用性。

在这里我所参考的知识谱系的基本文本是艾蒙德·利奇（Edmund Leach）的《缅甸高地的政治制度》（1954），并继续参考一系列批评和里奇基本主题的扩展，例如法兰克·雷曼（F. K. Lehman）、乔纳森·弗里德曼（Jonathan Friedman）和托马斯·科奇（Thomas Kirsch）的研究，他们合著的专著《盛宴和社会动荡》特别重要（1973）。①

为了使我的讨论保持在一个合理的维度中，我将简单列出一些文学的基本主题，并对其与西藏的相关性做简要的评述。然后通过一个简短的民族志探索来试着证明我的论点。

1. 平等主义与阶层政治形态间的振荡。

艾蒙德·利奇（1954）的文学中出现了这点，而且也是几位后来作家的主要焦点。我曾在其他地方探讨过，这些形式之间的关系是藏族社会的一个重要主题（Samuel, 1993）。这也是对拉萨中心主义和夏尔巴中心主义这两个孪生问题的一种必要纠正。关于东南亚"银河政治"的相关文献也对藏族社会有明显的关联性。（Tambiah, 1984, 1985; Reynolds, 1987; Rudoph, 1987）

2. 民族认同的流动性。

这一话题也被艾蒙德·利奇阐述过（1954），与克钦邦（Kachin）和掸邦（Shan）有关联，并由法兰克·雷曼（F. K. Lehman, 1967）和彼得·韩丁（Peter Hinton, 1983）等人发展起来。在此，我们很可能去考虑将纳西族和彝族等纳入藏区，嘉绒小区域研究，也许还有藏区东部地区与相邻省份之间的歧义。藏学家往往倾向于把民族认同作为是一种给予，东南亚高地文学的优点之一就是它已经被问题化了。② 艾蒙德·利奇也已经在政治制度中提到了民族认同的政治和宗教等方面，这一直是东南亚高地文学一个持续性的主题。

---

① 由苏珊·拉塞尔（Susan Russell）编辑的最近一本丛书（1989）就提供了当前研究状况的一个很好调查。

② 关于尼泊尔的一些近期研究都指向了同一个方向，例如麦克唐纳（Macdonald, 1989），德·塞利（de Sales, 1992）。

3. 萨满教和失魂理论的作用。

我已经在其他地方表明了藏族的"ཟ"（bla，藏族民间宗教的一个关键术语，与古隆和塔芒有密切的同源词），灵魂这个词和泰国与老挝的"窊"（Khwan）之间的相似之处（Samuel，1993）。几乎所有的东南亚社会都有类似的术语和相关的仪式物，有些没有佛教的高地社会中，萨满教（或万物有灵等）近来仍在运转。其他人提供的关于佛教融合的个案研究，也可与藏族做一个鲜明的对比（Walker，1981）。另一个相关点是吉祥和好运〔藏语：བཀྲ་ཤིས（扎西），ཧེན་འཕེལ（吉利，吉兆），རྟགས（运气），占卜（藏语：མོ算卦）〕为主的问题，但在藏族社会中并没有大量研究的这些主题。这里又出现了大量的民族志学上的相似之处和一些有趣的分析。

4. 关于亲属关系和社会结构方面，我没有更多的要说，其部分原因是这些在藏学研究中相对地被忽略了。

村庄是由若干个平等家庭组成的，其中也包括他们之间轮流的仪式和其他公共责任，而这个概念在藏族社会（可能与家庭阶层群相结合，参考 Samuel，1993：115-131，152）和很多东南亚高地社区中比较典型。东南亚高地社会的亲属关系的差异是通过其足够的共同规则，而促成的族际联姻和宽松的民族认同来描述的。在藏区，显然不同族群间的通婚和社会流动性也是常见的（特别是农牧民，其表现在他们截然不同的亲属制度和社会结构上）。这将对了解更多关于这些情况是如何处理的具有好处，与东南亚高地的类比可能具有启发性。

5. 经济学，权力和仪式的相对初级问题。

这个问题一直是东南亚高地研究的一个重要主题，其讨论已经在随后的工作中体现（Kirsh，1973；Russell，1989；Durrenberger & Tannenbaum，1989），从经济学和社会关系首要地位等相对简单的断言（Leach，1954）转移到了更复杂的公式化。这个问题几乎没有提出过藏区，① 这显然需要被提出，就像近期的民族志所表明的一样。（Dollfus，1989；Ramble，1992；Clarke，1980；Holmberg，1989）藏族人类学家仍然需要发展一种理论语言来应对这些问题。

6. 另一个相关的主题是佛教与贸易的关系。

例如，理查德·奥康纳（Richard O'Connor）已经开展了关于佛教在泰语

---

① 一个例外是富勒·韩米多福（Furer haimendorf）的早期争论，是关于土豆的引进和夏尔巴修道的增长之间的关系。

使用族群（泰国和老挝）中的一个有趣分析。这些泰语使用族群是高地地区的一个主要语言群体，包括一系列社会从小型和相对无政府状态的非佛教社区到大国。如佛教在泰国本身就形成了国教。奥康纳提出，佛教的进入使商贸得到了发展，也使原本的家庭和村落为基础的社区转化为超越本地的、更大规模的社会。他认为以佛教寺院为基础的制度替代动物献祭，是这个过程中不可缺少的一个组成部分（O'Connor，1989）。因此与藏族社会的详细对照，似乎是一个非常有前途的研究之路。

奥康纳的论点在大多东南亚高地文学提问题中是比较典型的，并与藏族地区有明显的关联性，但在藏族社会背景下，迄今为止很少或根本没有受到关注。所有针对藏传佛教的学术贡献，藏学家们很少停下来问为什么佛教被采取了，对于接受它的人来说又意味着什么？藏族化的过程仍保持着神秘，而且研究的人也少之又少（Macdonald，1987；Samuel，1993）。但在东南亚高地背景下，这种藏族化的民族认同的转变已经得到相当的重视。由此看来，奥康纳的有些观点确实与藏族有关联，其中最皆为人知的差异是藏族金刚乘佛教和东南亚上座部佛教。

民族认同，"藏族化"和动物献祭，一个简单的比较案例研究

为了使这些断言具有一点民族志的实质内容，我将以近期"藏族化"过程工作比较明显的藏族文化西南边缘区的3个简短个案研究来结束这个话题。这些地方包括尼泊尔的戈雅杉多（Gyasumdo）和胡姆拉（Humla），还有印度的喀沙（Karsha）。

1. 戈雅杉多（Gyasumdo），尼泊尔北部，是藏族和古隆族混合的一个区域。近期因斯坦·芒福德（Stan Mumford）的巴赫金研究（Bakhtinian study）《喜马拉雅对话》而闻名（1989）。芒福德的框架由3个阶段组成，都以巴赫金改编：第一是"古代矩阵"，集于萨满教世界观，这里具体指古隆萨满教。第二是通过佛教引入个人主义观点。第三是一个"对话型"阶段，以古隆巫师和藏族喇嘛之间关于仪式现场控制权的竞争和争论为代表。古隆巫师和藏族喇嘛为了类似的目的而举行仪式，但藏族喇嘛认为古隆的某些实践方面很不正当，如动物献祭仪式。

芒福德的框架虽是高雅，但充满问题：如在藏族方面，他忽略了在这里的"对话"很有可能可以追溯到藏传佛教的早期（Samuel，1993：436-56；

Chapel, 1991：26)。古隆方面,他似乎有些曲解,并把古隆民族志过于简单化了 (McHugh, 1991)。然而,芒福德却提出了一个有趣的画面,就是藏传佛教和万物有灵或萨满教等地方传统是如何在一个特定的时间和空间中竞争的?

这里的本地传统是互惠交换。事实上,就像芒福德提出来的一样,藏族喇嘛也把互惠的元素融合在他们的仪式中,而麦克休 (McHugh, 1989) 指出共同关系中的集体责任和融合,如古隆人,他们也有藏族社区的特征。[①] 再者古隆人和藏族的观点之间也仍存在转变,因为对于藏族喇嘛来说,个人责任的想法也通过"业力"这个概念强烈地呈现出来。这是一部分的转变吗？因为奥康纳可能会反驳说,普遍超过当地话语的一个选择,这一链接也与远离向内型村社到一个更广泛的贸易和社会互动网络有关联。

如同奥康纳的论点,一个转变的重要迹象是动物献祭仪式的表现问题。该地区的藏族喇嘛在试图禁止这种献祭方面显得很活跃。藏族人非常注重这一点的原因不仅仅是佛教禁止杀生,而在藏族历史上,禁止动物献祭是藏传佛教统治和支配本地原始宗教神灵崇拜的标志。动物供品由糌粑做的塑像(藏语为"གཏོར་མ།")替代,喇嘛通过密宗仪式的过程来接近当地的神灵 (Samuel, 1993：244-69)。然而,这种转变只能削弱当地居民和基于本地仪式活动之间的关系。20世纪60年代的戈雅杉多是有威望地位的喇嘛访问的一个地方,这在芒福德的"对话"中掀起了一个新的阶段,当时越来越多的当地人卷入了尼泊尔国家的政治和经济结构。奥康纳论点的诱惑之处在于他认为,这种"对话"至少是关于社会性质、经济联系和社会价值观的转变,因为它是关于正确仪式程序的问题。

2. 第二个案例研究,我转向南希·莱文 (Nancy Levine) 的尼泊尔西部胡姆拉 (Humla) 研究 (Levine, 1989)。它不像在戈雅杉多的古隆人,拉多南部的布拉部落人 (Bura),目前讲尼泊尔语,该地区还存在与藏族和印度高级种姓不同程度的族群认同。莱文研究的集中点是精神附体和民族认同,也是我在这篇文章中所考虑的一点。精神灵媒或称"达密"(dhami) 主要由贫穷和低级种姓的人所使用,如,藏族印度两方请不起喇嘛或婆罗门的神灵。双方都视通过"达密"来传递神灵的信息为外来的,而且他们要求动物献祭,这对于喇嘛些来说是一个主要的争论点。作为一个整体,动物献祭和"达密"

[①] 例如,阿齐慈 (Aziz, 1981)、莱文 (Levine, 1981)、理查特和爱普斯坦 (Lichecter and Epstein, 1983)。然而藏族社会的这一方面在文学中很少受到重视。

在该地区有一个边际和剩余的地位，通过由那些没有更好选择的，或也没有成功的"梵语化"（Sanskritised）和"藏语化"（Tibetanised）的来采取使用。然而，尽管受到喇嘛些的反对，但拉多村民仍保持者"达密"信仰。莱文提到，他们为周围尼泊尔社会提供了一个接口（1989：20），以及为那些被主要传统边缘化的人提供了神力和帮助。

3. 第三个案例研究，继续再往西走到达拉霍尔（Lahul）的喀沙。对于喀沙族群的研究，我以我的学生伊丽莎白·斯塔奇伯里的研究为主（1991）。喀沙人使用一种藏缅语，有些人说与藏语的差别很大，但他们是藏传佛教徒，而且已经全部纳入藏传佛教系统。根据标准的藏族仪式程序来处理当地的神灵。动物献祭已被取缔，但在过去，他们的存在有着较强的传统，而且蒙面跳神与非佛教色彩的当地神仍然存在。

喀沙当地的寺院与拉达克，藏族南部和印度等地的主要寺院有强大的联系。而且与其他地区相比较，喀沙的特点表现在：第一，其位置在一个相对重要的贸易路线上；第二，其纳入两大主要传统的程度。英国建立统治前，该地区是库鲁印度教国家的一部分，况且当地统治精英塔库斯（Thakurs）具有印度教和佛教双重身份，如特里洛克纳什（Triloknath）当地主要朝圣中心的神。对于喀沙人，当它适用于自身时，就会尽所有的能力去采纳印度教的身份，而且他们认为自己与藏族之间持续存在差异的意识，基本上被吸收到藏传佛教和文化的普遍性邻域。

如果在戈雅杉多、胡姆拉、喀沙等表现芒福德般类型学的连续层次中尝试构建一种历史序列，这显然是不明智的。事实上这一景象比类型学所包含的更为复杂。我们不知道在过去古隆人、布拉人和喀沙人是否比现在更有强烈的民族认同感或更大的文化自主性，或者说戈雅杉多和拉多自己的藏族人群已成为藏族人有多久了。印度教种姓社会和尼泊尔印度教州（国家）的存在提供了额外的复杂因素。然而，这3个案例的研究似乎代表了不同程度的"藏化"，还有将"部落"族群（使用印度和尼泊尔的术语）纳入到藏族的主要文化模式，在一定程度上也纳入到了印度教社会。动物献祭的问题也是这一融入阶段中表现出来的特征之一。本地与普世价值、主要贸易路线和政治中心的封闭性和距离，以及经济问题，都是分析领域的相关维度。我们很容易添加相同类型的一系列案例研究，如从藏区的东南（纳西族和彝族）或东北部（土族）。

此文章的要点是简单地举例说明有关东南亚高地的类别和藏族物质的问题。这些类别和问题倾向于区分和跨越与藏学话题相关的差异，并有助于打破他们。比如在这个案例中，那些藏族佛教徒和非佛教徒，还有部分佛教信仰部落之间的区别。如我已在本章节的前面提到过，也许这种相互交流和融合能为这个领域带来一些迫切需要的新研究成果。最后，当然这不是一个关乎于藏族和尼泊尔高地民族是否"真的"是东南亚民族的问题。因为问这个问题将会混淆分析类别和现实。我在本章中希望提出的是，藏学家们附着有历史原因的框架并不一定是最合适的，而我所描述的这种视角的转变，可能是一个有价值的补充和对我们惯例做法的纠正。因此从这种转变的角度来看可能，我希望，既有助于拓展藏学研究和超越经常被限制的狭隘关注，并带领我们大家与广大亚洲学者间实现真正的对话。

参考文献

Aris, Michael. 1979. Bhutan. The Early History of a Himalayan Kingdom. Warminster: Aris and Phillips.

Aris, Michael and Aung San Suu Kyi. 1980. (eds.) Tibetan Studies in Honour of Hugh Richardson. Proceedings of the International Seminar on Tibetan Studies, Oxford 1979. Warminster: Arisand Phillips.

Aziz, Barbara N. 1978. Tibetan Frontier Families. Reflections of Three Generations from D'ing-ri. New Delhi (Vikas) . 1981. Jural Friends and Buddhist Teachers. In Culture and Morality, ed. ByA. C. Mayer, pp. 1 - 22. Delhi (Oxford University Press) . 1987. Moving Towards a Sociology of Tibet. Tibet Journal 12, 4: 72 - 86. 1988. Women in Tibetan Society and Tibetology. In Uebach and Panglung. 1988: 25-34.

Cassinelli, C. W. and Ekvall, Robert B. 1969. A Tibetan Principality: The political system of Sa sKya. Ithaca, NY: Cornell University Press.

Chabpel Tseten Phuntsok. 1991. The Deity Invocation Ritual and the purification Rite of IncenseBurning in Tibet. Tibet Journal 16, 3: 3-27.

Clarke, Graham. 1980. Lama and Tamang in Yolmo. Aris and Aung San Suu Kyi 1980: 79-86.

Dargyay, Eva K. 1982. Tibetan Village Communities: Structure and Change. New Delhi: Vikas.

Dollfus, Pascale. 1989. Lieu de Neige et de Genévriers: Organisation Sociale et Religieuse desCommunautés Bouddhistes du Ladakh. Paris: Éditions. Du CNRS.

Durrenberger, E. P. and Tannenbaum, Nicola. 1989. Continuities in

Highland and Lowland regions of Thailand. Journal of the Siam Society. 77: 83-90.

Ekvall, Robert B. 1952. Tibetan Sky Lines. New York: Farrar, Straus and Young. 1968. Fields on the Hoof: Nexus of Tibetan Nomadic Pastoralism. New York: Holt, Rinehartand Winston.

Fardon, R. 1990. (ed.) Localizing strategies: Regional Traditions of Ethnographic Writing. Edinburgh: Scottish Academic Press.

Friedman, Jonathan. 1975. Tribes, state and Transformation. In Marxist Analyses and Social Anthropology, ed. By Maurice Bloch, pp. 161 - 202. London: Malaby Press. 1979. System, Structure and Contradiction: The Evolution of "Asiatic" Social Formations. Copenhagen: National Museum of Denmark.

Fürer-Haimendorf, C. von. 1962. Moral Concepts in Three Himalayan Societies. In Indian Anthropology, ed. By T. N. Madan and Gopala Sarana, pp. 279 - 309. Bombay. 1964. The Sherpas of Nepal: Buddhist Highlanders. London: John Murray. 1966. (ed.) Caste and Kin in Nepal, India and Ceylon: Anthropological Studies in Hindu-Buddhsit Contact Zones. London: Asia Publishing House. 1967. Morals and Merit. London: Weidenfeld and Nicolson. Goldstein, MelvynC. 1968. An Anthropological Study of the Tibetan Political System. Ph. D Dissertation, University of Washington, Seattle. 1971a. Serfdom and Mobility: An Examination of the Institution of "Human Lease" in Traditional Tibetan Society. Journal of Asian Studies 30: 521-534. 1971b. Stratification, Polyandry and Family Structure in Central Tibet. Southwestern Journal of Anthropology 27: 64-74. 1971c. Taxation and the Structure of a Tibetan Village. Central Asiatic Journal 15: 1 - 27. 1971d. The Balance between Centralization and Decentralization in the Traditonal Tibetan Political System. Central Asian Journal 15: 170-182. 1989. A History of Modern Tibet, 1913-1951: The Demise of the Lamaist state. Berkeley, CA. 1991. The Dragon and the Snow Lion: the Tibet Question in the 20th Century. Tibetan Review 26, 4: 9-26. 1992. Of Special Treatments and Shameful Acts. Tibetan Review 27, 7: 14-15.

Gross, Rita M. 1984. The Feminine Principle in Tibetan Vajrayana Buddshim: Reflections of a Buddhist Feminist. Journal of Transpersonal Psychology 16: 1977-92.

Gyatso, Janet. 1987. Down with the Demoness: Reflections on a Feminine Ground in Tibet. Tibet Journal 12, 4: 38-53.

Hinton, Peter. 1983. Do the Karen Really Exist? In (1983) The Highlanders of Thailand, ed. By John McKinnon and Wanat Bhruksasri, pp. 155-168. Kuala Lumpur: Oxford University Press.

Holmberg, David H. 1989. Order in Paradox: Myth, Ritual and Exchange among Nepal's Tamang. Ithaca, Ny: Cornell University Press.

Imaeda, Yoshiro and Pommaret, Françoise. 1990. Note sur la situation linguistique du Bhoutan et étude préliminaire des termes de parenté. In Indo-Tibetan Studies. Papers in Honour and Appreciation of Professor David L. Snellgrove's Contribution to Indo-Tibetan Studies, ed. By Tadeusz Skorupski, pp. 115-28. Tring: Institude of Buddhist Studies.

Jest, Corneille. 1976. Dolpo. Communautés de langue tibétaine du Népal. Paris: Éditions du CNRS.

Kessler, Peter. 1984. Laufende Arbeiten zu einem Ethnohistorischen Atlas Tibets (EAT). Lieferung 41.1: Die historische Landschaft TEHOR unter besonderer Berücksichtigung de frühen Geschichte Südosttibets (Khams). Rikon: Tibet-Institut.

Kirsch, A. Thomas. 1973. Feasting and Social Oscillation. A Working Paper on Religion and Society in Upland Southeast Asia. Ithaca, NY: Cornell University Department of Asian Studies. (Southeast Asia Program, Data Paper No. 92.) 1997. Complexity in the Thai Religious System: An Interpretation. Journal of Asian Studies 36: 241-66.

Klein, Anne C. 1987a. Primordial Purity and Everyday Life: Exalted Female Symbols and the women of Tibet. In Immaculate and Powerful: The Female in Sacred Image and Social Reality, ed. By Clarissa W. Atkinson et al., pp. 111-38. London: Crucible. 1987b. Finding a Self: Buddhist and Feminist Perspectives. In Shaping New Vision. Gender and Values in American Culture, ed. by Clarissa W. Atkinson et al., pp. 191-218. Ann Arbor, MI: UMI Research Press.

Kunstadter, Peter. (ed.) 1967. Southeast Asian Tribes, Minorities and Nations, Princeton, NJ (Princeton University Press).

Kuper, Adam. 1986. An Interview with Edmund Leach. Current Anthropology 27: 375-82.

Leach, Edmund R. 1954. Political System of Highland Burma. Cambridge, MA: Harvard University Press. 1960b. The "Frontiers" of Burma. Comparative

Studies in Society and History 2: 49-68.

LeBar, F., Hickey, G. and Musgrave, J. 1964. (eds.) Ethnic Gourps of Mainland South-East Asia. New Haven: Human Relations Area Files.

Lehman, F. K. 1967. Ethnic Categories in Burma and the Theory of Social Systems. In Kunstadter 1967: Vol. 1: 93-124.

Levine, Nancy E. 1981. Perspectives on Love: Morality and Affect in Nyinba Interpersonal Relationships. In Culture and Morality, ed. by Adrian C. Mayer, pp. 106-25. Delhi: Oxford University Press. 1988. The Dynamics of Polyandry: Kinship, Domesticity, and Population on the Tibetan Border. Chicago: University of Chicago Press. 1989. Spirit Possession and Ethnic Politics in Nepal's Northwest. Himalayan Research Bulletin 9: 11-20.

Lichter, David and Epstein, Lawrence. 1983. Irony in Tibetan Notions of the Good Life. In Karma. An anthropological Inquiry, ed. by Charles F. Keyes and E. Valentine Daniel, pp. 223-60. Berkeley, CA: University of California Press.

Macdonald, Alexander W. 1987. Remarks on the Manipulation of Power and Authority in the High Himalaya. Tibet Journal 12, 1: 3-16. 1989. Note on the language, Literature and Cultural Identity of the Tamang. Kailash 15: 165-177.

McHugh, Ernestine. 1989. Concepts of the Person among the Gurungs of Nepal. American Ethnologist 16: 75 - 86. 1991. Review of Mumford 1989. American Anthropologist 93: 468-9.

McKinnon, J. and Wanat Bhruksasri. 1983. (ed.) The Highlanders of Thailand. Kuala Lumpur: Oxford Unviersity Press.

Maran La Raw. 1967. Towards a Basis for Understanding the Minorities in Burma: the Kachin Example. In Kunstadter 1967: Vol. I, 125-46.

Mulder, Niels. 1985. Everyday life in Thailand. An Interpretation. 2nd edn. Bangkok: Duang Kamol.

Mumford, Stan R. 1989. Himalayan Dialogue. Tibetan Lamas and Gurung Shamans in Nepal. Madison, WI: University of Wisconsin Press.

Norbu, Jamyang. 1992. Atrocity and Amnesia. Tibetan Review 27, 5: 19-24.

O'Connor, R. A. 1989. Cultural Notes on Trade and the Tai. In Russell 1989: 27-66.

Oppitz, Michael. 1981. Schamanen im Blinden Land. Frankfurt: Syndikat. 1986. Die Trommel und das Buch. Eine kleine und die grosse Tradition. In Formen kulturellèn Wandels und andere Beiträge zur Erforschung des Himalaya (Nepalica, 2), ed. by B. Kölver and S. Lienhard, pp. 55–125. St Augustin.

Ortner, Sherry B. 1978. Sherpas Through Their Rituals. New York: Cambridge University Press. 1989. High Religion. A Cultural and Political History of Sherpa Buddhism. Princeton, NJ: Princeton University Press.

Ramble, Charles. 1990. How Buddhist are Buddhist Communities? The Contruction of Traditon in Two Lamaist Villages. Journal of the Anthropological Society of Oxford 21: 185–97. 1992. Celebrating the Caste Organization of an Archaic Tibetan Kingdom: fragment of a Royal mDos Ceremony from Southern Mustang. Paper given at the 6th Conference of the International Association for Tibetan Studies, Fagernes, Norway, 21–28 August, 1992. 1993. Rule by Play in Southern Mustang. In Anthropology of Tibet and the Himalya, ed. by Charles Ramble and Martin Brauen, pp. 287–301. Zürich: Ethnological Museum of the University of Zurich.

Reynolds, Frank et al. 1987. Review Symposium on Tambiah's Thailand Trilogy. Contributions to Indian Sociology (N. S.) 21: 111–216.

Rudolph, S. H. 1987. State Formation in Asia: Prolegomenon to a Comparative study. Journal of Asian Studies 46: 731–46.

Russell, Susanne D. (ed.) 1989. Ritual, Power, and Economy: Upland – Lowland Contrasts in Mainland Southeast Asia. DeKalb, IL: Notthern Illinois University Center for Southest Asian Studies. (Monograph Series on Southeast Asia, Occasional Paper No. 14.)

Said, Edward W. 1978. Orientalism. New York: Pantheon; London: Routledge and Kegan Paul.

De Sales, Anne. 1991. Je suis né de vos jeux de tambours. Nanterre: Société d'Ethnologie. 1992. The Chantel Claims for Identity. Paper given at conference on The Anthropology of Nepal: People, Problems and Processes. Kathmandu, Nepal, 7–14 September 1992.

Samuel, Geoffrey. 1993. Civilized Shamans: Buddhism in Tibetan Societies. Washington, DC: Smithsonian Institution press.

Schwalbe, Kurt J. 1979. The Construction and Religious Meaning of the Buddhist Stūpa in Solo Khumbu, Nepal. Ph. D. Dissertation, Graduate Theological Union, Berkeley.

Steinmann, Brigitte. 1987. Les Tamang du Népal: usages et religion, religion de l'usage. Paris: Éditions Recherche sur les Civilisations.

Stone, J. H. 1984. The Leopards' Spoor: Some Reflections on Tibetology. Tibet Journal 9: 3-13.

Stutchbury, Elizabeth A. 1991. Rediscovering Western Tibet. Gonpa, Chorten and the Continuity of Practice with a Tibetan Buddhist Community in the Indian Himalaya. PhD dissertation, Australian National University, 1991.

Tambiah, Stanley J. 1976. World Conqueror and World Renouncer: A Study of Buddhism and Polity in Thailand against a Historical Background. Cambridge: Cambridge University Press. 1984. The Buddhist Saints of the Forest and the Cult of Amulets: A Study in Charisma, Hagiography, Sectarianism and Millennial Buddhism. Cambridge: Cambridge University Press. 1985. The Galactic Polity in Southeast Asia. In Tambiah, S. J. Culture, Thought, and Social Action. An Anthropological Perspective. Cambridge, MA: Harvard University Press.

Thonden, P. 1991. On the Dragon's Side of the Tibet Question. Tibetan Review 26, 5: 12-20.

Uebach, Helga and Jampa L. Panglung. 1988. (ed.) Tibetan Studies. Proceedings of the 4th Seminar of the International Association for Tibetan Studies. Schloss Hohenkammer: Munich 1985, Munich (Bayersiche Akademie der Wissenschaften, Kommission für Zentralasiatische Studien).

Walker, A. R. 1981. Shi Nyi: Merit Days among the Lahu Nyi (Red Lahu), North Thailand. Anthropos 76: 665-706.

Willis, Janice D. 1984. Tibetan A-nis: the Nun's Life in Tibet. Tibet Journal 9, 4: 14-32.

血、精子、灵与山[1]
——昆布(尼泊尔东北部)的性别关系、亲属关系和世界观

剑桥大学内蒙古与内亚研究中心　Hildegard Diemberger[2]　著
中央民族大学民族学与社会学学院　乔小河
云南民族大学云南人文学院　张　荣　　　　　　　　　　　译

摘　要：关于女性生活和女性地位的人类学研究，通常倾向于将其从文化和社会的总体分析中割裂出来。(McDonald，1990) 关于单一范畴"女性"的各种含义的焦点研究，很容易忽视个人、结构与宇宙观之间密集的关系网络。这个关系网中，女性的身体，在社会构建和性别身份解释方面，有着特殊的重要性。接下来的章节[3]，依据尼泊尔东北部和西藏收集的数据资料，以一种民族志和文献学的分析方式，探讨与女性身体有关的关系和概念。

关键词：尼泊尔　亲属关系　性别　血脉　灵魂

---

[1] 原文出处：Diemberger, Hildegard. 1993. Blood, sperm, soul and the mountain: gender relations, kinship and cosmovision among the Khumbo (N. E. Nepal). In *Gendered anthropology*, Tereasa Del Valle ed. pp. 88–127. London: Routledge.

[2] 作者简介：Hildegard Diemberger，剑桥大学内蒙古与内亚研究中心主任，著名藏学、喜马拉雅佛教跨界文化专家，为郁丹教授合作伙伴。

[3] 这篇文章的数据来源是，尼泊尔西部和西藏南部（1982—1990年间的31个月）的几个田野项目。1983年以后，这几个项目都由奥地利科学研究联邦部进行持续的资金支持，并且在1989年和1990年，也由"Ardito Desio's 教授的 Ev-K2-CNR"项目支持。我要感谢 Andre Gingrich、Christian Schicklgruber（两位都来自于 Vienna Institut fur Volkerkunde）和 Maria Antonia Sironi，感谢他们的监督和批评性言论。感谢 Maurice Godelier 和他研讨会（法国社会科学高等研究院，巴黎）的成员，为这篇文章的主题提供了最初的灵感，其后又提供了无价的建议和批评性言论。在处理历史资料时，Geza Uray 提供了珍贵的协助。此外，我要感谢 Walter Dostal 和 Ernst Steinkellner 在我研究过程中的持续支持。也要感谢 Samten Karmay, Philippe Sagant, Charles Rambles, Kalden N. Lama, Namgyal Ronge, Barbara Aziz, Fernand Meyer, Helmut Lukas 和所有的同事，以及西藏、昆布和塞帕的朋友，他们提供了关于文章主题的数据和讨论。我要感谢 Michael Gingrich 和 Sophie Kidd 对于英文文本的监督，感谢 Adriano Sandri 和 Davide Bressan 的电脑制图，感谢 Karen Diemberger 的图示。最后，我要感谢我的父亲 Kurt Diemberger 对我的支持，感谢我的女儿 Jane Diemberger 的参与和理解，她分担了我在田野工作中和写作中情绪和困难。昆布和西藏术语是按照发音书写的，藏文书写形式的转录——如果有效的话——会在后面的括号里标注。至于手稿中的引证，我仅仅涉及书写形式。

故事发生在喜马拉雅的尼泊尔人社区——塞帕，现在是1988年深秋的美好的一天。类似"昂星之月"["敏珠达瓦"，Mindrug dawa（sMin-drug zla-ba）]中明亮的阳光，可以唤起每个程式化演讲的合适的开头："天空之中，幸运之星；阳光熠熠，温暖大地。"蔡丽，一个精力充沛且世俗的妇女，她正和她的幼子米格玛一起玩耍。我进入房间后，蔡丽递给我一杯大麦酒，然后继续陪着米格玛玩耍，他看起来确实不想被打扰。米格玛一边从妈妈的乳房吸取乳汁，一边玩弄着自己直立而小巧的阴茎。他停止温柔吮吸母亲的乳房后，开始与我聊天。这一年，米格玛5岁。

一年后，当我再次回到塞帕，米格玛还在家里，但他正打算离开去照料他叔叔的山羊和绵羊。米格玛穿了一个叫作"皮莎若"（pishorok，解释为叶子、果皮）的迷你布条，来遮挡他的阴茎。他像往常一样欢呼雀跃，但是也发生了一些变化：他懂得了"羞耻心"["欧擦"，ngotsha（ngo-tsha）①]。一块小布条和羞耻心，让他和他的妈妈不再那么亲密无间。

以后，米格玛还将会重新发现，被年长的、有更多经验的女生所唤起的欲望。像大部分来自塞帕的男孩女孩一样，米格玛将在森林或者高原牧场的小木屋中，用一种伴随着侵犯性语言的、嬉闹的游戏中，来体验这种欲望。他将会懂得，对于父系亲族的所有女性有着乱伦禁忌的限制，且对于母系亲属集团中的女孩，有着更多区别性的束缚。他也将会懂得，他可以在何种程度上抵制欲望游戏去对抗禁令，以及他会为此承担哪些种类的制裁。

当蔡丽自己还是个小女孩的时候，她从父亲、母亲以及亲戚那里学到了"羞耻心"，通常她会听到责备性的语言"欧擦么代"（ngotsha me te）——你不觉得羞愧吗？——依据语境，这为每位孩子的社会认可行为以及不同宽容程度设置了限制。这种"羞耻心"告诉每一位昆布人，他们的身体是充满符号和意义的宇宙的一部分。像每一位昆布女孩一样，蔡丽"知道羞耻心"是在和她的玩伴年龄相仿时候。在藏语族群中，妇女服饰的特征——在裙子上遮盖一个特定的、多彩羊毛毯子，就表达了这种"羞耻心"。像所有昆布孩子一样，蔡丽在牧场辛勤工作，并且过着一种远离父母控制的生活。晚上，她享受着不被任何童贞观念干扰的私密约会，这种童贞观念在昆布方言中是没有名字的。但是，一旦"血"来临，她就会明白，一个女性必须面对比其伴侣更多的风险。一旦"某种事情发生"，她必须一个人直面所有意料之中和意料之外的结果。

---

① "欧擦"，字面意思"发热的脸"，是昆布和西藏关于羞耻的术语。

除了意外怀孕的风险外，隐私（shadow）也标志着昆布女性青春期的到来。她的月经血标志着，她将把血液传递给自己孩子。连同基本的社会规则——例如乱伦禁忌——每个昆布妇女都明白，她传递的是血而非骨。只有精子才能造骨，从而精子在亲族［"如"，rü（rus）］中传递。因此，只有儿子才可以持有"帕域"［phayul，（pha-yul）］，"父亲的土地"：如果女孩有兄弟，她就必须离开自己的家，成为别人家的儿媳妇。这就是身体的语言，它告诉女性，社会对她们的期待。

昆　布

昆布人，是居住在喜马拉雅地区尼泊尔境内的、说藏语的族群。昆布是一个原本相当混杂的人们的自称，他们在不同的时间，从西藏的不同方向来到塞帕（Nepali Shedua），形成了不同的亲族（*Diemberger and Schicklgruber*，即将出版）。如今，他们都成了农民和饲养员，定居在尼泊尔阿伦山谷的陡坡，以及马卡鲁峰脚下的高原牧场。

目前，塞帕的昆布社区由12个分散的定居点组成。一个松散且灵活的关系网络连接着这个社会基本的社会经济单元——户［"准巴"，drongpa（grong-pa）］。虽然与某个相关的政治和宗教观点相关，但是异族通婚的父系亲族，既不能组成团体组织，也不能拥有亲族土地。对于塞帕的昆布社区来说，异族通婚的父系亲族就相当于一个联盟，依其身份便可获得共同的土地（牧场和森林）。

昆布从来都不存在任何制度化的核心权力结构：非正式权力的运用，是基于"卫旁"①［uphang（dbu-phang），解释为首脑的命令，高贵的首脑和崇高的首脑］这个概念，或许也可以解释为"威望"。由亲族和山神在观念上赐予的"卫旁"和"嗡恰"［wangthang（dBang-thang），解释为"权力"］，明确了那些决定内部政治的"伟人"［"么切切"，Mi che（Mi che che）］的地位。这些"伟人"主要是宗教专家：佛教喇嘛［lama（Bla-ma）］；关注于当地亲族、山神和"拉噶玛"［lhakama（lah-bka'-ma），神所说的一切经典或佛经］的拉苯［lhaven（lha-bon），本教巫师、祭司］以及女性圣贤（Diemberger，

---

① "卫旁"看起来是一个存在于藏族社会和尼泊尔藏缅集团中的古代藏族概念。林布人们（他附带地将他们的表述翻译成尼泊尔语，用"sir uthaune"表示）对"卫旁"的重要性进行了详细讨论，可以在Sagant（1985）中找到。

1991、1992)。然而昆布社区并不存在社会分化,社会等级制度相当灵活,"伟人"像其他人一样,也是农民。

国家管理的外部权力结构被叠加在"伟人"权威之上,这种权力结构可能与当地社区利益一致,或者相反。这种双重权威,是国家边缘社会所长期存在的问题,比如昆布。同西藏、锡金和最近以来的尼泊尔相比,国家边缘社会拥有一个相对自治的位置。

虽然有着不同的起源,塞帕人还是试图去建立一个一致性社区。创建一个基于亲族联盟的社会秩序的共同神话,并且调适一个关于所有亲族神和山神的共同的崇拜仪式,在这个种族化进程中,婚姻联盟是一切的基本要素。一个复杂的异质性群体同化之后,宗教和亲属关系随之产生。因此塞帕形成了关于"一个人自己的土地"["德贝伦巴",dagpe lungba(bdag-pa'I lung-ba)]和"一个人的自己人"["德贝美",dagpe mi(bdag-pa'i mi)]的神圣秩序。因此,昆布人以居住在他们神圣景观中的神灵的名义——秘境肯巴伦(Beyul Khenbalung)山神,创造了他们的共同身份。大山被认为是昆布祖先的居所,与这些共同山神相关的社区共同祖先,要优于氏族的古代祖先。尽管每个氏族有着不同的政治和历史起源,但是他们的祖先都坚信,存在着一个超越氏族的、共同的精神后裔。

对于昆布人来说,就像在大部分的藏族文化区域内,前佛教时期关于"山"的宗教和政治层面的概念,与佛教理论是重叠的。(Stein, 1972:47; Uray, 1978:556-557)神圣的大山被认为是佛教教义的守护者。在社会地位上,佛教喇嘛被视为人上之人。对西藏来说,前佛教时期的地方崇拜和典型的佛教密宗之间,存在一种不同宗教信仰的汇合。而昆布人从未被很好地整合进一个国家,也没有受到僧侣的显著影响。他们似乎继续呈现出陈旧的特征,这些特征唤起了人们对佛教传入前的信仰以及早期西藏国王时期的记忆。

不同的重叠视角或者视角共鸣,构成了历史与社会关系元素,这些元素在女性和男性身体概念化的过程中,进行了清晰、明确有力的表达。

亲属关系在社会和宇宙观里的体现

就如大多数藏族社会一样,昆布亲属关系依据"肉体"和"骨头"这种人类身体构成元素的分类而概念化(Lévi-Strauss, 1969)。母亲创造肉体,而父亲创造骨头。在昆布人中，存在五种主要的父系氏族，都是用词语"骨"〔"如"，rü（rus）〕① 来指代，而母系亲属关系则被认为通过"血"〔"朝"，thak（khrag）〕、"肉"〔"夏"，sha（sha）〕和"乳"〔"沃玛"，oma（o-ma）〕② 来连接。

我简明扼要地展示一下亲属称谓和"骨、肉"关系之间的联系（图1）。因为平行的同辈被等同于兄弟姐妹，平行的叔叔和婶婶，不太直接地③被等同于父亲和母亲，所以这一称谓系统经由同性④，强调了亲属关系的亲密无间。另一方面，也因为异性（母亲的兄弟、父亲的姐妹、交叉表亲、异性兄弟姊妹的孩子等），让亲属关系彻底疏远。这个称谓系统也包含了一种不对称，这

---

① 这个概念被记录在最早的藏文文献中（公元7—9世纪）。"（一个人）"的全名由三个固定顺序的部分组成，一个家族名和两个个人名，这些名字在藏语中，用"如"即"骨系氏族"和"曼"（mkhan，原始意思不得而知）、"美"（mying）即"名字"三部分标记（Uray，即将出版）。

② 昆布人"血肉"关系的描述在藏族文本中有所提及（Stein，1972：94；Levine，1988：53）。"乳汁"的意思很有可能与邻近藏缅民族拉伊有关，拉伊和昆布一起共享了亲属关系系统中的一些元素（McDougal，1979：91-3）。

③ From Godelier (1990): Les rapports de consanguinité sont donc par essence et dans leur fond des rapports cognatiques, i. e. des rapports qui additionnent et combinent aussi bien ceux qui passent par les homes (rapports agnatiques) que par les femmes (rapports utérins). Ces rapports cognatiques constituent la matière prèmiere des rapports de parenté, le maériau de base sur lequel éventuellement d'autres principles peuvent intervener, qui, en privilégiant certains rapports de filiation au détriment des autres, restructurent l'ensemble des Rapports de consanguinité en leur donnant une courbure et des forms nouvelles. Ces principles concernent la manière dont est établie la descendance d'un individu quelconque, homme ou femme, au sein d'un système de parenté déterminé. (p. 36) 另外：des réalités qui n'ont rienà voir directement avec la parenté et encore moins avec la sexualité structurent les rapports de parenté etse métamorphosant en aspects, en éléments de la parenté. Mais La métamorphose ne s'arrête pas là, Car tout ce qui est parenté se retrouve finalement investi dans la sexualité, puisque tout ce qui est parentése redistribute entre les individus selon leur sexe et leur âge etse métamorphose en attributs de leur personne, i. e. de Leur sexeVoyons d'un peu plus près comment le jeu de la parenté métamorphose en éléments de sa proper substance des réalités qui la débordent Et pour cela examinons l'effet sur le jeu de la parenté de l'intervention d'un mode de descendance. Cette intervention à le double effet, sur le plan des structures des systems de parenté, de privilégier certains rapports de filiation et de les pousser sur le devant de la scène dans la mesure ou ils sont investis de fonctions socials importantes. Les autres rapports, sans cesser d'exister, sont refoulés au seond plan au dépourvus de poids social, ils s'effacent jusqu' à devenir des ombres de rapports qui cependant peuvent reprendre vie et forme dans certaines circonstances. C'est ainsi que les systems linéaires refoulent, sans les faire disparaitre, les structures cognatiques de la consanguinité. Les systems cognatiques, au contraire, accordant une importance secondaire aux relations de filiation lineaire passant par un seual sexe a Iexclusion de l'autre. (p. 38) 依据 Godelier 的论述，"血"似乎一直都隐藏在亲属关系的背后，但在特定的环境中会显现出来。

④ 母亲的姐妹（"阿瑟"）和父亲的兄弟（"阿和"）被认为是"小妈妈"和"小爸爸"，这些称谓也可以进一步用来定义小爸爸们的妻子和小妈妈们的丈夫。

种不对称让人想起了奥马哈曲解规则，尽管根据环境这个原则是灵活易变的①。因此，母亲的兄弟（azhang，"阿章"，舅舅）和母亲的姐妹（ushu，"阿苏"，阿姨）甚至是他们的孩子，被扩展进母系的交叉表亲中，而"擦波"（tshaphiuk）和"擦嫫"（tshaphiukma）（异性兄弟姐妹的孩子）②的分类则被纳入了父系交叉表亲中。这些特征强调了母系氏族关系纽带的亲密性和声望，完全疏远了父亲的"血缘"关系。"阿章"（a-zhang）的范畴明确了嫁亲方，就是产生能够成为母亲的女人的那些人；暗示了面对娶亲方时，嫁亲方的崇高地位；塑造了昆布等级系统中的关系，并造成了长期的政治影响。在子孙后代的继承过程中，称谓系统也记录了至少三代的婚姻联盟③。血缘亲属关系包括了母亲的氏族和一种微弱的双元制父系亲族，即通过母亲的"血"的纽带分类了阿姨和姐妹。

从父系祖先那里继承而来的"骨"组成了"骨系"［"如杰巴"，rü gyipa（rus brgyud pa）］。特定的氏族名将分配给每一个昆布人，这个名字也让他们归属于自己父系的亲族。根据这个谱系，土地由父亲传递给儿子。除了房产以外，大部分的牲畜和农业用具也以这种方式传递。这些组成了"普努尔"［phonor（pho-nor）］，即男性财富。"血系"则形成了更多混合范畴，这个范畴限定了互补的亲嗣关系（Fortes，1953：33-4；Levine，1988：54）要素，以及血亲和双亲的特征（Godelier，1989：1142）。④ 女性物品，例如珠宝、服饰、家庭生活用具和金钱，构成了由女性谱系传递的"女性财富"［"嫫努尔"，monor（mo-nor）］。对于女孩来说，与母系亲属的紧密联结是极其重要的：在离婚案例中，男孩会分配给父亲，而女孩会分配给母亲。那些既属于父亲亲族，又属于母亲"血系"的女孩，最终是由母亲的"血系"来界定。尽管如此，女性谱系中姓名和神灵的缺失，会大大降低其谱系的延伸度。

---

① 例如，兄弟或姐妹的孩子，或者堂兄弟或堂姐妹的孩子，都被认为是其自己的孩子。

② 在由名称决定的双向对称系统的不同和拥有奥马哈特征的那些亲戚中，存在着可供选择的称谓。第一种情况可以追溯到 Clarke（1980）对荷兰普村的夏尔巴人的描述。第二种情况类似于在索卢和昆布中的夏尔巴人的发现（Oppiz，1968；Allen，1976）。

③ 这个称谓来源于"擦"（tsha），意思是孙子、侄子，也可能是女婿（Benedict，1942：321；Uebach，1980：301-9；Guigo，1986：99-103）。

④ 对母系的舅舅来说，"阿章"是一个广泛使用的称谓。"章擦"（Zhang-tsha）指示的是一个人与其母系兄弟姐妹儿子的关系，这种关系具有一种强有力的政治关联。"章"在早期西藏王国中，指示了那些产生了女皇，即国王的母亲，且变成世袭贵族头衔的氏族中的男性成员（Rona-tas，1955；Stein，1972：132；Uray，即将出版）。

婚后从夫居和新婚从夫居的居住方式，在遵循婚姻联盟模式的地区，传播了"血"的联系。这让女性具有了显而易见的流动性。

图1 昆布亲属称谓

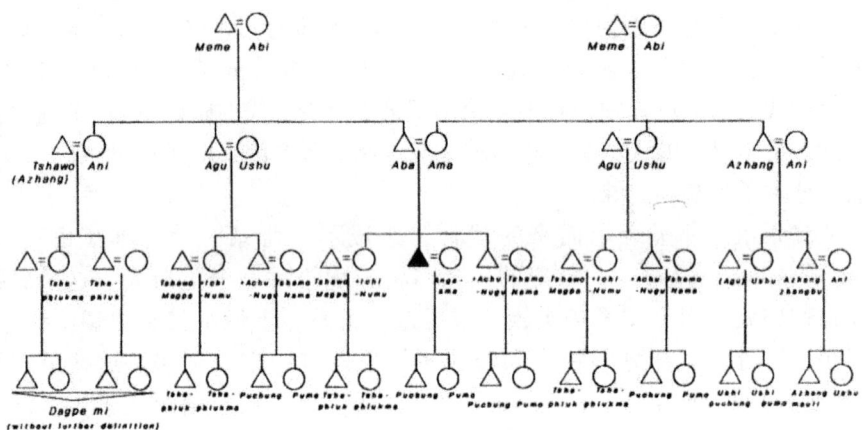

图1a 从男性自我的视角来看

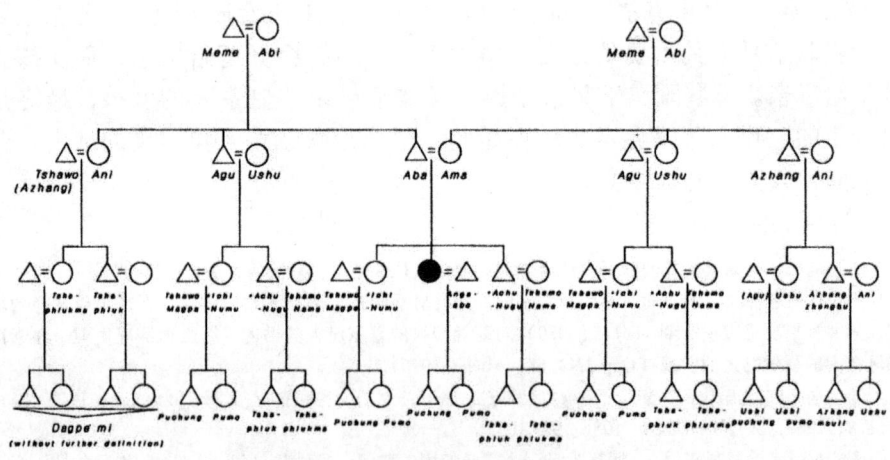

图1b 从女性自我的视角来看

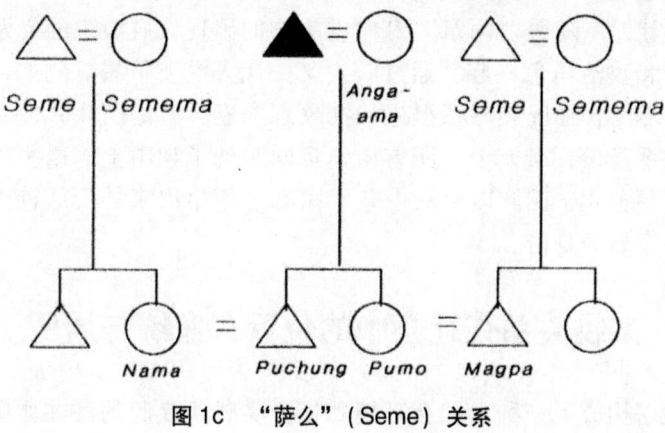

图1c　"萨么"（Seme）关系

婚姻通常是一夫一妻制的。婚姻联盟需要遵守异族通婚的原则，禁止男人与母系交叉血亲通婚，禁止其与母系亲族的妇女和她们的女儿通婚。因此，昆布人不能复制父辈的婚姻，而必须在每一代中寻找新的联盟①。通过这种方式，婚姻系统变得极其灵活，它允许不同集团简单、快捷的整合，从广义交换上看，也不存在固定嫁亲方和娶亲方的构成这种情况（Lévi-Strauss, 1969）。因此，婚姻系统强调的不是亲属之间的联盟，而是家庭之间的联盟。婚姻关系通过"萨么"[seme（sras-mes），译为"后代的祖先"] 这一称谓来表达，由婚姻联盟中的两个家庭相互使用。这种类型的婚姻联盟倾向于在一个完全整合的统一体中，解散较大的亲属团体。这里，制度以外的亲属关系（如那些基于宗教和政治的制度），以自己的潜力进行分层，承担社会整合的功能。

在我看来，亲属关系的逻辑类似于衣物的编织：经纱由"骨"的联系所组成，纬线由"血"的联系所组成。在这种假想的编织框架下，姻亲中"萨么"的子孙后代就变得"骨""血"交织了。然后，"梅么"[meme（mes-

---

① 不同家庭之间女儿的直接交换，以及一个男人与其父系交叉血亲的婚姻，在一个小圈子里，是围绕着联盟的且可以被接纳的（Schicklgruber，即将出版）。这种交换的结果是，没有让列维·施特劳斯所谓的、基于母系交叉表亲的、广义交换的"大冒险"冒然进行（Levi-Strauss, 1969），这种现象在藏缅族群中似乎又是非常普通的（Oppiz, 1988）。

mes）祖父]和"阿比"[abi（a-phy），祖母]被安排成了祖先①。骨系一直在独立于宗谱记忆的亲族名称中存留着，但是血的联系却消失了，并且它还为新的联盟让路。随着"阿章"和它派生物的出现，血液中的骨系，与相关地位的声望和政治角色一起，通过一代又一代人沿袭下去。例如，有关血系的记忆，依然蕴含在氏族母系祖先的抽象观念里。但是氏族男性祖先却失去了他们的谱系身份，事实上，所有祖先都回归到了神山上。这些神山如秘境肯巴伦，就是独立于氏族以及从古老"家庭"衍生出来的氏族神灵的，它们给了人们一个新的身份。

亲属关系在社会中的位置：血统与居所

血系似乎构成了一种由社会环境和社会实践所唤起的潜在原则。进一步来看，对于很多昆布女性来说，她们起初的亲属集团是很强大的，但只是一个遥远的支持系统。尽管存在着从夫居规则（居住在丈夫父亲的家，或者紧挨着丈夫父亲的家），但是20%的昆布女性还是会选择挨着自己父亲的家居住。虽然她们的家庭在观念上是属于丈夫家族的，但是他们也被认为是属于他们居所的社群的。居住单元的角色具有强烈的政治性，并且能够优先于从夫居原则和父系血统原则（Diemberger 和 Schicklgruber，即将出版）。或许存在这样的情况，在那些没有儿子的，或者儿子年幼、不能替代他们姐姐的家庭，或者拥有强大的政治影响力和经济基础，能够允许女性待"在家"里的家庭，女性可以说服她的丈夫（让她的丈夫从妻居）。惯例是由多种因素共同决定的，而不仅仅由亲属关系决定。除了亲属关系以外，地缘关系也对女性生活造成了巨大影响。昆布社会是由独立于亲属关系和亲属集团的原则所构建的，并且这种原则已经嵌入社会。大量违背从夫居的现象，家族共同群体的解散，赞成社区一体论的观点，以及"伟人"与其他人之间的层级关系，都在强调"准巴"[drongpa（grong-pa），家庭]作为基础单元，在婚姻联盟、社会地位竞争和经济竞争中的作用。"准巴"的自治，依次强调了"准巴阿妈"和"准巴阿爸"（家庭中的母亲和父亲），即家庭户主的地位。每一个

---

① 这些称谓来源于古代藏族的"尼"和"伊"，它们是指祖父和祖父，也指祖先。他们被记载在敦煌文献中（Bacot et al., 1940: 13, 20; Uebach, 1980: 301）。显著地，"尼"用于早期国王。根据本尼迪克特，"伊"与藏缅语系中 p'i（祖母）相关（本尼迪克特，1942: 315）。目前，在西藏，人们经常用媄（rmo）和魄（spo）来指代祖父和祖母（Guigo, 1986: 79; Goldstein, 1986: 189）。

"准巴"策略都是实用的,并且由许多复杂因素所决定。遍及整个社会的、不同家庭之间女儿的交换(偶尔也是儿子)①,是"准巴"的主要关注点。在婚约期间,娶亲家庭必须承担典礼开销,并且为嫁亲家庭提供劳动力。嫁亲家庭则要提供珠宝、家居用品,偶尔也要提供一些动物,作为新娘嫁妆。

尽管婚姻联盟是通过亲属关系来表述和实践的,但是婚姻联盟的政治目的和经济目的已经超越亲属关系。婚姻联盟或许围绕着:将牲畜集中圈养,或者在不同的农业活动中团结协作,在商业交易中建立一种相互关系,或者在宗教人士之间进行政教联姻;又或许牵涉一位喇嘛,他让自己的儿子与造纸商的女儿通婚。因此,家庭策略是由血系原则而不是亲属关系决定的,并且家庭策略偶尔也会反对和独立于亲族系统。这种策略也让血统(亲族)、地缘集团(家庭、村庄)和族群("一个人"的自己人)之间产生了一种结构性矛盾。至于其他在亲属关系习语中被表达的社会关系,它们塑造了亲属关系处理方法和性别关系实践。

一个例子能帮助大家进行更深入的理解。卡塔(Kharta)是昆布北部的一个山谷,几个世纪以前是藏区的一部分(Diemberger,即将出版)。卡塔的藏族人是昆布人的贸易伙伴,二者之间也会偶尔通婚。尽管存在一些根本性的不同,类似特征在现今西藏中心依然是广泛分布的,但他们的亲属关系体系和称谓与昆布人是类似的(Aziz,1978:117ff;Guigo,1986:78ff)。这些特征包括:在交叉表亲和平行表亲中,不存在指定的亲族和称谓上的不同;叔叔和姑姑的配偶并不能视为是血系的亲戚;人们认同自己属于某一个家庭或者村庄(而不是一个亲族)。尽管如此,"骨"依然暗示了父子之间的关系和血统,而"肉"则暗示了母系亲属纽带。但是"普拉"(pholha,代表了昆布人的家族神灵)仅仅是家庭和个人神灵,这个神灵经常与当地山神相混淆。佛教山神与当地传统神灵是社会宗教焦点。这个例子表明:在藏族历史中,"骨肉关系"蕴含了血缘元素和父系元素,并且这些因素持续性的重塑了社会变迁进程。

在古代,昆布人的家族看起来是一种与特定的、祖传的领土相关联的亲属集团,并且昆布家族结合成了家族联盟。妇女是不同集团之间政治联盟的一种方式,且妇女与她们诞生的集团之间保有一种强有力的纽带关系。Stein记录道:"在那些'群众与统治者之间没有任何区分'的日子里,为了拥有一

---

① 在当地经济中,劳动力是关键因素。因此,男孩通常被"放弃",而不是像女生会被一群家庭成员所需要。

位国王，十二位氏族首领都崇拜神山，并且希望国王来自于神山。"（Stein，1972：47）这是关于第一位西藏王的传说。（见于 Bacot et al., 1940; Lalou, 1959; Pelliot, 1963）随着家族联盟向早期国家的转变，一个保家卫国的军队和公民组织被实施建立，"东带"（stong-sde，"千人集团"或者"千户"）变成了"古代西藏王朝的基本单元"（Uray, 1982：545）①。这种行政结构重新定义了家族的功能。

随着西藏王国的衰亡，以及作为社会和政治焦点的宗教中心的出现，从12世纪开始，氏族和氏族名字大幅消失②。从那时开始，人们一直由他们的出生地、居住地和所属宗教所定义。亲属关系倾向于更加强调居住单元③，而家世出身重要性的减弱，让血亲因素在特定的语境中变得显而易见：一种重新定义的父系亲属，仍然是统治贵族和拥有清晰家谱的祭司的明显标志（Aziz, 1978：119ff）。进一步来说，转世系统的引入，使政治势力凌驾于亲属关系之上，因为转世系统的延续伴随着一系列显圣物的建立④，转世系统的特征是，它首次承认了不占主导地位的、特别的家庭族系。

虽然亲属系统的血亲因素，或许让女性变得非常显著，但是在决定社会命运的政治和宗教机构中，女性又是无足轻重的。不管怎样，女性作为家庭的管理者依然享有重要的经济权力，在她们活动的各个方面都享有卓越的自主权，与她们的诞生集团保有强有力的联系，依据母亲身份和宗教宽容度，而具有很高的社会地位（Szerb Mantl 即将出版）。这就形成了众所周知的、西

---

① 西藏本身被划分成四个"如"，即"角"或者"翅膀"，每一部分都由八个"东带"（stong-sde，"千户"）组成（Uray, 1960：31）。一个"千人地区"会包含一个以上的氏族，每个氏族都会覆盖很多居住单元。氏族坚持，在王朝时期，其后代和居民充当了不同共生结构原则的作用，就像记录了氏族名称和千人地区名字的文献中所展示的那样（Uray，即将出版）。在这个语境中，母亲兄弟这个称谓变成了贵族世袭的头衔——"章"，这个头衔定义了某些氏族成员，在这些氏族中产生了国王的母亲。"章苯"（Zhang-blon，字面意思为"叔叔和辅助之人"）这一称谓，指的则是国王身边的政治领导者。

② Uray 指出："藏人姓名的形成模式，因深刻的社会变迁而发生根本改变，这种社会变迁发生在接下来的王国衰退和没落中。它限定了各种宗教、政治和种族结局，即佛教作为国教地位的上升，随后被迫害以及最终的胜利；统一国家的坍塌……以及氏族角色的大量减少。"（Uray，即将出版）

③ "现代，氏族已经消失了或者氏族已经被土地名或房名取代了，而对游牧民来说，部落名被加到了个人名字里面。"（Stein, 1972：107）B. Aziz（1978：117-33）指出了，西藏南部定日县的社会结构中，作为决定因素的居住单元的卓越性。

④ 宗教首领、寺院方丈和灵魂天师——通过世袭，或者一脉相承的师徒联系，又或者凭借被认定的一系列显圣物，而确立了自己的地位——他们经常被那些重要的、且确实高贵的俗人授予神职；因此，实际上，他们是僧侣统治制度中的王子（Seyfort Ruegg, 1988：1249）。

藏女性强健、独立的形象,这种形象让来自伊斯兰教世界和印度教世界的旅行者着迷。

藏人"骨肉"关系中的性别:共生和矛盾

藏族人的"骨肉"系统在一个共同话题上,展现出了宽泛的、多样性的解释。这个系统要么强调血亲,要么强调父系,并且支持性别关系的不同形式——从明确的女性附属地位,到或多或少的平等主义倾向和女性权力的各种形式。藏人"骨肉"系统中,父系和血缘概念性的对立,大多但不总是,会转变成支持父系亲属。①

藏族本教婚姻礼俗文章中的一个神话故事,解释了婚姻联盟和遗产继承的潜在冲突,及其预期的解决方案。② 这个神话传说叙述了人类与神灵之间的第一个婚姻联盟。它描述了神界的一对父母和一双儿女,以及人类中的一对父母和一双儿女。人类父亲向神灵的女儿提亲并提议建立一个联盟:人类将崇敬神灵,而神灵要庇护人类。神灵父亲表示赞同。接下来,一场由祭司拉苯主持的讨论,在神灵家庭内部展开。神灵女儿表示,她真的不想去一个陌生的国度,即"人间"("么域",mi-yul)。母亲支持她的想法但是父亲却解释道,尽管"哈拉"(Ha-la)这种植物非常美丽,但是它含有剧毒,必须用大火焚烧,就好像盐(是有用的)需要放到食物中被食用,是同样的道理。因此,女儿还是被派到了"人间"。

接下来是关于财产分配的讨论。女儿指出:父亲和母亲像心脏,兄弟姐妹像眼睛。如果子女没有权利拥有财产,就好像失去了水一样无法存活;因此她要求平等的财产分配。拉苯回应道:你从父亲那里获得阴茎,从母亲那里获得子宫,因此你是父母生育的。但是,在世界开始之初,你作为一位女性被生养,并且人们会告诉你的母亲她生了一个女孩。在那种情况下,并不存在对神灵的崇拜,也不存在焚烧的花朵被扔向天空。如果女孩出生,她将会作为男性的财产而离开自己的家。从来都不存在一位女性可以拥有自己的"帕域"(pha-yul,"父亲的土地");如果女孩学坏了,她就会变成一个女恶

---

① 我知道的唯一一个特例是云南的藏族社区,那里的土地是由母系传承的(Corlin, 1978: 75-89)。

② 文章的题目是《兄弟与姐妹之间财富的划分和对于神灵的委托》(来自于对本教材料的收集,gTo-phran 由西藏本教寺院中心出版,Himachal Pradesh, 1973)。我非常感激 Samten Karmay,他指出了我未曾注意到的地方,并且耐心地与我讨论原文。

魔。挨着女恶魔是不可能睡觉的。所以你将去到"人间",而你的兄弟将继承父亲的土地。

财产的划分是由掷骰子(一种用于政府选举的古老形式系统)决定的(Walsh, 1906:305),于是女儿获得到了1/3,儿子获得了2/3。女儿在她的"姆拉"(mo-lha,阴神)保护下玩耍,与"扎拉"(dgra-lha,战神)的见证者一起玩耍。而儿子是在"普拉"(pho-lha,阳神)、"扎拉"(dgra-lha)、"嗦拉"(srog-lha,生命神)和"域拉"(yul-lha,地方神、土地神)的保护下玩耍。儿子是为"帕域"效力的。不平等分配结束之后,拉苯邀请女儿膜拜磕头三次,分别在给予她生命的神灵面前,在给予她"骨"的父亲面前,在给予她形体和美丽的母亲面前,在给予她荣誉和声望的兄弟面前。

以宗教名义确认的近亲通婚禁忌和兄弟姐妹间的差异,让女儿离家变成一位儿媳妇。类似地,昆布关于从夫居的立法,也是基于女孩与其父系亲族和神灵关系纽带的弱化。同时,"伟人"中的许多拉苯,有责任去认识到,神圣的社会亲属关系秩序是被尊重的,并且被裁定为是可容忍的例外。然而,正是这种神圣的社会秩序,定义了社会中的父系"骨骼",定义了儿媳妇的弱势和家庭中母亲的权力,由此便塑造了性别关系。

昆布社会中的性别

对于昆布人来说,并不存在明确的女性世界和男性世界。因此,在宽泛讨论女性和男性的地位时,人们必须一直明确女性和男性的范围,以及社会地位和社会生活环境的范围。下面内容就列举了多元生活语境下性别关系的大致趋势。

1. 劳动力的性别分化

伴随着社会劳动力分化的微弱限定,也存在着一种微弱的性别劳动力划分。劳动力分化主要限制在手工业领域,即纺织是一项女性活动,伐木则是男性活动。家庭中的男性成员显著地参与到子女抚养过程中。性别劳动力分化主要是在家庭角色的"母亲"和"父亲"中发生的。从政治和宗教角度,父亲代表了家庭,但是并不存在与其角色相连的特定的活动。母亲主要负责对家庭事务的管理:她分配任务,决定农业活动的时机,管理商店,安排家庭成员的衣食(母亲是家中的纺织者),决定必要的买卖和保持一定数量的家庭财物。在大部分的交易中(如牲畜和土地),都是由家中的成年成员共同决定的。现如今，宰杀是唯一一项只能由男性参与的重要活动。① 几个世纪以来，虽然在宗教和武器分类中，人们可以找到一些表述，尤其是将刀象征着男性的表述，但是战争和防御一直不是昆布人生活的主要旋律。虽然女性不用配刀，但是她们可以使用刀具。

2. 土地、牲畜、工具、商品和财物的所有权

昆布人的非公共财产是由家庭首领所有和管理的。正如上文所述，土地通常由父亲传给儿子；女性只有在没有兄弟的情况下，才可以继承土地。其他所有物品均是由男性和女性共同拥有的。

3. 亲属关系

我们已经展示了亲属关系就是血亲原则和父系原则。男性拥有"骨"并且承袭父系氏族，而女性通常在亲属联盟中发挥流动性作用，在此种意义下对婚姻联盟产生作用。对于亲属关系网络认识最为透彻的那些人，也就是缔结新的婚姻联盟的主要人物。

4. 政治和传统法

尽管强有力的家庭主妇发挥着重要的影响，但是政治和传统是男性和大部分宗教男性的主要关注点。尽管政治并不意味一个独立的机构，但是它的内容是由家庭的"伟人"或者参与到特定议题的人们所决定的。这里，聪明的女性能够成为重要的调停者，甚至能够为谈话设置方向。尽管等级系统主要关注男性，但是女性也会被认为是"伟人"，因为她们的聪明才智让她们可以享受更加灵活的地位。

5. 宗教

佛教喇嘛和拉苯一直都是男性担任，他们拥有着为社区和每个昆布人生命历程事件进行仪式的知识。但是在昆布也存在着一个只由女性担任的宗教角色，叫作"拉噶玛"，即神婆。她是（在恍惚中）对死去的灵魂和山神进行喊话的人，这种角色由母亲传递给女儿，并且在这种社会中只存在于"女系"之中。推测起来，这并非仅是巧合，虽然拉噶玛是受人尊敬和有权力的，但是她没有考虑塑造了正常社会互动的共生原则。她表达了一个事实，那就是没有人敢于与灵魂和山神对话，因此她必须与疾病和冲突根源的神灵对话。虽然拉噶玛的宗教权力不同于喇嘛和拉苯，但是它也延伸到了政治领域。

---

① 对于杀戮的看法是相当矛盾的：从佛教观念来看，这是一种罪孽深重的行为，喇嘛也不会去杀生；但在某些其他情况下，杀戮也是一种权力，而不让女性成为神职人员"拉苯"，也是因为她们不能进行牲畜献祭。

关于知识的力量，我要做一个最终的概括。宗教和仪式知识与技能和智慧一起，构成了男性宗教权威的主导部分。实际的计算，时间组织管理，亲属关系信息，与母性和人类心理学相关的生物与生理事件的知识，都是女性权力的主要部分。这些知识是受人尊敬的且实用的知识，是要用一生时间去积累的；通常它把一个离开父母家庭、成为母亲并且获得权力地位的女性看作是家庭的母亲。女性必须要克服障碍，有助于帮助她获得来自于经验的知识。通常来说，这些知识一旦被社会实施，就会变成男性和女性声望与权力的来源。在"伟人"中间一直存在着一些"人上之人"，因为他们拥有丰富的知识：他们被称作"米西巴"［米 sheba（mi shes-pa），"博学的人"］。米西巴可以成为神职人员，但是他们的权力是独立于任何宗教角色的。这些到处游历的聪明人士，有着不同的经历，因此他们能够为社区或个人问题提供合理的建议。

成为昆布女性的途径

女孩们以一种类似于与他们男性玩伴的方式成长。没有启蒙教育会在成人过程中留下印记，也标志着不同性别的儿童以一种不受约束的方式成长。在昆布人的日常生活中，婚姻和亲子关系是主要事件。

这是一种通过角色认识女性的路径："布姆"［pumo（bu-mo）］，女儿；"纳玛"［mna-ma（mna'-ma）］，儿媳妇［这个词看起来与"纳""誓言"有关，（Benedict，1942：322），它强调了儿媳妇作为联盟纽带的地位］；"阿妈"［ama（a-ma）］，母亲（这个词语在不同意义上都语义地指示了一代人，从织物的经到文本的原始复制品）；阿比［abi（a-phyi）］，祖母，女性先人（祖母也是一位母亲，同样也是祖先的一部分）；帕玛［phama（pha-ma），字面意思是"父母"，这个头衔也依附于几个藏族神灵］。

性，作为一种自然功能，是生命的繁衍和劳动力需要，是决定婚姻联盟时机和形式的基本要素。实际上，性和劳动力，在男性和女性方面并没有呈现出显著不同，而在生命的繁衍方面则呈现出不同。女性的子宫孕育了孩子，女性的乳房喂养了孩子；尽管通常昆布父亲是与母亲合作的，但是对于那些有很长一段时间不能自理的子孙后代，母亲是负主要照顾责任的。对于一位男性来说，父亲身份是一个他需要承担的选择或者社会制度（如果他已经结婚的话）对他的要求。一位女性可以决定将自己生出的孩子留在森林，或者将他带回家。

事实上，儿童有着很高的死亡率。痢疾、支气管炎、肺炎和传染性麻疹都会对养育孩子的所有劳动和努力造成极大破坏。面对很多失去孩子的母亲，我感到一种隐瞒真相的搪塞，这种搪塞最终让昆布女性一次又一次的接受父亲孩子紧密联系的制度。一个更好的衣食住行水平，经常意味着一个更好的生存机会，同时，这个制度让女性付出代价，作为她们回报社会的服务。依据这种为了生活让女性独立于其他人的搪塞，女性附属地位得以解释。主观实践问题和需要，与意识形态范畴混合在一起：一个女性不仅仅需要她孩子的父亲，也需要他的亲属集团和氏族神灵。她需要一位神职人员将她和她的孩子整合进入贵族神圣的秩序之中——"骨"社会。她要接受她的兄弟对父系土地和最好的家庭财富份额拥有专有权；也要接受必须外嫁。

儿媳妇在她所嫁到的"陌生人"家庭中，处于一个完全附属地位，她要面临繁重的工作，甚至在她自己的食物方面缺乏控制。入赘婚姻中的男性处于附属地位，这也是事实。但是，为了换取其他优点，男性决定合约性地接受入赘婚姻的缺点。在正常的情况下，虽然女性可以选择自己要嫁的人，但是这样的婚姻制度已经决定了已婚"纳玛"必须从夫居。甚至是拥有优于她们丈夫和男性亲戚权力的伟大的"准巴阿妈"，作为"纳玛"时主要也是一个辛苦的角色，并且"准巴阿妈"回忆那段岁月时，也是充满苦难生活的记忆的。

只有作为母亲而且（通常以后）掌控一个家庭的管理，即作为"准巴阿妈"（drongpa ama）时，女性才能改变她的地位。其权力是与作为社会基本单元的"准巴"（户）的"阿妈"（母亲）的这一头衔紧密相连的。一旦她获得这个地位，就不能被任何人所替代。尽管如此，她并不能将这种权力传递给她的女儿。女性必须遵循同样的路径：从陌生人到"女地主"，从联盟中被交易的对象到联盟策略的制造者。①

在这种语境下，身体语言让昆布女儿清楚知晓社会对于她们的期待。对于昆布女性来说，血液象征着母亲身份，同时也预示了她的弱势和权力。

人类的繁衍：作为语言和秩序的人类身体

人类身体的概念化，以及与人类怀孕有关的生理事件的概念化，都是镶

---

① 然而一个家庭中的母亲也会尽力为她的女儿寻找一个好归宿，虽然这事经常由她自己的兄弟所代劳。这种频繁出现的现象和社会背景（Schicklgruber，即将出版）下，父系交表亲是被允许的。

刻在整个认知系统之中的。他们的解释范畴让昆布人按照具体事件行事，并且因此提供了一个认知和社会框架。因此，身体用来解释意义，并且与抽象概念中的"移动地平线"联系起来，在这个抽象概念中，昆布人的关系发展贯穿整个历史。图片在言语之前，身体在图片之前。一个新人的身份和他们社会互动的框架已经形成——通过优于系统的知识概念化的情感关系被塑造。

人类是什么？人类将何去何从？

昆布婴儿被认为是由以下几个部分组成：他（她）的母亲血液［"察"，tak（khrag）］形成的"肉""血"和婴儿的身形；父亲精液［"达"，da（zla）］形成的"骨"和"脑"以及一种意识［"囊西"，namshe（rnam-shes）］或者"拉"［la（bla）］，从佛教观点来看，"拉"与转世再生有关，与本土本教概念中的肯巴伦神山也是有关的。与此同时，正如我们所知，"血系"由母系亲属关系组成，而"骨系"由父系亲族关系组成。与"灵"有关的当地神山，成了神圣的"土地神"［"萨哆"，sadag（sa-bdag）］以及昆布居民领土的守护者。

由于出生在当地山神的庇护之下，因此昆布人是属于昆布社区的，并且昆布人都是保护当地传统神灵的宁玛派佛教徒。由于昆布人遗传了来自祖先的骨头，所以他们属于父亲的亲族。由于母亲的血、肉和母乳，他们也与母亲和母系亲属紧密相连。尽管母系内容以一种血缘的方式传递，但是却不存在专属的女系。因此，在怀孕的时候，孩子就已经被占用结构元素和生理进程的社会和历史解释据为己有。

担当"生神"［"杰拉"，kye-lha（skyes-lha），gods of birth］角色的山神，最先授予昆布人身份。大山是社区共同祖先的住所，也是不同起源人们的共同参照点。同样地，大山还负责着昆布领土及其地理的、社会的和符号的边界。在这种语境下，共餐仪式与亲属关系联盟一起，担任着社会的主要凝聚力因素。集体仪式是社会整合的重要时刻，它还标记了农耕和畜牧时代的主要事件——出发去高原牧场以及到达牧场。这样的情境下，食物、"羌"（chang）和酿造的饮料，都要供奉给神灵和老百姓。这就表达了在"一个人的自己人"的集体中，人们可以分享同一个杯子和崇拜同样的神灵（见图2）。①

图2 昆布"家庭主妇"在庆典中仪式性地分享同一杯"羌"

山神与人类建立良好关系而授予人们权力和声望，与此相反的就是"著"[ip（grib）]，污秽（邪气）。像"卫旁"——"头人的声望"一样——污秽（邪气）也适用于人类、神灵和环境。"著"最初意味着"隐秘"，引申为模糊或打断了人神之间、人与人之间、人与自身之间关系的所有事情。在衍生意义上，它适用于超越或者反对社会秩序的所有事情。"著"的神话故事解释了一个概念，这个概念将隐私与乱伦，与亲属称谓和无名的缺失，与生育、死亡和冲突联合起来（Diemberger et al.，1989：326）。每一个被认为是"著"的事件和行为都会引起羞愧，"欧擦"——"发热的脸"——如果不能合适地处理，则意味着"卫旁"的失去，在最严肃的情境下，意味着社会边缘化。

在塞帕，人们一方面生活在隐秘和家庭秩序之间，另一方面也生活在亲族和山神之间。一个昆布人通过命名仪式进入这种秩序，并且当他或她开始

---

① 这同时是社会整合和社会分化的象征。它区分了两种人：一种是很适和进行婚姻联盟的顺从的人；一种是不顺从的人（他们属于其他种族或者不被社会认可，与其通婚是不可能的）。在文化语境中，对"羌"的角色进行分析，可以参考 March 的例子（1987：351-87）。

接触死亡、生育或者冲突，接触道德负罪（用一种佛教视角）和接触一些污秽的人和事时，他们也就变得不洁了。在死亡时，当他或她最终离开社会时，个人姓名会被烧毁，其灵魂必须与他的亲朋和附属物分离。在佛教观点中，作为"囊西"［namshe（rnam-shes）］的"意识"（意识原则），或者获得顿悟和涅槃，或者继续在轮回中转世，达到永恒的再生循环。在原始的本教视角中，魂——"拉"［la（bla）］——则会回到肯巴伦神山。

人类的繁衍：两性关系

孩子的性别与出生使昆布人的角色从伴侣转为父母，也产生了对婴儿这个新成员的责任问题，并可以决定一个联盟。对于女性、男性和孩子的身体解释有这样一个说法，即它们在社会团体的两性关系和孩子归属中体现了社会关系。（Godelier，1982，1990：33）这是一种身体语言，其文字和手势作为自然法则，预示了性别关系背后的意识形态。

一般来说，两性关系总是发生在那个可以一起分享茶杯的"自己人"身上（塞帕，藏族，有时是塔芒族，现在是西方人）。他们可出现在被安排的联姻或一种丛林冒险的框架中，但他们总是尊重氏族外婚制和共生规律中的严格规定。

食物、性和联盟联系紧密。特别是发酵饮料"羌"这个食物，它是人类与神沟通的主要参与者。通过"求亲的酒"［"隆羌"，longchang（slong-chang）］这个活动，请求一个女人用"药酒"［"曼羌"，menchang（sman-chang）］喂养婴儿的母亲，用"命名酒"［"门得羌"，mindachang（min-gdag-chang）］给孩子取名字。婚姻本身被认为是一种主要的机遇，一个人可以提供食物与"羌"给整个社会团体和神灵，因而通过共生建立和更新联盟。相反，孩子的出生被视为是决定联盟的最好方式。

性本身也像是共生行为。它满足人类基本的需求，也是交流的一种方式。性被称为是一种饥渴、好品位等。而且交合应该满足双方伴侣的欲望，这也是为什么昆布年长的男人建议年轻的男人在交合前花时间去抚摸阴蒂使其女性伴侣的饥渴得到满足。这种饥渴是双方自然而然发生的，并且女孩们不必担心贞操这回事。在非正式的第一次见面中，第一个祭品意味着诱惑。通常妇女们提供食物，而男人则满足她的欲望，但也可以反过来。一个男人可以用对女人说："我有一根漂亮的吸管，但没有'羌'罐，你那儿有漂亮的'羌'罐吗？我们一起去喝'羌'吧。"在这种情况下，如果他们互相"给水"［秋堆（chu tenje）］，那么"羌"就代表双方都很愉悦。

女性子宫是每月开放一次的红花，如果在月经结束后的12天内，没有精子进入，它将闭合（参见 Meyer, 1980: 110）。如果在花开的时候有精子进入，那么一个胚胎则开始生长，并且花会渐渐包裹住它。这朵花被称为"美朵"［mendok（me-thog）］，字面意思是花或者"克度"［"Kyedok"（skyes-dog）］，解释为孕育下一代的容器。①

女性的乳房被认为充满了粮食，就像可被揉挤成汁的玉米穗，能给孩子提供母乳这种食物。② 这来源于母亲所吃的食物以及精液，是一种隐喻。年轻女孩像是一块田野，而精液则是肥料，它让乳房中的谷物生长以及让她体内的花朵开放。对昆布人来说，肥料是土地的饲料，也被称为"擦"［cha（cag）］。

尽管，食物的理论和昆布人的性观念与先民的藏族人观点有联系，他们认为交合与农业活动相关，比如说把女性身体比喻成田野。在敦煌的文本中，关于两性交合，人们发现一个术语"索南、布塞"（so-nam bu-srid），它的字面意思就是"去耕种和生养孩子"（Bacot et al., 1940: 115）。另外，昆布人通常用到"类噶"（las-ka，"工作"）这个在农业活动中常用的词去指一个男人为他的女性伴侣提供性服务。

因此，性和食物是与有神圣意义的，与宇宙相互作用的，这是一种宇宙支配影响下的两性关系：母亲是太阳，父亲是月亮，他们在新月是睡在一起；母亲是红色且温暖的，她使万物生长，而父亲则是白色的，并且是时间之主；夜晚的流星则是星星在寻找他们的爱人；男性和女性的神山结合则产生了孩子等诸如此类的说法。这是一个父亲和母亲的世界，人类行为也被视为宇宙行为。在两性关系中，一方面它似乎是互补平等的，但另一方面，它也是尖锐和不对称的。受精并不意味着主从关系，或者任何种类的权力关系。但通过男人是天上的太阳，而女人则是地上的土地这种联想对比可以得到这种关系。

昆布人被赋予的上和下的空间观念，③ 这就导致了类似宇宙起源的相互作

---

① 道格（Dog）意味着容器，也意味着肥沃的土地。这是一个古代藏族概念，能够指肥沃的土地，也可以指天地间宇宙相连的地方。（Tucci, 1966: 64ff; Bacot et al., 1940: 81; Hazod, 1991）

② 有时候，"粮食"也被拿来与发酵的小麦、大麦、玉米相比较，这些东西通过挤压，也可以生产出白色的"羌"。

③ 昆布人继承了与藏族同样的观念：天上居住着天神，地下居住着土地神，天地之间的空间由灵媒和人类占据着。灵媒的生活总是让天地之间变得紧张，且大山是一种纽带。（Stein, 1972: 202ff）

用。而人们通常会发现这里的男神和女神的等级不同,比如男性在上,与天相联系;而女性在下,与土地、地下水和地府鬼神相联系。这些比喻体现了昆布人的祖先宗教(社会秩序),而每个生物来自"萨溪阿妈"〔(Sa-gzhi ama),"大地之母"〕的馈赠。但每个母亲则被视为是"萨溪阿妈"的衍生物。因此,一方面,地球本身就被设想为女性:土地是她的肉体,石头则是她的骨头。另一方面女性也被视为是肥沃的土地,并给予孩子食物。她是处理共生规则的框架。这在空间上偶然发生,并具有导向性,其浓浓的相似性在自身身体语言中被察觉。当昆布人做爱时,女人通常处于下方,而男人则位于上方。如果他们必须隐瞒和掩饰性行为时,则并排躺着(当屋子只有一间房,且有其他人在的时候)。① 女人永远不能跨过男人身体,因为这样会影响他被氏族和山神赋予的财富与"卫旁"(uphang)。反过来说,并不意味着昆布人喜欢或可以直接跨过他的伴侣,有时他宁愿在她面前跪下。因此,做爱时的姿势反映了普遍和相对的上下观念,这些观念阻止了任何人跨过任何值得尊敬的事物(人、食物、宗教物品和火),或是用枕头、衣服之类来遮挡身体的下部,并规定在房子里睡觉时的方位,比如头部朝向祭坛和山,足部朝向门和山谷。

除了传统的部落,连续产生的新隐喻使肢体语言的具体实现有了新的形态。一天晚上,在靠近珠穆朗玛峰的旅游区,一个女孩邀请一个塞帕男生时唱道:"我有一个照相机,你有好的胶片吗?如果你给我胶片,我们可以拍出漂亮的照片。"然而这个男孩看起来没有也确实没有胶卷,因此对于她的这个问话,他相当困惑和讶异。然后女孩跟他说明白其中的含义后,而他的确有漂亮的胶卷了……

怀孕:身体上的解释与社会联系

当一个男人和女人发生关系,而后女人怀孕时,双方都可能会感到虚弱和略微不适。如果这个男人细心且与他的伴侣关系和美,他将通过"精液之屋"——睾丸提前感觉到女方怀孕。因此,父亲被认为是一开始就在物理上(身体上)和情感上参与新人类的创造,他并没有与母亲的生理事件分离开来。这种感情的参与,是父亲日后帮助母亲生产,以及作为抚养孩子等重要

---

① 一个女性如果跨过或位于男性伴侣的腰部之上,是逾越行为。它超过了通常所规定的动作行为,在密教或神灵的神圣世界中有保留下来。(在佛教密宗的肖像画中可以看出)(cf. Prince Peter of Greece and Denmark, 1963: 542)。

贡献角色的第一步。

一旦花朵开始包裹进入的精子，胚胎开始生长。而父亲的精液形成孩子的骨头和大脑。而精液需要血液形成骨头，此外血液也需要精液形成肉体。不过骨头是较重要且更难的部分，因为它在家族中代代相传。骨头产生精液，精液制造骨头。"骨"是在其父系宗族中由其先民给予儿子的。骨系是由父系组成，先民的骨传给儿子和女儿，而且经由儿子的精液代代传下去。"骨系"与男性氏族神"普拉"相联系，他居住在人们的右肩。这个神是氏族中所特有的名字，被氏族中所有人崇拜，取自西藏神圣的祖山，并随着家族的迁移沿用至今。然而如今，家族和"普拉"事实上已降至为一种神圣的社会秩序，氏族神与家族和先人的联系被居住在秘境肯巴伦的、新的先民借用来创造氏族名。

血液生成肉，形成身体，在同族间传递。母亲血液和阴道分泌物是由她父亲的精液和母亲的血液产生。血液必须和精液结合才能在同族内传递。母系血液形成婴儿的肉体，并通过血缘关系形成社会生活。通过联盟人们传遍整个区域，同时每个人都是这个联盟网络中的一员，但联盟内部不可通婚。由于嫁亲方有极高的地位，其家庭出身及其亲属集体意味着紧密的联系。这种联系关系在契约型婚姻中，特别是对于女人本身来说，可以保护她的地位。这些关系是借由她的孩子，并通过她母亲的兄弟的家庭关系延续的。从仪式上说，这种亲属关系都与"姆拉"神［molha（mo-lha），女性之神］和"扎拉"神［zhanglha（zhang-lha），男性之神］有关。他们居住在人们的左肩，在拉桑乞灵仪式中有记录道："姆拉在左，扎拉支持着她。"不管怎样，这些神仅仅用来命名（作为名字出现），他较"普拉"来说，很少被提及，其地位也远远低于"普拉"。氏族中的兄弟情在仪式中是稳定的，是行为调节的要素，并在母系亲属关系中代表了动态组成部分，且在政治层面承担着重要的作用。在族谱中，人们很可能发现亲属集体中，三四代以内基本上其氏族都存在着血缘联系（见图3）。

女性孕期在亲属关系中的矛盾心理，概括起来表现为，一方面是人们发现女性自我意识开始了，女性与女性关系中，她们独立于各自的父系氏族，因而意味着"血液"关系的自主权。每人所形成的双方默认情况，意味着在这个系统下否认和减少女性遗传上的作用是不可能的。骨头需要血液来传播，氏族需要母亲。然而另一方面，血液也常被认为对骨头是有副作用的。女儿和姐妹们是不能够传播"骨头"的后代，因此必须搬走去为她的丈夫氏族生育孩子。这样一来，使得处于附属地位的儿媳妇居住在男方家庭合法化。

作为昆布人和佛教徒，从孩子在出生之初，其生命和身份就伴随着一种

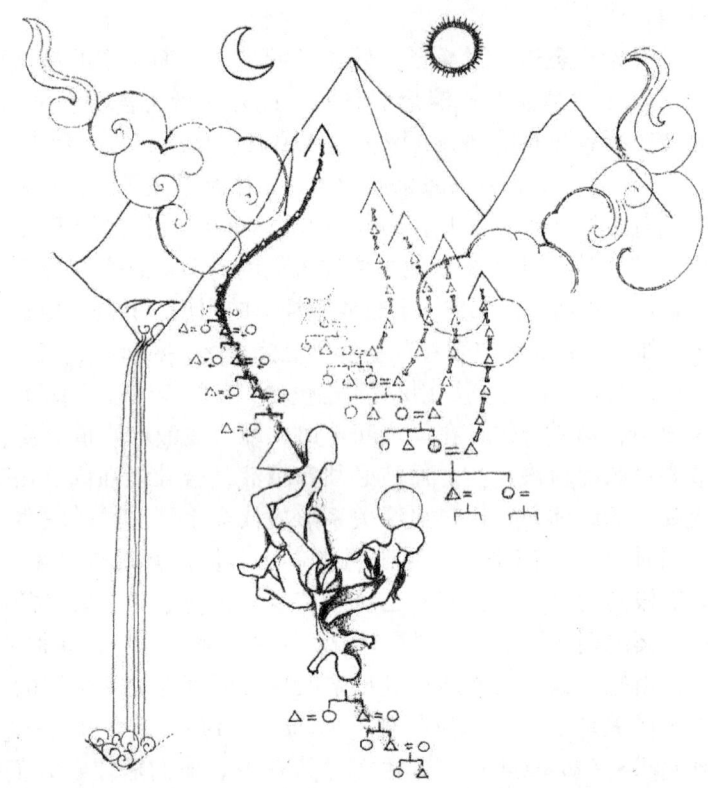

图3 女性的子宫被昆布人视为一朵红花,女性的乳房也被视为饱含粮食。昆布婴儿的肉由他或她母亲的血构成,骨是由其父亲的精所构成,所谓的"灵"则与生命的轮回(从佛教视角来看)以及昆布的神山密切相关。同时,"血系"构成了母系亲属关系,而"骨系"构成了父系氏族。父系氏族的骨头通过男性成员的精传递给子孙后代,而血则被认知性传递。山神是现在昆布领土上神圣的"土地所有者"[sadag(sa-bdag)],也是这一地区群体的共同祖先的居所。(这一关于人类身体的解释,部分地论述了性别与归属于某一社会群体之间的关系。)来源:Karen Diemberger 绘制。

"意识",即佛教术语"嫩姆协"[namshe(rnam-shes),字面意思是觉悟的原则],① 与轮回有关。据《西藏度亡经》记载,"嫩姆协"被"业"(过去的

---

① 这个含糊不清的术语的具体使用,给予觉悟原则以实质内容,那就是直截了当地驳斥了佛教理论中否认"灵魂"的存在。当 Tucci 在描述藏族宗教中"灵魂"概念时,就提出这样的反驳。(Tucci and Heissig, 1970:219)

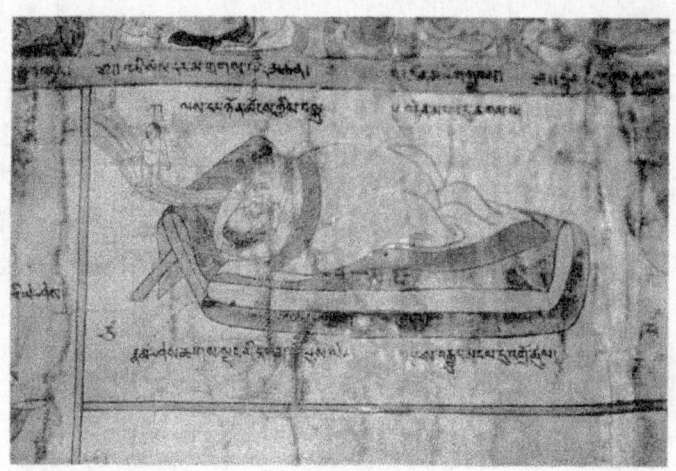

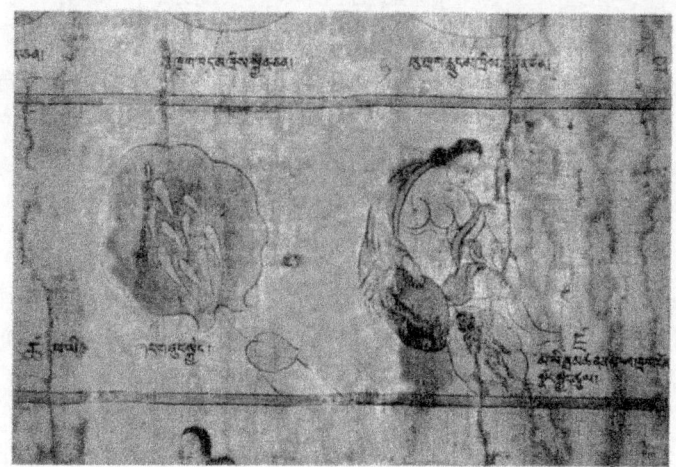

图4 藏族的胚胎学在17世纪的唐卡上已经有所呈现。当母亲怀孕时,灵魂就会从轮回"空隙"(bardo)中进入母亲的子宫。依据文本解释,骨由精、血、肉生成,身形由母亲的月经形成。来源:拉萨医药历算院("曼仔康")。

行为）所推动去轮回为人，被封存在原始胚胎中。如果"嫩姆协"感受到吸引力便朝向母亲，感受到排斥力则朝向父亲，朝向父亲后则成为男性，反之则成为女性。这个原则与佛教的宗教信息中所提及的人类本身及其普遍特征有关。①

"拉"[la（bla）]与"嫩姆协"是同一个意思，但比"嫩姆协"更常用。"拉"是藏区通用的一个概念。昆布人把它和人们死后魂归之所肯巴伦（Khenbalung）神山相联系。这些山脉是他们部落所有先人的栖息之所，也是孩子们的"出生之神：300-1"（cf. MacDonald, 1971）。他们是这个区域的"杰拉"[Kye-lha（skyes-lha）]，是所有部落祖先共同的灵魂栖息地（Karmay, 1987：100-1），它的繁荣昌盛直接与圣地的宗教崇拜的虔诚度相关。"拉热"[La-ri（bla-ri），灵山]和"拉措"[la-tsho（bla-mtsho），灵湖]被视为这片区域中父亲和母亲的保护者，它们还赐予肥沃的土地，繁盛的牧群和女人。"域拉"（字面意思土地之神）这些神居住在每个昆布人的头上。②

不管怎样，在过去"拉"的概念是信仰中很复杂的一部分，它与氏族领土、神山、先人相关。这个团体在迁移、种族进化以及集中化的进程里分裂了，而这些"灵魂"与"骨"有联系的幸存者，则在相关事件中完成了骨的角色。这个角色也使得杜齐（Tucci）去定义"骨"是先人灵魂的栖息地。(Tucci and Heissig, 1970：219)

"灵魂"的矛盾状态显示了人类宗教的一体化，是根源于胚胎的概念。据当地昆布人的观点，"拉"被认为：（1）依据系统化了的本教观点，"拉"与当地山神有关，（2）它因拥有光的属性而与天空相联系；（3）觉悟的原则，则是与佛教观点中"业"和轮回相联系。"拉"在认识范畴内被不断地再定义，灵魂现在已经与宗教、亲属关系以及政治相联系了。

孕期："灵魂的关键时期"

昆布妇女在怀孕期间依然努力工作，继续着她们的日常生活，只是仅仅

---

① 它本身就是独立于父母所遗传的那一部分。当佛教在西藏起主导作用时，"觉悟原则"的转世，就变成了重要政治宗教角色所传递的概念基础。

② 这是一个广泛存在于藏族的概念。（Stein, 1972：222）它直接将人类身体与政治权力、声望（uphang），"头人的命令"相结合，并且与庇护它的山神相结合。

为避免流产而不提重物。同时，孕期被认为是身体灵魂的特殊时期。昆布话中"祖库尼巴"［sugu nyiba（gzugs-sku gnyis-pa）］意思是"身两个"，表明一个身体变成了两个身体的情形。这是母亲的"拉"和婴儿的"拉"的危险时期。山神也许会偷走"拉"，从而导致疾病和死亡。这是会发生在人类生平的任何时期的事情，只是孕期是最关键的时候。因此，在此时有一个"叫魂"的仪式必须举行。祭师会用面团做成家庭人员和山神的小雕像，然后用一只山羊作为赎罪去献给"成雍苏拉饶业"（Chekyong Surra Rakye），他是秘境肯巴伦山上最重要且最易怒的神。在祭仪中，祭师向"骨的祖先""肉的祖先"和"生命的祖先"进行供奉，用来安抚人类，转移他从人类中偷走的"拉"时所引发的愤怒。

在孕期，两人的性生活继续，土地里生长的食物，以及父亲体内的隐喻性"食物"将会喂养母亲，再通过母亲身体喂养孩子。

出生：自然分娩

分娩在室外进行，以免玷污了居住在屋内的神灵（见图5）。但结果可能会因失去了他们的保护而招致冰雹灾害和疾病。分娩通常在牧棚内进行。分娩时，母亲蹲下，父亲则坐在身后用手环住母亲的腰，以便母亲向下用力生下婴儿。婴儿出生后躺在干净的衣服上被放到母亲面前，父亲则用一把用火烧消毒后的剪刀，在三指处剪断脐带，然后胎盘拿到森林埋掉。接下来，父亲会拿出事先准备好的发酵饮料"羌"［"曼羌"，(sman-chang)］以备不时之需，并给母亲准备一碗鸡汤以便产奶。

3天内整个家庭是污秽的，需要切断一切对外的联系。在未取名字前（the not name-bound），乡民们只是悄悄地把这个消息传递给彼此，以免传到了"尼玛塔巴"［min ma taba（min ma btags-pa）］那里。特别是母亲不能和任何人共用一个杯子或者端食物给别人。此时，她处于共生规则之外。

婴儿此时还未进入社会，如果在这个阶段夭折了，将不会举行葬礼，而只是简单地埋葬在森林中，坟上插满花，婴儿只是回到了他的来处——大地母亲那里。若3天后婴儿还健在，那么他会在之后的任何一个吉利的日子，被带回屋子，并通过命名仪式来祛除污秽。

图5 昆布的儿童通常在牧场的小木屋里出生,父亲通常会协助母亲分娩以及之后的事项。

婴儿的取名

通过"尼塔羌"［mindachang（min-gdag-chang）］取好名字后,母亲、孩子和家庭便可以回到部落中去了。名字也标志着一个新人进入了社会。在污秽中分娩后,以及躺在象征社会边缘的地方后,婴儿的家人和父母也需要一个仪式将其从外面带回。孩子作为神山和氏族以及人类的根,进入氏族社会中。①

孩子的母亲通过婚姻（或在紧急状态下可通过短期的契约方式）处于她丈夫的氏族神"普拉"保护之下。她的孩子首次完全属于这个她嫁过去的氏族,他们有共同的骨。孩子在这个社会需要一个父亲,而母亲也需要孩子的

---

① 个体（自然）出生仪式不用举行,但有个取名仪式,是祖先和神灵给新婴儿祝福以及给予他集团身份的。此后孩子要背负着祖先"永久的"骨和部落"永久的"灵魂。新生儿在社会集团的一个永恒的神话维度中,仅仅是一个联系。这种血统集团、时间感知和仪式之间的关系,为了Merina向Bloch's的讨论呈现出了一种类比（Bloch, 1986: 167ff）。

父亲帮助孩子重新进入社会。① 男孩的取名仪式通常比女孩要复杂一些,因为女孩终究要出嫁,而不需要传播骨。

喇嘛或"拉苯"用被称为"天上之水"的露水,清洗新生儿出生时的污秽,然后把黄油抹到孩子的头上作为祝福,并赐给他一个名字(见图6)。如果这个孩子是家庭中的第一个孩子,那么对孩子来说,这不仅仅是一个过程,而是一个重要的仪式,其父母和通过这种仪式的整个家庭都经历着明确的改变。在部落中,每个人都知道了他们第一个男孩或女孩的名字,从今以后,如果直呼这对初为父母的人的名字,则是失礼的行为。父母在与其第一个孩子的关系中,重新定义了自己,这段经历强调联盟中新一代迈出了一步,同时也是男人和女人从伴侣上升为父母,真正变为成人的一步。

图6 一位昆布拉苯在捏面人,作为家族、山神以及新生儿的临时身体。

因此,在孩子出生的社会过程中,昆布女人与污秽的联系,比男人与污秽的联系更为紧密,这也意味着女人更难进入宗教生活的神圣力量之中。女人脱离神谕,从宗教中分离,并不仅仅因为她们不能够传播"骨",而是因为

---

① 理论上讲,一个没有父亲的孩子,不能够抛开出生的不洁:这种不洁将会惹怒神灵,神灵会给整个社区降下冰雹、带来疾病和霉运。尽管如此,实际上也有许多可行的解决方法,从"买一个父亲"到把孩子过继给母亲姐妹的丈夫(他的"格",agu)。

她们传播"肉"。仪式用最干净的第四根手指进行，因为新生儿还在母体内时，这根手指就一直在鼻子里。女人在经期还有一个忌讳，即避免进入祭坛。对昆布人来说，血液的主要特征是有创造潜能的能力，这是在贵族的神圣社会秩序中可被驯化和整合的，并使其不被污染。若离开了这种神圣的秩序以及亲属关系中的原则，将会带来混乱并很有可能导致乱伦。

根据昆布人的神话（Diemberger et al., 1989: 325-39），"著"是很难被形容的，无法定义，朦胧隐蔽的，它联系着出生与死亡，联系着神话时代的社会秩序，联系着可能破坏社会关系的冲突。"著"使人们与动物区分开来，但社会和"著"的区分却是无法阐明的。在面临死亡时，那些从母亲子宫中出来的人们将重新回到大地母亲的怀抱，无法定义的乱伦禁忌依然无法定义，这让大量没有名字的先人存在于死亡的"阴影"和他们自身授予的社会秩序的"光明"之中。因此，这些先人在阴暗与光明中安息融合：在山脉上，他们是大地与天空的媒介，并赐予塞帕人土地、牲口、生育能力，乃至和平与繁荣。

总结：性别身份中人类身体语言与秩序

昆布人性别身份是被涵盖在两性家庭居住单位体系下的，由亲属关系系统所定义，其生命和出生是被宗教观念教条所影响的。而亲属关系和宗教生活都给予男性特权。因此，女性通过"血液"的生育能力获得在男方家居住的合法性和恰当性是有限的，这种合法性和恰当性是受男性家庭和氏族所限制的。对孩子来说，社会中父亲的身份是不可或缺的，但对女人来说，母系中的血缘关系则有相当大的自由功能和社会流动性。此外一个家庭的血缘关系由更高位置的嫁亲方塑造，在进入联盟系统后，将持续代表这个女性，并在任何时期都保护她。

在这种情况下，通过身体传递给了每个男人和女人关于血液与精液、骨与肉、灵魂、神山与佛教的信息。对于昆布人来说，男性和女性的身体承载着塑造性别身份的深刻的"自然意义"（Douglas, 1970），同时也是对社会身份原则性别领域的社会结构、身体语言、社会规则和性别关系的合法化。在其他更多以男性为主导的社会中，血液既不能表达很强的禁忌，也不能表达男性和女性世界的区分，又或者说是对女性身体和性别的敌视态度。它仍然是个社会秩序，允许兄弟有优先于姐妹的继承父亲土地的权利。这不仅意味着一个经济来源，也联系着宗教与政治力量，一个女人可以比她的丈夫更有权力,但永远不可能比她的兄弟更有权力,因为他是她孩子的"阿章"。

身体语言,社会秩序语言及冒犯性言

通常在藏传佛教的观点里,轮回中的女性处于较低的位置,她与"轮回"的联系更强,[①] 比男人更容易陷入情感河流之中。尽管在昆布包括藏区宗教的整个范围内,有女性超越了这一规则,但在本质上,女人通常还是与众多的宗教生活是分开的。

在藏区,笃信宗教的女人依赖着密宗哲学,这种哲学给予女性原则神秘空间。进一步看来,所有"众生"(Paul, 1979; Allione, 1984)所具有的与生俱来的佛性也在激励着这女性。除了尼姑和出家人外,世俗的女人都从属于这个制度。这个制度中也存在着一部分超越了女性原则的神秘女性,她们能够运用社会力量和宗教的概念,反转并解放意识(Dowman, 1980)。例如恐惧、渴望以及隐藏和压抑在社会中的身体语言等情感,是这些女人所涉及的主要领域。

居住在秘境肯巴伦神山,且属于不同的传统(神谕、密宗、印度教出家人)的神圣女性,通过获得并超越神秘的洞察力形成具体的女性潜能,并且成为他们所处社会里有话语权的女人(见图7)(Diemberger, 1991)。她们也是神秘主义者,持续对社会和习俗进行彻底批判。不管怎样,这些女人数量不多,通常是处于政治宗教当局的边缘地带。她们通常很快会被遗忘,某些为数不多的著名案例除外。其他许多女人因象征束缚的"轮回之血"而最终归于这个社会。实际上,通往宗教和神的超然性道路中,女性面临着比男性更多的障碍。[②]

不管是隐喻还是转喻,"血液"都显示出它代表了"普通"昆布女人在生命周期和亲属关系中的生活地位。对于神秘杰出的女性来说,她们的血液是超凡的、批判的,有潜在能力的(宗教事务中)。最后,我必须补充一下,血液在最重要的伟人中,仍是一个基本要素。它是昆布喇嘛在祭坛上的秘密祭品的一部分。"雅巴"(梵语"血"),在祭仪仪式中,代表轮回里的重要

[①] 西藏女性共同的称谓是"即满"[kyemen(skye-dman)],字面意思为"低出生"(Jaschke, 1975:28)。

[②] Snellgrove强调,尽管在原则上尊重女性,但是大部分文本都很少从男性降头师的角度来说仪式体验(Snellgrove, 1987:287-8)。然而在历史上,12世纪时有一位名叫玛吉拉准的神秘女性,创造了"觉"派,她见证了为领悟而通往神秘认识的、艰苦道路。

图7 这位84岁的藏族女性,就是一种神秘传统的当代代表,这种传统在秘境肯巴伦非常盛行。在"文革"破坏了寺院和庙宇之中,她负责了卡塔(Kharta)地区的Kuye Labrang寺院的重建工作。目前,她正在庆祝社区的典礼,并且对一位被认为是其母亲(密宗里的神秘女性)转世的小女孩进行启蒙。

原则,以及超越智慧的根源。依照这个说法,"雅巴"让昆布喇嘛与藏密传统和他们的意识解放哲学紧密相连。昆布喇嘛语境中,"血液"是祭仪仪式里神圣象征部分。在昆布社会秩序中,"血液"代表了政治权力和宗教权力的根源。

血液的社会意义和仪式意义可以作证,相同的符号可以成为不同的、但相互关联的论述的一部分。宗教,塑造了社会认知和社会框架,可以通过一种相同的语言,立即使其合法化以及从束缚中解放。

对身体语言的论述,远远超过了我们对意识范畴的理解——这也是身体语言如此有力量的原因。它是一种语言,深深根植于个人身体的具体知觉和功能中。这种说法,最后成为 Erdheim(1988)所谓的"无意识的社会生产"的一部分。身体语言很微妙但强有力的将个人与其所塑造的社会联系起来。它也像是一种"死神",可以吞噬一切危及社会关系稳定性的事物。对于女性自我和其他人而言,身体是一种通过社会表达的特权媒介。身体难题语言也是多义的,在女人生命中,它与秩序或道德违背相联系。违背道德可以通过多种方式来表达:比如通过一个能够证实或超越现状的神圣或敌对世界,[1] 通过意识解放运动,或者给予艺术和知识新的形式。

尾声:康卓·伊喜措嘉女士是如何避开追求者而献身于密教并获得神秘洞察力的

下面是 Dowman(1984)所译的康卓·伊喜措嘉的传记,康卓·伊喜措嘉是一位神秘的藏族女性,也是咕噜仁波切[2]一起修习密宗的双修伴侣:

> 当一大群追求我的人出现时,我的父亲还特意举行了议会,讨论了我的婚事……我坚持说:"我不会和他们中的任何一个生活下去。""如果这样我将会愧疚的生活在世俗的牢笼里,很难得到自由。我的父母,我请求你们,请一定考虑一下我的感受。"尽管我非常诚恳地请求他们,但是他们仍然坚定自己的想法,父亲对我说:"这世上再没有比这两个王子居所更好的地方了。""你一点都不孝顺,我是不会同意让未开化的你去中国或霍尔的,我将把你许配给其中一位王子。"……
>
> (Dowman,1984:15)

---

[1] 裸露生殖器被认为是一个极其恶劣的冒犯行为,相当于公开宣告要起冲突。这个行为男女都有可能出现。这样做了的人,将和被冒犯的人或集团一起,陷入"空著"[Khon Dip(khon grib)]之中,即"冲突阴影"。奔放的举止在极个别严肃的场合是被禁止的。尽管如此,还是存在着共同的缓和版本,例如一位女性提起围裙转而面向她想冒犯的人。这是古代藏族文献中有过的类似行为的记载。敦煌某文本也记录了一个案例,一位强势的女性故意通过裸露生殖器进行冒犯,从而打破了联盟(Bacot et al.,1940:103)。

[2] 莲花生大士,佛教密宗的圣人和降魔师(巫师),被认为是 8 世纪藏传佛教的主要建立者和赞助人之一。

在复杂的抗争后，她设法逃脱了。"我逃啊，逃的比风还快，穿越过了许多的山谷，逃到了南边。第二天早上，之前被派来抓我的人感到非常愤怒和羞愧。"

(Dowman, 1984：17)

从世俗的普通生活中获得了自由之后，她碰到了咕噜仁波切，并献身于神秘体验。她和她的双修伴侣咕噜修习密宗里的"善巧方便法门"和"大圆满见解"，① 最后成了女菩萨。在修习神秘洞察力的道路上，她与女性神灵神和神圣的血菩提不期而遇。以下是引述：

然后我见到一个全身赤裸的红色女子，甚至都没有佩戴骨饰来遮盖身体，她将她的私密处（bhaga，梵文，阴道）对准我的嘴，我深深地吸饮着她的血菩提。然后整个人变得健康和幸福。我感觉自己就像雪狮一般强壮，然后我意识到……这是一种说不出来的真相。我确定修习全裸的时机已经成熟了，可以仅靠服气为生……

(Dowman 1984：71)

她在密教仪式中奉献自己身体时唱到：
在纯粹愉悦的亲密曼荼罗中，②
感觉身体就像须弥山，③
我的四肢和头就是围绕它的那四块大洲，
纯粹而喜悦的莲花④就是轮回和涅槃源泉，
为了众生，接受它吧。

(Dowman 1984：38)

参考文献

Abadan-Unat, N. (ed.) (1985) Die Frau in der turkisehen Gesellschaft, Frank furti Main：Dagyeli.

---

① 这种表现指的是仪式的性联盟和她的神秘方面。
② 曼荼罗，坛城（梵文"圈子"），作为神圣的空间和围场的概念，是密宗仪轨的基本元素 (Snellgrove, 1987：198ff)。
③ 须弥山，依据印度和西藏的宇宙生成论，它是宇宙的中心，周围有四个大洲。
④ 在密宗中象征阴道。

Aiono, F. (1984a) The confessions of a bat, Savali, English edition, Apia, Western Samoa, July: 22-9. (1984b) Correspondence, Oceania 55, 2: 145-6. (1986) Western Samoa: the sacred covenant, in Land Rights of Pacific Women (cull. eds.), Suva: Institute of Pacific studies, pp. 103-10.

Allen, N. J. (1976) Sherpa kinship terminology in diachronic perspective, Man. 11: 569-87.

Allione, T. (1986) Women of Wisdom, London: Routledge & Kegan Paul. (First edition 19 $ 4.)

Altoxhi, S. and Fawzi El-Sohl, C. (eds.) (1988) Arab Women in the Field. Studying Your Own Society, New York: Syracuse University Press.

AmadiumeI. (1987) Male Daughters, Female Husbands. Gender and Sex in an African Society, London: Zed Books.

Appadurai, A. (1986) Introduction: commodities and the politics of value, in A. Appadurai (ed.) The Social Life of Things. Commodities in cultural Perspective, Cambridge: Cambridge University Press.

Ardener, S. (ed.) (1975a) Perceiving Women, London: Dent. (1975b) Belief and the problem of women, in S. Ardener (ed.) Perceiving Women, London: Dent.

Aziz, B. N. (1978) Tibetan Frontier Families, New Delhi: Vikas.

Bacot, J., Thomas, F. W. and Touissant, C. (1940) Documents de Touenhouang relatifs a l'histoire du Tibet, Paris: Librairie Orientaliste Paul Geuthner.

Balibar, E. (1990) (1988) Gibt es einen "Neo-Rassismus"?, in E. Balibarand I. Wallerstein, Rasse, Klasse, Nation. Ambivalente Identitaten, IIaznburg: Argument-Verlag, pp. 23-38.

Banton, M. (1988) Which relations are racial relations?, Presidential address to the Royal Anthropological Institute, 29 Jane, London. (1989) Science, law and politics in the study of racial relations, Presidential address to the Royal Anthropological Institute, 28 June, London.

Barker, M. (1981) The New Racism, London: Junction Books.

Barnes, R., de Coppet, D. and Parkin, L. (eds.) (1985) Contexts and Levels (Oxford symposium in anthropology, 1983), Oxford: JASO.

Bell, D. (1983) Daughters of Dreaming, Melbourne: McPhee Gibble.

Bell hooks (1984) Feminist Theory. From Margin to Center, Boston: South

End Press.

Bender, D. R. (1967) A refinement of the concept of household: families, co-residence and domestic functions, American Anthropologist 69: 491-504.

Benedict, P. K. (1942) Tibetan and Chinese kinship terms, Harvard Journal of Asiatic Studies b, 34: 313-337.

Benhabib, S. and Cornell, D. (1987) Feminism as Critigue: Essays on the Polities of Gender in Late-Capitalist Societies, Cambridge: Polity Press.

Bennholdt-Thomsen, V., Dakter, A., Firat, G., Holier, B. and Marciniak K. (1987) Frauen aus der Türkei kommen in die Bundesrepublik, Bremen: Edition CON.

Berghe, van den, P. L (1986) Ethnicity and the sociological debate, in J. Rex and D. Mason: (eds.) Theories of Race and Ethnic Relations, Cambridge: Cambridge University Press.

Biddiss, M. D. (1972) Racial ideas and the politics of prejudice, 1850-1914, The Historical Journal 15, 3.

Bloch, M (1986) From. Blessing to Violence, Cambridge, New York, New Roehelle, Melbourne and Sydney: Cambridge University Press.

Borchgrevink, T. and Melhuus, M. (1985) Familie og arbeid. Fokus pasjomannsfamilier, Report No. 27, Oslo: Work Research Institute. and Solheim, J. (1989) "Kjonn og modernitet" Research proposal to Norwegian Council for Scientific Research (NAVF) on "Basic research on women".

Borish, S. M. (1991) The Land of the living. The Danish Folk High Schools and Denmark's Non-Violen Path to Modernization, Nevada City, CA: Blue Dolphin Publishing.

Bourdieu, P. (1977a) Outline of a Theory of Practice, Cambridge: Cambridge University Press. (First published in French, 1972) (1977b) The kabyle house or the world reversed, in Algeria 1960, Cambridge: Cambridge University Press.

Braun, C. von (1990) (1985) Nichtich. Logik, Libido, Frankfurt/Main: Neue Kritik.

Bridenthal, R., Grossmann, A. and Kaplan, M. (eds.) (1984) When Biology Became Destiny: Women in Weimar and Nazi GERMANY, New York: Monthly Review Press.

Brox, O. (1984) Nord-Norge. Fra allmenning til koloni, Oslo: Universitets forlaget.

Butler, J. (1987) Variations on sex and gender: Beauvoir, Wittig and Foucault, in S. Benhabib and D. Cornell (eds.) Feminism as Critique, Cambridge: Polity Press. (1990) Gender Trouble: Feminism and the Subversion of Identity, London: Routledge.

Bynum, C. W. (1986) "Introduction", in C. W. Bynum, S. Harrell and P. Richman (eds.) Gender and Religion: On the Complexity of Symbols, Boston: Beacon Press. (1989) The female body and religious practice in the later middle ages, in Michel Feher et al. (eds.) Fragments for a History of the Human-Body, Vol. I, Boston: Zone/MIT Press, pp. 161-219.

Caplan, P. (ed.) (1987) The Cultural Construction of Sexuality, London: Routledge.

Carby, H. V. (1985) On the threshold of woman's era: Lynching, empire and sexuality in black feminist theory, in L. Gates Jr. (ed.) Race, Writing and Difference, Chigo: University of Chicago Press.

Caritas Espanola (1988) Situacion en Espana de los immigrants procedentes de paises de mayorta islamica, La Accion Social, Madrid.

Carrithers, M., Collins, S. and Lukes, S. (eds.), (1985) The Category of the person: Anthropology, Philosophy, History, Cambridge: Cambridge Univerity Press.

Cashznore, E. E (1984) Dictionary of Race and Ethnic Relations, London: Roufiledge.

Centre for Contemporary Cultural Studies, University of Birmingham (1982) The Empire Strikes Back: Race and Racism in 70s Britain, London: Hutchinson.

Clarke, G. (1980) The temple and kinship among a Buddhist people of the Himalaya, PhD thesis, Oxford: Univerity of Oxford.

Collier, J. and Yanagisako, S. J. (eds.) (1987a) Gender and Kinship: Essays Toward a Unified Analysis, Stanford: Stanford University Press. (1987b) Toward a unified analysis of gender and kinship, in J. F. Collier and S. J. Yanagisako (eds.) Gender and Kinship: Essays Toward a Unified Analysis, Stanford: Stanford University Press.

Conze, W. "Rasse", Brunner, O., Conze, W. and Koselleck, R. (eds.)

(1984) Geschichtliche Grundbegriffe: Historisches Lexikon zur politisch-sozialen Sprache in Gyethang, in M. Brauen and P. Kvaerne (eds.) Tibetan Studies, Presented at the Seminar of Young Tibetologists Zurich, June 26th-July 1st 1977, Zurich: Museum fur volkerkunde de Universitat Zurich.

Corominas, J. (1982) Diccionario Critico Etimologico Castellano e Hispanico, Madrid: Editorial Gredos.

Csikszentmihalyi, M. and Rochberg-Halton, E. (1981) The Meaning of Things. Domestic Symbols and the Self, Cambridge: Cambridge University Press.

Cunningham, C. E. (1965) Order in the Atoni house, in W. A. Lessa and E. Z. Vogt (eds.) Reader in Comparative Religion. An Anthropological Approach, New York: Harper & Row.

Dahl, H. F. and Vaa, M. (1980) Norge. Paxleksikon, Vol. 4, Oslo: Pax Forlag.

Daly, M. (1873) Beyond God the Father Towards a Philosophy of Women's Liberation, London: Women's Press.

Danielsen, L. (1984) Identitets for valtning blant gamle damer pa Frogner, in I. Rudie (ed.) Myk Start-Hard Landing, Oslo: Universitets for laget, pp. 123-35.

Del Valle, T. (1989) The current status of the anthropology of women: models and paradigms, in W. A. Douglass (ed.) Essays in Basque Social Anthropology and History, Reno: Universidad de Nevada-Reno, Basque Studies Program, pp. 129-147. (1991) Generoy sexualidad: aproximacion antropologica, in T. del Valle and C. Sanz Rueda, Generoy Sexualidad, Madrid: Fundacion Universidad Empresa, pp. 13-111. and Sanz Rueda, C. (1991) Generoy Sexualidad, Mdrid: Fundacion Universidad Empresa. Apalategi, J., Aretaga, B., Arregui, B., Babace, I., Diez, M. C., Larranage, C., Oiarzabal, A., Perez, C. and Zuriarrain, I. (1985) Mujer vasca. Imagen y realidad, Barcelona: Anthropos.

Delaney, C. (1986) The meaning of paternity and the virgin birth debate, Man 21, 3: 494-513.

Di Coiri, P. (1990) Marco teorico-metodologio para la historia de las mujer en Andalucia, ler Encuentro Interdisciplinanio de Estudios de la Mujer, Vol. I, Granada: FEMINAE, Universidad de Granada, Seminario de Estudios de la Mujer, pp. 127-36.

Diemberger, H. (1991) Lhakama (iha-bka'-ma) and Khandroma (mkha'-gro-ma): The sacred ladies of Beyul Khenbalung (sbas-yul mkhan-palung), in E. Steinkellner (ed.) Tibetan History and language, Vienna: Arbeitskreis fur tibetische und buddhistische Studien Universitat Wien. (1992) Lovanga (Lo' Bangs pa?) Lama and Lhaven (Lha bon): historical background, syncretism and social relevance of religious traditions among the Khumbo (East Nepal), in S. Ihara and Z. Yamaguchi, Proceedings of the 5th Seminar of the International Association of Tibetan Studies Narita (Japan) 1989, Narita: Naritasan Shinshoj. (forthcoming) Gangla (Gangs-la), Tsche chu (Tshe-chu), Beyul Khenbalung (sBas-yul mkhan-pa lung) -Pilgrimage to hidden valleys, sacred mountains and springs of life water in southern Tibet, Contribution to international seminar Anthropology of Tibet and the Hialays, September 21 - 28, 1990, Zurich, to be published in the proceedings. and Schicklgruber, C. (forthcoming a) Pholha and Yullha among the Khumbo, North-eastern Nepal. The contradiction between residence and descent and its expression in religion, in A. Gingrich, S. Haas, S. Haas and G. Paleeczek, Kinship, Social Change and Evolution, Proceedings of the Symposium held on the Occasion of the 69th Birthday of Walter Dostal in Vienna, 7th and 8th April 1988, Vienna: Verlag Ferdinand Berger & Sohne. And (forthcoming b) Beyul Khenbalung [sBas-yu. Mkhan-palung], the hidden valley of the Artemisia-on Himalayan Communities and their sacred landscape, in A. W. Macdonald (ed.) Mandala and Landscape (in press) Hazod, G. and Schicklgruber, C. (1989) Mutterwort und Vaterfolge: Frauen und Mutter machen Gesellschaft-Das Beispiel der Khumbo, in Von Fremden Frauen, Frankfurt/Main: Suhrkamp.

Douglas, M (1970) Natural Symbols: Explorations in Cosmology, New York: Panthen Books.

Dowman, K (1980) The Divine Madman, Clearlake (USA): The Dawn Horse Press. (1984) Sky Dancer: The Secret Life and Songs of the Lady Yeshe Tsogyel, London: Routledge & Kegan Paul.

Dumont, L. (1966) Homo Hierarchicus, Paris: Callimard. (English translatian, 1970, Chicago: University of Chicago Press.) (1979) "Postface" to Homo Hierarchicus, Paris: Gallimard (coll. 'Tel') (1983) Essais sur l'Individualsme, Paris: Le Seuil. (1980) Essays on Individualism, Chicago: University of Chicago Press.

Durkheim, E. (1964) The Division of Labour in Society, New York: The Free Press.

Erdheim, M. (1988) Die gesellschaftliche Produktion von Unbewubtheit, Frankfurt/Main: Suhrkamp.

Eriksen, T. H. (1991) A community of European Social Anthropologists, Current Anthropology, 32, 1 (February): 75-78.

Etienne, M. and Leacock, E. (eds.) (1980) Women and Colonisation, New York: Praeger.

Europaisches Parlament (1990) Bericht im Namen des Untersuchungsaus schusses Rassimus und Auslanderfeindlichkeit, Sitzungsdokumente Serie A-B-195/90, Brussels.

Eyuboglu, I. (1978) Women, symbolic universe and structures of silence. Challenges and possibilities in androcentric texts, Studia Theologica 43: 61-80.

Fernandez Viguera, B (1990) Pobreza femenina: una violencia desde la division sexual del trabajo, in V. Maquieira D'Angelo and C. Sanchez (eds) Violencia y Sociedad Patriarcal, Madrid: Editorial Pablo Iglesias, pp. 105-25.

Fiorenza, E. S. (1988) In Memory of Her ··· a Feminit Theological Reconstruction of Christian Origins, New York: Crossroads. (1989) Text and reality-reality as text: the problem of a feminist historical and social reconstruction based on texts, Studia Theologica 43: 19-34.

Flax, J. (1987) Postmodernism and gender relations in feminist theory, Signs 12, 4: 621-43.

Fortes, M. (1953) The structure of unilineal descent groups, American Anthropologist 55: 17-41. (1987) The concept of the person, in religion, Morality and the Person, Cambridge: Cambridge University Press.

Foucault, M. (1984) History of Sexuality, An Introduction, Vol. I, Harmondsworth: Penguin.

Fox, R. (1967) Kinship and Marriage, Harmondsworth: Penguin Books.

Fraser, N. (1989) Unruly Practices: Power Discourse and Gender in Contemporary Social. Theory, Cambridge: Polity Press.

Freeman, D. (1984) The Burthen of a Mystery, Oceania 54, 3: 247-54. (1985) Reply to Shore, Oceania 55, 3: 214-18.

Freemantle, F. and Trungpa, C. (1975) (Trans.) The Tibetan Book of the

Dead, Berkeley: Shambala.

Gaenszle, M. (1989) Verwandtschaft und mythologie bei den Mewahang Rai in Ostnepal: studie zum problem der "ethnichen identitat", PhD thesis, Heidelberg: University of Heidelberg.

Geertz, C. (1984) From the native's point of view, in R. Shweder and R. Levine (eds) Culture Theory: Essays on Mind, Self and Emotion, Cambridge: Cambridge University Press.

Glazer N. and Moynihan, D. P. (eds.) (1975) Ethnicity: Theory and Experience Cambridge, MA: Harvard University Press.

Godelier, M. (1982) La Production des Grands Hommes. Paris: Favard. (1984) L'ideel et le materiel. Pensee, economies, societes, Paris: Fayard. (1989) Sexualite, parente, pouvoir, in Recherche (numero special "LaSexualite"), September, 213: 1141-55. (1990) Inceste, parente, pourvoir, in Psychanalystes (numero special "Le Sexuel Aujourd hui"), September, 36: 33-51.

Goldstein, M. C. (1986) English Tibetan l3ictionary of Maclern Tibetan, Dharamsala (India): Library of Tibetan Works and Archives. (First edition, Berkeley, 1984.)

Gordon, L. (1977) Woman's Body, Woman's Right, Harmondsworth: Penguin.

Gould, S. J. (1991) The birth of the two-sex world, The New York Review of Books, June 13.

Griaule, M. and Dieterlen, G (1954) The Dogon, in D. Forde (ed.) African Worlds. Studies in the Cosmological Ideas and Social Values of African Peoples, London: Oxford University Press.

Gronhaug, R. (1974) Micro-macro relations, Part II, Bergen Occasional Papers in Social Anthropology, 7, Bergen: University of Bergen.

Guidieri, R., Pellizi, F. and Tambiah, S. J. (eds.) (1988) Ethnicities and Nations: Processes of Interethnic Relations in Latin America, Southeast Asia, and the Pacific, Rothko Chapel Book, Austin: University of Texas Press.

Guigo, D. (1986) Le systeme de parente tibetain, L'Ethnographie, LXXXII, 98-9: 71-117.

Gullestad, M. (1978) Arbeidsdeling, forvaltning av lonnsinntekter og makti familien, Tidsskrift for Samfunnsforskning, Bind, 19: 415-430. (1979) Livet i en gammel bydel, Oslo: Aschehoug. (1984a) Sosialantropologiske perspektiver pa familie og hushold, in I. Rudie (ed.) Myk stari-hard landing, Oslo: Universitetsforlaget. (1984b) Kitchen-table Society, Oslo: Universitetsforlaget; Oxford: Oxford University Press. (1985) Livsstil og likhet, Oslo: Universitetsforlaget. (1986a) Symbolic fences in urban Norwegian neighbourhoods, Ethnos 51: 102, 52-69. (1986b) Equality and marital love. The Norwegian case as an illustration of a general Western dilemma, Social Analysis August, 19: 40-53. (1989a) Kultur og hverdagsliv, Oslo: Universitetsforlaget. (1989b) Small facts and large issues: the anthropology of contemporary Scandinavian society, Annual Review of Anthropology 18: 71-93. (1989c) The meaning of nature in contemporary Norwegian everyday life. Preliminary considerations, Folk 31: 171-181. (1990) Doing interpretive analysis in a modern large-scale society. The meaning of "peace and quiet" in Norway, Social Analysis 29: 38-61. (1991) The transformation of the Norwegian notion of everyday life, American Ethnologist 18, 3: 480-97. (1992) The Art of Social Relations. Essays on Culture, Social Action and Everyday Life in Modern Norway, Oslo Universitetsforlaget; Oxford: Oxford University Press.

Gunson, N. (1987) Sacred women chiefs and female "headmen" in Polynesian history, Journal of Pacific History 22, 3-4: 138-173.

Haavind, H. (1985) Power and love in marriage, in M. Holter (ed.) Patriarchy in a Welfare Society, Oslo: Universitetsforlaget.

Hall, E. T. (1973) The Silent Language, New York: Anchor Press/Doubleday. (First published by Doubleday & Co. in 1959.)

Haavind, H. (1985) Power and love in marriage, in M. Holter (ed.) Patriarchy in a Welfare Society, Oslo: Universitetsforlaget.

Hall, E. T. (1973) The Silent Language, New York: Anchor Press/Doubleday. (First published by Doubleday & Co. in 1959.)

Haraway, D (1989) Primate Visions: Gender, Race and Nature in the World of Modern Science, New York: Routledge.

Harding, S. (1986) The Science Question in Feminism, Milton Keynes; Open University Press, and Ithica: Cornell University Press.

Hartsock, N. (1990) Foucault on power: a theory for women?, in L. Nicholson (ed.) Feminism post modernism, London: Routledge.

Hauser-Schaublin, B. (1985) Frau mit Frauen-Untersuchungen bei den

Iatmul und Abelan, Papua Neuguinea, in H. Fischer (ed.) Feldforschungen-Berichte zur Einfuhrung in Probleme und Methoden, Berlin: Dietrich Reimer Verlag, pp. 179-201.

Hazod, G. (1991) Die "Herkunft" und die "Ankunft" des tibetischen Konigs, In E. Steinkellner (ed.) Tibetan History and Language. Studies in Honour of Geza Uray, Vienna: Arbeitskreis fur Tibetische und Buddhistische Studien.

Heelas, P. and Lock, A. (1981) Indigenous Psychology: Towards an Anthropology of the Self, Lodon: Academic Press.

Hirschon, R. (ed.) (1984) Women and Property-Women as Property, London: Croom Helm.

Hobsbawm, E. (1975) The Age of Capital, London: Weidenfeld and Nicolson.

Hofstadter, R. (1955) Social Darwinism in American Thought, Boston: Beacon Press.

Hojrup, T. (1983a) Det glemte folk, Copenhagen: Institut for europeisk folkelivsforskning. (Statens byggeforskningsinstitut I Danmark) (1983b) Det glemte folk, Copenhagen: Institut for europeisk folkelivsforskning. (Statens byggeforskningsinstitut I Danmark.) (1983b) The concept of life-mode. A form-specifying mode of analysis applied to contemporary Western Europe, Ethnologia Scandinavica: 15-20.

Holtedahl, L. (1986) Hva mutter gior er alltid viktig, Oslo: Universitetsforlaget.

Howard, A. (1970) Learning to be Rotuman, New York: Teachers College Press. Columbia University.

Howell, S. (1984) Equality and hierarchy in Chewong classification, in R. H. Barnes, D. de Copper and R. Parkin (eds) Contexts and Levels, Occasional Paper No. 5, Oxford: JASO.

Hubbard, R. (1990) The Politics of Women's Biology, Rutgers: Rutgers University Press.

Husband, C. (ed.) (1982) "Race" in Britain: Continuity and Change, London: Hutchinson.

Jacobsen-Widding, A. (ed.) (1983) Identity: Personal and Socio-Cultural,

Uppsala: Acta Universitatis Upsaliensis.

Jaggar, A. M. (1983) Feminist Politics and Human Nature, Sussex: Harvester Press.

Jaschke, H. A. (1975) A Tibetan English Dictionary, Delhi: Motilal Banarsidass. (First edition, London, 1881.)

Jenkins, R. and Solomos, J. (1987) Racism and Equal Opportunity Policies in the 1980s, Cambridge: Cambridge University Press.

Jensen, A. R. (1969) How much can we boost IQ and scholastic achievement? Harvard Educational Review, 39: 1-123.

Jordan, W. D. (1968) White over Black: American Attitudes Toward the Negro 1550-1812, Harmondsworth: Penguin.

Just, R. (1989) Triumph of ethnos, in E. Tonkin, M. McDonald and M. Chapman (eds.) History and Ethnicity, London: Routledge.

Kamen, H. (1988) La Inquisicion Espanola, Barcelona: Editorial Critica.

Kamu. L. (1988) Interview in Matai Samoa (film video), G. Milner (real and prod.), Chr. Toren (interviewing), London: University of London Studio, K. Brooks (ed.), Royal Anthropological Institute, London, and Media Support and Development Centre, University of Manchester (distrib.)

Karmay, S. (1975) A general introduction to the history and doctrines of Bon, in Memoirs of the Research, Department of the Tokyo Bunko, 33: 171-218. (1987) lame et la tourquoise, in L'Ethnographie XXXIII: 97-130.

Keesing, R. M. (1975) Kin Groups and Social Structure, New York: Holt, Rinehart & Winston.

Kirkpatrick, J. and White, G. M. (1985) Exploring ethnopsychologies, Introduction to J. Kirkpatrick and G. M. White (eds) Person, Self and Experience. Exploring Pacific Ethnopsychologies, Berkeley: University of California Press, pp. 3-34.

Kramer, A. (1902) Die Samoa Inseln, Stuttgart: E. Naegele.

Kvaerna, P. (1975) On the concept of Sahaja in India Buddhist Tantric Literature, Temenoos, II: 88-135.

Lalou, M. (1959) Fiefs, poisons et guerisseurs, Journal Asiatique, T. CCXLV, 1-2: 157-201.

Lamphere. L. (1977) Anthropology: a review essay, Signs 2, 3: 612-27.

Laqueur, T. (1991) Making Sex: Body and Gender from the Greeks to Freud, Cambridge, MA. Harvard University Press.

Lawrence, E. (1982) Just plain common sense: the "roots" of racism, in Centre for Contemporary Cultural Studies, University of Birmingham, The Empire Strikes Back: Race and Racism in 70s Britain, London: Hutchinson.

Leach, E. R. (1966) Virgin birth, proceedings of Royal Anthropological Institute 39-50.

Leacock, E. (1978) Women's status in egalitarian society: implications for social evolution, Current Anthropology 19, 2: 247-75.

Leeds, A. (1972) Darwinism and "Darwinian" evolutionism in the study of society and culture, in T. F. Glick (ed.) The Comparative Reception of Darwinism, Austin: University of Texas Press.

Levi-Strauss, C. (1958) Anthropologie Structurale, Paris: Plon. (1962) La Pensee Sauvage, Paris: Plon (1969) The Elementary Structures of Kinship, Boston: Beacon Press. (1985) The View from Afar, New York: Basic Books.

Levine, N. (1988) The Dynamics of Poverty, Chicago and London: University of Chicago Press.

Love, J. w. (1983) Review of Salailua: A Samoan Mystery by Bradd Shore, Pacific Studies 7, 1: 122-45.

MacCormack, C. and Strathern, M. (eds) (1980) Nature, Culture and Gender, Cambridge University Press.

MacDonald, A. (1971) Une lecture des Pelliot tibetain 1286, 1287, 1038, 1047, et 1290-eassay sur le formation et l'emploi des mythes politiques dans la religion royale de Srong-bcan sgam-po, in Etudes tibetaines dediees a la memoire de MerllercE Lalou, Paris: Adrien Maisonneuve.

McDonald, M. (1989) We Are Not French! Language, Culture and Identity in Brittany, London: Routledge. (1990) Constructing genders. Panel report from the 1st EASA conference, Coimbra, EASA Newletter 3: 11-12.

McDougal, C. (1979) The Kulunge Rai, Katmandu: Ratna Pustak Books.

Mageo, J. M (Danaan) (1989) Aga, Amio and Loto: perspectives on the structure of the self in Samoa, Oceania 59, 3: 181-201.

March, K. S. (1987) Hospitlity, women, and the efficacy of beer, in Food and Foodways 1: 351-87, London: Harwold Academic.

Marcu, J. (1987) Equal rites (?) and women in Turkey, Mankind 17, 2: 120-9.

Martin, E. (1987) The Woman in the Body: A Cultural Analysis of Reproduction, Boston: Beacon Press.

Martinez-Alier, V. (1989) Marriage, Class and Colour in Nineteenth Century Cuba: A Study of Racial Attitudes and Sexual Values in a Slave Society, 2nd edn, Ann Arbor: University of Michigan Press.

Mascia-Lees, F., Sharpe, P. and Ballerina-Cohne, C. (1989) The postmodernist turn in anthropology: cautions from a feminist perspective, Signs 15, 1: 7-33.

Mathieu, N-C (1985) Quand ceder n'est pas consentir, in N-C. Mathieu (ed.) L'arraisonnement des femmes. Essais en anthropologie des sexes. Cahiers de l'homme, nouvelle serie XXIV, Paris: EHESS, pp. 169-254.

Mauss, M. (1979) Psychology and Sociology, London: Routledge.

Mayr, E. (1982) The Growth of Biological Thought: Diversity, Evolution and Inheritance, Cambridge, MA: Harvard University Press.

Meigs, A. (1990) Multiple gender ideologies and statuses, in P. Reeves Sanday and R. Goodenough (eds.) Beyond the Second Sex, Philadelphia: University of Pennsylvania Press.

Melhuus, M. (1990b) Gender and the problem of hierarchy, Ethnosn 3-4. (forthcoming) I want to buy me a baby. Some reflections on gender and change in modern society, in T. Bleie, V. Broch-Due and I. Rudie (eds.) Symbols and Social Practices, Oxford: Berg.

Meyer, F. (1988) Gso-ba rig-pao, Paris: Presses du CNRS.

Mies, M. (1983) Subsistenzproduktion, Hausfrauisierung, Kolonialisierung, in Beitruge zur Feministischen Theorie und Praxis 9-10: 115-24.

Miller, D. (1987) Material Culture and Mass Consuption, Oxford: Blackwell. (1988) Appropriating the state on the council estate, Man 23: 353-72.

Moore, H. L. (1986) Space, Text and Gender. An Anthropological Study of the Marakwet of Kenya, Cambridge: Cambridge University Press. (1988) Feminism and Anthropology, Cambridge: Polity Press.

Morgen, S. (1989) Gender and anthropology: introductory essay, in S. Morgen (ed.) Gender and Anthropology. Critical Reviews for Research and Teaching, Washington, DC: American Anthropological Association, pp. 1-20.

Morin, F. (1980) Identite ethnique et ethnicite. Analyse critique des travaux anglosaxons, in P. Tapp (ed.), Identites collectives et changements sociaus, Toulouse: Ed. Privat.

Nader. L. (1989) Orientalism, occidentalism and the control of women, Cultural Dynamics 2-3: 323-55.

Nash, J (1989) Gender studies in Latin America, in S. Morgen (ed.) in S. Morgen (ed.) Gender and Anthropology. Critical Reviews for Research and Teaching, Washington DC: American Anthropological Association, pp. 228-45.

Nash, M. (1989) The Cauldron of Ethnicity in the Modern World, Chicago: University of Chicago Press.

Nawal el-Saadawi (1980) The Hidden Face of the Mugwe, Africa, 30, 1: 20-33.

(1971) Rethinking Kinship and Marriage, ASA Monograph 11, London: Tavistock. (ed.) (1973) Right Hand, Left Hand: Essays on Dual Symbolic Classification, Oxford: Oxford University Press. (1980) Reconnaissances, Toronto: University Press. (1987) Counterpoints, Berkeley: University of California Press.

Neusel, A., Firin, J. and Meral, A. (eds) (1991) Aufstand im Haus der Frauen. Frauenforschung aus der Turkei, Berlin: Orlanda Frauenverlag.

Oppiz, M. (1968) Geschichte und Sozialordnung der Sherpa, Innersbruck and Munchen: Universitatsverlag Wagner Ges. m. b. H. (1988) Frau Fur Fron, Frankfurt/Main: Suhrkamp.

Ortner, S. B. (1974) Is female to male as nature is to culture?, in M. Rosaldo and L. Lamphere (eds.) Woman, Culture and Society, Standford: Standford University Press. (1981) Gender and sexunlity in hierarchical socictics: the case of Polynesia and some comparative implications, in S. Ortner and H. Whitehead (eds.) Sexual Meanings. The Cultural Construction of Gender and Sexuality, Cambridge: Cambridge University Press. and Whitehead, Harriet (eds.) (1981) Sexual Meanings. The Cultural Construction of Gender and Sexuality, Cambridge: Cambridge University Press.

Paul. Diane Y. (1979) Women in Buddhism. Images of the Feminine in Mahayana Tradition, Berkeley: Asian Humanities Press.

Pelliot, P. (1963) Notes on Marco Polo, Vol. II, Paris: Librairie Adrien

Maisonneuve.

Peter, Prince of Greece and Denmark (1963) A Study of Polyandry, The Hague: Mouton.

Petersen, A. (1985) Ehre und Scham. Das Verhaltnis der Geschlechter in der Turkei, Berlin: Express-Edition.

Poovey, M. (1986) "Scenes of an indelicate character: the medical" treatment "of Victorian women", Representations 14: 137-68.

Potash, B. (1989) Gender relations in sub-Saharan Africa, in S. Morgen (ed.) Gender and Anthropology. Critical Reviews for Research and Teaching, Washington DC: American Anthropological Association, pp. 189-227.

Quinn, N. (1977) Anthropological studies of women's status, Annual Review of Anthropology 6: 181-225.

Reeves Sanday, P. and Goodenough, R. (eds.) (1990) Beyond the Second Sex: New Directions in the Anthropology of Gender, Philadelphia: University of Pennsylvania Press.

Reiter, R. R. (ed.) (1975) Toward an Anthropology of Women, New York: Monthly Review Press.

Reme, E. (1988) Bilder av birkeligheten. Bilder som uttrykk for livserfaring og virkelighetsoppfatning, unpublished hovedfag thesis, Bergen: University of Bergen, Department of European Ethnology.

Rex, J. (1973) Race, Colonialism and the City, London: Routledge. (1986) Race and Ethnicity, Milton Keynes: Open University Press. and Mason D. (eds) (1986) Theories of Race and Ethnic Relations, Cambridge: Cambridge University Press.

Rich, P. B. (1984) The long Victorian sunset: anthropology, eugenics and race in Britain, 1900-48, Patterns of Prejudice 18, 3. (1986) Race and Empires in British Politics, Cambridge: Cambridge University Press.

Riley, D. (1988) "Am I That Name?": Feminism and the Category of "Women" in History, London: Macmillan.

Rona-tas, A. (1955) Social terms in the list of grants of the Tibetan Tunhuang Chronicle, Acta Orientalia Hungarica V, 3: 249-70.

Rosaldo, M. (1974) Woman, culture and society: a theoretical overview, in M. Rosaldo and L. Lamphere (eds.) Woman, Culture and Society, Stanford:

Stanford University Press. (1980) The use and abuse of anthropology: Reflections on feminism and cross-cultural understanding, Signs 5, 3: 389-417. and Louise Lamphere (eds.) (1974) Woman, Culture and Society, Race Relations, Oxford: Oxford University Press.

Rubin, G. (1975) The traffic in women: notes on the political economy of sex, in R. R. Reiter (ed.) Towards an Anthropology of Women, New York: Monthly Review Press.

Rudie, I. (1969/70) Household organization: adaptive process and restrictive form. A viewpoint on economic change, Folk 11-12: 185-200.

Sagant, P. (1985) With the head held high. The house, ritual and politics in eastern Nepal, Kailash XII, 3-4: 161-217.

Schicklgruber, C. (1992) Grib: on the significance of the term in a socioreligious context, in S. Ihara and Z. Yamaguchi, Proceedings of the 5th Seminar of the international Association of Tibetan Studies Narita (Japan) 1989, Narita: Naritasan Shinshoji. (forthcoming) "Who marries whom and why among the Khumbo", contribution to the International Seminar "Anthropology of Tibet and the Himalayas", September 21st-28th, Zurich, to be published in the proceedings.

Schmitz, L. (1985) Frauen und Sexualitut in der Turkei, Frankfurt/Main: Haag und Herchen.

Schneider, D. M. (1985) A Critique of the Study of Kinship, Ann Arbor: University of Michigan Press.

Schoeffel, P. (1978) Gender, status and power in Samoa, Canberra Anthropology 1, 2: 69-81. (1979) Daughters of Sina: a study of gender, status and power in Samoa, PhD, Canberra, Australian National University. (1985) "Review of Sala'ilua. A Samoan Mystery" (by Bradd Shore, 1982), Mankind 15, 3: 257. (1987) Rank, gender and politics in ancient Samoa: the genealogy of Salamasina O le Tafa'ifa, Journal of Pacific History 22, 3-4: 174-194.

Schultz, E. (1911) The most important principles of Samoan family law, Journal of Polynesian Society 20: 43-53.

Seyfort Ruegg, D. (1988) "A Karma Bka" brGyud work on the lineages and traditions of the Indo-Tibetan dBu MA (Madhyamaka), in G. Gnoli and L. Lanciotti Orientalia Iosephi Tucci Memoriae Dicata, Roma: Istituto Italiano per il Medio ed Estremo Oriente.

Shore, B. (1976) Incest prohibitions, brother-sister avoidance and the logic of power in Samoa, Journal of Polynesian Society 85, 2: 275-296. (1981) Sexuality and gender in Samoa: conceptions and missed conceptions, in S. Ortner and H. Whitehead (eds.) Sexual Meanings. The Cultural Construction of Gender and Sexuality, Cambridge: Cambridge University Press, pp. 192-215. (1982) Salailua. A Samoan Mystery, New York: Columbia University Press. (1983) A response to the Book Review forum, Pacific Studies 7, 1: 145-156. (1984) Reply to Derek Freeman's review of Salailua…, Oceania 54, 3: 254-260 (1985) Response to Freeman, Oceania 55, 3: 218-223.

Showalter, E. (ed.). (1989) Speaking of Gender, New York: Routledge.

Shweder, R. and Levine, R. (1984): Culture Theory: Essays on Self and Emotions, Cambridge: Cambridge University Press.

Signs Editorial (1987) Within and without: women, gender, and theory, Signs 12.

Smith, B. (1982) Racism and women's studies, in G. T. Hull, P. Bell Scott and B. Smith (eds.) But Some of Us Are Brave, Old Westburg, New York: The Feminist Press, pp. 48-50.

Smith M. G. (1986) Pluralism, race and ethnicity in selected African countries, in J. Rex and D. Mason (eds.) Theories of Race and Ethnic Relations, Cambridge: Cambridge University Press.

Snellgrove, D. (1987) Indo-Tibetan Buddhism, Boston: Shambala. and Richardson, H. (1980) A Cultural History of Tibet, Boulder: Prajna Press. (First edition, New York, 1968.)

Solheim, J. (1988) Black Youth, Racism and the State: The Politics of Ideology and Policy, Cambridge: Cambridge University Press.

Spelman, E. V. (1988) Inessential Woman. Problems Exclusion in Feminist Thought, Bostan: Boscon Press.

Spivk, G. (1987) In Other Worlds: Essays in Cultural Politics, London: Routledge.

Stein, R. A. (1972) Tibetan Civilization, London: Faber and Faber. (First edition in French, Paris, 1962.)

Stepan, N. (1982) The Idea of Race in Science, Oxford: St Antony's College/Macmillan Press.

Stolcke, V. (1981) Women's labours: the naturalization of social inequality and women's subordination, in K. Young, C. Wolkowitz and R. McCullagh (eds.) Of Marriage and the Market. Women's Subordination Internationally and Its Lessons, London: Routledge, pp. 159-77. (1988) New reproductive technologies: the old quest for fatherhood, Reproductive and Genetic Engineering 1, 1: 5-19.

Strathern, M. (1981) Self-interest and the social good: Some implications of Hagen gender imagery, in S. Ortner and H. Whitehead (eds) Sexual Meanings. The Cultural Construction of Gender and Sexuality, Cambridge: Cambridge University Press. (1984) Domesticity and the denigration of women, in D. O'Brien and S. Tiffany (eds) Rethinking Women's Roles: Perspectives from the Pacific, Berkeley: University of California Press. (1987) An awkward relationship: the case of feminism and anthropology, Signs, 12, 2: 276-92. (1988) The Gender of the Gift, Berkeley: University of California Press.

Szerb-Mantl, B. (forthcoming) "Household in Lhsa", contribution to the International Seminar "Anthropology of Tibet and the Himalayas", September $21^{st}-28^{th}$ 1990, to be published in the proceedings.

Tambiah, S. J (1985) Culture, Thought and Social Action. An Anthropological Perspective, Cambridge, MA: Harvard University Press. (1989) Ethnic conflict in the world today, American Ethnologist 16, 2.

Tcherkezoff, S. (1983) Le roi Nyamwezi, le droite et la gauche. Revision comparative des classifications dualistes, Paris: Maison des Sciences de l'Homme and Cambridge University Press. (English translation Dual Classification Reconsidered, Cambridge: Cambridge University Press, 1987.) (1985) Black and white in Nyamwezi ideology, in R. Barnes, D. de Coppet and L. Parkin (eds.) Contexts and Levels (Oxford symposium in anthropology, 1983), Oxford: JASO (1986a) Les amends au roi en pays nyamwezi. La continuation du sacrifice par d'autres moyens, Droits et cultures 11: 89-110. (1986b) Le prix de la vengeance ou la continuation du sacrifice, Droits et Cultures 10. (1986c) " Logique rituelle, logique du tout", L'Homme 100, 26, 4: 91-117. (1989) Rituel et royaute acre. La double figure du Pere, in A. Muxel and J. M. Rennes (eds.) Le Pere, Paris: Denoel. (Forthcoming a) La question du genre a Samoa. D' l'illusion dualiste a la hierarchie des niveaux, Anthropologie et Societes 16, 2 (in press). (forthcoming b) Les cnfants-de-la-terre a Samoa. La Terre et le sang, la maison-mere et le village exogame, Etudes Rurales, Special issue "Laterre en Oceanie", J. F. Bare (ed.) (in press). (forthcoming c) Hierarchical reversal, ten years later. R. Needham's queries, India, Samoa, and the problem of ideology, Journal of Anthropological Society of Oxford (in press). (forthcoming d) Une hypothese sur la valeur du "prix de la fiancee" nyamwezi, in F. Heritier-Auge and E. Copet-Rougier (eds) Les Complexities de l'alliance. Economie, politique et fondements symboliques de l'alliance, Volume 3: Afrique, Paris: Editions des Archives Contemporaines ("ordres sociaux") (in press). (1991) "Temas de nuestra epoca". El pais v, 210 (November): 1-8.

Thorsen, L. E. (1989) Det fleksible kjonn. Mentalitetsendringer I tre generasjoner bondekvinner, 1920-1985, unpublished doctoral dissertation, Oslo: University of Oslo, Department of European Ethnology.

Thurmer-Rohr, C (1987) Vagabundinnen. Feministische Essays, Berlin: Orlanda Frauenverlag.

Tonkin, E., McDonald, M. and Chapman, M. (eds.) (1989) History and Ethnicity, London: Routledge.

Tsuda, S. (1978) A Critical Tantrism, The Memoirs of the Tokyo Bunko 36: 167-231.

Tucci, G. (1966) Tibetan Folk Songs from Gyantse and Western Tibet, Ascona; Artibus Asiae. and Heissig, W. (1970) Die Rligionen Tibets und der Mongolei, Stuttgart, Berlin, Koln and Mainz: Kohlhamer.

Uebach, H. (1980) Notes on the Tibetan kinship term Dbon, in M. Aris and A. Kyi (eds) Tibetan Studies in Honour of Hugh Richardson, Warminster (England): Aris and Phillips.

Uray, G. (1960) The four horns of Tibet according to the royal annals, Acta Orientalia Hungarica X, 1: 31-57. (1978) The Annals of the "A-za Principality", in L. Ligeti (ed.) Proceedings of the Csoma de Koros Memorial Symposium, Budapest: Akademiai Kiado. (1982) Notes on the thousand-districts of the Tibetan empire in the first half of the ninth century, Acta Orientalia Hungarica XXXVI, 1-3: 545-8. (forthcoming) The personal names in the 7th-8th century Tibetan sources and the study of Tibetan history, paper read at the 2nd Hungarian (Budapest: Akademiai Kiado 1970); to be published in English in a collection in honour of Burmiok Athing Densapa of Sikkim, Dharamsala (India): Library of Tibetan Works & Archives (in press).

Valcarcel, A. (1991) Sexo y filosofta. Sobre "mujer y poder", Barcelona: Anthropos.

Walsh, E. H. (1906) An old form of elective government in the Chumbi Valley, Journal of the Asiatic Society of Bengal July: 303-8.

Warren, C. A. B. (1988) Gender issues in field research, Qualitative Research Methods 9.

Warren, K. B. and Bourque, S. C. (1989) Women, tehnology, and development ideologies: frameworks and findings, in S. Morgen (ed.) Gender and Anthropology. Critical Reviews for Researh and Teaching, Washington, DC: American Anthropological Association, pp. 382-410.

Weiner, A. (1976) Women of Value, Men of Renown, Austin: University of Texas Press. (1985) Inalienable wealth, American Ethnologist 12, 2: 210-27. (1987) Towards a theory of gender power: an evolutionary perspective, in M. Leyenaar et al. (eds.) The gender of Power: A symposium. (1989) Why Cloth? Wealth, gender and power in Oceania, in J. Schneider and A. Weiner (eds) Cloth and Human Experience, Washington: Smithsonian Institute Press, pp. 37-72.

Whit, G. M. (1984) Images of violence in a gentle society. Santa Isabel, Solomon Islands, conference paper to symposium "Gentleness and Violence in the Pacific" at the meeting of the American Anthropological Association, Dener, November 15-18. (1985) Suicide and culture: island views, in F. X. Hezel, D. H. Rubinstein and G. M. White (eds.) Culture, Youth and Suicide in the Pacific, Conference of the East-West Center, Working Papers of the Center for Pacific Islands Studies, Mannoa: University of Hawaii, in collaboration with East-West Center, Hnolulu.

Wiethold, B. (1981) Kadinlarmiz. Frauen in der Turkei, Hamburg: ebr Rissen.

Wildt, C. (1987) Frauenforschung und feministiche Forschung, in A. Bell (ed.) Furien in Uniform? Dritte osterreichische Frauensommeruniversitat, Innsbruch: Vor-ort, pp. 141-57.

Wolpe, H. (1986) Class concepts, class struggle and racism, in J. Rex and D. Mason (eds) Theories of Race and Ethnic Relations, Cambridge: Cambridge

University Press.

Wright, G. (1980) Moralism and the Model Home. Domestic Architecture and Cultural Conflict in Chicago 1873-1913, Chicago: University of Chicago Press.

Young, R. (1973) The historiographic and ideological contexts of the nineteenth century debate on man's place in nature, in M. Teich and R. Young (eds.) Changing Perspectives in the History of Science, Boston: Kluwer.

延伸边境[1]
——限制、流动与泰缅克伦难民中的难民公众

爱沙尼亚塔林大学人文学院　Alexander Horstmann[2]　著
云南民族大学云南民族研究所　邵媛媛　译

摘　要： 本文集中阐述了作者称之为难民公众的群体，并为詹姆斯·斯科特最近关于山地人民逃避策略的著作增加一种补充性的视角。受教育的克伦精英利用泰国边境地带的流亡空间重组资源，并以人道主义者的身份重返缅甸东部地区的克伦邦。他们为当地同胞提供医疗、教育资源，记录人权暴力并从事宣传工作。此外，地方传教士及信仰团体也利用这一通道传教。作者认为在泰国西北部难民营国际人道主义经济的支持下，克伦人道主义社区组织顽强存在并成功地延伸了边境。

在这篇论文中，我将描述在泰缅边境地带处于边地情境中的克伦人（Karen）的位置与地位，并借此讨论无国家空间的形成与协商以及詹姆斯·斯科特提出的抵抗的策略（Scott，2009）。边地情境是对民族国家最边境地带的一个特殊比喻，身处该地的人受边界所限，但也被边界赋予了能力。就此意义而言，边境既是一个暴力、控制与危险的空间，也是克伦人逃避残酷人权暴力、在边境泰国一侧寻求收容和庇护的一种可利用资源（Horstmann，2006）。频繁往来于缅甸和泰国之间的克伦人是泰缅边境地区的边民，他们的生活空间和生计方式与跨境流动密不可分。

在最新的著作中，斯科特细致地描述了少数族群在历史上是如何发展出农业技术、空间实践和各种各样隐秘的抵抗策略来逃避专制国家从边地人口和农民中抽取资源的计划的。在这个特殊的议题中，昂（Aung）提出的移民反地形学（migrant counter-topographies）与詹姆斯·斯科特关于亚群体的"弱

---

[1]　原文出处：Horstmann, Alexander. 2014. Stretching the Border confinement mobility and the refugee public among Karen refugees in Thailand and Burma. *Journal of Borderlands Studies* 29（1）：47-61.

[2]　作者简介：Alexander Horstmann，爱沙尼亚塔林大学人文学院副教授，为郁丹教授环喜马拉雅区域研究合作伙伴、云南省引智项目著名访问学者。

者的武器"、抵抗的艺术或隐藏的叙述（Scott，1987，1992）较为相近。德查·唐斯法（Decha Tangseefa）也出色地描述过创伤、暴行和反叙事经历（Decha，2006，2007，2009）。克伦人权组织（KHRG）（Horstmann，2012；KHRG，1998）也记述过流离失所的克伦人为阻止极度残忍的武装力量对其生活的大规模袭击所采用的逃避策略。在下文，我将广泛利用田野调查所获得的缅甸东南部克伦人社区组织的材料说明底层难民的人道主义如何使他们建立起跨越边境的特殊路径——本文（为与对该问题之前的研究保持一致）称之为"通道"。这条通道被用来重返克伦邦冲突地带的起源地并组织那里的克伦民众。起初，克伦难民基本能够保持社区完整，并在普劳市（Mannerplaw）各种克伦民族联盟（KNU）组织的帮助下创建了一个高水平的组织。克伦社区组织的发展与基督教传教运动、国际人道主义组织及非政府组织相关。这些国际非政府组织（NGOS）非常认同克伦人，不仅将克伦人看作受害者，而且视他们为正义的一方，与之密切合作。这点特别体现在他们招募并雇佣受过教育的年轻克伦难民担任地方官员以接近难民群体的方面。9个难民营不仅是管控难民的空间，也为未来、希望、重建和汇集大量人道主义援助提供了可能。我认为人道主义经济的发展及其与克伦地方草根组织的联盟使克伦人建构出一个公共空间。通过这一空间，对政治感兴趣的克伦人、人道主义组织和人权组织在克伦国家解放军（KNLA）的特别支援下非法跨越边境。在同一时期，国际组织几乎完全被禁止接触那些流离失所却被迫固守原地、遭受食物危机的无家可归者。（Lang，2002）因此，本文集中关注难民轨迹（而非简单的族群认同）和克伦人道主义与宗教复合体网络（并非结构），并重点讨论流亡克伦人的主体能动性、集体政治项目以及公共领域的发展。（Malkki，2002）虽然我认为斯科特对于逃避和阻止国家侵扰的讨论极富原创性，但他确实未能对网络发展、组织、公共领域和少数族群的民族主义等问题予以足够重视。据我理解，我关于跨境草根组织人道主义援助的材料可能会为边境地区的现实情境提供一种补充性的视角。将视线从对逃避的单向聚焦中移开，引入对主体能动性的关注可能会有助于强化斯科特的著作。我的观点是克伦人以在边境地区拓展空间、构建通道的方式成功地延伸了边境。为自身利益动员国际人道主义支持至关重要。我使用"延伸"一词将两种更具主动性的（与被动性相对）行为概念化，一是通过与缅甸东南部的青年志愿建立密集网络从而拓展泰国一侧边境空间的努力；二是通过提供重要援助和培训接近以致实践对克伦邦国内群体影响方式的努力。这些努力包括在恰好位于边境的泰国领土上建立大规模的难民营。通过在公共领域里拓展这一讨论，我想指出民族主义和人道主义与基督教新教携手并行,许多跨境通道和几乎所有克伦邦内部的人道主义援助都是由教会和传教团体提供的。已有的难民和边境研究几乎都是从世俗角度讨论问题,基本上忽略了宗教的重要性。詹姆斯·斯科特对预言性宗教做过特别有趣的讨论,其中包括了对克伦人宗教的讨论。这些预言性宗教通常围绕卡里斯玛式(charismatic)的领袖建立,是反抗国家压迫的精神基础。本文的目的在于离析出草根组织和网络的基督教成分,这些组织和网络在几十年间构筑出了穿越高度军事化的、凶险的边境地带的通道。①

面对大规模迫害和暴力、迁移和基本公民权的丧失,基督教人道主义组织通过物质与非物质援助提高了难民的生存机会和流动性。克伦传教士项目既是族群政治的,也是福音教派的,在难民最脆弱的时候召唤他们。本文试图探解边境地区民族主义、传教活动和难民之间的联系,该主题很少被人类学研究所关注。本文将审视成为无国家者和借助宗教网络实现民族重建之间充满矛盾色彩的联结。克伦基督徒难民是改变宗教信仰的重要行动者,他们利用自身的文化资本触及了基督徒想象的共同体。

通过聚焦跨境宗教网络,我集中关注两个相关方面:我将指出克伦人中的浸礼教徒传统怎样与内战产生紧密联系并不断使反抗缅甸军事政权的克伦人"斗争"正当化与合法化的。克伦教会不仅有服务、福利和救济可供选择,教徒还能够以士兵-医生-传教士的三重身份重新进入缅甸东部地区,而这一战争地带对于国际人道主义 NGO 来说几乎不可接近。在难民营和泰国边境地区,基督教会通过掌控难民营的行政管理和人道主义援助实践着一种超越国家功能的治理方式。受美国基督教会全球联盟、韩国五旬节教派(Pentecostals)和国际宣传网络的推动,基督教化和重建计划仍掌握在有教养的克伦基督徒领袖手中。通过阅读《圣经》,克伦人受洗的本土传统与他们的困境和脆弱地位共同得到发展。受洗为克伦人提供精神指引和权威。浸礼会轻而易举地成为难民营的文化中心,在政治上受克伦民族联盟控制。克伦民族联盟和营地本土克伦难民委员会的牧师是克伦族群政治运动的代表人物,他们与佛教团体组织的族群政治运动矛盾重重。佛教团体已经建立了自己的军事组织——民主克伦佛教徒军(DKBA),并与缅甸军事政权结盟。在下文中,我将集中关注改教者,并解释他们与佛教徒之间的竞争。我认为克伦人

---

① 本项目的田野工作与德查·唐斯法(Decha Tangseefa)负责的"泰缅边境地带的知识流:人、资本与文化的多元维度"项目团队的田野工作同时进行。特别感谢泰国研究基金对本项目的资助。

不只是人道主义援助的受惠者，作为浸礼会教徒，他们利用精神和政治指引索取合法空间。与改信基督教的前越南难民不同，在族群内部和其他少数族群中，克伦基督徒素有改教传统。

虽然媒体也关注难民营，但对泰国边境难民营内外与难民生存、重建有关的资源策略知之甚少（Dudley，2010）。克伦基督徒领袖的宗教抱负是高度政治化的，因为改信基督教本身就是在克伦国家联盟及其军事羽翼克伦国家解放军的保护与物资援助下施行的。在克伦-缅甸内战区噩梦般的经历中，基督徒传教网络正是泰缅边境克伦人族群认同生产的主要驱动力。

在佛教占主导地位的环境中，泰缅边境的基督教地景（Christian landscape）以教育为民族工具使克伦难民社会化。虽然高都丽（Kawthoolei）克伦邦已成幻象，克伦传道者仍专心在泰国、缅甸和全世界传播福音。这些尝试是对缅甸基督教化早期努力的追随，当时缅甸曾涌现出众多克伦福音传道者，热切地向其他少数族群传播圣经。克伦民族主义者忽略克伦人内部的差异性，将高都丽邦的认知模式和地图灌输进克伦人的脑海。在难民营，正是共同的敌人和苦难的叙事将形形色色的克伦人团结在一起。由于越来越多的克伦人定居西方，民族主义者的思想随之散播到全世界的克伦散居者群体中。

背景介绍

许多文章都详细记述过克伦-缅甸前线克伦平民的经历（Decha，2006，2007，2009；Falla，2006；Karen Human Rights Group，1998）。缅甸军队发动了一场战争反对克伦分离主义运动。为了将克伦军从克伦平民中分离出来，缅甸军队建立了驻防区，在那里烧杀抢掠、奸淫妇女，驱使百姓充当搬运工、扫雷者和人肉屏障。缅军还沿边境地区建立了自由纵火带，迫使那里的克伦人迁往临时性小村，向缅族人纳税、服兵役。此外，克伦人还不得不向敌对的民主克伦佛教徒联盟和克伦国家联盟缴纳战争税（Callahan，2005；Grundy-Warr and Wong，2002；Smith，1999）[①]。结果，数以千计的克伦平民被迫离开村庄，有的四处游荡，有的挣扎着逃往泰缅边境。数10万居住在缅

[①] 参见克伦人权组织（带有偏见性）的报告（1998）《全面破坏——一项关于人权暴力的报告》。参见德查·唐斯法（2006、2007、2009）对克伦难民的参与性分析著作。他是为泰缅边境美索地区的移民和难民筹建国际大学项目的负责人。

甸-克伦前线的克伦人失去了家园。许多克伦人越过边境藏身于跨境克伦村庄。他们穿过边境来到泰国，非法定居在边境村庄或边境城镇，或是到泰缅边境的难民营寻求庇护。在难民营，他们被看作逃离缅甸内战的民族流亡者。① 边境附近的克伦人已经习惯依靠边境生活，他们会随时趟过浅河往返于边境两侧。居住在边境泰国一侧的克伦人需要穿过缅甸的领土探亲访友。边境泰国一侧的村庄头人（headmen）收留避难者，但并不向泰国政府报告。离边境地区较远的克伦人则只好翻山越岭、日夜兼行以逃避缅甸游击队。一些人不得不收买走私者把他们送往泰国。

虽然基督徒只占克伦人的1/3，大多数克伦人为佛教徒，但在难民营，克伦浸礼会教徒居于支配地位，而佛教徒团体仅扮演次要角色。泰国边境地区的佛教徒移民遵循佛教传统，依靠佛教寺院网络、泰国商人或泰国克伦农民。② 许多佛教徒村民与冲突毫无关系，却因为战争迫不得已逃离克伦邦。他们来到泰国后无处可去，只能投靠难民营。克伦佛教寺院是跨国网络的中心，被克伦难民广泛利用。

浸礼会教徒将克伦人认同同质化，并对内部差异和分歧保持缄默。基督徒传教士和平原克伦人（Sgaw Karen）知识分子将克伦人认同建构为一个实体，正是他们极力反对佛教徒-缅甸人认同。美国浸礼会传教士在提升克伦人素质和建构民族认同中扮演了关键角色，他们使克伦基督徒联合反抗缅甸殖民征服，此举激起了克伦基督徒和佛教徒之间深深的敌意。克伦基督徒瞧不起佛教徒。与传教士一样，他们认为佛教徒搞偶像崇拜，万物有灵论者则根本未开化。当年，美国传教士动员并武装基督教徒镇压佛教千禧年运动和抗议的同时，也卷入了缅甸对佛教僧侣和克伦佛教徒反殖民叛乱的暴力镇压中。然而，缅甸军队却以在第二次世界大战中大规模屠杀克伦基督徒作为回应。建立克伦基督教国家高都丽邦（一个兴盛的国家）的希望未能实现，克伦人对失去他们西方白人兄弟的帮助深感失望。格拉夫（Gravers）指出，想象的克伦国是一个内部充满巨大矛盾的实体，因为许多佛教徒和万物有灵论者并不愿意生活在基督徒的统治之下。进一步的冲突始于1949年那场毁灭性的内战，而非之前试图建立国家政权的斗争。那场战争令所有克伦人遭受了深重

---

① 非常感谢德查·唐斯法，他赠予我友谊并允许我融入他在美拉难民营高等教育学院的教学活动。

② 总体来说，山区（Pwo）克伦佛教徒和平原（Sgaw）克伦万物有灵论者比平原基督教徒贫穷，受教育更少（Gravers, 2007, 229）。

的苦难，佛教徒、基督徒和万物有灵论者无一能够置身事外（Gravers，2007：247）。基督教国家叙事是与纯正的克伦浸礼会教徒认同并置的，与佛教徒-缅甸人认同针锋相对。克伦民族联盟主席，坚定的爱国主义者、反共产主义者波米亚（Bo Mya）将军镇压了左翼组织发动的克伦独立运动，泰国政府和美国中情局也前来助阵。民主克伦佛教徒联盟军成立后，基督徒统治的克伦国家联盟与佛教徒士兵和僧侣之间的冲突达到顶峰。该军事组织是缅甸政府军的工具，以抢劫、毒品交易、非法征税维持运作。虽然来自民主克伦佛教徒军的支持逐渐萎缩，但这些冲突却足以说明克伦国家解放军中基督徒和佛教徒两派之间的敌对状态。在普劳市陷落以后，部分克伦民族联盟成员向缅军投降，进一步削弱了该组织本已衰落的抵抗。格拉夫（Gravevs）认为高都丽的象征空间与克伦佛教徒对黄金之地（Golden Land）的想象相互竞争。僧侣乌杜扎那（U Thuzana）领导的先知佛教运动以佛塔为中心，围绕寺院、避难所、神圣空间开拓出一片和平地带，数以千计的贫苦克伦佛教徒可以在此获得保护和免费食物（Gravers，248）。

克伦基督徒难民继续着之前将缅裔泰国克伦人基督教化的努力，克伦福音传道者仍在泰国的穷乡僻壤同心协力进行活动。来自缅甸的克伦人以其对圣经研究的专业性广为人知并倍受尊敬，边境地区的克伦村庄经常请求基督教牧师为他们修建在缅甸时的教堂。在泰国西北部专为基督徒难民建立的山区小寨中，基督徒家庭扩展了团结的边界，推动了边远地区基督教化的进程。他们建立了基督教村庄，将南传佛教在偏僻地区的影响推至边缘。团结扩展至最偏僻角落的每一个独立社区、难民营新成员和许多跨境非法定居者。基督教传教网络守护着难民营，为其提供巨大的精神保护伞，并将克伦难民与泰国克伦教会网络以及提供人道主义援助、维续克伦基督教计划的跨国基督教组织联结起来。在难民营，克伦浸会教徒传统（在难民营被称为高都丽克伦浸信会）得到了很好的确立，并在泰国拥有了一个分支，其在难民营中的优越地位和在山区的坚韧存在是克伦基督徒定义认同的基础（见图1）。

泰缅边境地区的克伦基督教

接下来，我将重点论证我的观点：首先，难民在泰国边境地区的政治-宗教社会形态中经历了深度的社会化过程；其次，某种轨迹正在边境地区形成，因为难民个体不仅深嵌在为克伦邦亲属提供支援的面对面的网络和策略中，

延伸边境

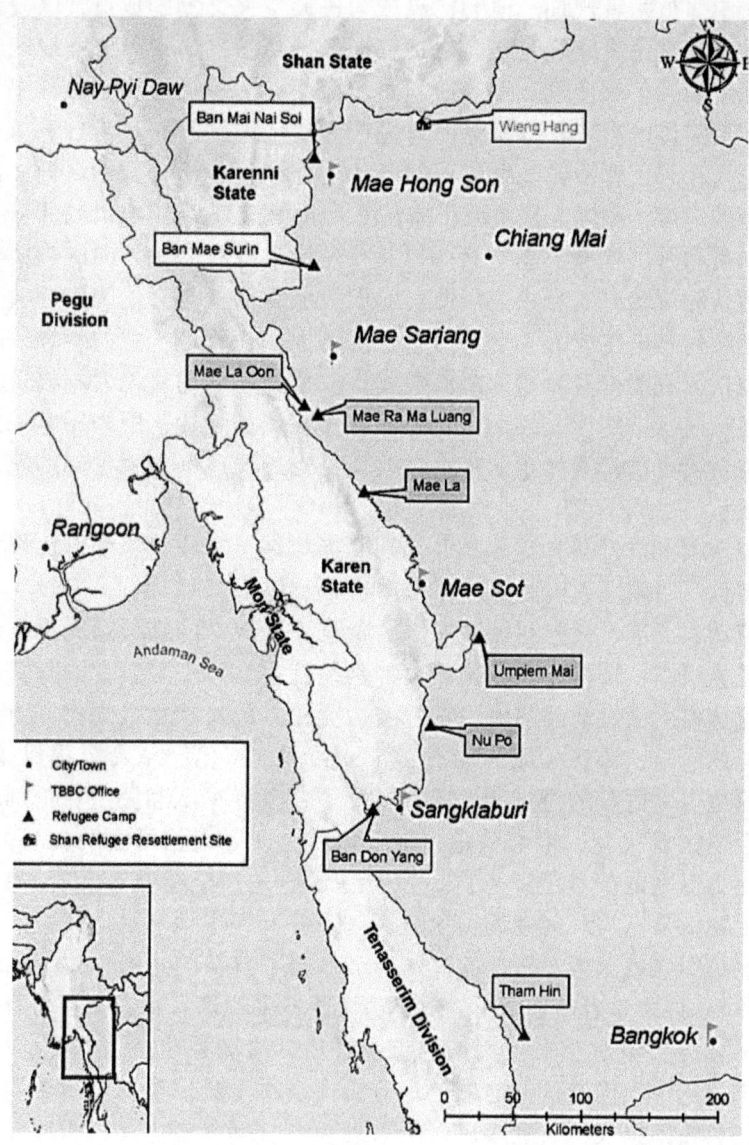

图1 分布在泰缅边境地区的难民营（经泰缅边境管理局同意做出修改）

而且越来越深刻地意识到克伦民族联盟所宣称的他们对想象的共同体负有政治与血缘责任的含义。因此，我认为作为政治主体的克伦难民身处民族运动与教会之中并被两者规训。他们已经成为民族主义计划的成员，以浸会教徒难民领导人和克伦民族联盟之名行动并提供紧急救助。泰国边境地区的难民在边境地带积极拓展空间，秘密穿过边境分发背包中的圣经、教科书、宣传材料，包括宣传电影和礼拜服务。通过成为边境地区具有政治自觉意识的主体，克伦人在与无恶不作的缅甸假想敌的对立中构建出自身的认同。出于对这一叙事的肯定，国际人权组织、福音派 NGO 及其网络组织以物质支持强化了这一叙事和跨国社会形态。然而，具有政治自觉和宗教导向的难民主体成为缅甸军队和军政府的敌人。因此，他们只能秘密参与克伦国家解放军的保护活动，缅甸越来越成为一个不可接近的国家。在营地长大的年轻一代对缅甸没有记忆，只能抱着对缅甸的幻想度日。重新定居的克伦人不再进入缅甸探望留在难民营中的亲友，而是将行动限制在泰国境内。因为用电话或电子邮件联络会给自己和缅甸亲朋带来危险，克伦难民逐渐与克伦邦的家人和朋友失去联系，变成了泰国人。尽管如此，NGO、自由缅甸游击队（Free Burma Rangers）和传教士仍继续定期出行为那些挣扎在生存线边缘的难民提供物质和精神帮助。跨国联系因此得以延续并保持活力。

在流动、混乱、失根和经济焦虑的背景下，保守的宗教运动提供了社会安全、社会组织、祈祷文、庇护所，特别是社会认可。受教育的基督教徒活跃在克伦分离主义运动的前沿。基督教为克伦人的民族主义提供了意识形态基础。与此同时，难民营则为动员青年士兵参加克伦"革命"提供了场所。所以，营地也是危险的避难所：很多情况下，缅甸军队和民主克伦佛教徒军的士兵会袭击难民营、炮轰营地、烧毁房屋、搜寻克伦国家解放军的士兵。与其他更为沉默的少数群体不同，克伦基督徒是一个精通英文的少数族群，在历史上就把自己与缅甸佛教徒区分开来，并利用本地和跨国新教教会的基础设施、跨国宗教网络、充足的跨国资金克服了自身的边缘地位（Salemink，2009：53）。许多学者已经指出，对于边缘族群来说新教福音派是个具有吸引力的宗教选择。但对于来自缅甸的克伦难民，情况并非完全如此。在缅甸，很大一部分克伦人仍然信仰他们的地方神灵。本土难民委员会由克伦国家联盟的浸礼会牧师组成，负责难民营的管理事务，是人道主义组织接触难民群体的媒介。2010 年新年，难民营举行了一场盛大的浸礼会教徒庆祝活动，来自主日学校、教会、难民营的牧师和美国浸礼会传教士受邀出席。在营地福音派布道团的这场活动中，一天之内就有 500 多个灵魂受洗。

由于许多地处战争地带的克伦村庄被迫迁移、被烧或完全毁坏，克伦基督徒难民无法再回到他们魂牵梦萦的家园。泰国 200 万克伦难民和克伦邦成千上万的流离失所者不得不在敌对的环境中重建生活。在泰国，受教育的基督徒担当了领导角色，如牧师、头领、专家和活动家。在与泰国政府持续的紧张与协商中，他们在泰国边境的不同空间重新组织起来。教育被植入克伦儿童和青年的民族价值观，让他们保留了对未来生活的梦想。难民营的人说，难民的生活与动物无异，除了吃便是睡。这就是为何营地中的政治与精神组织对于生活在那里的人们来说如此重要。

泰缅边境克伦基督徒的空间

1. 美拉难民营（Mae La Camp）

虽然泰国皇家政府将难民营当作管制无家可归者临时的、可控的庇护所，克伦难民却努力在此重建日常生活。他们让营地中的生活空间更加人性化，并为未来建构了一个空间。在国际合作者的帮助下将难民营空间据为己用的过程可被定义为一种占有策略。美拉难民营（意为棉花地）是泰缅边境地区最大的难民营。在泰国皇家政府的官方控制下，难民营内部由与泰缅边境援助管理局密切合作的克伦难民委员会负责管理。TTBC起初叫基督教边境管理局，由在泰国-老挝和泰国-柬埔寨边境难民营服务的西方传教运动的成员组成。这些组织在1984年向边境地区提供了第一批援助并为难民营修建了基础设施。临时性的避难所变为持久的生存空间。之后，政府和人道主义NGO也加入到大规模的人道主义援助中。克伦难民委员会（KRC）不仅是分配救灾援助的主要合作者，而且负责组织学校与幼儿园教育、营地建设与保护、政治组织及公共关系等事务。克伦浸信会是克伦抵抗运动和民族主义运动的精神保护伞。虽然泰缅边境管理局（现在叫边境管理局）也做得很出色并公平公正地发放配给品，但大多数难民家庭都是基督徒（克伦国家联盟），并组成了克伦难民委员会和营地教育的领导班子。

浸礼会和圣经学校是营地生活、教会服务和宗教生活的中心。在圣经学校，牧师提供日常教会服务。此外，教会还组织圣经学习小组和大型合唱团。新年过后，一场大型的浸礼会仪式会在美拉马峦（Mae Ra Ma Luang）举行。一个由牧师、福音派圣经学校和政治活动家组成的密集网络正运转于克伦浸信会的屋檐下。难民营的其他教会包括罗马天主教会、美国神召会、韩国五旬节派教会、基督复临安息日会。

据美拉圣经学校的校长讲述，教会开始时非常困难，房屋十分简陋，没有水电。而且，在他们安装电路后，泰国军队拒绝为其接通。但是克伦领导人坚持了下来并将难民营改造成一片有小径、绿树和漂亮花园的宜居之地。韩国五旬节派长老会的传道士们带来了照射灯和计算机，并为他们安上了电灯、接通了网络。就这样，他们成功地将一个荒凉落后之地变为适宜居住的友好空间，并通过营地内外的许多个办公室保持交流。从某种意义上说，那个在缅甸失落的高都丽克伦邦在难民营中被象征性地重新建立起来。

基督教牧师和福音传道者委员会负责打理难民营的教会服务、社会福利和仪式生活。牧师罗伯特·推（Robert Htwe）担任克伦难民委员会主席，帮助提供人道支持和培训的基督教 NGO 进入营地。牧师罗伯特·推还负责主持美拉马峦难民营一年一度的受洗仪式。2010年400多名难民和青年在那里接受了洗礼。当时美国、韩国、日本的传教士也加入了克伦牧师和传教士行列，在河中为改教者洗礼。来自泰国北部基督教 NGO 的克伦成员也在那天到访难民营参加受洗仪式。为更广泛地吸引受众，教会服务通常在营地户外的主要公共空间进行。在难民营，教会的影响包罗万象。教会为克伦人的常日生活和民族斗争提供了精神指引。克伦牧师和福音传道者在泰国边境地区基督教化的过程中扮演了关键角色。因积极展示基督教话语、祈祷文、唱诗班和布道团，许多参观过基督教幼儿园和学校的克伦难民都想成为基督徒。改信基督教使难民们减轻了对暴行的记忆，获得了鲜活的社区成员身份、安全感及与现代性的联系。正如达德利（Dudley）指出，外国人的到来为营地难民接触外部世界、获取扶助资源和一个更好的世界提供了机会（Dudley，2007：94）。

第一代克伦青年加入了高都丽管理与领导学校的一项长期 BA 计划。这所学校是专为克伦年轻人成立的基督教学校，但也接收克伦佛教徒学生。通常情况下，学校的毕业生会成为克伦 NGO 和教会团体的领导，或是在移民学校当教师。达德利（2007）已经充分强调了难民营克伦尼人（Karenni）族性和民族认同的增强。由于营地的限制，学生们被有效地教授由基督教管控的克伦尼民族进步党（KNNP）制定的民族主义者日程。因此，教育最终是为克伦尼人反对缅甸军政府服务的。克伦尼毕业生的目标是在国外或克伦 NGO 和医疗部门工作，或是支持斗争运动。他们特别希望在外国 NGO 中谋职，但是这需要扎实的教育和一定水平的英文能力。许多克伦人都专注于教育，因为在不允许工作的难民营里，教育似乎是仅存的职业。

很显然，基督教是教育工程的关键内容，圣经教育享有优先权。基督教在给予希望等情感方面的作用不应被低估。在难民营，虽然流动被高度限制，但人与神之间的联系却在增强。营地牧师不断强化宗教情感，将自己奉献给神的宗教情感弥漫在难民生活和学习的每个角落，这让人道主义援助和人道主义项目具备了坚实的意识形态基础。

尽管有许多家庭登记申请到第三国定居，但他们对在美国或欧洲的生活概念模糊，许多人既忘不掉过去的恐怖记忆，又对未来的美好生活充满幻想，对在美国开启第二段人生缺乏准备。然而，还是有76000位克伦散居者重新安顿下来，而且为克伦国家联盟提供了重要支持。来自美国、澳大利亚、加拿大和欧洲的新克伦公民向克伦国家联盟提供了资金援助。

基督教克伦国家解放军以难民营男性青年为目标。一些难民，特别是男青年被其招募入伍，还有一些难民主动加入克伦国家解放军。在礼拜日，克伦基督徒忙于营地小教堂的服务活动。美拉圣经学校就坐落在教堂旁边，学校每天都提供服务。在这里，基督教和克伦民族主义的联系变得更为清晰。我曾与圣经学校的校长西蒙牧师（Reverend Simon）有过一次长谈。西蒙牧师在菲律宾亚洲浸会大学获得博士学位。在美拉圣经学校任教之前，他是仰光（Yangoon）缅甸神学院的神学教授。据他介绍，难民营的神职机构的确依靠外部支持。美拉圣经学校现已发展为一所被官方认可的学院，这要归功于美国和韩国教会的慷慨资助。营地外许多远道而来的学生也来此学习《圣经》。西蒙牧师还谈到神解救克伦人于苦难并带他们前往理想之地的神秘计划。他将克伦人比作挪亚方舟上的被拯救者。由此可见，美拉圣经学校已成为美国与韩国教会全球传教计划中的一个重要项目。①

在美拉难民营，基督教、佛教、穆斯林团体皆已建立各自的敬拜空间。宗教传教运动、新教福音传道者、五旬节派运动、佛教魅力运动和劝教党（Tablighi Jama'at）的伊斯兰传教运动都在美拉难民营确立了自身存在。美拉难民营因而被想象为神的"人间天堂"计划的实现地。正因如此，边境空间同时运行着几种截然不同的、甚至相互竞争的克伦人认同。所有派别和团体都拥有自己的跨国网络和跨境神圣空间。虽然在难民营中宗教机构很难发展，但美拉难民营的持久与集中赋予了精英阶层追求其政治计划的可能。

2. 乡村

村落里的基督徒与难民团结在一起，为他们提供避难所和食物。然而，团结是有限的。许多克伦村民正挣扎于资本主义经济的旋涡，粮食刚刚够吃，难民对于他们来说无疑是一种负担。因此，难民们设法用便宜的材料搭建简

---

① 有关美国教会全球金融流动的概况，可参见 Robert Wuthnow（罗伯特·伍斯诺）.2009. Boundless Faith: The Global Outreach of American Churches. Berkeley, CA: University of California Press.

陋的房屋，为泰国克伦农民——大部分是地主——做有偿劳工。在此，我以两个村庄为例。纳箐沟（Huay Nam Nak）村位于泰国达可省（Tak）莫伊河（Moi River）泰缅边境，穿过一条小径便可到达。纳箐沟有一座佛教寺庙，一座新教浸礼会教堂和一座天主教堂。纳箐沟是个大村，坐落在莫伊河边，河水很浅。克伦人就生活在这条边境河两侧。1995年克伦民族联盟普劳市陷落后，许多克伦人在旱季蹚过浅河，逃离贫困和暴力。在丛林停留几日后，他们在村庄找到了避难所，十几个人挤在狭小的屋子里入睡。虽然很多村民与他们并没有亲戚关系，但还是为难民们提供住处或与他们分享食物。不久之后，有些家庭试图返回家园或修建自己的棚屋。大量人员仍然继续留在村民家，特别是那些失去父母和亲人的年轻人。这些年轻人成为家庭帮手，但没有收入，仅仅为了住所和食物。这些人隐蔽地居住在田野中的小棚屋中，乍看之下很难被发现。有些人，比如雷（Ray）和当地妇女结了婚，盖了属于他们自己的房子。还有些人以耕种当地人的土地或养鸡为生。在纳箐沟生活的缅甸人和其他地方的克伦基督徒之间有着某些有趣的联系。村里新教教堂牧师的助手是一名缅甸人，毕业于美拉难民营的圣经学校，他不会讲泰语，用克伦语传播圣经。每个礼拜日，教堂都为家长、妇女、青年提供服务。大家在温暖的气氛中共同祈祷、学习圣经、唱诵赞美诗。因为毗邻天主教堂，祈祷、歌唱、学习都需在私人家屋中进行。来自清迈（Chiang Mai）克伦浸会教堂的一名传教士也搬到纳箐沟居住。基金会向贫苦农民家的克伦儿童提供教育奖学金。一名天主教传教士也住在村里。雷，一名年轻的克伦人，来自克伦邦的偏远山村。雷穿越丛林来到泰国边境的美拉难民营学习。回到克伦邦后，雷从口耳相传的宣传中听说难民营有教育机会。他改信了基督教并加入了自由缅甸游击队，同时在梅道（Mae Tao）诊所接受护士培训。在纳箐沟耕种妻子家土地的同时，他也雇佣一些难民，并定期参加自由缅甸游击队的活动。他雇了一名喜欢待在村里、以饲养牲畜为生的朋友。此人是一位到村庄探访的克伦国家联盟上校的朋友，他将妻子和孩子们留在了美拉难民营，因为孩子们可以在那里享受免费教育和食物。

　　虽然没有签证，但只要待在村庄里缅甸难民就不会受到侵扰。上学并学习泰语的孩子可以获得泰国公民资格。传教士也可以帮助家长得到签证，但需要重金贿赂官员才行。借助教育基金、教堂和传教士，纳箐沟村的克伦基督徒嵌入到天主教和新教浸礼会的网络之中。虽然纳箐沟到美索镇（Mae Sot）的公路很便利，但为无国家孩子举办的儿童节却在湄沙良（Mae Sariang）和夜丰颂（Mae Hong Son）之间万欣（Ban Hin）的一个偏远村庄举行。万欣距离湄沙良 100 英里（约 161 千米）。几户缅甸难民家庭定居在官方标示的作为国家公园的村落里。村庄离公路很远，只有坐四轮卡车横穿小河才能到达。旅途相当耗时耗力。以前，这里可以砍伐珍贵的柚木并运送出去，但现在这一地区几乎没有柚木了。在这里定居的家庭在山上种植大米，他们没有土地所有权，粮食基本不够吃。因此，中缅边境管理局用卡车穿过河流给难民运送免费粮食。在佛教占主流地位的环境中，万欣是一个基督教浸礼会和天主教相混杂的社区。大多数人 10 年前从缅甸来此定居，他们丢下财产，几乎没有任何财物，变成了没有国家的人。罗杰（Roger）就是个例子。罗杰和他的大家庭住在万欣一所简朴的房子里。我们在万欣参加无国家儿童节时初次相见，他用流利的英文与我对话。罗杰出生在湄若母（Mae Ra Mu）的一个难民营。一天，他现在的村长到难民营卖牛买米，便邀请罗杰一家来万欣居住。虽然罗杰家不应该离开营地到泰国领土生活，但他们真的这么做了。罗杰十分渴望上学，便去了他颂央（Tah Song Yang）的圣经学校。毕业后，他会成为社区教堂的牧师。由于交不起学费，他在假日里也要留下来工作。现在，罗杰是他颂央的一名助理牧师，往返于达可省的万欣和他颂央之间。每次往返，他都需要得到夜丰颂省长的批准。因为没有摩托车，罗杰不得不付费给卡车司机，搭乘 4 个小时到湄沙良。年轻的罗杰还没有结婚，对足球和传教感兴趣。闲暇时，他会步行到偏远山村传播福音。这段民族志式的描述表明万欣难民虽然脆弱，但已在偏远山村定居，过着基督徒的生活并已嵌入在基督教网络之中。罗杰在美国圣经学校完成了社会化，现在已经成为牧师。他没有任何个人存款，生活由基督教网络负责。但是，罗杰不只是人道主义援助和基督教教育的受惠者，同时也是一名热心的福音传道士。他热切地参与了泰国北部偏远角落的传教活动，是参与泰国克伦人传教活动的基督徒难民团体的一分子。纳箐沟村雷的例子表明许多非基督徒克伦人在前往泰国的途中因嵌入基督教网络而转变了信仰。

跨国纽带与宗教网络

我对克伦基督徒跨国宗教生活的研究增加和补充了有关跨国难民经济和政治实践的重要研究。布瑞斯（Brees）关于难民汇款策略及其面临的实践困境的文章特别有价值。另一篇重要的文章来自桑德拉·达德利（Sandra Dudley），她对泰国、缅甸边境流亡克伦尼人的研究主要关注克伦尼难民向现代受教育主体的转变、克伦尼认同和克伦尼民族主义的崛起（Dudley，2007，

77-106)。克伦尼（红克伦）认同产生于难民营，与克伦人认同很相似，也消除了内部差异、冲突、紧张和多元化，支持统一的基督教克伦尼人认同。在最近关于泰国克伦尼难民的专著中，达德利从物质文化的视角分析了流亡前后克伦尼认同的形成（Dudley，2010）。① 然而，这种涵盖克伦人和克伦尼人的认同仅在狭小的、隔绝的、受限的难民营空间才成为可能。我认为通过管控难民营的文化生活和公共空间，浸礼会在催生具有某种种族意识的克伦人认同中起到了至关重要的作用。因为同被束缚在难民营，佛教徒通过将自己纳入同一个想象的民族共同体，也参与到教会服务和公共活动中，一同分享营地中难民共同体的经历。这种经历与克伦邦日益增强的异质性不同。在那里，基督教浸礼会和南传上座部佛教在内战和迁移中争夺着克伦村民的灵魂。

在泰缅边境地区，克伦浸会教堂以一系列物质（美韩教会的救济品、捐赠物）、非物质及宗教资源为基础建立了一个网络，并通过先进的电子通信设备在地方与全球层面上联结起来。在网络社会中，最基本的问题之一是包含与排斥问题。卡斯特尔斯（Castells）写道："机会被创造于网络内部，但在网络外部生存就变得越来越困难。"（Castells，2000：187）然而，在边境跨国社会形成的问题上网络的概念并不令人满意。需要进一步解释的是：亚群体行动者本身在边境的"工作"以及他们是如何在边境两侧保持联系并相互支持的。跨国社会空间概念为解释持久的跨国交流动力提供了更为清晰的框架。② 我认为跨国社会空间有助于解释泰国边境的流亡空间和社会重建。虽然充满争斗并被泰国政府管制，泰国边境已经成为克伦流亡者的新家园。国际人道主义援助事业在泰国西北部蓬勃发展，主要集中在美索边境城镇，其在教育、福利、卫生项目中发挥了重要作用，使克伦国家联盟成为难民营民族教育和重建的中心。这表明，一套完整的针对克伦邦冲突地带的伤员、内部流离失所者和被袭村民的紧急救济与福利系统已经形成。

受惠于人道主义援助和美国南部浸礼会，韩国、台湾五旬节教会的捐赠以及越来越多的克伦散居者的汇款，想象的克伦国家计划依然充满活力。跨国主义是跨国宣传网络、NGO、复杂的国际互联网和海外族群政治团体的竞技场。在克伦邦、难民营、泰国边境乡村、移民学校、美索边境城镇和全世

---

① 克伦尼人生活在克伦尼邦，他们的习俗和语言与克伦人稍有差异。克伦尼人有其自身的民族国家表述。

② 韦尔托韦茨（Vertovec）简明地概述了跨国社会的形成（Vertovec，1999，2009）。

界的克伦社区，跨国社会的形成都有着持久的空间位置。在持久的跨国空间中，对克伦基督徒身份的自觉认同促使流亡的克伦散居者组成了最出色的跨国社会团体。这一全球克伦浸礼教徒组成的跨国团体正致力于建立一个以共同命运和基督教精神为纽带的族群与宗教社区构型。正是精神纽带驱动泰国边境地区的牧师宁愿冒生命危险，也要为冲突地带的国内难民提供紧急救济，帮助克伦邦流离失所的克伦人。基督徒以无惧危险的行动向团体表明了他们的忠诚。那些震人心魄的苦难影像及其引发的情感催生了这种忠诚。

难民营、孤儿院和移民学校是改教的重要空间场所。在传教网络中，难民组织通常——但并非总是与民族秩序之利益相联系，并且致力于推动被萨尔明克（Salemink，2009：53）称为难民世界化的进程。这里的世界化是指对世界更广阔的认知和对公共领域的参与，而不必理解为去族群化。例如，基督教移民村里一名圣经学校的志愿者为克伦人创立了一个名为"克伦之家"的虚拟平台，从而推广了克伦文化和克伦语言。①

将一个处于民族国家主权之间的、边缘的、过渡的社会想象为"理想之地"，我对此很感兴趣。虽然国家严格限制边境地区难民的流动，但基督教传教士却如救世主般存在，为难民获取人道主义援助、社会服务、跨国网络与现代性及教育密切相关的全球意识提供了重要渠道。在克伦邦逐渐沦为幻想的形势下，克伦军迅速地丢失领地，但浸礼会教徒正在进行一场到处说服他人改变信仰的"精神之战"。克伦基督徒的流动范围已扩展至边境地区各个不同空间的结点。这些结点通过教会以及传教士网络、人道主义组织、民族运动和 NGO 的广泛联盟紧密地联系在一起。

传教机构采用绘制精神地图——圣经学校、移民学校、孤儿院、医院、乡村教堂——的方式占据了边境空间。在边境地区有限的空间里，克伦难民的流动一度备受限制，基督教传教士则在此不遗余力地劝说难民改教。克伦基督徒和基督教伙伴团体将对缅甸军队残酷暴行的想象与社会苦难及基督徒解放的强大叙事编织在一起。录像、杂志、网络中的宣传资料呈现了克伦人的苦难遭遇，为克伦基督徒救济团队不畏艰难地向伤员提供人道主义援助搭建了平台。

我想强调的论题是战争与自由的隐喻。基督徒与被塑造为魔鬼的缅甸军队交锋。在这一政治话语中，克伦战士是解救流离失所者的"天使"。"他们与上帝同在。"克伦民族主义折射出缅甸军政府沙文主义式极端民族主义的影

---

① 参见克伦之家网站：http://www.karenfamily.net/.

子。这种政治宣传被用来获得国际声援与捐助。

与其他许多被遗忘的族群不同,在西方,克伦基督徒成功地获得了大量公众的关注与声援,基金支持为其计划的存续提供了保障。通过指出克伦人抗争的不同空间与环节——教会、NGO、克伦国家联盟和离散群体——在一个组织克伦基督徒团体并管理领袖和草根阶层的复合体中被联结起来,我将得出本文的结论。

重返缅甸的基督徒难民

依靠信仰组织,泰国西北部的克伦基督徒难民发展出谋生、扶助泰国缅甸亲友、降低在泰国生存脆弱性等诸多策略。分家策略就是众多扩散机会和收入策略中的一个。许多克伦基督徒难民不仅满足于维持自我生存,受教育的克伦社会活动家还要利用他们在泰国的团体资源重返缅甸领土,积极扶助那些克伦邦的流离失所者。离散团体、克伦人权组织和中产阶级活动家收集了大量信息并将其提供给欧洲、美国的国际组织和NGO。这些国际团体将资源输送给地方活动家,由他们为流离失所者调配教育和医疗服务。

一个突出的例子是克伦教师工作队(Karen Teacher Working Group),该组织由几千名来自不同社区的克伦志愿者,也称为"背包客"组成。他们在丛林中步行3个星期将背包中的教材分发到饱受战争蹂躏的缅甸境内的1000所流动学校。志愿者还带来了汇款、药物和圣经。"背包医疗工作者"(Back Pack Health Workers)将病号运送到泰国美索镇美索公共医院和美道(Mae Tao)医院,他们或是在美索诊所接受护士培训,或是在移民学校接受志愿者教师培训。克伦浸会教堂也利用团队资源帮助边境地区的难民和缅甸境内的无家可归者。对地域知识了如指掌的牧师和福音传道者徒步返回缅甸传播福音、提供教会服务。自由缅甸游击队是另一个突出的例子。[①] 自由缅甸游击队(FBR)由美国陆军特种部队的退伍军人组建,出于人道主义与宗教原因,他们想帮助克伦人,为战争地带的流离失所者提供紧急救助。自由缅甸游击队是一个非武装的福音人道主义组织,在准军事时期向克伦国家联盟或受民族军保护的战争地带输送志愿者。志愿者都接受过密集的医疗护理培训,能够迅速地救助遭受疾病、饥饿、暴力折磨的难民,并用录像和录音设备记录人权暴行。在美国,自由缅甸游击队发起了一项为缅甸难民募集捐助和圣诞礼

---

① 参见自由缅甸游击队的网站。http://www.freeburmarangers.org/

物的运动。自由缅甸游击队是一个传道机构,毫不掩饰地以圣经为运行基础,但也对非基督徒人群施行救助。在战争地带,自由缅甸游击队组织了一个"美好生活俱乐部"(Good Life Club),志愿者与孩子们一同游戏并设法鼓励他们。自由缅甸游击队成员也与无家可归者一同祈祷并为他们提供教会服务。在网络空间,自由缅甸游击队运用基督教修辞技巧动员美国的声援网络,为缅甸组织国际代祈与祷告。自由缅甸游击队在网络空间中散播的形象为克伦人正在遭受苦难的叙事提供了有力证明,在克伦团体动员宣传网络、募集捐赠中发挥了核心作用。自由缅甸游击队的所作所为表明基督徒志愿者已经对可能遭遇的人身危险做好了准备,并成功地将人权暴力发布到了互联网。

背包重返缅甸的行动是留给那些受过良好训练的人道主义组织成员去做的,包括福音传道者和牧师,但并不建议老人和年轻人去冒险。这样连续探访冲突地带仅是集体性、精神性计划的一部分,而并非个体家庭借助亲属链条返回缅甸的策略,因为实在太危险了。在这项计划中,只有高素质的活动家和民权组织才能够去帮助由克伦国家解放军营部保护的缅甸国内难民。

此外,浸礼会、天主教和基督复临安息日会的传教团体也输送传教士志愿者教师。这些志愿者也同时参与毛淡棉市(Moulmein)专业信仰团体的人道主义援助项目。在缅甸,政治组织无法生存,不得不在泰国运作。其他在泰国从事人权与宣传工作的组织有缅甸事务(Burma Issues)和克伦人权组织。所有在泰国的组织均属非法跨境,必需低调行事,并与数千名克伦邦志愿者保持密切合作。

结　语

在本文,我指明了基督教新教教徒和民族主义者网络在克伦难民社会流动及愿望达成中的核心作用。在身处敌对环境、不断被国家侵扰、无法返回缅甸家乡的情况下,支持克伦民族联盟的浸礼会为建设新生活、团结其他难民、展望未来所做的资源动员提供了至关重要的一方天地。难民们远远不止是人道主义援助的被动受惠者,而是以积极参与跨境福音传播的行动强化自身的意愿。我阐述了基督徒难民在社会重构与再组织、医疗与动员、教育与民族主义方面的空间利用问题。通过利用泰缅边境的模棱两可性,克伦人在泰国建立了正式的制度化网络,并利用这些网络开展培训和扩权活动。令人称奇的是,克伦人利用国际人道主义组织的帮助,冲破重重困难凝聚成一股抵抗力量并创建了一项集体计划,包括不断重返缅甸冲突地带建立民间社会机构,在国际 NGO 无法进入的地方政治性地组织民众、村庄和学校。这些社区组织利用国际人道主义援助成功地实现了构建难民公共跨境通道的策略,是缅甸东南部国内民众与运转在泰缅边境重要位置上的国际组织之间的中介者、翻译者和跨境代理人。在我的印象中,斯科特的著作只关注了逃离与规避。通过展示克伦难民如何通过跨境通道组织起来,使边境得以"延伸",我希望对那部开拓性的、引人入胜的著作有所补充。

参考文献

Agier, Michel. 2013. La condition Cosmopolite. L'anthropologie à l'épreuve du piège identitaire. Paris: La Découverte.

Brees, Inge. 2010. Refugees and Transnationalism on the Thai Burmese Border. Global Networks 2: 282-299.

Callahan, Mary. 2005. Making Enemies. War and State Building in Burma. Ithaca, NY: Cornell University Press.

Castells, Manuel. 1996, (2nd edn 2000). The Rise of the Network Society. Vol. 1: The Information Age: Economy, Society and Culture. Oxford and Cambridge, MA: Blackwell.

Decha Tangseefa. 2006. Taking Flight in Condemned Grounds: Forcibly Displaced Karens and the Thai-Burmese In-between Spaces. Alternatives 31: 405-429.

Decha Tangseefa. 2007. "Temporary Shelter Areas" and the Paradox of Perceptibility: Imperceptible Naked-Karens in the Thai-Burmese Border Zones. In Borderscapes. Hidden Geographies and Politics at Territory's Edge, ed. Prem Kumar Rajaram and Carl Grundy-Warr, 231–262. London and Minneapolis, MN: University of Minnesota Press.

Decha Tangseefa. 2009. How they Live Now. Cross-Border Lives in a Space of Exception Along the Thai-Burmese Border Zones. Report presented to the 5th Mekong Ethnography of Cross-Border Cultures, August 19-23, Chiang Mai, Thailand.

Dudley, Sandra. 2007. Reshaping Karenni-ness in Exile: Education, Nationalism and Being in the Wider World. In Exploring Ethnic Diversity in Burma, ed. Mikael Gravers, 227-258. Copenhagen: NIAS Press.

Dudley, Sandra. 2010. Materialising Exile: Material Culture and Embodied Experience among Karenni Refugees in Thailand. Oxford: Berghahn.

Falla, Jonathan. 2006. True Love and Bartholomew. Rebels on the Burmese Border. Cambridge: Cambridge University Press.

Gravers, Mikael, ed. 2007. Conversion and Identity: Religion and the Formation of Karen Ethnic Identity in Burma. In Exploring Ethnic Diversity in Burma, ed. Mikael Gravers, 227-258. Copenhagen: NIAS Press.

Grundy-Warr, Carl, and Elaine Wong. 2002. Geographies of Displacement: The Karenni and the Shan across the Myanmar-Thailand Border. Singapore Journal of Tropical Geography 23, No. 1: 93-122.

Horstmann, Alexander. 2012. Mediating the Suffering of Karen Refugees and the Representation of their Rights. Sangkhomsāt: The Journal of Social Sciences 24, nos. 1-2: 243-284.

Horstmann, Alexander, and Reed L. Wadley, eds. 2006. Centering the Margin: Agency and Narrative in Southeast Asian Borderlands. Oxford & New York: Berghahn.

Karen Human Rights Group. 1998. Wholesale Destruction. Chiang Mai: Nopburee Press.

Lang, Hazel. 2002. Fear and Sanctuary: Burmese Refugees in Thailand. Ithaca, NY: Southeast Asia Program, Cornell University.

Malkki, Liisa H. 2002. News from Nowhere. Mass Displacement and Globalized Problems of Organization. Ethnography 3, No. 3: 351-360.

Salemink, Oscar. 2009. Is Protestant Conversion a form of Protest? Urban and Upland Protestants in Southeast Asia. In Christianity and the State in Asia. Complicity and Conflict, ed. Julius Bautista and Francis Khek Gee Lim, 36 - 58. London & New York: Routledge.

Scott, James C. 1987. Weapons of the Weak. Everyday Forms of Peasant Resistance. New Haven, CT & London: Yale University Press.

Scott, James C. 1992. Domination and the Arts of Resistance. Hidden Transcripts. New Haven, CT & London: Yale University Press.

Scott, James C. 2009. The Art of Not Being Governed. An Anarchist History of Upland Southeast Asia. New Haven, CT & London: Yale University Press.

Smith, Martin. 1999. Burma Insurgency and the Politics of Ethnicity. London:

Zed Press.

Vertovec, Stephen. 1999. Conceiving and Researching Transnationalism. Ethnic and Racial Studies 22, No. 2: 447-62.

Vertovec, Stephen. 2009. Transnationalism. London and New York: Routledge.

Wuthnow, Robert. 2009. Boundless Faith. The Global Outreach of American Churches. Berkeley, CA: University of California Press.

泰国高地社会与低地社会之间的宗教连续性[①]

宾夕法尼亚州立大学人类学系　E. Paul Durrenberger
宾夕法尼亚州理海大学人类学系　Nicola Tannenbaum　著
云南民族大学云南省民族研究所　王　舫
　　　云南工商学院　刘增娟　译

基尔希（1973）认为，东南亚高地大陆社会对权势（potency）这一主题的看法有变化。Durrenberger（1981b）指出政治形式的改变给当地生态环境、经济环境带来变化。(Maran，1967；Lehman，1963)。这种结构统一体跨越了大部分民族界限和语言界限。这个统一体的核心复杂层面体现在如何实现权力/权势及其生产力，并通过盛宴和财富分享来使其公开的合法化。

许多人认为，佛教在低地社会中有着与高地社会相似的基本结构。当地和外来观察者都认为低地这些人是佛教徒，认为必须以佛教的方式去理解低地社会。人类学家倾向于通过南传上座部佛教的视角去看低地社会。(Krisch，1977、1982、1985；Keys，1984；Van Esterik，1982)。这样就掩盖了低地社会的基本结构，使人们很难对高地和低地社会间的连续性以及宗教、世界观和政治经济形式之间关系的实质提出问题（Tannenbaum n. d. a., n. d. b, n. d. c.）。

傈僳高地人

傈僳族属于藏缅语族人，他们生活在泰国北部、中国西南和缅甸的高地(Dessaint，1971)。在泰国，他们生活在村民自治的村庄里，这些村庄分布在诸如阿卡人、拉祜族、赫蒙人、瑶族和克钦邦等其他高地人居住的村庄之间。他们在（割除和烧除植被后）开出的临时性农田里生产玉米、大米和罂粟。

[①] 原文出处：Durrenberger, E. Paul and Nicola Tannenbaum. Continuities in Highland and Lowland Religions of Thailand. *Journal of the Siam Society* 77（1989）83-90.

傈僳人生活在一个力量（du）差异的世界里，只有一些人是看得见这些力量的。那些不可见的神灵（ni），有着和人类有相同的特征，又多多少少有些权力。保护人类为神灵与人类契约关系的一部分，有一些神灵，比如世系神灵和乡村守护神灵会照顾人们，防止人们受到伤害。人们每年为这些神灵献祭贡品，进而不断维持神灵保护人类的契约关系。

权力源于恰当、慷慨的行为。慷慨取决于丰厚的财富。因此，权力有两个组成部分：财富和行为恰当。人与神灵一样，通过生产财富，履行契约，满足他人期望来积蓄力量。人通过这种方式获得别人尊重，就像神积累力量一样。人们在属于他们自己的领域里通过工作创造财富。神灵从他们子孙后代的献祭中获取财富。从此看来，获得荣誉和获取权力的途径如出一辙。

虽然一些神灵在契约关系中帮助和保护人们，但是任何强大的神灵都可能会因被人冒犯而伤害人。倘若被冒犯，神灵的求救办法和人一样，都是协商和自助。由于人看不到神灵，也不知道什么事情冒犯了神灵，当他们冒犯了神灵的时候，不会主动致歉。那么，神灵依靠自助的方式，使这个人、他的家庭成员、牲畜或者庄稼受损。为了补救这些不幸之事，冒犯神灵的人必须偿还损失才能恢复受损，这就像一个人冒犯到一个人时，这个人必须对冒犯之人赔礼道歉一样。

命运是一个人内在能力与免受伤害能力的一个衡量尺度。命运可以是好的、坏的或者不好不坏的。对傈僳族人来说，命运是未知的。因为没有一个先验的方法可以揭示命运对一个人来说承载了什么。这是一种内在特性。命运决定了一个人获取荣誉或者权力的能力，同时命运的好坏只有在生活事件中才能被发现和挖掘。权力的对立面是羞耻（sa tua）。羞耻导致荣誉的丧失。权力是尊重他人要求和实现他人合理期望的能力。即使是神灵，如果他们不做人们想让他们去做的事情，他们也会失去人们的尊敬而被羞辱（Durrenberger，1976a）。

财富是一个人能够满足他人需求和实现他人期望的核心所在，如果他们需要的话，财富能提供热情款待，支付家庭成员罚款（Durrenberger，1976b），还可以为儿子们提供婚娶彩礼。财富（fwu chi）是无形赐福（gh swi）的有形表现。傈僳人经常祈求神灵给予他们福佑。

当有人举行仪式时，他通常会向神灵献祭供品，神灵因此会称赞这个人，同时给予他福佑。当一个人为了公众利益杀猪宴客或者建造休息室、桥、路边长椅时，赞扬会为这个人带来福佑，同时这也是向神灵献祭、给予人们食物和建筑物的成果。

如果一个人拥有财富，他就可以把东西送给人和神灵，他们会对这个慷慨之人有好感，进而称赞他，赐予他福佑，这就是财富的实现。如果一个人不愿意在他应做之事上慷慨行事，那他就会失去荣誉、受到羞辱。如果一个人拥有财富，他不仅会感到自己的慷慨，而且会慷慨行事，并满足和实现一般人对财富分配的期望，从而获得荣誉。总之，一个人的命运只能通过他的财富才能被知道。

由于遗产只限于不可让渡的珠宝首饰，财富必须是一个人在家户生产单元中的个体生产成果。家户是生产、消费、荣誉、权力和自助的基本单位（Durrenberger，1976b，1976c）。

每个人都有平等的机会去经营一样的土地；所有人都有机会获取一样的技术。因此，财富与家户生产力直接相关。荣誉是财富积蓄的直接结果，因为只有在一个人资源能力范围内，他才能满足和实现人们一般的、特定的期望。财富是生产力的结果。除了财富之外，一个人不能从职位、血缘、起源、姓名或者任何这之类的途径，去推断一个人或家户的荣誉与权力，因为财富是家户生产力的成果。

基本的假设是：权力源自财富，财富源于生产力，权力可能会失去，权力又可以通过财富的展示而重新获得。这些构成了对人神之类的冒犯、遭到报应和向人神道歉的逻辑基础（Durrenberger，1980a）。

在傈僳族中，举办盛宴是表明一个人是值得尊敬之人的一种方法。某人履行其应尽义务，包括之前他的家人参加的互惠盛宴。家户养殖猪的数量可以衡量家户履行其义务的能力。在基尔希看来，其他可视的衡量标准还有服装和家具，也是财富或权势的一般衡量标准（Kirsch，1973）。

鸦片贸易和周边的泰国市场对所有傈僳家庭来说都一样，每个家庭都可以公平地获取财富。所有人都可以公平地参加并获得在荣誉意识方面的尊敬与认可。在这些情况下，荣誉只认可生产力。大部分傈僳族村庄距离拥有市场的低地泰族小镇最多只有一至两天的步行路程。因此，高地傈僳族有接近市场和货币的机会（Durrenberger，1974，1976b）。

无论是否有足够的劳力，每户人家希望用同样的规模来展现自己对别人家的慷慨。由于与别人家互惠的能力被消费品的量所限制，每户人家购买消费品时不顾及自身劳力和消费者（客人）的比率。当这些人家的劳力是一比多个消费者时，他们就雇用外村的劳力（Durrenberger，1974，1976b）。

神灵是生产力作用于神秘生物的映射。生产力即是权力。权力给一个人所需资金去展示他的慷慨，慷慨引来他人对其的称赞，这会带来祝福，这就是财富的实现。荣誉和财富是一回事。一个人通过慷慨行事和履行其他义务获得财富。因此，慷慨源于财富。权力是社会参与的一个结果。慷慨是一种义务，宴会是互惠性质的。

这种意识形态没有伦理维度，除了在最基本的意义层面保留其作为习惯法的含义。道德、习俗、宗教、法律都是一体的。这是一种权力的意识形态。如何才能获得权力。这里没有伦理层面的东西对权力使用进行注解，除了有人使用权力去抵御其他强势力外，所有这些关于权力的意识形态，都是一样的，无论他们看见或看不见，死了或活着。

在整个东南亚高地，哪里有贸易和财富积累的之地，哪里就有基于互惠交换的平等主义政治组织。没有哪一种方法可以让每个人都能积累财富以实现社会目标，比如提高声望，就会形成具有等级性质的社会与政治组织（Durrenberger，1976c）。

傈僳集会（照片由 Luca Invernizza Tettoni 拍摄）

为了衡量某个人的内在品质，你必须检查这个人的财富。在等级组织中，有些人自认为他们自带优越感，其他人也承认这一点。由于货币、市场距离他们遥远，商品的分配只能在世系家族之间交换，就像雷曼描述的北部克钦一样（Lehman，1963）。拥有世系家族意味着拥有优越的内在特征。财富意味着荣誉和权力以及高贵的命运。就像一个人的荣誉归功于他在平等主义社会背景下的生产力。在等级社会背景下，他的荣誉归功于他的商品来源、他在交换和继承位置上的地位。如果一个人的财富来源已知，那么这个人的命运性质就可以被预知。如果财富源于他的父母，那么就遵循内在品质可继承的原则，但是那些继承等级的人必须在实践中证实它。

这些涉及荣誉意识形态的概念是社会关系在等级制度和平等主义制度条件下运作的核心，但作用后果却截然不同。在有等级的情境下，他们允许一个人有更好的命运，更多的荣誉、权力、权势，而不是基于父母给予的出身。在平等主义制度的背景下，人们必须不断地证明自己和其他人有一样多的荣誉。这样，一个人才会在一个没有等级的社会系统中期望有某种职业道德和消费主义（Kirsch，1973）。由于财富意味着荣誉，荣誉的意识形态、世界观的基本构成，在任何情况下都是一样的，它们都关系到人品的高贵和价值意义。因此无论财富起源于什么，财富都暗示着荣誉。

如果很少有机会得到商品或货币，这种意识形态就使得政治制度的发展和那些被描述为北部克钦或高地等级制克钦的政治体制特别相像。哪里有获取商品和货币的便捷之道，哪里就会形成非等级制度的变体。

掸　人

掸人居住在中国南部、缅甸掸邦和泰国的夜丰颂府与清迈府的山谷间。和其他的低地人一样，掸人的国家组织形式历史悠久（Moerman，1965；Mangrai，1981）。尽管掸人、缅甸人、泰国北部人、老挝人、泰国中部人和柬埔寨人的节日、宗教经文和授戒仪式形式略微不同，他们信奉着大同小异的南传上座部佛教，但他们都承认自己是佛教徒，并彼此将对方视为是信奉同一宗教的人。

夜丰颂府的掸人都是农民。大多数在临时性的农田里靠种植水稻谋生。为了生存，他们还种植诸如芝麻、大豆和大蒜的经济作物（Durrenberger，1981a；Durrenberger and Tannenbaum，1983，n. d.；Tannembaum，1982，1984）。在拥有山田的社区里，几乎没人做日薪工作，因为即使是最贫穷的家庭也能够靠种植水稻自给自足。但在没有山田的更大的社区里，贫穷的家庭必须依靠日薪工作来增加收入。他们原本的收入来源是蔬菜种植、采集和森林产品。

对于掸人来说，权力是宇宙中一个基本的、毫无疑问的组成部分：它简

夜丰颂的掸族男孩（照片由 Luca Invernizza Tettoni 拍摄）

单地存在着。权力不是平均分配的——有些人的权力比其他人大。根据相对不同的权力，所有人都被划分为不同等级。正如（Kirsch，1973）为高地社会建议的那样，神灵构成了这个连续体的一部分。在低地，人获取权力的方式有两种：要么退隐或克制，要么依附权力更大的人。矛盾的是，那些从世界退隐最彻底的人拥有了超越世间万物的最大的权力。

权力暗示着保护。如果一个人能够接近权力，他就可以得到保护；如果一个人得到了保护，那他就拥有了做他选择的事情的权力或自由。（Hanks，1957）以类似的措辞对泰国中部人关于权力、自由的概念进行了讨论。权力（保护）就像屏障一样，这些屏障能够避开不幸。文身可以保护身体免于枪击和刀伤，就像有一个保护屏障将人的身体包围起来免受伤害。每年一次的"修复村庄"[mae（修复）waan（村庄）]仪式，仪式将村庄封锁起来，将危险事物驱赶出去，并创建一个屏障防止危险事物进入村庄（Tannenbaum n. d. b；Durrenberger，1980b）。

权力（保护）被动地防止坏事的发生；它不能带来好事。权力的特质就是它有能力避开行为后果。拥有强大的反枪击、刀砍能力的文身男子受保护而不被报复性暴力伤害，且毫不畏惧后果的自由偷盗或杀戮。

拥有权力之人不需要担心他们的行为后果，从一定程度上来说，他们强大、危险，因为他们不惧行为后果。

以至于一旦人们握有权力，他们就变得危险，因为他们毫不畏惧自己行为的后果。他们根据自己的意愿自由行事，很容易就感觉自己被冒犯而去伤害他人。村民们把这视为现实生活中的一部分。被冒犯的神灵会引发疾病；而被冒犯的政府官员却会给村庄带来难题。因为这些有权且不可预知人的存在，人们需要与拥有更大权力的人建立关系来保护自己。

拥有权力（保护）的人有可能会收回它，让被保护的人面临来自其他人带来的危险。因此，需要慎重地对待有权的人：人的权力（保护）越大，交往中的制约也就越大。人们处理这种权力差别的方式有两种，一是限制他们与有权人的交往，二是借助中介与其他有权人进行交流。

权力能够自动地从修行苦行中获得。这个过程是无意识的，修行者的道德或意图无法影响到它。这与标准佛教观念中人们的意图（掸语，tsetana）决定结果刚好相反。在信奉南传上座部佛教的国家里，根据佛教徒的戒律（掸语 sin；巴利语 sila），退隐或苦行等同于道德。修道、守戒是获取功德的一种方式。守戒自动就能赐予权力；一个人守的戒越多，他的权力就越大。

守戒可以理解为寻找道德或寻求权力。这种模糊性不是自动赐予权力、守戒的结果，而是来源于人们如此做的动机。个人可以努力守戒以帮其逃离生死轮回，这是被认可的动机；个人也可以通过守戒获取神力。索取一个人还没有获得的神力是会导致被驱逐出僧侣制度的四种原因之一（其他三种分别是杀生或教唆他人杀人，邪淫和偷窃。）

自动获得神力是对克制和退隐进行奖励的结果，但它的重要性在佛教经文中被降低了。佛陀警告他的追随者在逃离生死轮回的追求中不要被获取神力而分心。当一位男子变成僧侣时，不管他的目的是什么，守戒给与了他巨大的权力，因此人们用与其他有权的人交流的方式与僧侣交流。

佛陀代表着权力的顶峰：他们摒弃了所有尘世的快乐，也显示了这种退隐所能获得的权力。守戒的僧侣代表着普通村民所能接触到的最有权的人。森林僧人由于修行额外的苦行而具有更大的权力，因此，他们制作的护身符也具备了巨大的权力。普通男女尝试守五戒：远离杀生、偷盗、邪淫、妄语和饮酒。然而，他们意识到这种程度的克制很难遵守，因此只保证在宗教节日守五戒。

获得权力本身与道德无关。守戒常常被理解为修道（Spiro，1967，1980）。在较大的背景下观察守戒就能说明它的本质与道德无关。接受了有权力的文身的人要在任何时候都守五戒中的一戒以免文身失效以至纹有文身的人身心受损。通常情况下，这个人会守"远离邪淫戒"，而这一戒又经常被理解为远离通奸。通过守这一戒，纹有对抗刀枪文身的男子能够抢劫和杀人并免于惩罚。守这一戒并不表示承诺做有道德的或行为正确的人；事实上，它通常暗示着犯罪的一生。

接受了有权的文身或护身符的人必须退隐或克制，否则他的文身或护身符就会失效。一个人守的戒越多，他的权力就越大，他也就更有能力从其他来源获取权力。然而，文身或护身符的接受者除了守五戒中的一戒外并不会承诺去克制自己。

如果一个人将"佛教"对象局限于佛教阐释，那么，他要么像（Spiro，1967，1980）一样被迫形成泛灵论和佛教的不同解析，要么就摒除神力的使用而宣称它们拥有来自经文的支持。称呼这些为"宗教领域的因素"（Tambiah，1970）仅仅只是意识到神力和佛教经文修行的共存而已（Durrenberger，1983）。这样的方法使人们不能用本地话来解释神力的使用。

正是权力的基本公里、权力的存在以及如何获取权力这些对佛教徒的实践做出了解释。撰写有关南传上座部佛教的人类学家提到了每个男子在都想花一些时间成为沙弥或僧侣的目标，尽管现实与理想有差距。权力的重要性和男子获取权力的需要对授戒的理想和频率做出了解释（Tannenbaum n. d. c.）。

两个事实使得这种解释看上去与佛教相关。首先，文身和护身符从佛教徒和他们的教义中获取权力；其次，人们通过守佛教戒获得权力。这些行为只有在非道德的权力的公理和人们获得权力的方式中才有意义。佛教的一个精髓是业的准则——不可避免的行为后果，好的、坏的——以及它的道德含义，都和业毫不相干。

通过慷慨以积德是南传上座部佛教仪式最显著的方面，然而在解释权力时它并不重要。慷慨是确认和表现一个人权力的方式，而不是获得权力的方法。有权的人举行积德仪式来显示自己的权力和组织必要资源的能力。通过给僧侣贡献贡品，他们宣称自己合法地拥有权力。通过赠送礼物，他们积攒功德，而功德又能帮助合法化并加强他们目前有权的地位。慷慨的能力以业的准则的名义得到辩护。

因为业是不可知的（Hanks，1962），所以宣称拥有合法权力的人们必须通过公开展示来证实它；因为它的有利方面会耗尽，所以人们需要不断地补充功德的存储量。公开向僧侣展示慷慨实现了这两个目的。

高低和低地的宇宙学和权力

权力在高低和低地的世界观中都是一个核心的原则。在两种体制中，权力对于定义人类和其他存在的地位都是至关重要的。宣称拥有权力必须通过公开的慷慨来证实。用财富通过展示慷慨来证实拥有权力会得到福报，进而产生更多的财富。

对于这种意识形态以及相关的仪式有三种经济背景，即远离市场的高地，靠近市场的高地和低地。在财富共有的高低地区，这种意识形态形成并伴随着平等的社会形式；在财富私有地区，就形成并伴随着等级社会形式。权力被认为属于财富来源。如果财富的来源是个人生产力，那就是平等主义体制。如果一个人能够宣称对财富的继承权，那么，在等级体制中权力也可以继承。权力（荣誉）与道德无关，而与意味着遵守风俗的伦理学观念有关。合法性不是问题。荣誉、权力和生产力都互指彼此。如果一个人不可敬，不能履行义务，那他就不具有权力。拥有权力表示权力是合法的——表示一个人拥有荣誉和生产力。在高地地区，人们用权力来相互比较；而在低地地区，这些比较形成了一个所有存在都适用的、通用的等级制。

低地人通过修行苦行或依靠其他更有权的人来获得权力。其他更有权的人直接提供保护或者个人从文身和护身符上间接获取他们的权力。有权的人用业来为自己的权力辩护，并通过向依靠他们的人、寺院和僧侣展示慷慨来证实自己拥有权力。权力与生产能力无关，而与对生产资源的控制紧密相连。这种差别就是存在于个人的权力（权势）和存在于控制生产资源的权力之间的差别。

高地与低地体制的主要差别是政治和经济形式的差别。意识形态的结果就是低地体制中增加了的复杂性和模糊性。人们获得权力的方式是节制和退隐，或者依靠其他更有权的人，这两种完全不同的方式会产生不同的行为后果。权力会让人们免于承担行为后果，并将其从社会及社会约束中解脱出来。这与高地的权力形成对比，高地权力来自生产，这意味着对社会的参与，而不是退隐。在低地地区，赠送礼品的后果是模糊的；它取决于礼品赠送者和接受者的身份地位。（Leach，1954）在其对克钦人转变成掸人的分析中就关注了这一差别。佛教增加了这种模糊性和复杂性。业的准则将财富和权力的分布合法化，并为权力提供了一个道德因素。这一因素近似于，但不等同于权力的高地观念源于恰当的行为，同时在这两种制度间创建了一种表面相似性。而通过宴客和慷慨公开证实个人拥有权力的重要性又加强了这种表面的相似性。最后，在所有人同样贫穷的地区，低地体制的操作导致了该社区里的一种相似的平等主义。

在高地体制里，事情正如看上去的那样——权力暗含着权势以及履行义务的能力；这就是唯一可能的解释。而低地中的模糊性则意味着多种可能的解释。

在低地地区，政治体制和政治权力的事实是如此不同以至于存在着权力意识形态的转化。政治权力依赖于控制生产资源，而这最终依赖于强迫和武力（Fried, 1967）。一个人如果和那些具备足够强迫权力的人存在社会关系，那么他就能获得生产资源从而很好地声称自己对资源的所有权。因此，任何人的权力都是与其他更有权的人的社会关系的后果。国家体制如果能够处理好分层社会的社会现实，那它就能产生为权力关系辩护的说辞，而且通常都采用宗教的语言。

意识形态体制在国家背景下巧妙地转变。个人权力保持其核心地位，但个人获得权力的方式及其意义改变了。在高地的平等主义和等级形式里，权力以生产力为基础并授予声望和荣誉。这与荣誉和成为社区的真正成员密不可分。权力的范围很窄，拥有最多权力的人并没有比拥有最少权力的人多多少。人们以平等的方式与神灵交流。在国家形式里，权力与道德无关；拥有较多权力的人与拥有较少权力的人之间差别巨大。巨大的权力能够使人免于社会约束。佛教被植入国家体制中，并在其中为权力的分配提供了或神秘或"真实"的辩护。为了获得权力，它给权力创造了一种选择说辞和动机，也因此在权力周围创造了模糊性并赋予了它在低地的意义。

在东南亚低地地区，佛教已经为多种国家体制提供了这样的一种说辞。我们能够在所有的东南亚大陆意识形态体制中看到一种潜在的统一性，它的基础是个人权力及其来源的观念；同时，这些观念以不同的经济和政治形式表现出来——高地和低地，分层的和不分层的，等级的和平等主义的。

结　论

我们的结论分为两个方面。一方面，高地与低地的宗教实践与意识形态中存在的每一个相似性不应该归因为高地企图吸收低地文明的各方面或不明原因地简单"拿来主义"。这些相似性应归因于意识形态的共同结构、共同世界观的各个层面。另一方面，用佛教的意识形态或教义来解释低地行为或意识形态是不合情理的。更确切地说，你可以解释说明佛教意识形态的各个方面，而它们已经在不同时期、不同地点按照基本的、非佛教的世界观被整合。

参考文献

Dessaint, A. Y. 1971. Lisu Annotated Bibliography. Behavior Science Notes 6: 71-94.

Durrenberger E. Paul. 1974. Theregional context of the economy of a Lisu Village in Northern Thailand. Southeast Asia 3: 569-575. 1976a. A Lisu shamanistic seance. Journal of the Siam Society 64: 151-160. 1976b. The economy of a Lisu village. American Ethnologist 3: 633-644. 1976c. Law and authority in a Lisu village: Two cases. Journal of Anthropological Research 32: 301-325. 1980a. Belief and the logic of Lisu spirits. Bijdragen tot detaal-, Land-en Volkenkunde 136: 21-40. 1980b. Annual Non-Buddhist religious observances among Mae Hong Son Shan. Journal of the Siam Society 68: 48-56. 1981a. The Economy of a Shan Village. Ethnos 46: 64-79. 1981b. The Southeast Asian context of Theravada Buddhism. Anthropology 5: 45-62. 1983. The Shan rocket festival and non-Buddhist aspects of Shan religion. Journal of the Siam Society 71: 63-74. 1986. Lisu ritual, economics, and ideology. Paper presented at SEASSI conference, DeKalb.

Durrenberger E. Paul and Nicola Tannenbaum. 1983. A diachronic analysis of Shan cropping systems. Ethnos 48: 177-194. n. d. Analytic Perspectives on Shan Agriculture and Village Economics. Unpublished monograph.

Fried, Morton. 1967. The Evolution of Political Society. New York: Random House.

Hanks, Lucien. 1957. The cosmic view of Bang Chan villagers, Central Thailand. Proceedings of the Ninth Pacific Science Congress 3: 107-113. 1962. Merit and power in the Thai social order. American Anthropologist 64: 1247-1261.

Keyes, C. 1973. Feasting and Social Oscillation. Southeast Asia Program Data Paper No. 92. Ithaca: Department of Asian Studies. 1975. Economy, polity, and religion. In Change and Persistence in Thai Society: 172-196. G. W. Skinner and A. T. Kirsch, eds. Ithaca: Cornell University Press. 1982. Buddhism, sex roles, and the Thai economy. In Women in Southeast Asia: 16: 44. P. Van Esterik, ed. Center for Asian Studies Occasional Paper no. 9. DeKalb: Northern Illinois University Press. 1985. Text and context: Buddhist sex role/culture of gender revisited. American Ethnologist 12: 302-320.

Leach, E. R. 1954. Political Systems of Highland Burma. Boston: Beacon.

Lehman, F. K. 1963. The Structure of Chin Society. Urbana: University of Illinois Press.

Mangrai, Sao Saimong. 1981. The Padaeng Chronicle and the Jentung State Chronicle Translated. Michigan Papers on South and Southeast Asia. Center for South and Southeast Asian Studies. Ann Arbor, Michigan.

Maran Laraw. 1967. Toward a Basis for Understanding the Minorities in Burma: The Kachin Example. In Southeast Asian Tribes, Minorities, and Nations. Peter Kunstadter, ed. Princeton: Princeton University Press. Pages 125–146.

Moerman, M. 1965. Ethnic identification in a complex civilization. American Anthropologist 67: 1215–1230.

Spiro, M. 1967. Burmese Supernaturalism. Englewood Cliffs: Prentice-Hall. 1980. Buddhism and Society. Berkeley: University of California Press.

Tambiah, S. J. 1970. Buddhism and Spirit Cults in Northeast Thailand. London: Cambridge University Press.

Tannenbaum, Nicola. 1982. Agricultural Decision Making Among the Shan of Maehongson Province, Northwestern Thailand. Ph. D. Dissertation, University of owa. Ann Arbor: University Microfilms. 1984. The Misuse of Chayanov: Chayanov's Rule and Empiricist Bias in Anthropology. American Anthropologist 86: 927–942. 1986. Power and its Shan transformations. Paper presented at the SEASSI conference, DeKalb. n. d. a. Shan Buddhism: power, protection, and ethics. Unpublished ms. n. d. b. Tattoos: invulnerability and power in Shan cosmology. Unpublished ms. n. d. c. Power, gender, and Buddhism: gender in Thailand reconsidered. Unpublished ms.

Van Esterik, P. 1982. Laywomen and Theravada Buddhism. In Women in Southeast Asia: 16: 44. P. Van Esterik, ed. Center for Asian Studies Occasional Paper no. 9. DeKalb: Northern Illinois University Press.

尼泊尔属于南亚吗?[1]
——非后殖民性情境

华盛顿大学（圣路易斯）人类学系　Mary Des Chene　著
西南民族大学　刘　玲
云南民族大学　海　冉
昆明理工大学　王　笛　译

后殖民研究?

最近，对于文化人类学者们如何在其涉及文化政治的实践活动层面上实现人类学的后殖民研究问题，可谓众说纷纭。[2] 当然，更宽泛地讲，这也是一场有关殖民文化研究本质及其可能性的各学科间的讨论，而一些发自南亚研究的声音最不容忽略，其中，又以南亚历史和人类学研究为甚。这些争论并不关乎作为一种政治现象的后殖民：殖民统治已经结束，不再为现存的政权形式，人们对此均无异议。"后殖民的"一词可替代"后东方学式""非帝国统治的"等其他几个术语，它们被视为可相互通用。前一个词指向文本表述的诸形式，后一个则指明研究在怎样的政治配置中进行，我们文本中呈现的著者立场，以及如何将所研究的两个对立面进行学术定位。不论人们怎么去评价一场将自身定义为"后××"或"非××"的思潮，其学术研究必然在很多重要的方面都已更改领域。再无可能以这样的模式写作了："××相信……"或自然而然地从政治维度去描绘其他人的生存方式。这一切对我而言却是向好的。

---

[1] 原文出处：Des Chene, Mary. 2007. Is Nepal in South Asia? The condition of Non-postcoloniality. *Studies in Nepali History and Society* 12（2）：207-223.

[2] 这篇论文最早曾于1995年11月以初稿的形式提交于康奈尔大学的人类学专题讨论会上。本文提出的所有观点均应感谢于Pratyoush Onta的协作，而在印度与多位尼泊尔知识分子们的探讨也吸收了他的研究成果。文中一切错误和不足均为本人之责。

关于南亚研究的这些文字大多出自南亚人之笔，且这场讨论的中心就在于以南亚人和学者的双重身份进行写作，他们将自己作为一个后殖民地的产物，通过重写殖民主义史并创造由过去到现实的叙事，致力于解读那种后殖民性本质的使命中。这些讨论成为尼泊尔南亚研究的标志；一些参与讨论的学者本身就是本土居民。但该国的南亚研究自有其历史沿革，基于第二次世界大战后安全考虑而出现的制度发展史，基于东方学与印度学而产生的学术研究史。这些历史并未被抹去，而从南亚研究到南亚的后殖民研究间的契合度也不总是令人愉快的。

与南亚研究上的转型相一致的是，在人类学领域内，有更多的人努力尝试着反思我们的研究及其成果，大多数的焦点都在民族志研究上，反思其书写如何避免本质化、整体化和物化等写作模式的先天不足。① 而相较之下在本学科内针对我们实践中的讨论却声音寥寥：新酒显然能用旧瓶装，或者说新文本至少还能根据旧的田野调查记录来写。② 我们说的更多的是怎样为写就后殖民研究的文章而在新的文本形式里富有成效地安排好内容，却鲜少提及我们的所作所为有多少需要改变。

我记得对强调民族志研究最有趣的批评是理查德·法登（Richard Fardon）在对《本土化策略》一书的介绍中说的。他认为，针对民族志和无休止的"他者"话题（还有比这更本质化的了吗？）的讨论有一种奇怪的游离感，割裂了地域语境，而地域背景既是我们真正的研究领域，又是我们可当成写作素材和背景的学术研究内容。他找到了引发一位孤独的民族志学者略掉真正左右我们表述的那些因素而与一个放诸四海而皆准的他者在写作的空间中相交的缘由。他书中的论文都专注于特定地区的人类学历史，分析其中心问题是如何出现的，哪些次区域以及哪些"地区"内的人已经被研究涵盖或是被排除掉等。其中很多论文都让人看到了阿尔君·阿帕杜莱（1988b）出于相似目的而提出的"大都市理论"的影响，显示出制度安排、学术偏好和风靡一时的理论们是怎样造就了称之为"人类学的中东""人类学的南亚"这些特定地域的核心表述的。欧林·史达（Orin Starn，1992）曾就"安第斯山研究"做出过类似的分析。

---

① 这类文献已非常巨量。有些突出的文本，如 Clifford（1988），Clifford & Marcus（1986），Fox（1991），Rosaldo（1989）。还有两篇不那么引人注目的论文，第一篇提出了一些政治论题（Harrison，1991），第二篇引介了一些区域问题（Fardon，1990）。

② 请参阅 Ferguson 和 Gupta（2007）。

但该著作遭遇的冷落实在是惊人。阿帕杜莱这篇文章的主要成果似乎就是"大都市理论"乐于为该理论自身转述和引用而已！他对于研究之空间维度的那些真知灼见推动了对空间和空间化的理论探讨。但有关如何能尽如人意地进行地域描画的一些问题，则主要是在他相当尖锐地提出大都市理论后的种种危机的驱动下出现的——而这些提出的问题，就我所知，很少得到评论。用更严肃的态度考虑书中提出的问题，似乎就能引发我对相当多的基本问题进行重新思考，想想那些将我们送进田野点的高速公路，以及沿路那些被遮蔽住的景象。我认为这种努力将会带给后殖民研究更多意义上的挑战。它们诠释地域的方式有多少后殖民性呢？

接下来我要回顾一下有关"人类学的尼泊尔"的简史，这个术语凸显了一种独特性。不过我当然要赶紧声明一下，所有人类学的研究地点都有其特性和特质。正是通过在每个个案研究中充分考虑这些特质，才可能看清"非帝国统治的人类学"的轮廓。现在我所说的正是一个从未被殖民之地的人类学史。这样的话，有人可能会觉得我们能领先了，或不再需要去考虑那些后殖民地研究的政治学了。但我却认为恰恰相反。对尼泊尔的人类学研究在很多方面一直存在一种令人好奇的殖民主义倾向，我以为就是由于非后殖民情境没有被作为一个尼泊尔历史的构成要素而认真对待的缘故。由此，部分地导致了我们的南亚研究中对尼泊尔研究的某种忽视，不过这种忽视也显示了对南亚殖民地边界的各种划分方式持续的影响力，亦说明区域内帝国主义的约束仍然存在，寻求着属民并要求重画学术研究的版图。

尼泊尔属于南亚吗？

如果把国家比作元音，那尼泊尔就属于"不规则发音"那一类。区域研究分割着这个世界，因而尼泊尔一方面被明确地包含在"南亚"里，另一方面又常常被排除在外。每位工作在尼泊尔的人类学家都能举出一堆例子，其内容从一些小麻烦，比如在学术会议的南亚国家名单上尼泊尔的名字被省略掉，到更能有效说明问题的情况：一些南亚研究的项目将尼泊尔专家们的工作机会也给省掉了。几年前，当有人被采访并提及这种地位问题时，一位南亚学者怀疑地问她："可如果你只在尼泊尔工作又怎么能教南亚的课呢？"她的答复令她所有从事尼泊尔研究的同事欣慰但明显将令其工作前景堪忧："凭什么泰米尔纳德邦的一个村子就能比尼泊尔的某处更能代表南亚？"这是个很好的问题，尽管那位质疑她的人并不喜欢——他恰好在那里的一个村里做研究。这个问题没有答案,且不看我们对于南亚诸要素的表述史,长期以来不同领域的学者们提出了各种地理学观点,可都无一例外地属于印度的范畴。

将尼泊尔归入南亚的另一种提法是将之放到喜马拉雅山脉的范围内,构建一种喜马拉雅研究的方式。这在地理学上有翔实可信的事实依据。这个名称恐怕很难将珠穆朗玛峰的家乡排除在外。不过它指的是哪些地区呢?至今还很不清楚。它远非一个地理学概念,对于这样一个文化整合体可谓众说纷纭。将喜马拉雅构建为一个文化区的动力似乎有两个源头。一个出于想识别该地区内的文化亲缘关系,另一个是要努力创造一个完整的南亚研究,类似的说法是南亚印度研究。对某些课题来说,这种构想将成果斐然,但对其他研究而言,由于没有基于毗邻的疆域,它仍可能是指向模糊的。环喜马拉雅地区的不同政体也一向都不喜欢环喜马拉雅研究的构想及其自行其是工作方式,后者好像频繁地试图脱离各地相异的政治史来分析文化。人们可以想象一种基于地区政治史的不一样的喜马拉雅研究。一位尼泊尔的新闻记者最近和我谈道:"来自圣牛带的反对意见……喜马拉雅山是一条南亚挂起来的晾衣绳。看看地图。"如果南亚研究像他一样持有这种不证自明的观点,将会产生剧烈的变化。但构建新的中心,一个新的"真正的"南亚,却并非我兴趣所在。我更愿意去思索如何能够拆除掉南亚"后殖民研究"的那些突兀的殖民地界线——地理上的以及概念中的。

非后殖民性情境

我们所说的尼泊尔的人类学可以追溯到西方人类学家们于 20 世纪 50 年代早期到来之时。[①] 而该国如今日益系统化的区域研究是第二次世界大战后才产生的。这两件事都出现于去殖民化的时代,而要解释其大致形成就必须参考它们的历史发端。

西方人类学研究尼泊尔起源于印度独立以及紧随其后的尼泊尔政局的变动。从这个意义上说,那个人类学(从时间上来说)的确完全是后殖民的。可从另外两个角度上讲,它又不是。首先同时也是最明显的,尼泊尔从未被殖民过,所以它不是一个后殖民地区。这一点我稍后会再讲到。第二,尼泊

[①] 例子可参见 Fisher(1985)对尼泊尔人类学史精彩的观点综述。淹没于这类形形色色论述中的本土学术著作占据着比外国学术文献更优先的(后来成为并驾齐驱的)位置。例如民俗学研究就至少可追溯至 20 世纪 90 年代早期(Parajuli, 2039 v. s., Thapa, 2041 v. s.)。

尔从未有过殖民地的人类学研究传统。① 相反，早期的尼泊尔人类学，这个处于全世界去殖民化时代的人类学，其研究内容却是探索和绘制地图。在这点上，它和其他地方进行的更早期的殖民地研究的内容惊人得相似。这有着很多现实的原因，尽管不如大家假设得那么多，② 但它们对外国学者的尼泊尔研究轨迹所产生的影响恰恰是我的兴趣点。

在19世纪90年代，"印度民族志调查计划"的主任将尼泊尔描述为"一块处于雅利安人和蒙古人疆域之间的有争议的土地，民众中的各色人等都是西藏的，聪明的上层统治者们则来自印度"（Risley，1896：viii）。12年前，理查德·邓波儿（Richard Temple，1887）曾宣称尼泊尔"对于科学之眼来说是关闭的"。当外国研究者们在20世纪50年代终于踏上尼泊尔的土地时，他们的"科学之眼"又将尼泊尔视为一块未知领域，两大文明传统的交界处。它的地形，从低海拔的南部到全球最高点的北部，自东向西大片的山川河谷，曾使其看起来是一个过渡的、难以进入的、遥远而未知的世界。据第一个到达尼泊尔进行研究的外国人类学家回忆，殖民地时期的印度土兵手册是当时唯一的民族志信息源，且粗略欠缺。"当我们首次出发的时候，"他说，"我们对前路知之甚少。"（Fürer-Haimendorf，1990：132）

三种印象决定着早期的尼泊尔研究。我把它们称为（1）化石，（2）交界，以及（3）香格里拉。石化的印象充斥于那些最花哨的游记中：被时间遗忘的土地，中世纪的古国等。这种影响曾在学术著作里也一度相当顽固。其大前提就是自1846年到1951年拉纳家族在尼泊尔的独裁统治，他们如此彻底地将西方人挡在了外面，也为了私利而成功地剥削着这个国家，以至于长久以来在他们的统治下一切如旧。这就不难解释为什么经过一个或者好几个世纪，尼泊尔始终都和我们在1951年看到的那个尼泊尔别无二致了。即使是在一个未被历史所关注的时代，仅仅由于一个残暴政府的统治就能使一切都保持原样，这还真是一种独特的社会学观点。曾经有个了不起的假设说好几十万尼泊尔人在两次世界大战中奋战过。我不禁想起一个可能有人并不希望成立的推论，它已根深蒂固并仍然有效：如果西方人不出现并且活跃于某地

---

① 我这里截出的这段文字来源于边境线另一边的印度殖民地时代，大多显而易见取自英属军队的尼泊尔族士兵手册。相关资料请参见 Des Chene，1991。

② 这些推测实质上是基于对该国的无知，一些基本的民族志的真实情境不得不被一再确认。这样就出现了对族群分布的重绘以及早期的尼泊尔人类学著作以搬出理论权威为特征（如Fisher，1985）。这就忽视了事实上对该国各族群和各地区已知的情况以及那些极易获得的尼泊尔语作品，这种趋势现在仍继续着。

的话，历史可能不会真正像那样发生。在此我们就能发现早期尼泊尔人类学研究中的也许是最彻底的殖民视角。虽然人类学家们已经不再频频提起这种石化印象，但是我们也并未将之驱离。对该国石化的印象自身由来并不久远。我是从1993年《南亚》杂志的一篇导论上摘到"化石"这个术语的，该杂志忠实报道并传播已被认同为智识的南亚研究的成果，对尼泊尔的那些印象也同时传播着。

在独裁统治下其作为缓冲国的功能和几乎完全的与世隔绝使这种化石般的状态保存至今，类似一个印度帝国里某些侯国的夸张版本。

第二个就是交界的印象。尼泊尔成了一块模棱两可的交汇地，处于中亚与南亚之间却又两不相属；即里斯利（Risely）所说的"有争议的土地"。这种印象也严重地影响到对尼泊尔的人类学思考。塔莱平原、坡地和山脉这种地形上的分割也行成了一种文化地理的分布：印度文化多在南部，藏族文化多在北部。有很多原因都能解释这种现象：语言学证据、文化亲缘性以及那些山地人和塔莱人（地位高于从山上大量迁入平原的那些移民，我注意到这股移民潮正式开始的时间恰恰就是外国人类学家进入该国的时候）的部落生活方式。但一个意想不到的结果却是，处于中间地带的山区成了尼泊尔这个国家中"真正的尼泊尔"。一直以来人类学家们总是用藏缅语族的中部山区人——拉伊族、林布族、塔芒族、古朗族、马嘉族、塔卡利族——来表述真正的尼泊尔文化，却很少提及该地区的种姓制度。

第三个印象：香格里拉。和化石之国、中世纪王国的概念一样，这种印象的公开表述是在游记中而不是在严肃的学术文字中，但是其决定性影响是无可辩驳的。当人类学家们第一次踏进尼泊尔时，所到之地皆是山区，一个未知、充满异域风情的原始之地。该地区的土著民族都被相当深入地研究过，但是直到最近他们才被视为碰巧生活在尼泊尔腹地的人，而非尼泊尔人。对于塔莱地区的研究也是最近才从相对被忽略的状态中被关注起来。香格里拉既不存在于低海拔地区或印度语人群中，也不是尼泊尔的特征。

加德满都谷地的尼瓦尔人也已受到很多关注，但却被当成另一种不相容的文化，一个可以研究被印度殖民统治消除了的印度教原始形态的地方。[①] 或者是一种佛教与印度教的融合形态。他们是第一批被人类学家投以正式关注的城市人口，但作为都市人，受关注程度上比起传说中的香格里拉居民们还是稍逊一筹：到现在，没人真正知道那地方在哪儿。散布着尼瓦尔人寺庙的

---

① 要了解近期此类的言论请参阅 Levy（1990）。

加德满都谷地（尼泊尔坛场）作为候选地来说毫不逊色。尼瓦尔人研究也围绕这三个印象：凝固、交融、神秘的文化。诚然其中也有例外，但我从未遇到过一个尼瓦尔人能从人类学文献中找出属于他们那个世界更多一点的东西。①

"人类学的尼泊尔"就出现了，跟随着里斯利的思路，一个偏离常向以及充满独特变异的地方（Fisher，1985）。受印度民族志潜移默化的外国研究者们力图要描出部落和种姓的样貌。能参考并能看得出是用人类学方法写作的地方志材料就只有那些印度的民族志了。借由超地区的"大都市理论"的路线舶来的理论体系就此合成出来：移花接木式的理论家们哪里都能上场，不论是结构功能主义派的，文化唯物主义派的，还是后来的符号理论。自开辟性的研究进行以来，国外的尼泊尔人类学研究一直问题不断，但"科学之眼"从没怎么停止过对尼泊尔历史肤浅的想象，把尼泊尔众多少数民族当成是相当独立的存在，极少将他们纳入到国民的范畴中。

这些印象至今还有何影响？交界印象使得我们主要以参照对比其他地方来考察尼泊尔，并且结合已成为貌似合理的化石印象，一幅静止的图景展现出来，坡地部落和高山居民各自画地而居……有一位对移民现象和西方式发展观对尼泊尔的影响非常关注的研究者对这种情形曾长篇大论。而大量的这类研究现在仍在继续，它们不将当代的尼泊尔同本国的政治历史相联系。"尼泊尔历史始于1951年"的这种叙事力度从来都强大得可怕。我不知道还有没有人类学家真正相信，或亲身经历了这个中世纪的古国一跃进入20世纪。我倾向于没有。但不论何种情形，这个比喻继续发挥着影响：没有被殖民的历史被轻易又轻率地与没有民族的文化政治史等同起来。

我仅举一例：现在我们对尼泊尔文化政治方面的本土作品，无论小说类还是纪实类，几乎完全忽略。很难想象要研究孟加拉政治却没有关注孟加拉的作家群。但是要想出一个关注到了尼泊尔作家的尼泊尔政治研究也是一桩难事。研究北印度的印地语文学运动就得考虑如哈里什钱德拉这样的人物，但是对尼泊尔的语言政治学所做的研究却既不提及帕拉苏曼尼·普拉丹（Parasmani Pradhan）、苏里亚·比克拉姆·吉亚瓦利（Surya Bikram Gyawali）、或

---

① 尽管我们不再期待（或者说渴望）着表述某一文化或社会的单一研究了，但我们还是应该对一类学术作品表示忧虑，它们将很多真实的生活变得令人难以置信。这一观点并非要攻击某种研究，只不过是通过反省所有不符合准则的作法来认识对我们学术著作有操控性的那些影响力。

者巴克里斯纳·萨马（Balkrishna Sama）①，更别说玛提拉玛·巴塔（Motiram Bhatta）这位曾在贝拿勒斯聆听过哈里什钱德拉（Harishchandra）言语的人，也不探究尼泊尔语的缘起。这些同印度的联系是隐形的，被理论联系所掩盖。我们比较尼泊尔坡地婆罗门与北印度婆罗门的亲属结构，却忽视像玛提拉玛或者陀罗尼陀罗·柯伊拉腊（Dharanidhara Koirala）作为坡地婆罗门的真实的历程，二者共同为尼泊尔民族主义者们重新发现了他们的奠基人物之一，诗人不哈努比（Bhanubhakta）。最近对孟加拉文化政治史的研究通篇都在引用班金·查特吉（Bankimchandra chatferjee）的作品，次数之多以至于在南亚研究学界传为笑柄。但是没有哪个尼泊尔文化政治学研究者注意到班金·查特吉的作品在1916年被帕拉苏曼尼·普拉丹翻译成尼泊尔语。为何有着这样的区别？就在人类学家们在尼泊尔做着研究的这些年，尼泊尔的文学评论家们一直在书写着这些人。哈里什钱德拉们是在一个殖民地语境中写作，他们的作品和激进成为将印度引向后殖民之历史的一部分。尼泊尔作家们则致力于反抗同样残酷但并非殖民的拉纳政府的统治。他们呕心沥血为尼泊尔人民书写的民族系谱曾深受殖民时代印度的影响——二者在此际遇，被殖民化的印度作为现成的背景，为尼泊尔成为一个隔绝、独特、独立和勇敢的国度提供了想象的空间。

对尼泊尔五人长老会治理模式的很多核心要素的了解都源自这些20世纪早期的作品。就在对尼泊尔的人类学研究如火如荼时期（1962—1990），长老会制度仍然存在着，但彼时想要对其意识形态进行细致的研究因政治原因几乎没有可能，或者至少不敢公开发表其成果。但我们还是相当容易地推断出它是外来的，即便其自圆其说地解释为适合的，本质上就是尼泊尔的统治形式（例如K. Pradhan, Mohsin & Rana, 1966）。我以为我们没有认清这个所谓的尼泊尔本质，因为我们很大程度上对其渊源没有彻察。我们倾向于将这些意为进步发展（梵语vikās，最近30年来当地局势的最主流特征）的辞藻视为明显引进自西方传统的东西，而忽视了自19世纪末至20世纪初这段较长的历史时期，尼泊尔文坛所展现出的那种亟须推动和改善尼泊尔种姓的状况。和人类学家们一样，这些尼泊尔作家也受到印度的耳濡目染，从中寻求判断尼泊尔国情的灵感和可资参考的标准。但他们的所指与我们的比起来差异巨大，我们完全没有注意到其所指的存在。

由于长老会制度已于1990年被推翻，人类学家们迅速而合乎常理地将注

---

① 例子可参见普拉丹（2028 v.s），Gyawali（2013 v.s），萨马（2029 v.s）。

意力转向了族群政治。即使该主题不是当下本学科的兴趣点，但公开讨论太过惹眼使人无法对其视而不见。可是迄今为止，除少数例外，我还没法证实有研究将上文提示的相关历史考虑了进去。当我抛出这个论题时，我听到了好几种形式的论点。第一种说法是，大部分的尼泊尔人口直到现在都是文盲，所以几个早期城市精英的作品对多数尼泊尔人的身份认同没造成多少深远影响。这种把尼泊尔作家都假设为城市精英的想法是不正确的，而就算他们全都是，这种回应也令人震惊。E. P. 汤普森（E. P. Thompson）并没有假象英格兰工厂的工人会围坐着阅读布莱克、科贝特或佩恩的书，但他发现他们的文字对了解英国工人阶级的形成以及理解何为英国特色非常重要。有一段时间我也觉得很难设想这类作品所反映的相关程度，因为我们不能将人类学的尼泊尔居民完全地构想成有政府形式的尼泊尔的居民，并且，人类学的尼泊尔也没有给帕拉苏曼尼·普拉丹等人留下余地，甚至连塔卡利族的户批·谢尔臣（Bhupi Sherchan）和塔芒族的帕里加特（Parijat）① 这样的作家也一样没有容身之地。

第二种说法是很多尼泊尔坡地和高山区的民族觉得自己和政府（sarkār）没什么关系。这个度外的政府时而的确遥远时而息息相关，但不论何时，它都会要求税收，发布看不见的改良政策等。我既不是想说每个人都有同样程度的国家归属感，也不认为政府有关公民身份的说辞能响者云集。准确地说，恰恰相反。我想说的是，民族国家的重要性以及长老会时代的长期教条所造成的结果将是错综复杂、差异巨大的。在之前的拉纳家族时代，情况也是如此。当我们站在局部的角度来看这些问题时，而忽视了该国的政治文化史，我们就只能半知半解了。

我还认为我们很有可能低估了政府的声音对国民的影响力。20世纪90年代后的那些争论并非空穴来风。从1990年开始出版了很多民族杂志，少数民族的政治团体也纷纷出现。从这些杂志我们不难发现很多不同角度的讨论，比如国家文化的内涵应该是什么，对尼泊尔的身份认同由哪些核心要素构成以及该国的历史等。我一直为这样的现实感到震惊：虽然这些论调强烈反对婆罗门、刹帝利、纽瓦尔人在文化和政治上的领导权，但主要是想为尼泊尔重新界定一个更具包容性的身份认同而不是像分裂主义这样的言论。

人类学的书写就像一个重写本，早先的尼泊尔话语被擦去，写的是截然

---

① 户批·谢尔臣和帕里加特是两位著名的作家，二人都是人类学家广泛研究的藏缅族群的成员。二人也都是尼泊尔社会的敏锐观察者和尖锐的批评者。

不同的故事。连与之同时代的那些声音它也一样充耳不闻，包括长老会的小册子和反映某个地区现实的小说（原文为 ancalik①），而后者的使命恰恰是要用社会现实主义的写作风格来描写日常生活的体验。这些文字的内容对了解尼泊尔的政治文化意义非凡，包括让我们看到我们传统的研究对象是如何被那些曾经统治、决定社会政策和规划民族平等共存战略的人臆想和揣度的。我并不是建议应该停下所有其他工作只看书就行，我的意思是应该同时去看。不知道巴克里斯纳·萨马（Balkrishna Sama）的剧作就如同在法国的人类学家不知道普鲁斯特一样令人吃惊。

我们很容易自然而然地，或者似乎是这样，把福柯或者巴赫金的理论带到尼泊尔最偏远的角落去，指望这些理论能解释我们在那里所观察到的社会进程。其文本特定的写作历史被抛诸脑后，在应用时被默认为是超越其背景的。我认为不是不可以将这些理论带入作者们未曾想象过的历史与社会实践中，我也不赞成将这些书全扔家里来这里入乡随俗——我是指理论方面。但有种想法我以为确实很奇特：认为这些理论与此地有着不证自明的相关性，而一位加德满都作家的作品却毫无价值，其实后者是比山上农民的居所更近的所在（不单是地理上，还有文化上），因为他或她是不同历史经历的产物。克利福德（Clifford，1988）曾经说过，尽管很多人在谈我们实践的民主化，参与当地的学术研究，进行对话式的文本写作，但实际情况是，最终还是要由我们的理论宗师们超然于化外地收编和解释各种纷繁之音。赛义德（Said，1986）更加强烈地责备我们，认为我们仅仅采用了相关研究地区的那些书面和学术的成果——当我们不论何种情况下要研究这些地方时——而忽视了在分析中加入更多的本土注脚。阿萨德（Asad，1986）曾指出学术界内部"强势"与"弱势"语言之间的不平等，存在一种更加频繁地被转译成其他语言的"国际标准语"。尼泊尔作品很有可能被视而不见，不单是因为要读懂它就意味着要花工夫，还由于其书写是不必使用我们熟悉的模式的，并且它所指向的也不总是权威理论中的内容。但这并不意味着我们该把这类作品视为数以累计的更乡土化的文本，正相反，该将其作为又一个需要精通的学术传统，这是我们起码的准则。只有做到这一点，我们才能从这样或那样的角度去争

---

① ancalik 被用来描述虚构性作品的一个特殊类型，风格是反映社会的现实主义，但其更重要的特征是无法抽离其设定的具体地域背景。所以，即便故事情节真实描绘了人物受到的更宽泛背景下社会不公所带来的磨炼和苦难，ancalik 绝不属于一般性的乡土文学，而是浸透于历史与文化或者某个特定的区域中的作品。

论其是否有价值,才能了解各自研究下的尼泊尔洋洋大观的民族与地域。

尼泊尔一直被当成南亚研究领域中的一潭死水,我大可举出一个不容置疑的理由来解释其原因。但我还是要重申:当人们在任何时候一想到尼泊尔,它似乎总是被看成一个奇怪的地方,有点落后,带着诡秘,接近但又不完全像印度。尼泊尔从方方面面上看都不是印度,随便哪位尼泊尔人或者在此工作的人类学家都会马上这样告诉你。其中一个重要的原因——即一种坚持其独特性并为其非殖民地历史而骄傲的政治文化,它对众多领域内的国家政策都有着深远的意义——却被我们从向其他南亚学研究者们呈现的图式中省略掉了。尼泊尔非殖民地性质的历史正是使其与南亚相联系的因素。一种深深根植于殖民地印度的带非殖民色彩的民族主义,一个以缔造于英殖民时期的印-尼关系为基础的现实的政治关系,一段同样源自英属印度的政治经济范畴内的劳工移民史;以尼泊尔语为前提,以君主制和印度教为基本特征,造就了一幅与殖民化的印度截然不同的画卷,这就是尼泊尔印象。尽管人们从未就此达成过共识,并且现在公开反对的意见也此起彼伏,但如果我们不首先将生成此种印象的政治史纳入研究范畴,就无法理解这些反对之声。

为了这一点我曾建议我们需要进行某一种后殖民的学术研究。它并不是我们特别熟悉的那种研究,至少一开始应该是忠实于本土的,先去了解一下在我们重新书写尼泊尔时那些被遮蔽的内容。意识到这种尼泊尔人类学书写中的缺陷及其在南亚研究中的边缘化地位的人不止我一个,但修正者们的主要兴趣所在仍是以尼泊尔为例来印证"大都市理论"的那些关注点而已。比如,看到有关尼泊尔印度与西藏交界的印象被以边缘地区的概念重述时,我一点也不惊讶。虽然也可当成是一种有价值的观念进步,但它并未触及"两种尼泊尔"之间关系的问题,即人类学引用和书写下的尼泊尔,和作为民族国家的历史上的尼泊尔。格洛丽亚·安札尔朵(Gloria Anzaldua)也许会被某些人抬出来解释尼泊尔的情况,而像巴克里斯纳·萨马这样的作家,无论其散文、诗歌还是戏剧都是以尼泊尔为背景和目的创作并且一直关注着同样的问题,却难人其法眼,对于这种想当然我表示质疑。这种后殖民主义与非帝国统治性两不沾边的人类学完全是闭目塞听,令我惊见骇闻。

从南亚研究的视角审视这个问题,无论是从那种对尼泊尔的表面化描述方面,还是从抛开本地作家群后新研究对新变化反应的普遍滞后上,都无法完整解释尼泊尔研究地位的边缘化。印度庶民研究的影响和各方为增进对南亚次大陆后殖民主义的了解而付诸的努力从很多层面上重划了势力范围。此外,尽管学界对边缘,边缘化,底层等等内容也有兴趣,但对于某些边缘地带，某些底层来说，相对仍然乏人问津——尼泊尔和尼泊尔人就居其一。我想以最粗糙的程度来说，就是因为它从来都不是殖民地，所以也没可能具有后殖民的空间。这说法当然对殖民主义理论在尼泊尔深远的跨界影响有些轻视了，也同样没有注意到印度，孟加拉国以及巴基斯坦后殖民史的影响。当我们将南亚次大陆视为一个整体时，整个尼泊尔或许就成了一个庶民之国，但又并非在孟加拉，比哈尔或更上面（靠北）的无人关注区那么底层。重新思考后殖民地区范围的决定因素是依然如故的那些殖民地边界，这令人惊惶。我又一次对地方社会史能激起人们兴趣的程度感到疑惑，因为要拿这些地方做文章，将之变为能吸人眼球的那些议题的例子太容易了，且用武之地并非是在"皮奥里亚"之城，而是会在剑桥或者《批评探究》的文章中。

我所见之非殖民地的尼泊尔人类学的后殖民研究看起来有些许像是非现实作品。鉴于此我不禁要对讨论得沸沸扬扬的后殖民主义的或非帝国统治的人类学的正统性提出质疑了。当我一对那些在尼泊尔搞研究的人提点在我看来已算相当柔和的看法时——我们总应该对以自己研究国的官方语言写成的那些文学和学术著作非常熟悉才是——会遭遇到惊人的对立情绪，比任何我在尼泊尔搞民族志调查时得到的回答更甚：我想有个家人陪着并能时不时去一下海边，形形色色诸如此类的话。还有说得更明白的：在这里读尼泊尔语的东西对我也没任何好处。而通常情况下是教导我这种论调跟很多人类学家的田野工作并不相干，大家都听说过我早先提及的那些文献，而我已经走上一条关于尼泊尔作家的歧路。我深陷这类回答之中，就此感受到了由我反复强调的那几个尼泊尔的人类学印象以及在人类学学术结构和规训体制下的学者自律之间相辅相成的强大作用力。

真正的把握和熟悉尼泊尔语文献被想象成一座高高的雪山，要向上攀，就与另一面的生活无缘。就这一点，我只能说有一个方法，是不是得考虑要效仿那些过去的东方学学者。但其实隐藏在更深处的却是研究回报机制的霸权和必须将尼泊尔的话语安置在熟悉的理论话语场中的无奈：在这里读尼泊尔语的东西对我也没任何好处。我想我们最后还能看到"大都市理论"如何进行灵活的理论移植，"本土思维"如何受到局限，以及某一族群会比其余的更像"真正的"尼泊尔人，更具代表性这类念头是如何的根深蒂固。

我用来列举的那类有关尼泊尔文化政治的作品不论是对其他南亚研究者还是在其他区域的人类学家来说，最多只不过是"不大像印度"的那个尼泊尔罢了。它的的确确是相当的不那么为人所熟悉。如果没有那些被阿帕杜莱所批评（1988a，1988b）的其他地区的概括性描述，或者那些熟悉的帮我们读懂"个案研究"（作为一种特定问题或进程的例子）的大量参考文献，我们无论是写自己的或读别人的文章都会花费多得多的精力。我认为现在的学科理论结构尤其不可能支持——或考虑——这样的陌生化表达。但我也觉得这只是后殖民人类学的一部分而已。并且，没有对这些问题最起码的关注，我不得不问一个理查德·法登（Richard Fardon, 1990）提过的问题。他在对斯蒂芬·泰勒（Stephen Tylor）的人类学的自我认知课题兴趣复燃热情更甚的论点进行批评时提出的这个问题。该问题可谓单刀直入："究竟为什么要提那些不相关的？"这个问题我一直萦绕于胸，现在我还要将之扩大化。

我一直在考虑这些问题以回答最近几个月来被尼泊尔学者们所问及的一系列问题，他们都不是本学科的。问题一："那么多人类学家们在尼泊尔境内奔波了这么多年，为何尼泊尔在社会学说中还是默默无闻呢？莫非我们这里都是二流的学者？"该问题最初还是挺轻松地提出（给我）的，我回复了问题的第二部分，说："不，我们的能力比起别的专家来既不更胜一筹也不输人一截。"但提问者进一步要求我更详细地解释一番。

问题二与其说是问题不如称之为一连串谴责：尼泊尔的人类学研究纯粹是攫取式的，不过是获得进入西方学术界的一种手段。当有干扰和打探隐私性质存在时，这无疑是一种双重剥夺，而人们的浅薄和闭塞将会使得这种剥夺更为严重。另外，这种研究既同那些正呕心沥血解决社会问题的人们无关，也无心要努力呈现一点相关性来。

问题三是提问者在一次学术会议中听过几篇有关尼泊尔的论文后提出的。"是不是人类学家们，"她问道，"个个都不按照明显的事实说话？"①

我在这里所说的一切都仅仅只能算回答这些问题的开端。我要提出并强调的是，那些"他者"也会问为什么要把他们扯进来。目前我还没能够看到有什么特别好的回答，除非我们能够改变某些优先考虑的东西，即能不能在我们那些田野点上躬身展开更多的对话，少点理论的提炼，不论是后殖民的还是非殖民地化的都该如此。为此，我们需要更加投入地参与到有关后殖民性或非帝国统治下的人类学的讨论中，并且我们可能得从头做起，怎样能获得足够的研究生训练，以及如何定义和认可一部好的学术著作。

---

① 我对其中一部分的回答是，它可以被认同为一种衡量民族志描述成功与否的标准，一个原住民觉得是不证自明的事情，首先因为它说明了我们正确地把握了事实，同时也由于大部分民族志（尽管不是全部）试图将那些大家心照不宣地想法变得明晰起来，即认为那些被视为理所当然的东西就是文化的更深层次结构。虽然这并不涵盖所有类型的民族志，但它的确指出了这类描述的在人类学和社会学说界的规范程度。

参考文献

Appadurai, Arjun. 1988a. Introduction: Place &Voice in Anthropological Theory. Cultural Anthropology 3 (1): 16-20.

Appadurai, Arjun. 1988b. Putting Hierarchy in its Place. Cultural Anthropology 3 (1): 37-50.

Asad, Talal. 1986. The Concept of Cultural Translationin British Social Anthropology. In Writing Culture: The Poetics and Politics of Ethnography. James Clifford and George Marcus, eds., pp. 141-164. Berkeley: University of California Press.

Clifford, James. 1988. The Predicament of Culture. Cambridge: Harvard University Press.

Clifford, Jamesand George Marcus, eds. 1986. Writing Culture: The Poetics and Politics of Ethnography. Berkeley: University of California Press.

Des Chene, Mary. 1991. Relics of Empire: A Cultural history of the Gurkhas, 1815-1987. PhD diss., Stanford University.

Fardon, Richard, ed. 1990. Localizing Strategies: Regional Traditions of Ethnographic Writings. Washington: Smithsonian Institution Press.

Farmer, Brian H. 1983. An Introduction to South Asia. London: Methuen.

Ferguson, James & Akhil Gupta, eds. 1997. An thropological Locations: Boundaries and Grounds of a Field Science. Berkeley: University of California Press.

Fisher, James. 1985. The Historical Development of Himalayan Anthropology. Mountain Research and Development 5 (1): 99-111.

Fox, Richard, ed. 1991. Recapturing Anthropology: Working in the Present. Santa Fe: School of American Research Press.

Fürer-Haimendorf, Christophvon. 1990. Life among Indian Tribes: The Autobiography of an Anthropologist. Delhi: Oxford University Press. Gyawali, Suryabilkram. 2013 v. s. NepàlāBārharā. 3rd ed. Darjeeling: Nepal ahitya ammelan.

Harrison, Faye, d. 1991. ecolonizing Anthropology. Washington: Association of Black Anthropologists and American Anthropological Association.

Koirala, Dharanidhara Sharma. 2033v. s. Dharaõādhara Koiràlà. Lalitpur: Sangraha Prakashan.

Levy, Robert. 1990. Mesocosm: The Organization of a Hindu Newarcity in Nepal. Berkeley: University of California Press.

Mohsin, Mohammed & Pashupati Shamsher Rana. 1966. The Panchayat: A Planned Democracy. Kathmandu: Ministry of Home Panchayat.

Parajuli, Krishna prasad. 2039 v. s. Nepàlā Ukhàn raGfunkhàne Kathà. Kathmandu: Nepal Rajakiya Prajna-Pratishthan.

Pradhan, Krishna Prasad. 2024 v. s. Panĉàyat-vyavasthàraângika Siddhànta. s. l.: s. n.

Pradhan, Parasmani. 2028 v. s. âphnobàre (1). Lalitpur: Jagadamba Prakashan.

Risley, H. H. 1896. Introduction. In Noteson Nepal by EdenVansittart. Calcutta: Office of the Superintendent of Government Printing.

Rosaldo, Renato. 1989. Culture and Truth: The Remaking of Social Analysis. Boston: Beacon.

Said, Edward. 1989. Representing the Colonized: Anthropology's Interlocutors. CriticalInquiry 15 (2): 205-25.

Sama, Balkrishna. 2029v. s. Mero Kavitàkoârādhana. 2vols. Kathmandu: Sajha Prakashan.

Starn, Orin. 1992. Missing the Revolution: Anthropologists and the Warin Peru. In Rereading Cultural Anthropology. George Marcus, ed., pp. 152 – 180. Durham: Duke University Press.

Temple, Richard. 1887. Journal skept in Hyderabad, Kashmir, Sikkim and Nepal. 2vols. London: W. H. Allen.

Thapa, Dharmaraj. 2041 v. s. Nepàlā Loksàhityako Vivecanà. Kathmandu: Pathyakram Vikas endra.

阿富汗-巴基斯坦湿地中对"例外政权"的争夺[①]

阿姆斯特丹大学社会与行为科学系	Oskar Verkaaik	
巴基斯坦白沙瓦大学区域研究中心	Sarfraz Khan	
巴基斯坦白沙瓦大学哲学系	Samina Rehman	著
云南民族大学	海　舟	
昆明理工大学	王　笛	
西南民族大学	刘　玲	译

所谓的部落地区，位于巴基斯坦西北部，由于它对阿富汗和巴基斯坦的政治形势都一直持有重要意义，它总是公众关注的焦点。自从1978年阿富汗遭遇了苏联入侵以后，这些边境本身一直与阿富汗的战争相关联。数百万难民已经找到一个地方作为近30年内的栖身之所。被称为穆斯林游击队的阿富汗抵抗力量主要从这些方面来采取军事行动——"基地"组织（伊斯兰极端恐怖组织）和塔利班（伊斯兰激进武装组织），以及鲜为人知的伊斯兰圣战组织。这些军事组织都是在这个地区形成并训练起来的，并且人们普遍认为"基地"组织的头领——包括奥萨马·本·穆罕默德·本·阿瓦德·本·拉登本人也藏在该山区中。如今，这一部落地区成了巴基斯坦军队和激进组织的竞技场，如巴基斯坦的塔利班冲突。该部落地区已经证明所有这些冲突与战争的起因主要是因为它作为巴基斯坦的一部分有着独特的法律地位：在这里，国家已经将其正式权威让位给了所谓的部落习惯法。事实上，这一地带被我们将称之为的"例外政权"所统治了。

本章关注的主要不是该部落地区作为国际政治的竞争场所，我们的兴趣

[①] 原文出处：Verkaaik, Oskar, Khan Sarfraz and Rehman Samina. 2012. Contesting the State of Exception in the Afghan-Pakistani Marchlands. In *Transnational Flows and Permissive Polities*: *Ethnographies of Human Mobilities in Asia*. Barak Kalir and Malini Sur eds. pp. 55-74. Amsterdam: Amsterdam University Press.

在于独特的法律安排对当地居民的影响，特别是不同政治力量是用哪些方式来争夺对当地的法外控制权。很明显这和正在部落地区内所展开的国际政治有关，但它不可能仅仅是被减弱的。部落地区中越来越多的人不再满足于他们自己特殊的身份。因为所谓的"例外政权"是建立在"部落文化"的概念之上的，而这种思想基础已经受到了多边的攻击。目前有三种可替代性话语：伊斯兰教，从普什图人民族主义的角度对"部落文化"的重新定义，以及现代性参照和"普世文明"的概念。我们认为这些话语都没有真正合法的政权，在这个意义上，他们把现有的权力体系和文化机构描绘成了不道德的或是腐败的，但是他们也支持其他可替代的法律体系——它们分别是伊斯兰教法（对习惯法的一种新定义）、普世人权和巴基斯坦宪法。这些体系中的任何一个只要形成了其自身的合法性和合理性，都会使某种权力地位合法化，并与其他两者相抗衡。

在本文中，我们想要进一步地指出，我们将要描述的这些分散的传统把合法性和合理性之间的分析性的差别横切了开来。它们中的每一个都是一种源自宗教、文化和文明传统的道德话语，但是它们也都促进了一种与众不同的法律体系的发展。"部落文化"的保守观念认可了习惯法；伊斯兰教促成了伊斯兰教法；普什图人民族主义希望能看到国家法律规则能够与各种形式的基层民主制度相结合（如阿富汗大国民会议"支尔格大会"）；现代主义则宣扬人权。部落地区情况的独特之处，也许是在话语较量中，合法性已经达到了也用法律用语来表达自己的程度。我们认为其原因是双重的。首先，它与巴基斯坦政府的更广泛的合理性危机相关联，这种危机也存在于部落地区之外。曾经，巴基斯坦经过时间的民主选举所产生的政府在军事命令上被置之不理，这一历史也严重损害了民主国家和军队的权威。（Verkaaik，2004）然而，部落地区的独特之处也正是该国家从未声称自己具有完整的主权。换句话说，这里从来不存在一个毫无争议的合法体系，能够使该地被接受为合法活动区。由于霸权法律体系的缺失，关于"什么是准许的和什么是不准许的"这些问题的讨论在法律制度的限度内并不被作为批判的表述，而是在研究一种授权了道德地位的法律体系时的讨论。部落地区并没有遭遇权力的危机，而是经受着不同权力话语在激增的挑战。

塔拉尔·阿萨德（Talal Asad）在其最近出版的一本书中指出，现代民族国家的权威是以基本的紧张局势为基础的。法律的官僚规定同时也是一个法律约定体系和这一体系的意识形态的根基（Asad）。除此之外，正如克劳德·勒福尔（Claude Lefort，1988）之前所争论的那样，法律的官僚规定并不认可合法化的任何外界来源，即使它证明了其自身的存在。"它使其自身合法化；从这个意义上来说，它是'后基础的'。"（Euben，1999）结果，现代官僚国家的力量只是被法律规定本身所限制。有人可能认为"部落政治"的概念已经被发明，以用来论及这极为紧张的局势。当然，这意味着要控制一个被视为神圣的延伸的国家元首的无限力量，但是废除神圣的合理性并不能解决专制政府自身的问题，如同20世纪的历史已经证明的那样。专制政府现在以自己国家的名义被合法化，而不是以神圣的名义。一些学家，特别是马克斯韦伯，通过辩论法治本身就充满魅力来使这一紧张局势概念化，这一点已经被一些作者们进一步采用，如 Philip Adams（1988）、Timothy Mitchell（1988，1999）、George Steinmetz（1999）、Tomas Blom Hansen 和 Finn Stepputat（2001）。例外政权形成了现代国家的暴力支柱，对其他人来说法治掩饰了这一事实，而当法治被攻击的时候，这一事实就会被披露，如恐怖袭击事件。（Agamben，1998，Hansen & Stepputat，2005）对俄罗斯无政府主义者及德国空军这些激进左派来说，例外政权显示了该国家的真面目。而这种说法当然是它同类的一个暴力本质说，近来对恐怖主义的反应表明了它所波及国家的范围——无论是美国、俄罗斯、以色列还是巴基斯坦，都在他们自己的法治之外采取了军事行动，因此，这立即使他们自己的意识形态合法化和提高他们权威的根源受到了损害。如果没有把例外政权定义为现代国家的核心，那么，我们就不能忽略这个意识形态的空白，只要我们想要理解那些兼具合理性与合法性的政权——那些包围或争夺着现代国家的政权。

换句话说，虽然现代国家从合法性和法治的角度界定了自己，也积极地创造出了时间和空间让自己在法治之外被准许采取军事行动。正如戴安娜·王（Diana Wong）和谭波宣（Tan Pok Suan）在此卷中所明确表达的那样，在创造清晰度的同时，现代国家也产生了"看不见的辽阔领域"，这些领域指的是从正式的政治权威的位置所无法看到和说明的各种角斗场和活动。现代国家没有从这些看不见的领域中缺席，而是作为一个活跃的代理机构在其中运转。正如巴拉克·卡里（Barak Kalir）在此卷中的献文所说，在"合法性"概念的基础上，"合法"因此不仅仅是正在挑战或者越过正式法律体系的一种社会团体的道德话语。该国家自己同样能够以非法的方式行动，尽管如此，它还是被政府官员或其他人看作是"合法的"。

巴基斯坦西北部的这些部落地区成了一个与此相关的有趣的例子，因为它们可以被看作"例外政权"的地理性的化身。自殖民时期以来，阿富汗和南亚之间的边境一直被定义为被部落习惯法所支配的区域，巴基斯坦政府自独立之后采用并支持部落习惯法。寇松勋爵（Lord Curzon）在1899年第一次提出把部落领域的情形看作是"边陲"，此后的很长一段时间里人们也是这么认为。换句话说，"部落文化"的概念产生了一个边境地带，在这里政府将其正式权威大部分地委托给了部落习惯法，因此政府在同当地居民或外部势力交涉时并不受到其自身法治的约束。"部落文化"的概念赋予该政府在阿富汗-巴基斯坦边境上放手干的权力。结果，部落地区变成了一个持续发动战争的地带，特别是在1978年阿富汗战争开始以后，巴基斯坦政府在一个"霍布斯世界"里采取行动——那里有大量的武装力量和民兵组织在工作，他们中大部分由国外赞助。这就是阿富汗和巴基斯坦的穆斯林游击队、基地组织和塔利班的地盘，各种活跃在克什米尔的军事组织都找到了它们的基地。不只是巴基斯坦政府，还有它的赞助方，特别是美国，它们都把该地区用作某些军事组织的训练场地和与之打仗的战场。这种安排的效益是相当可观的：例如，通过在部落地区内控制这些战争活动，巴基斯坦政府迄今已成功阻止了其主要城市的内战爆发；外国军队和援助组织已经利用边境的多孔性非法地进入了阿富汗；民兵组织和当地军民也已从大规模的走私活动中谋取利益。但是这种安排的不利影响也非常明显：该区域一直处于极度贫穷的状态；像清水、教育这样的基本服务都是稀缺的；对于身体虐待，女人没有任何合法或不合法的防卫手段保护自己；人们普遍缺乏政府的保护，反而成了政府参与腐败和暴力的受害者；部落风俗和伊斯兰道德体系的主要读物变得越来越保守等（Hyder, 2008）。始于殖民时期并延续至今的"例外政权"，明显已经基本改变了这一区域。在全体居民已被官方确认的情况下，要谈什么传统部落文化或者自由部落（azad qabail）显然是不恰当的。

部 落 地 区

所谓的部落地区被官方确认为"联邦直辖部落地区"（FATA），并被分为7个特区，它们都位于印度河流域的平原和阿富汗之间的多山边境上。这几个政府机构是古勒姆、开伯尔、北瓦济里斯坦、南瓦济里斯坦、巴焦尔、莫赫曼德和奥拉克兹。除了奥拉克兹以外，其他几个都毗邻阿富汗。除了这7个特区以外，还有6个所谓的边境地区，也享有同等特殊的地位：它们是白沙瓦边疆区、科哈特、本努、勒吉、德拉伊斯梅尔汗和坦克边境地区。1998年，部落地区的总人口超过了300万。它们几乎都属于普什图人（一个民族），该民族包括像阿夫里迪一样的许多部落。

根据宪法，联邦直辖部落地区正式被巴基斯坦总统直接控制，然而，他已经将自己的权力委派给了西北边疆省的管理者。虽然国民议会和参议院都正式声明该地区成为"联邦直辖部落地区"，联邦政府和西北边疆省的省级参议院都不能够为部落地区立法。来自部落地区的议会成员能够为全国立法，但不能为他们自己的地区立法（Sial & Yousufzai, 2008）。真正的权力掌握在所谓的"政治代理人"手中，他们要负责诸如治安、开发项目管理以及部落法律系统的监管等此类事宜。部落法律体系的监管在 1901 年由英国殖民政府正式任命，它的工作要根据"边疆犯罪规则"来进行。该条例授权给"政治代理人"把刑事案件委托给地方领导人的集会（如支尔格大会），特别是那些被认为是族仇或与荣誉问题相关的事件。原则上，任何居住在部落地区的人都可以向支尔格大会提要求，并把自己的事例展示给部落长老这一群体。支尔格大会查明他们有罪或者无辜并汇报给政治代理人，该代理人再通过判决且不能被质疑其结果。而且边疆犯罪规则是基于集体而不是个人责任，如果其区域内发生犯罪，那这就意味着整个海勒都被认为是有责任的。如果一个人被判罪，整个家族都有义务把他交出来。如果做不到可能就会受到集体罚款、没收或解除财产这样的惩罚。高等法院和最高法院都不能在部落地区内行使任何司法权。

这种特殊的地位是一种殖民地建构（Bangash, 1996）。当英国殖民军队在连接南亚和阿富汗的主要通道中寻求控制时——主要是开伯尔、古勒姆和博兰——他们发现很难在这些地区建立并维持自己的政权。英国人控制了政府财产和主干道，但是他们明确表示自己并非有意干涉当地居民的内部事务。相反，他们成立了我们今天所知的部落特区，每一个特区任命一个政治代理人并赋予他在该地区的充分的权力和责任；他们还建立了今天的支尔格体系（被称为 sarkari 支尔格或政府支尔格），在英属殖民地印度和阿富汗之间形成了国际边界，该边界被称为"杜兰德线"，它也仍然是阿富汗和巴基斯坦的边界。1899 年以后，正规部队被撤回了，取而代之的是特种部队，当政府财产被侵袭的时候，他们通过家族集体惩罚来保持对法治的职责。间接规则体系，也被称为"酋长制度"，因为它依赖于所谓的传统领导人——酋长。酋长作为中间人来为政府工作，并获得津贴和特权作为回报。这一称谓变成了一个世袭的机构，充斥着传统的气氛。Sarkari 支尔格的大部分成员都曾经是酋长。在殖民时期，权力被正式掌握在政治代理人的手中，他们通过特种部队的游击战术和由酋长控制的殖民部落族长会议系统来实行自己的统治。

其实，巴基斯坦政府一直保持着这样的安排。1947 年，确实存在这样一种忧虑：部落酋长将会反对将部落地区纳入巴基斯坦，并选择普什图斯坦以独立的形式来代替它。这些分裂主义者的野心在 20 世纪 70 年代就出现了，至今仍然存在。这一表态将不会改变部落地区的特殊地位，巴基斯坦政府试图防止部落领导者加入普什图人的民族主义运动。FATA 的特殊地位的持续进一步被现代派的观念合理化，特别是在穆罕默德·阿尤布·汗（1958—1968）的政权的盛行下，部落居民对民主法治既不感兴趣，也没有能力去实施。

最近出现了一些要改革联邦直辖部落地区特殊地位的尝试。各种改革委员会提出改变支尔格体系，从而使它的程序更为正式，纳入证据法，并使它更加独立。也有人提出，那些习惯法体系中的传统违反了个人权利，特别是那些被开除或重新规划的女人。这些将在下文阐释得更为清晰。"边疆犯罪规则"（FCR）尤其受到多边批评，扎尔达里阿西总统已宣布他将废除这个在 1901 年成立的法律。一些迈向民主化的措施已经被采取：1997 年起部落居民开始被允许在国家选举中参与投票，虽然议会还未被授权为联邦直辖部落地区立法。穆沙拉夫将军政府在 2002 年提出了地方政府的采用，并在各种地方委员会中为女性提供专席。然而，这些改革的成功实现被酋长们和同他们一起工作的国家官僚们所反对和蓄意破坏。此外，所谓的"反恐战争"逆转了这个过程，而政府目前的兴趣在于通过政治代理人的公职的方式来加强它的权威，而不是用民主化和地方政治体系中问责制引进的方式。同时，反恐战争只是部落地区近代史的最新趋势，它和阿富汗邻国的发展密切相关。来自阿富汗的 300 多万难民被安置在这些地区。该地区被大规模地军事化了，政府干扰在扩大，外援和情报机构干涉其中，一些圣战组织也在增加。其中一些趋势从联邦直辖部落地区的"例外政权"中获利并维持它的存在，反之，另外一些则支持变革的需要。

关于对联邦直辖部落地区的特殊地位的普遍不满的研究，我们主要关注两个部落地区：开伯尔和古勒姆。开伯尔是以开伯尔山口命名的，该山口使喀布尔与拉合尔和德里相连接，主要由带有一些肥沃山谷的贫瘠地形所组成。它坐落在白沙瓦的西部，是西北边疆省的首都城市，人口将近 50 万。古勒姆以其主要河流而命名，位于开伯尔的西南部，且更加偏远。它也有近 50 万的人口，其中包括相当多的什叶派少数民族。在这两个特区的研究被安排进行的方式是：同男性和女性进行小组对话和个人访谈。小组对话实际上更正式一些，而访谈的特点是更为私密。对话和访谈都由 Sarfraz Khanh（对男性的调查）和 Samina Rehman（对女性的调查）来指挥。

马利基体系（酋长制度）

在这一部分我们要分析酋长制度的更多细节——它所树立的"部落文化"的概念，被它合法化的社会政治不平等，以及因低效率和过度行为而催生的对其日益强烈的反对。在下面的章节中，我们将注意到，不断增长的反对呼声采用了合法性和合理性的各种话语，以及他们所认可的可替代权力安排。

众所周知，在19世纪和20世纪早期，英国殖民政府对部落文化和部落政治已经非常着迷了。社会人类学的英国传统的很大一部分得到了发展，正是由于与这一殖民地兴趣相关联。在阿富汗、当今的巴基斯坦以及中东或非洲这些地方研究部落社会的许多人类学家都对政治领导权的问题感兴趣，例如通常会被认为群龙无首的社会是什么样的。根据这个知识体系，部落社会是根据一个分割的系统所组织起来的（Evans-Pritchard，1940）；每一个部分本质上是自治的，它们在平等的基础上形成了临时盟约，但又通过独立的意识形态与其他部分相分离。同时，部落社会是高度的父权社会，这里的头领产生于家庭、氏族和亚部落，他们对于那些在他们保护之下的人和那些对外来者的潜在军阀扮演着赞助人的角色。当以前的英国社会人类学家和殖民地管理者谈起部落首领时，他们大体上都记得在这些部落分部中有这样的氏族代表。

一种假设认为部落社会基本上是无国籍的，这种观点曾受到了批评，之后被当作一个历史错误和英国殖民地企业等政治偏见的反映（Asad，1972；Gisenan，1996）。虽然部落可以作为一个团体的技术定义，通常这个团体的首领是同龄人中唯一最优秀的；在东方学者的努力下，殖民人类学话语轻而易举就把这种政治结构归因于许多不一定完全符合这一定义的社会团体。在这种分析中，特别是对皇室和宗教领导的关注特别少，因为这些政治机构与属于部落社会的分割的、群龙无首的特点并不吻合。对于部落社会的人类学描述趋向于忽略一个事实，即缺乏王国是殖民征服的结果。殖民征服已多次废黜国王，而不是部落社会的政治组织中本质的部分。联邦直辖部落地区的历史是一个恰当的例子，其大部分曾是通过间接统治的英国占领前的阿富汗酋长国的一部分。就部落社会的殖民地理解而言，宗教领导权的存在被承认了，但它被广泛地质疑为是无关紧要的和狂热的；从此就出现了"疯狂的毛拉"和"偏执的圣战"这样的殖民观念。例如，在弗雷德里克·巴特著名的关于斯瓦特巴坦人的专著中，他相对地很少注意像赛义德这样的宗教领袖（Barth，

1959）。厄内斯·盖尔纳（Ernest Gellner）在他关于摩洛哥的书中确实区分了宗教领导人和部落领导人的区别，但是按照分割的逻辑，他提出这样的意见：宗教领导人只能在危机产生或者有外来者威胁的时候才能上台执政，而在一般情况下他们的地位和那些部落领导人相比之下是很边缘的（Gellner, 1969）。罗伊（Olivier Roy）在他的书中重申了对阿富汗抵抗（穆斯林游击队）苏联占领的分析，解释了20世纪80年代阿富汗抵抗的分裂是由于各种军阀之间的部落竞争造成的，并被伊斯兰团结的微弱的意识形态所掩盖（Roy, 1986）。如果从理论上说穆斯林部落社会可能有两种战争——对抗国外异教徒的宗教圣战和保卫自治的部落冲突——那么这正是后来被认为是更为常见的和独特的部落政治文化。

这个可能会研究得太深入而不能以西方知识的眼光来谈论说部落文化是无中生有的，这种观点肯定是片面的。但是作为支持殖民政策的主要观点，它确实影响和改变了部落社会中的权力结构。部落首领被确认为主要的权力代理人，他们一般被看作是社会的自然代表，因此也是政治事务中所要应付的最明确的一方。在这个意义上，殖民占领显著地重构了部落社会的政治组织。在阿富汗边境的部落特区中，酋长的权力和地位在殖民时期之后大大地增加了。酋长代表sarkari支尔格大会中的氏族（海勒）。他要就开发项目与政治代理人和他的助手们交涉，例如灌溉、基础设施、教育和健康等项目。他来决定在部落地区逐步扩大的国家机构中的工作岗位（发展方案和地方官僚制），这种工作是高需求的因为在农业中谋生十分困难，虽然在部落地区农业是传统上最重要的雇主。基本不存在可供选择的其他法律，因为对于部落地区的居民来说很难得到建立私人企业的贷款，来自部落地区之外的商人不认为在该地区投资是足够安全的。因此政府工作在部落地区是极为稀缺的，甚至比巴基斯坦的其他地方还要稀缺，他们对于这些工作的垄断地位显著增加了酋长的权力、地位和财富。然而，对其腐败和贿赂的指控也在增加，这强化了酋长作为政治家和官僚的勤杂工的概念，以及他们为走狗和外国殖民统治者的告密者的声誉。今天的许多酋长都是在外业主的地主，他们大量的时间都是在部落地区以外毗邻白沙瓦和伊斯兰堡的富裕城市里，这也给他们自己增加了人们对他们道德败坏的印象。

酋长在部落地区的法律制度中有着强大的地位：即 sarkari 支尔格。前缀sarkari（"政府的"）已经传达出对这一机构的含蓄的批评，因为它与ulasi（"人民的"）背道而驰。虽然如此，支格尔大会仍被联邦直辖部落地区内外的几乎每个人看作是传统部落文化中重要的成分，包括那些像现代主义者和伊斯兰教主义者那样对部落文化持批评态度的人。支尔格大会被用作习惯法关键的一部分，不承认一个像法官或陪审团那样的中立的仲裁者；这相当于一个各种各样的圆桌会议，一个在社会习俗基础上的平等对话。据说该机构表达了平等主义的部落形态，这有别于现代法律体系中的平等主义，后者不会把人民的权力委托给一个盲目的法庭。像部落文化一样，支格尔大会有时被称作是一种落后的形式——或许更加单纯的——民主政治。

然而现实情况要稍微更复杂些，sarkari 支尔格大会被称为政府的支尔格是因为它的成员都有特区的政治代理人来任命。它的任务是裁决刑事案件，并将其判决结果报告给政治代理人。基本上，任何人都可以向政治代理人投诉，之后支尔格大会会在受害方的地方召开。会议期间应该是政治代理人来主持支尔格大会，这使它成为对投诉方来说花费很大的一件事（有时过于昂贵）。这个房子的主人应当准备大量的食物，否则就会被理解为部落接待礼仪的匮乏。这就使召集一场支尔格大会变成了不吸引人的，有时甚至是不可能的。另外，支尔格大会的成员据说是会很容易被贿赂的。人们也确信这些成员同政治代理人和官僚的关系有损其独立性。据说支尔格大会的成员和官僚还被卷入了例如走私、汽车运送、伪造文件或印刷假纸币等非法活动当中，既主动也被动地对非法组织的活动视而不见。部落地区的作用在相当程度上成了非法活动的避风港。例如，在白沙瓦或伊斯兰堡被偷的汽车被带到联邦直辖部落地区，然后换上假的车牌号再作为新车卖回去。人们相信这种事情是在酋长的保护下发生的。对于他们卷入犯罪活动的传闻损害了他们独立的声誉。结果，部落正义不仅超出了居民贫穷阶层的意义，它的公平也受到了严重的争议。

在这一背景下，sarkari 这个前缀就不仅仅是它在联邦直辖部落地区法律体系的地位的一种指称。Sarkari 现在被更好地译作"非人民的"和"不合理的"。相反，ulasi 或"人民支尔格大会"是一个村子或一个氏族要讨论当地事件的集会。这种会议没有正式的权威，但它们通常被认为用公正和有效的方式处理了纠纷和投诉。作为选择，清真寺、圣坛、村里的家庭代表在这些地方讨论集体问题。

联邦直辖部落地区的特殊地位，包括支尔格体系，是以部落文化的概念为基础的，这一概念一般被称作"普什图法典"（或是普什图人的法则）。无论怎样，对于究竟什么是普什图法存在着相当大的分歧。这是一个广泛到足够包括一系列文化观念的概念，如族人们在血仇事件中相互支持的集体责任（chagha），在诸如收获这样的经济事件中集体协保护作的责任（parga），接待礼仪（melmastia），就像保护自己的家庭成员一样保护来宾的责任（panah），团结（khegara），维护个人独立和尊重他人独立的责任（nang），对于攻击某人独立或荣誉的行为进行报复的责任（badal），在某些情况下的可敬、勇敢的行为（ghairat 和 tura），以及其他情况下的粗鄙行为（nanawati）。有时，普什图法据说包括了一个人携带武器的权力。在阿富汗战争后枪支的广泛利用性的情况下，这确实已经成了一个普遍的习惯和权力。对其他人来说，普什图法也包括了圣战或是对武器和毒品进行自由贸易的权力。有些人会提到羞耻（pat）和隔离女性（purdah）这样的概念，或甚至是童婚（swara）和聘礼（purdah）。尤其是"隔离女性"，以及与它相联系的荣誉和独立的概念，据说通常用来证明联邦直辖部落地区的独特法律体系。现代法院制度将被判有罪的女子送进监狱，而 purdah 和 badal 的联合价值要求女人被自己的亲属所惩罚。允许一个女人去监狱会有损她的家族和宗族的名誉。但是，很少有所谓的部落风俗是超越了争议的，他们的解释总是改变。

不必感到惊奇的是，巴基斯坦政府很大程度上支持酋长制度，并认可了普什图法实施特殊地位的一种解释。然而正如以上已经表明的那样，它有时也对改革的呼声做出回应。此外，在过去的 30 年里，它也给了伊斯兰民兵相当大的支持，先是在阿富汗反抗期间，后来是在塔利班或克什米尔的组织工作中。政府通过这么做给其意识形态提供支持，该意识形态通常是部落文化概念的关键。伊斯兰教主义寻求改革更加正统的伊斯兰系普什图法。从某种程度来说，它是我们将要讨论的酋长制度的第一个也是强有力的批评。

圣战和改革

阿富汗巴基斯坦边境地区现在被认为是伊斯兰可幻想的最热心的和激进的形式的温床，或许有必要指出那些与基地组织有关的伊斯兰教派，穆斯林游击队或是塔利班都是相当新的发明，它们与 1978 年开始的阿富汗战争直接相关。更加传统的、风俗满载的伊斯兰教在 20 世纪 80 年代以前极为普遍，并且至今也依然存在，它环绕着村里的清真寺和地方当地圣人的圣坛（dargah）。参观圣坛依然是开伯尔和古勒姆妇女们的主要娱乐形式，虽然看电视已经变成了强大的替代品。对很多男人来说，对乡村清真寺的日常参观是他们宗教生活中最持久的一面。正如马格努斯·马斯登（Magnus Marsden, 2005）已经发现附近的奇特哈尔山谷一样，这种实践不仅仅意外地不受积极改革的影响，他们也对伊斯兰教的高度政治化的解读的隐性批判有种自我意识，许多人使用了"伊斯兰教主义"这一术语。

联邦直辖部落地区的伊斯兰教主义是南亚改革传统的混合，通常被指作迪欧班地，伊斯兰原教主义和瓦哈比教派的教徒从国外受到的影响。他们都倾向于推动伊斯兰教内世俗的形式，被视为一种反对无知（jahilliyya）和道德败坏的永久性革命（巴基斯坦革命）。然而在那个领域内，一个人也可以发现很多争论和分歧。为了我们自己的目的，主要的区别在于穆斯林游击队和塔利班之间的不同，后者被分成了阿富汗和巴基斯坦两个分支。穆斯林游击队比这两个组织有更长的历史，它作为一批对抗苏联入侵的抵抗军在20世纪80年代起源。穆斯林游击队的历史已经被广泛地编写（Roy，1986），这里就不再复述了；我们的上下文关注的重点是他们对部落文化的观点。就穆斯林游击队是普什图人这一情况而言，他们倾向于改良而不是超越普什图法。他们在某种程度上被圣战的观念所鼓舞，但是他们把这种战争解释为普什图文化和历史的一部分，而不是对普什图法的一种选择和评论。正如早先已经提到的，这引导罗伊总结出他们的地位是可以同赛义德相比较的，虽然并不相似。往昔的赛义德能够召集伊斯兰圣战，联合圣战时期的所有部落首领，且基本不会损害到部落的政治结构。

与之相比，塔利班在对传统部落文化的拒绝中更加得激进和现代主义。他们倾向于把部落主义作对伊斯兰教的反对和对如"非伊斯兰的"部落风俗的排斥。或许最著名的是塔利班谴责同年轻的、无须的男孩的性关系。虽然这当然不被正式认可为部落文化的一部分，一些穆斯林游击队员相当公开地看到了他们作为军阀的能力与他们对年轻男子的力比多（性欲）之间的联系。因此，这又给已有的淫乱的普什图人这一流行观念增添了笔墨。对塔利班来说，作为一个男人和一个女人之间的婚外关系，这样的私通是道德腐坏的和"非伊斯兰的"。塔利班也试图废除部落风俗，人们会更容易将其认作普什图法的一部分，正如我们下面即将展示的那样。

而阿富汗塔利班的原初可以解释或存在的原因在于它在20世纪90年代中期对穆斯林游击队的反对，巴基斯坦塔利班主要是对反恐战争的回应，以及巴基斯坦政府在如南瓦济里斯坦这样的部落特区对抗伊斯兰民兵组织的军事行动。被称为"塔利班"（TTP）的保护组织在2007年12月时塔利班各部落地区的指挥官会议上成立。它已经成功的控制了巴焦尔和斯瓦特这些地区。在意识形态上，它关注的是在巴基斯坦引入伊斯兰教法，以更换部落地区的酋长制度为起点。在这么做的过程中，他们重申阿富汗塔利班的"反穆斯林游击队"意识形态。例如，在巴基斯坦塔利班对圣战的讨论中包括了这样的问题：与一个圣战者斗争是否能被认为是一种圣战的形式。他们对传统的部落领袖和巴基斯坦政府官员，及以前的穆斯林游击队员同样怀有敌意。像阿富汗的塔利班一样，他们也是众所周知的反什叶派的。

在部落地区，反恐战争是一种相当程度的战斗，除此之外还有其他伊斯兰教组织兴起的原因。他们往往吸引那些不觉得代表酋长制度的年轻人。在 sarkari 支尔格大会中没有他们的位置，在 ulasi 支尔格中也是这样。伊斯兰教作为一种抗议的语言的重要性在提升，也是因为清真寺和宗教学校是人们被允许可以聚集和讨论政治或社会问题的唯一的地方。在这个意义上，伊斯兰教义可以被看作是对一种极度反民主形式的极端的回应。而这并不意味着当地居民大都支持伊斯兰教组织。例如在开伯尔，2004年后最强大的伊斯兰民兵组织是由曼加勒·巴格（Mangal Bagh）领导的"拉什卡伊斯兰"。由于山洞内反什叶派的敌意而被部落领袖流放出了古勒姆地区，作为一名他自己电台的记者和一名准军事领导人，在那之后他一直为促进开伯尔的伊斯兰教的迪欧班地派而战斗，这给他带来了同更多传统 Barelwi 派宗教领袖及政治管理的暴力冲突。对于当地居民来说，要把他的努力描述成流氓统治或恶棍的规则并不是异乎寻常的事了。

像军阀巴格（Mangal Bagh）这样的伊斯兰领袖和其他人都是大力反对酋长的权力和他们认为的反伊斯兰的风俗。例如在开伯尔，拉什卡伊斯兰已在它控制的地区内废除并惩罚了童婚（swara）和聘礼风俗。这些行为被看作是某些人在卖自己的女儿，这在伊斯兰教里是不允许的。拉什卡也批判了阻止女人继承财产的部落风俗。因为女人有可能嫁入另一个氏族，她们所拥有的财产会自动转移到另一方，这就是为什么联邦直辖部落地区的女人通常没有自己的土地或物质财产。伊斯兰政党都提及神圣的古兰经来反对这一情况。荣誉谋杀因为同样的原因受到了批判。同时，伊斯兰政党极为反对他们认为不道德的行为，如赌博、看电视或听音乐。他们也支持从公共领域中对女性严格隔离（如，佩戴面纱）。

从政治角度来说，伊斯兰教组织往往有来自部落地区的批判酋长制度的年轻人组成，他们认为酋长制度是道德败坏和政治无信誉的（Abbas, 2008）。对他们来说，废除例外政权是不解决问题的，在国民议会和省议会立法之下引进法治并带入该地区，因为他们不接受巴基斯坦政府的权威。他们倾向于把酋长制度看作伊斯兰堡腐败的政治体系的非法延伸。他们的解决办法是引进伊斯兰教法，它很可能会通过合法参照部落平均主义来结束部落特权，也会在婚姻和财产方面赋予女人更多的权利，几乎可以肯定地认可在道德问题上采取的极端保守态度,以及可能把什叶派划分为非穆斯林。

不同种类的部落文化

　　酋长制度和各种各样的伊斯兰教是高度意识形态的,它们各自以部落文化的保守观念和改革派伊斯兰教为基础,它们都没有以任何持久的方式解决联邦直辖部落地区的经济的贫穷状态。酋长制度正式负责发展计划,意味着提高当地经济和引进基础服务,但是被广泛地牵涉进任人唯亲、贿赂、走私等这些持续着社会经济不平等的非法活动。伊斯兰教组织主要关心的是道德问题,而我们在这一节及下一节要讨论的两个话语都把社会不平等和缺乏发展作为出发点。普什图民族主义和人权语言的重新制定都声称主要是被社会变革和进步的议程所驱动的。

　　部落的经济情况确实堪忧,其提供的服务有供应清水、电力、天然气、卫生保健、教育和基础设施,与邻国阿富汗的合法贸易遭受了几十年的战争。而部落地区在20世纪80年代时收容了300万名阿富汗难民,许多来自联邦直辖部落地区的年轻人现在跨越边境在阿富汗寻找工作,因为在家乡没有就业的机会。其他人在海湾地区做农民工这样的工作。正如已经提到的那样,银行非常不情愿给联邦直辖部落地区的居民提供信用透支,因为政府没有权力在失败的投资案中收回银行的钱。除非 sarkari 支尔格大会有两个成员提供银行愿意给贷款的担保,酋长的权力地位才会提升。由于缺乏新的灌溉制度,农业不能够雇佣大量的人。事实上,家族有时把他们的土地卖给其他部落或氏族,放弃了农业。小额贸易和运输,以及走私之类的非法经济活动,是主要的经济资产。

　　社会议程上的另一个问题是妇女在部落地区的地位。反对的呼声越来越多——从 NGO 组织和当地妇女自身到女性在部落社会中所扮演的角色。女人象征着一个家庭或氏族的独立和声誉的脆弱性,因此她们在公众生活中就算真的有其地位,也只是扮演着渺小的角色。我们也已经看到了,她们通常不拥有或继承家族的财产。"聘礼"的习俗(volvor)指的是由新郎的家庭支付给新娘,这一风俗受到了谴责,不只是因为伊斯兰教的原因,也是因为它确立了新娘作为其丈夫的财产的地位。与之相反的习俗"嫁妆"——即新娘将大量的钱或资产带入婚姻,这种情况通常给新娘相对独立的地位,因为嫁妆理想地保留了她的财产,她会在离婚的情况下把嫁妆带走。虽然在最近的事例中,聘礼已经被嫁妆所替代,前者在部落地区仍然是最普遍的。对女人来说离婚几乎是不可能的,当她们的丈夫决定跟她离婚时,她的孩子就和丈夫的家庭待在一起。女人们抱怨家庭暴力,并且 sarkari 支尔格拒绝这样的问题,因为家庭暴力属于家庭内部事件,因此它超出了支尔格大会的管辖权。此外,与那些和经济、政治纠纷有关的使女人脆弱的凶杀案比起来,惩罚名誉犯罪的做法要温和得多。有时一个女人被一个经济竞争对手或政治对手谋杀,使其看起来像一场荣誉凶杀。在一些案例中,女人已经学会用枪械武器来保护他们自己,特别是如果大量男性家庭成员在国外当农民工的时候。

开伯尔和古拉姆的一些女人也报道了一些积极的改变。虽然她们不在 sarkari 支尔格大会做代表,她们自 1997 年后确实有了选举的权利。2002 年提议设立地方政府机构,政治代理人将负责这些机构,这些机构也将给女性保留一些位置。还有一个普遍的印象是,家庭暴力正在减少。女人们比以前更多地去学校接受教育,或是外出工作,虽然女性的就业和文化水平依然很低。一些女性认为,越来越多的男性在白沙瓦或其他地方受到更高的教育,她们能够从这一改变中获得好处,因为这些男性回来以后会对性别角色抱有较开放的思想。她们说,有教养的男孩想要有教养的新娘。对女人来说,使用避孕药是相当普遍的,这使她们作为母亲的角色减少了烦累。

本尼迪克·格里马(Benedicte Grima,2005)已经指出了女人在仪式中同其他女人分享沮丧情绪(gham)的共同实践,这些实践建立了社会关系并确认其身份为妇女的荣誉,莱拉·阿布·庐古德(Lila Abu Lughod)分析了与埃及的贝都因女人的诗歌相媲美的实践(1986)。然而在格里马的分析中,这些苦难的社会表现形式主要作用为男性荣誉的女性对等物,因此有助于维持现存的性别角色,女人的声音最近也变得更加政治化。特别是年轻女性对于酋长制度和伊斯兰追随者很是挑剔。她们觉得后者会把她们关禁闭,剥夺她们外出工作的可能性,拿走她们的电视机和卫星电视天线。但是她们也争夺酋长制度的权威,几乎放纵政治代理人的权力。正如在该项目中被采访的几位女性所说的那样:政治代理人就像一个国王,他们的一个评论是至关重要的。她们也不赞同女性在 sarkari 支尔格中没有发言权的说法。然而可以肯定的是,有些妇女表达意见时要保守得多。特别是年龄较大的妇女抱怨年轻一代的女性缺乏谦逊稳重。

不仅仅是那些反对传统部落风俗的妇女对他们感到歧视。他们发现自己与这样一些人所联盟:"左"倾的专业人士、新闻记者、学者、社会工作者、政治家以及其他那些要求酋长制度更换一个更加分散和部落民主的基层形式的人们。他们重构部落文化和普什图法,更多地谈及团结(khegara)和相互责任（pagar）。他们用民族主义的术语把部落独立的概念翻译为"普什图人自治"。这事实上是一种旧语，它在阿富汗战争和穆斯林游击队的崛起之前相当强大。人民民族党（ANP）原本是一个左翼的普什图民族主义党派，在西北边境省和国家政治的政治范围内代表这个位置。无可否认，普什图自治的观念不一定会导致一个分裂主义者对独立的普什图尼斯坦的需求，这可以更好地理解为是在巴基斯坦其他地方的民族主义的一种形式，在那些地方，像穆哈吉尔民族运动（MQM）的民族党派或一些信德族、俾路支人党派需要为其所代表的种族分享更多的国家资源。例如人民民族党（ANP），不需要普什图的完全自治。相反的，他们为了一个更强大的普什图行政区而工作，将被更名为普赫图赫瓦省——这是现在众所周知的西北边疆省的首选名，这显然是一个殖民地名称，它也包括了部落地区。换句话说，普什图民族主义立场支持废除联邦直辖部落地区的例外政权。从历史的角度上，普什图民族主义看到它自己正站在嘉化·可汗（Ghaffar Khan）的传统之中，他是西北边疆省的非暴力独运动的领导者。

文明和人权

我们将最后讨论另一个传统话语体系，那就是对部落文化传统观念的反对，这在一定程度上与我们刚才提到的普什图民族主义相类似。它主要涉及的是发展问题、社会平等、经济改善、进步问题、妇女解放还有像什叶派这样的少数民族地位等问题。然而，不同的是此话语体系强调的是普世文明和人权而不是种族和普什图法。换句话说，联邦直辖部落地区的例外政权目前是备受谴责的，因为它违反了一些基本人权，对于女性自治意识的根本解释，民主参与的权利还有进入高等法院的权利。人权被看作是一种基于人类文明的表达，它不是任何特别的社会和宗教所独有的。在这种意识形态下使用文明这个词，和像西方的、伊斯兰的或南亚的这些前缀是无关的。然而，普世主义特别强调现代主义的影响，就好比聚焦于教育事业的清晰表述。我们坚信正规教育带来的是一种有关于文明的态度，例如这种文明的态度反对部落性别意识形态、荣誉谋杀或是习惯法。这其中的原因在一定程度上是文明主义论述的重点是女性受教育的重要性，教育创造了更完美的母亲，并且更有教养的母亲们将会是一切积极转变的开端。

比起上述普什图法的地位，那些批判部落性别意识形态和家庭组织更为激进的人更多的关注文明主义的论述。特别是荣誉谋杀和涉及部落习俗的童婚的合法化被看作是落后的，就像戴面纱和一夫多妻制的实践一般。民族主义论述的不同之处是民族主义者没有考虑诸如普什图人本身的现实意义。取而代之的是，他们根据平均主义和团结主义来定义普什图法。然而，对于文明主义和现代主义，从本质上讲这种"落后"的实践本质上是部落文化的一部分。举个例子，一个在古勒姆的女性，把普什图法描述为本质上严格遵守传统和部落长老文化的制度。她说，这些传统的一部分是积极的，另一部分是消极的，但是毫无判断力的一味遵守传统的观念使得人们无法区分积极或消极。甚至为了保有积极的部落习俗，基本的部落意识形态不得不被改变。另一位居住在开伯尔特区的女性，她认为旁遮普的一个省是保持进步和兴盛的理想之地，而现实的主要结果是旁遮普早已远离了他们的部落习俗。

联邦直辖部落地区特别的地位和要求把现代主义放在了一个批判的位置之上，联邦直辖部落地区的这种特别的地位和要求是融入了巴基斯坦文化以及全民性参与的国家级和省级政策的部落地区。它主要强调在部落地区废除边界犯罪管理和最高法院司法权限扩展的需求，它同时也提倡现代教育系统的引进。这就要求不仅仅是对伊斯兰和部落文化称呼上的进步，而且是文明和人权的命名。

结　　论

在这篇文章中，我们已经描述了在部落地区关于政治合法性的 4 种传统话语体系：（1）一个保守的部落文化的大规模殖民观念；（2）伊斯兰教式评论；（3）在进步主义和民族主义语境里对部落文化的重新定义；（4）现代主义者对人类文明的强调。我们确实想要强调这 4 种话语体系的类别，并不是社会学分类。这就意味着，这些论述中没有任何一个可以被归类于特别的社会或政治团体，即使他们的确挑战了某一权利地位并且合法化了其余权利组织。他们应该被视为来源于从政领域的可能性和地位。这也意味着某个或某些参与者可以从一个地位到另一个地位进行转换，或者结合某些要素从一些论述到最初争论的解决。要建构一个多重话语能力（Baumann，1996）的高度，就必须用一种有意义的方式来创建一些传统话语传统的机制。

然而，这并不意味着所有传统可以轻易的结合。一些合作比起另一些更为普遍。我们有案例可以证实，尽管有明显的不同，伊斯兰教的论述要素通常混合了现代主义论述的要素。这种现象很常见，当然，这是对部落文化本身一种激进的批判。引人关注的是，年轻男子更容易从激进的伊斯兰教徒转变为激进的现代主义者。举个例子,我们其中一位受访者,他的身份是学生、私立学校的老师及乌尔都报纸的在地记者。作为一个离开伯尔关口很近的兰迪克托(Landikotal)地区宗教学校的被监护人,他成了激进的孟加拉伊斯兰圣战组织成员。他在克什米尔接受了艰苦的军事训练。一段时间过后,他离开了这个组织,现在他反对那些基于无论是宗教还是部落文化的任何形式的政治运动或激进主义运动。他在男性和女性中推进教育和健康的设施,这就像酋长制度的批判一样,他是激进的阿拉伯组织,并且他想让部落文化成为巴基斯坦联邦而不是普什图瓦省的一部分。另一个例子涉及来自白沙瓦(巴基斯坦北部的城市)西部贾姆鲁德(Jamrud)大学的一名之前的学生,他拥有一间药店,并时常写诗歌、玩排球。他过去是怀特莱特(Tablighi)联合的一名积极成员,一个运动的宣传者,因为他认为部落地区的居民附属于部落文化而不是伊斯兰教。但是他也谴责伊斯兰教组织在道德问题上的保守主义还有巴基斯坦的道德败坏,他相信只有强大的、有权利的、现世的现代主义可以使部落地区进步。

我们也发现其他的话语融合其中。在上述描述中已经暗示了一种明显的融合,是融合了进步的普什图民族主义和现代主义,就像对保守的部落主义和激进的伊斯兰主义的批判,并且取而代之的是支持发展观的问题。对于一些人来说,把他们自己放置在保守主义和部落文化进步的定义中间这并不罕见,举个例子来说,有些人想要改革而不是废除酋长制度。现代主义争论的焦点也时常批判国家的现状,这也可以适用于例外政权的合法化问题上,举个例子,争论当地人因未受到足够的教育而导致无法完全实施自己的政治参与权利。伊斯兰教和保守的部落主义通过从前在阿富汗战场上中东穆斯林游击队员,已经相当广泛地融合了,对于他们来说,圣战是部落习俗。然而,更珍贵的是伊斯兰主义和进步的民族主义的融合。

最后,我们想强调的是,尽管这些冲突常常是暴力和致命性的,并且有境外势力的卷入,但是它们往往发生在那些相互了解各自话语的群体之间。换句话说,战争不会发生在不在同一话语体系的外国人中。部落地区与其他被例外政权所统治的地区有所区别,举最近的例子:加沙或关塔那摩湾属于国内领土;尽管在国家的管辖权内,部落地区被认为是国外的领土。这样使得部落地区当地人的身份含混不清。对于一个生长、繁育在巴基斯坦土地上的人来说,他们应该被认为是巴基斯坦公民;作为部落地区的人口来说,他们被认为是自由部落,因此没有"公民"一说。他们也是普什图人,可以被解释为"在巴基斯坦的族群成员",就像库尔德人一样,是"没有国家的民族成员"。此外，他们还是穆斯林，也可以包含不同的含义：从"一个普什图人"或"一个巴基斯坦公民"到"被包围的乌玛①（umma）的成员"。作为一个穆斯林也同样有更多的现世的或私人的含义。这不仅仅是不变含义的认同方式，而且是一种舆论，作为这些冲突里的关键话语，是围绕诸如伊斯兰、普什图民族、巴基斯坦现代性的关键话语的冲突性循环。

---

① 译注：伊拉克。

山地与平地①

密西根大学人类学与语言学系　Robins Burling　著
云南民族大学　谭斯元　译

统一性与多样性：一个悖论

　　位于印度之东、中国之南的亚洲角落，更多地以其多样性著称，而非地理和文化的类同。北部高耸的山峦，为成百上千个不同的部落提供了庇护之地，也减缓了来自中国的人口和思想向南的流动，尽管这种流动从未止歇。更靠近海洋的低地平原由东南亚的多条主要河流冲积而成，居民的流动相对自由，思想的交流更为便利。

　　这一地区与地形上的多样性伴生的是文化的多样性。生活在缅甸东南角之南诸岛的安达曼人（Andamanese），被列为世界上最原始的民族之一。他们对农业一无所知，仅靠狩猎和捕鱼为生。相反的是，东南亚大陆②河谷地区的居民继承了可追溯到近两千年前的古老文明。缅甸人、泰国人、柬埔寨人和越南人都拥有文学和艺术的悠久传统。柬埔寨人的祖先早在 1000 年前就建造了壮观的都城——吴哥窟，并且在其境内的每一地区都建立过中央集权王朝，其历史甚至可以追溯到更久远的年代。东南亚的宗教多样性包容性极强，世界上的大多数主要宗教在这都得以传播。缅甸、泰国、老挝和柬埔寨的低地居民多数为南传或小乘佛教的信徒；而越南则信奉汉传或大乘佛教。阿萨姆邦东面的大多数人是印度教教徒，南面的马来西亚则为穆斯林。几个世纪以来，甚至基督教在此都有一席之地。但是山区的许多居民还没有皈依以上任

---

　　① 章节选自 Rabins Burling. Hill Farms and Padi Fields：Life in Mainland Southeast Asia（《山地农场与水稻田：东南亚大陆的生活》），1995. Langenscheidt Pub Inc；Reprint.
　　② 译注：文中"东南亚大陆"指除马来西亚、印度尼西亚和菲律宾群岛以外的东南亚地区，即中南半岛。此概念本不成立，但为贴近原文论述及行文逻辑，因此直译为"东南亚大陆"并采用。

何一种世界范围的宗教,仍然只崇拜部落神。

今天,所有的领土已被划归各个边界清晰的国家,然而不久前,同一区域还被标记为数不清的部落甚至单个村庄。这些部落和村庄或多或少保持独立,维持着有一定持续性的互相敌对甚至是战争状态。这种政治破碎状态是亚洲的其他任何地方都无法找到的——成百上千的部落认为它们是分离的、独特的,外部是彼此独立的。东南亚的部落地图像极了狂人随意泼墨的水彩画。仅数十年前,山区的一些居民还是疯狂的猎杀者。同样,东南亚在语言学方面也是世界上异质性最显著的地区之一。这里使用着不相关联的6种语系下的成百上千种语言。

然而,仅关注东南亚的多样性并不能呈现事物的全貌,因为多样性之下有多条共同的脉络,包括:家庭组织、受尊敬的女性地位、安抚恶灵及类似的技艺等。

欧洲人常常惊讶于东南亚女性的自由程度。在整个地区,相当一部分女性做生意,可以自由地与陌生人交谈,还常常在家庭决策中起重要作用。她们帮助管理家庭预算,还有人指出,管着丈夫的妻子也不少见。这类行为在欧美国家的女性中已是司空见惯,但即便在毗邻的中国和印度也不被认为是恰当的行为。与中印相比,东南亚妇女更有可能分到继承的财产,因为在中国和印度,除去留给女儿的嫁妆,家庭财产只在儿子之中分配。并且,东南亚人更少地把家庭编入大的亲属关系中,比如家族,所以在仅由父母和孩子构成的核心家庭中,来自祖父母辈的干涉相对少得多。鉴于以上几点,典型的东南亚家庭更接近欧洲的家庭,而不同于大多数亚洲国家。

由于某些不明原因,东南亚国家的人口出生率低于它的邻国。在柬埔寨,只有1/4的耕地被耕种。虽然区域中的其他国家并没有这么丰富的土地资源,但也很少有人挨饿。在欧洲人看来,东南亚也许贫穷,但在印度和中国人眼中,它一直是富裕和开放的,可以为国内过剩的穷人提供糊口的机会。

东南亚几乎每一个人都害怕某种鬼:住在树上的、藏在路边的或是躲在水里的。因为人们一般认为鬼对人只有恶意,所以必须举行某些仪式去控制、赶走它们,才能获得平安健康。许多东南亚人都信奉某种更为系统的宗教传统,但他们从不担心信鬼会与信仰其他宗教教义冲突。

大米是东南亚随处可见的主食,是每一餐饭必不可少的。配菜通常是鱼,当然他们也吃蔬菜和肉类。西方人把配菜称为咖喱,一般都会加入辣椒,奇辣无比,让西方人望而却步。面条也很常见,尽管更多是作小吃而非主食,一些人喜欢吃汤面。因此,东南亚美食的口味介于中国菜和印度菜之间。除受中国影响极大的地方使用筷子吃饭,传统上食物是由右手的手指送入口中的。

许多东南亚人的房子是搭建在木桩上的,距地面几英尺(1英尺≈0.3米)最为宜人。当季风来临,地面潮湿泥泞的时候,屋子是干燥的;在炎热的季节,屋内也很凉爽。如果房子建得足够高,住所与地面的空间可以用于储藏家庭用具、粮食甚至关养家畜。房屋用竹、木建造,尽管形状各异但大致呈矩形。不论屋顶是用传统的茅草还是更现代的波纹铁皮,都必须利于快速排雨,因为东南亚大多数区域雨水丰沛。

在整个东南亚,使用铁器已有数百年的历史。大多数村庄都有铁匠,精通制作各种工具和武器,尽管铁料都是向商人购得。铁对于在外劳作的人们至关重要,无法想象没有它人们能否生存。铁具要用于开荒种地,用于把竹子改小、制作各种生活器具。没有铁制小刀,人们如何制作得出天天都要使用的竹篮?

其他一些普遍的特性远不如以上特点重要,但都凸显了东南亚的共同特性。在许多地方,生产后的妇女都要"烤"火以加速身体恢复。在山区,人们用各式银项链、银手镯、银耳环装饰自己。通常裹头巾都依照特定的样式,露出头顶。大多数东南亚语都是声调语言,使用音节作为重要的语法和语义单位。

在东南亚多样性下普遍存在的这些特点给我一种统一性的印象。但矛盾的是,正是地区多样性中的地形这一项,为东南亚提供了最重要的统一主题:东南亚的每一个国家都同时拥有山地居民和平原居民,两种相反有时甚至冲突的生活方式提供了有助于透彻理解这一区域的主题。东南亚的每一个现代国家都有作为主体的平原居民,并形成了相对同质化的、稠密的人口。每个国家的平原民族都讲一种占主导地位的语言,以信奉一种世界主要宗教和依赖密集的水稻种植为其特征。但每一个国家又都有占少数的、异质化程度很高的山地民族。他们讲多种语言,缺乏自身的政治统一性,直到19世纪才与平原地区建立起薄弱的政治联系。山地居民通常实行迁徙农业(shifting agriculture),与他们的平原邻居相比,改信佛教、印度教或伊斯兰教的时间要更晚。

尽管彼此邻近,基本的人生观十分接近,但山地居民和平原居民的相遇,更多的时候,是冲突而非蜜月。就从为数不多的历史记录来看,似乎东南亚两大有着根本区别的生活方式间的差异,可以追溯到2000年前甚至更久。似乎值得注意的是,这些差异并未因无尽的战争、迁徙以及王朝更迭的模糊影响而消失。唯一合理的解释是，地形差异限制了山地与平原两个邻近和不同的区域发展的可能性，使得任何一个区域的居民都难以征服对方，或是把自己生活方式强加于对方。似乎山地居民偶尔也能征服平原地区，但之后他们也慢慢地被与平原生活息息相关的文化特点同化。同样，平原居民也会不时地入侵山区，但与此同时，他们也会逐渐失去自己的平原特性，被转化为山地居民。

这种地形差异是显而易见的。典型的东南亚地貌是，高山会突然在平原上耸起，就像平静的海面上突然升起的崎岖岛屿。平原地区的海拔一般都很低，即便在距海岸数百英里的地方也是如此。此外，平原上总是有交错蜿蜒的河流水系，为人口和思想的流动提供了便利。这也鼓励了历史上迁居于此的不同居民的风俗的融合。平原的多数地区都适宜种植水稻，因此也供养得起稠密的人口。相对稠密的人口和便利的交通为政治统一性提供了保证，因为军队可以负担得起，并运送得到边界，去打下新的领土，合并为更大的政治集合。疆界的开拓反过来也促进了思想的交流。东南亚的历代王朝，凭借其相对宽裕的财富和悠闲的生活，凝聚着全国甚至世界其他地区的居民。印度来的僧侣、中国来的使节、世界各地的商人，为宫廷里增添了魅力和华丽，也影响到了百姓。宗教思想和法律条文正是以这样的方式波及整个平原，却鲜少能穿越高山。

在高山间穿行更为困难，并且通行的耕作方法也无法负担过于密集的人口。虽然在短期的讨伐中，军队也能进入深山，却无法保证进行永久占领所需的给养，也无法保证能从中获得足够的财富回报。结果，平原王国永远也无法永久地征服高山；同样，各个山地民族间尽管有战争，也无法彼此征服。山地民族袭击平原和其他山地民族，只是为了割下几个头颅或是报仇雪恨，但他们的袭扰不过是几十人打了就跑的突袭战，因为高山部落不足以征召大规模的军队。山地民族有可能一时恫吓甚至威胁平原地区，但他们没有足够的士兵实施永久的占领。

高山阻碍了地方的政治统一，这也导致了生活等方方面面的巨大差异。在一些山区，服饰差异如此巨大以至令人觉得，是人们故意尽可能地设计出与众不同的服饰，便于区分相邻的不同族群。同样，山地的语言差异也明显大于平原地区，每一个部落都恪守自己独特的语言形式。不同部落的亲缘关系实践、农耕技术和宗教仪式也各不相同。

在现代技术把公路、铁路、汽车、奎宁和枪带到平原强国手中前，根本没有办法可以消除高山与平原间的差异。只有到了那时，平原的统治才能永久地延伸到高山。这一过程直到19世纪才出现,但由于平原政权在高山地区的统治时间太短,因此高山与平原的文化差异仍然明显。在东南亚的大多数国家,这种地形差异如此巨大以至成为政治冲突的一贯根源。

然而,山地与平原民族并非完全彼此孤立。他们相互汲取对方的一些特点,东南亚地区的大部分典型特征都同时为高山和平原的典型特征。如果不同时考虑两种不同的生活方式,是无法充分理解这一区域的。尽管他们看起来差异明显,实际上不过是同一主题的不同表征而已。

"印度支那"一词曾泛指整个东南亚地区,就很好地体现了这一不同的统一主题。因为至少2000年以来,印度和中国文明一直影响着东南亚地区的生活方式。据推测,今天东南亚的蒙古人种就是历史上北方大量人口移入的结果。至少早在基督纪元最初几个世纪,就有少数印度商人和僧侣开始定居在东南亚。之后,中国和印度因为国内人口拥挤,大量无法在国内谋生的人纷纷涌入东南亚,寻找财富与机会。伴随人口的移入,外来的思想也流入东南亚,被原住民吸收。由印度传入了王权理论、文字体系、史诗文学以及最重要的佛教。来自中国的有技术技能、政治理论和不时的政治干预。(越南文化与中国颇有渊源。)尽管东南亚接受了这些外来的思想和技术,但却不动声色地拒绝了两大邻国文明的其他影响,例如,印度的种姓制度以及中印类似的家庭组织方式。东南亚从外界吸收进来的文化要多于其向外传播的文化,但因其吸收外来文化时的谨慎和甄别,目前为止避免了被邻国同化的命运。

地形与气候

三大山系大致由北向南纵贯了东南亚大陆,脱离了中国南方交错的山体,随着海拔的降低逐渐延伸至大陆的最南端。分隔印度与缅甸的最西面的山系,起自北部喜马拉雅山脉的东部延伸,形成了那加丘陵,环绕曼尼普尔山谷下降成了缅甸西南的若开山脉(又称阿拉干山脉)。最终,从孟加拉湾下穿过,再次抬起形成了安达曼和尼科巴群岛,并转向东面构成了印度尼西亚苏门答腊群岛和爪哇岛的脊梁。

中央的山系隔开了缅甸与泰国。其北部变宽,与缅甸掸邦的山体会合。这里居住着克钦族、掸族、克伦族及其他部落民族。中央山系向南下降,穿过马来半岛。

最东面的安南山脉把老挝与东面的越南、西面的泰国和柬埔寨分隔开来。像其他两个山脉一样,安南山脉也居住着数十个不同的部落。

三大山脉如同巨大的屏障，隔开了东西两侧的文化。山脉分隔围绕着4个不同的低地平原。在西北的阿萨姆邦谷，布拉马普特拉河穿流而过。由于河谷与印度的联系要远多于东部邻近的地区，所以它吸收了更多的印度文化。阿萨姆邦东面的缅甸是由萨尔温江和伊洛瓦底江冲积而成，是前后相继的孟王国和一系列缅甸王朝的所在地，也是最大的平原。有两大河流，一条是流经泰国中部的湄南河（the Chao Praya River）；另一条是分隔泰国与老挝，流经柬埔寨和越南南部，最终注入南海的湄公河。一列低丘构成了柬泰两国的大部分边境线，然而仅是相对次要的文化屏障。最东面的就是安南山脉以东的红河河谷，包括越南北部以及南中国海沿岸的低地，也是中国影响最为深远的东南亚地区。

群山环抱的一些稍小的河谷适宜种植水稻，是平原文明前哨的缩影。印度东部边境的曼尼普尔山谷就属这类地形，当然还有缅甸的掸邦和中国南方。甚至在最陡峭的山坡，还有为数不多的民族设法种植水稻，他们在高山的斜坡上开垦出梯田。但是大多数耕地只能实行轮垦，因此也决定了居民的生活方式。

东南亚属季风气候。大部分大陆因为离赤道足够远，所以季节分明，但季节变化并非冷热交替，而是干湿更迭。在北半球处于夏季的时候，亚洲大陆上空空气的升温速度要比周边海洋地区迅速。当暖空气向大陆四周扩散的时候，会逐渐抬升、变轻，反而吸纳了海上的空气。结果，每年6月的一段时间饱含雨水的海风开始缓缓向内陆移动。

从未感受过季风的人一定以为，季风即便不是可怕的经历也是令人沮丧的。一旦亲身感受，他们就会惊讶地发现，季风来临时是多么美妙的季节。一方面，季风来临前是一年之中最干燥和炎热的季节。不论白天还是夜晚，气温可维持在华氏100度（约37.8摄氏度），甚至更高的温度。热季常常滴雨不下，四处尘土飞扬。灰尘会钻进鼻孔、传播病毒，所以热季也是一年中传染病肆虐的季节。季风的来临会把这一切不适一扫而空。雨水一到，气温会下降15到20华氏度（约6至9摄氏度）。空气中的尘土也会被降雨带走。更重要的是，大地又恢复了生机。旱季，土地变成贫瘠的棕色，但雨水一来，又恢复成富饶的绿色。在东南亚以北的温带气候地区，大地是在暖和的春天恢复生机；而在东南亚，万物复苏却依靠潮湿凉爽的季风。但仅在极少的时候，降雨会不停地下很多天。更多时候，暴雨猛下一两个小时，又晴空万里；也可能几乎每天都下，但雨量不大。

自然，农业耕作的周期也是由降雨决定的。在旱季，河水水位骤降，就连灌溉都很难保证。人们赶在季风来临前种下庄稼，这些庄稼的收成全指望降水。因为植物在雨季过后还会继续生长，所以人们会种植生长期很长的作物。与其他地方不同，东南亚的农忙季节恰好是每年的雨季。就算下着雨，农民们还会继续在田里耕作。要是庄稼赶不上雨季的生长旺季，就会导致歉收和饥年。

雨水会持续到 9 月或 10 月。随着雨水逐渐减少，"凉季"到来了。对于西方人当然还有本地人来说，这是一年之中最为舒适的季节。虽然温度会因海拔和纬度的不同稍有差异，但极少会有严寒。天气晴朗宜人，既没有热季的尘土和酷热，也没有季风降雨可能导致的自然灾害。到了二三月，天气变得干燥，气温逐渐升高，直到季风一扫夏日的酷暑。东南亚可以分为三个季节：热季、雨季和凉季。这里完全看不到温带气候的四季分明。

当然，世界上再没有第二个地区像东南亚一样，在这么广大的一片区域形成同一种气候。到了凉季，海拔 5000 英尺（1524 米）以上的地区夜晚会结冰，例如，这个季节云南的高寒山区会有不小的降雪；但大多数东南亚人除了冰雹，从未见过下雪或结冰。更明显的是，高山、河谷地形的差异造成的降雨量的差异。海上来的季风向内陆行进，遇到高地爬升时便会降下大量的雨水。这意味着海岸平原、特别是向海的迎风坡有更多的降雨，而在山后雨影区的低地，降水量就少得多。结果，有的地区年降水量可以多至创世界纪录的 400 多英寸（约合 10 米），如印度阿萨姆邦西隆以南的乞拉朋齐地区；有的又少至不足 25 英寸（约合 0.6 米），如在乞拉朋齐东南不到 300 英里（约合 483 千米）的缅甸敏建。甚至在热季，敏建地处更接近温带气候的地区，年降雨量还达不到 25 英寸（约合 0.6 米）。这些气候差异直接反映在人们不同的定居方式上，因为水对于农业至关重要，而只有农业才能保障人口的积聚。

东南亚的地形、气候以及人们的农业活动加速了土壤侵蚀。据估计，在一些流域，土壤侵蚀的速度大约是欧洲的 100 倍。东南亚的河流总是浑浊的、夹带着泥沙。例如，湄公河携带的大量沉积物每年都会把它的三角洲抬高 200 至 250 英尺（约合 60 至 76 米）。

如果不是人们毁林开荒，东南亚的气候和土壤能生长更大面积的森林。这一地区生长着许多参天大树，大部分属阔叶常绿植物。要等长出新叶后，老叶才落。然而，现在已很难找到算得上原始森林的树林了。成片的平原被永久地转为水稻田，甚至在山地也很难找到一片容得下灌木林生长的没有开垦的土地。

东南亚的共同特性——地形、山地与平原的差异、中印的历史影响——既是东南亚大陆，也是马来西亚、印度尼西亚和菲律宾群岛的特征。正因为此，"东南亚"一词通常也包括岛屿地区。然而，本书仅限于讨论东南亚大陆，这一术语仅取其狭义概念。本书关注的是这一地区居住的民族及其形成过程。我们的知识有许多空白，因为历史记录通常是不完整的，甚至现代人习俗的记录也不尽完美。但已知的知识也足以勾勒这些民族的历史、甚至这一地区的史前史纲要，并对当代文明未来的走向提出一点建议。

不被统治的人还是僵化的人?
——东南亚山地人将来是什么样的

巴黎第十大学人类学系教授　Bernard Formoso[②]　著
云南大学民族研究院　王　挺　译

摘　要：与山地人和国家权力相冲突、自愿边缘化和不被统治的简单化理论相反。本文表明在东南亚大陆环境下，山地人已经与平原国家社会形成了比通常所描述的更加复杂、多样的关系。民族志和历史证据都揭示山地人更多的时候与平原国家相互妥协、合作，而不是相互对立。虽然山地人通常被看作是边缘地带的"野蛮人"，从而被虐待或被利用；但是在某些情况下，他们却在保护和重塑前现代和现代东南亚国家中发挥了核心作用。而且，他们的政治和宗教被平原社会涵化，有时证明对表面同化掩盖下的恒久的独特认同起作用。本文不仅着重于过去和当下平原社会与山地社会互动的动态；而且追问在单一民族国家日益吞食背景下，以及相反地，在全球化提供的新视野下，后者（山地人）的未来。因此，分析表明山地人经常利用全球化带来的新型伙伴关系去更有利地重塑他们的形象和身份，以及应对主流社会给他们带来的压力。最终，他们似乎既不是"詹姆斯·斯科特公式"中不妥协、与国家相对抗的佐米亚人（Zomian），也不是不能适应的僵化的人。

关键词：东南亚　山地人　平原人　国家权利

最近 30 年间，关于东南亚国家试图把其边缘地带的山地人纳入常规管理

---

① 原文出处：Formoso, Bernard. 2010. Zomian or zombies? What future exists for the peoples of the Southeast Asian Massif. *Journal of Global History* 5 (2): 313-332.

② 作者简介：Bernard Formoso. 巴黎第十大学（Ouest-Nanterre-La Défense）教授，已经从事东南亚社会研究 30 年，重点研究中国南部和印度支那北部的泰族和高山少数民族。最近他研究了东南亚地区的中国宗教运动，最新著作是《德教：当代中国与海外的一种宗教运动》（2010年出版）。

的研究已经有多项。虽然，这些国家实施的整合与同化政策已被记录，[1] 但是除了短暂的千禧年抗争之外，我们对山地人回应现代国家政策的方式知之甚少。[2] 社会进化论和文明传播叙事带来的偏见或许可以解释人们为什么对这个主题相较而言缺乏学术兴趣。根据仍然占主流，但具有误导性的意象，"落后的"山地部落生活在穷山僻岭，深受陈规陋习限制。他们被认为是不追求变化与不思进取的，不愿意接受"国家"，或者只被动接受偏离他们共识的政策。山地"部落"及更广泛范围的"少数民族"被认为偏感性回应而主动性方面能力不足。该观点认为，现代性、对世界持开放态度和民族国家的发展与"少数民族"料定会表现出来的落后、原始、保守及离心力是截然相反的。

在新近又自称持无政府主义的这种二元性著作中，詹姆斯·C·斯科特认为东南亚山地不仅是前现代时期国家政治反对者的避难所，也是抗拒文化被国家统治之地。[3] 斯科特完全认同皮埃尔·克拉斯特（Pierre Clastres）的观点和他具有争议的《反对国家社会》一书。斯科特认为由于山地农民具有诸如流动性、自然的分散性、强烈平等主义等典型特点，他们既阻止国家化又反国家社会。尽管对抗国家无疑是推动一些东南亚国家山地社区民族演化的重要因素，但必须注意到这些社区中绝大多数并不是平等主义的。就像四川西南部的诺苏人（Nosu）一样，严重分层的社会在东南亚山区已经存在很久了。[4] 山地农民的社会结构是有组织的，其基于长辈-晚辈二分的等级划分，

---

[1] 参阅查尔斯·F·凯斯（Charles F. Keyes）《黄金半岛：东南亚大陆文化和适应》，纽约：麦克米伦出版公司，1977年；约翰·麦康年（John Mc Kinnon）和伯纳德·维埃纳（Bernard Vienne）编写《今日高山部落：变化中的问题》，曼谷：白莲花出版社，1989年；格汉·威捷耶沃德内（Gehan Wijeyewardene）编写《东南亚大陆国家边境的少数民族》，新加坡：东南亚研究学院，1990年；克雷格·J·雷诺兹（Craig J. Reynolds）编写《1939—1989年泰国国家身份和捍卫者》，克莱顿，维多利亚：莫纳什大学东南亚研究中心，1991年；菲利普·赫希编写《将森林视作树木：泰国清迈的环境和环境主义》，蚕书，1997年；迈克尔·格雷福斯（Mikael Gravers）《缅甸政治偏执狂的民族主义：关于历史上权利实践的随笔》，萨里省里士满：法尔出版社，1999年（1993年第1稿），第99-111页；让·米肖教授（Jean Michaud）《1802—1975年期间越南北部的山民与国家：历史概览》，人种历史学，47, 2, 2000，第335-67页；让·米肖《如何对待中国、越南和老挝的山地少数民族：从历史到现代的忧虑》，亚洲种族，10, 1, 2009，第5-49页；詹姆斯·C·斯科特《逃避统治的艺术：东南亚高地的无政府主义》，纽黑文，康涅狄格：耶鲁大学出版社，2009年。

[2] 值得注意的特例是希约利·杰森（Hjorleifur Jónsson）的新书《泰国瑶族关系、山地人与政府统治》，纽约伊萨卡市：康奈尔大学出版社，2005年，第44-98页。

[3] 斯科特《逃避统治的艺术：东南亚高地的无政府主义》，第20页，第327页。

[4] 参阅艾兰·温宁顿（Alan Winnington）《凉山的奴隶》，伦敦：劳伦斯·魏莎特公司出版，1959年。

与经济不均衡一同作用,多多少少为详细解释统治和疏离的形式开辟了道路。并且,斯科特假设山地族群是自治的、能够抵制国家扩张和沉重课税的人太过简单了。作者低估了一个事实,即从宋朝开始,中国西南地区的山地人有很大部分已经处于通过土官间接统治的土司制度之下了,这就使得国家的统治和税收多多少少成功地扩展到了这些边缘人群。他还忽略了另外一个事实,在18和19世纪,克伦族作为纳税人已经被整合到缅甸人和泰国人之中,并且作为主要商品制造者他们已进入了亚洲的远途贸易。①

山地人的边缘性问题也需要进一步讨论。斯科特是第一个承认"通常边缘人类在经济上与平原人和世界贸易紧密相连","他们已经为国际商业提供了多数有价值产品"的学者。② 山地社会不仅是前现代时期世界贸易中心,也在构建现代单一民族国家中扮演了重要的但被忽略的角色。如 E. 巴里巴(E. Balibar)所言,边缘人群从未在国家组织中被边缘化,而是在国家中央被边缘化。③ 在那里,移民或多或少受到约束,各种意识形态和文化混杂,社会不公达到极致。该论点适用于东南亚山区,1000年来那里不仅是国家纷争之处,也是中国人移民至东南亚居住的交通要道。从此角度看,斯科特所持的"大海具有联合人类的功能,而山脉将人类分离"的观点值得商榷。④ 在历史上,山区更多的是混合的、相互连接的地区而不是分开的。尽管山区中心可能与国家控制有关,山区还有更加重要的意义,即通过文化和政治密切互动来塑造国家身份。这样看来,东南亚洲际山区的山地社会可能塑造一个对抗国家、阻止国家社会的单一民族国家。本文说明山地人不仅为民族主义起义者提供了基本所需和避难所,他们自己还组成了追求"民主政体"的斗士联盟。在概念层面上,他们是确定公民标准的正面或反面范例。

复杂性是山地人政治经济的突出特点,也是斯科特和其他二元论推崇者难以把握的。正因如此,我提议采取另外一个不太激进但可能更加精确的方式,旨在提供一个关于过去和现在东南亚大陆山地人与平原邻居、更广阔世

---

① 根据安德斯·B. 久根森(Anders B. Jørgensen)援引的 M. Symes(1800年),J. Low(1835年),F. Mason(1843年)论点《克伦族自然资源管理和与国家政体的关系》,伊格-布利特·特兰克尔(Ing-Britt Trankell)和劳拉·萨默斯(Laura Summers)编写《权力方面和局限:东南亚政策文化》,文化人类学乌普萨拉研究,24,乌普萨拉:乌普萨拉大学,1998年,第215页。

② 斯科特《逃避统治的艺术:东南亚高地的无政府主义》,第4页。

③ 艾蒂安·巴里巴,*Etienne Balibar Nous citoyens d'Europe? Les frontières*,*l'État*,*le peuple*,Paris:La Découverte,2001年,第15-16页。

④ 斯科特《逃避统治的艺术:东南亚高地的无政府主义》,第16页。

界互动连结的综合性观点。为实现此目标，我考虑了他们的组织模式、居住的动态性、土地权力、及与当地国家关系的非对称性。在讨论山地人与当地国家关系时，我不仅考虑了平原社会对山地人的看法和如何"工具化"利用山地人，而且考虑了山地人在面对外部压力和在文化吞噬进程中是如何回应的。

在文章最后，我通过分析越来越便利的交通设施、延伸的贸易网络、国际联络、信息流、所有这些发展中形成的新合力与伙伴关系对东南亚山区山地人的影响，对他们在全球化时代的未来提出了疑问。我认可斯科特的观点，即自第二次世界大战以来，国家权力采用技术消除了空间距离感，已经改变了山地人与单一民族国家间的权力平衡。① 实际上，自从20世纪80年代以来，山地人一直面临着这些挑战，而新型支持体系和技术正在改变着他们自身形象及他们与国家之间的关系。在过去30年里，他们已经与来自公民社会或外部世界的新组织建立了复杂的伙伴关系，这些组织的担忧和活动可能与地方国家政策冲突，特别是当他们试图"保护"山地社区、他们传统生活方式和自然环境时。在这些组织中有各种扶贫和环境保护非政府组织，有为国家或国际媒体网络工作的记者、旨在发展偏远地区的新佛教徒运动者、"文化"旅游推广者等。

冯·申德尔（Van Schendel）和斯科特提出的佐米亚概念或米肖（Michaud）的东南亚地块概念对此问题是否有用？这些概念都希望从学术边界中提取有关印度、中国和东南亚跨国边境的少数民族研究内容，毫无疑问这种尝试是值得肯定的。但是，佐米亚一词的难点之一在于如何确定它的边界，无论是物理边界还是社会边界。物理边界方面，佐米亚包括平原国家、独立出来的国家和山地社会，两者均在同一个生态样带内紧密相连。又如，数百年来清迈、景栋等都是强大的泰国平原国家首都，是同一个地带的。因此，使用佐米亚作为山地人的标签，可能片面并引起误导。照此观点，"东南亚地块"一词更加准确，这也是我在后面使用该词的原因。

另一个困难在于佐米亚或东南亚山地研究推广者的观点局限于对过去山地社区的看法。他们完全聚焦于山地人的人种史学，认为以有别于国家社会为特征的山地人已经不再存在了，因此让·米肖（Jean Michaud）发表的各项

---

① 斯科特《逃避统治的艺术：东南亚高地的无政府主义》，第12页。

研究仅限于第二次世界大战前的山地人。① 斯科特在他的最新著作中，承认因为君主单一民族国家权力已经漫及最远边疆地区，佐米亚人可能在1945年后就消失了。② 按此看来，佐米亚人几乎等同于僵化的人，即不能确定现代适应性的被摧毁人群。他们肯定比过去更加融入当地民族国家，但仍挣扎于使用新工具以维持其特定身份。

最后，佐米亚的作用更多是生产知识的场所③，而不是物理空间或在制度化进程中的职业机器。威廉·冯·申德尔（Willem van Schendel）认为佐米亚更多的是理论性的疑问，提供了一套新的问题和方法，而不是一个调查对象，就这点来说他是对的。④ 这使冯·申德尔的观点与先前荷兰学者尝试合并区域研究方法、典型的博厄斯派主义、涂尔干派（Durckheimian）继承的欧洲构造主义的努力一致。我这里使用的是乔恩格（J. P. B. Josselin de Jong）的"民族学研究领域"概念。这个概念指"文化足够特别和类同以作为单独的民族学研究特定对象，同时具有显著的地方差异而值得进行比较研究的特定区域"⑤。作者将印度尼西亚东部人类和澳大利亚土著居民作为两个有趣的民族学研究话题，但是该理念也同样适用于东南亚高山地带的山地社区。可以在探讨山地人具体情况时使用该理念，不仅可以探讨山地人的过去，也可以研究形成现代山地人特殊性能力的原因，这也正是我想在本文中表达的。

山地人的政治经济学

人们通常认为东南亚的单一民族国家和史上先前存在的王国，都是水稻布满生态适宜的平原、山谷和高原的国家。生活在这里的人们，即使其中有很大比例陌生人，仍然受到文化同质化动态进程影响。正如斯科特指出：

单一文化可以实现不同层面的统一。在浇灌稻田时，种植者有大致

---

① 让·米肖《动乱时代和受难人民》，萨里省里士满：法尔出版社；让·米肖《"附带"民族志学者》，莱顿：荷兰博睿学术出版社，2007年。
② 斯科特《逃避统治的艺术：东南亚高地的无政府主义》，第12页。
③ 如组织一次佐米亚国际会议，是2008年4月3至6日亚特兰大亚洲研究年会活动之一。
④ 威廉姆·冯·申德尔（Willem van Schendel）《认知地理和无知地理——在东南亚的跳跃规模》，载《环境与规划D：社会与空间》，20，6，2002，第649-650页。
⑤ 乔恩格（Jan Petrus Josselin de Jong）《民族学研究领域的马来群岛》，帕特里克·爱德华和乔恩格《荷兰海牙的结构民族学：马丁努斯·奈霍夫》，1977年，第167-168页。

相同的生产节奏。他们依靠相同的或具有可比性的水源，以大致相同的方法几乎在相同时间内种植和移植水稻、除草、收割水稻和打谷……反过来，地域上的相同性产生了社会和文化统一。①

山区外围地区部分围绕着农业中心地带。虽然当地居民并没有刻意避开水稻农业，这里的地形更有利于广泛实践刀耕火种。高山地区信仰不同，人口也是文化多元的。数百年来，这样的"破碎带"② 是逃离奴役、自然灾害、国家镇压的不同文化背景人群的避难所。在历史上的多数时期，东南亚人口密度低③、土地资源丰富而人们流动率高，并且不同少数民族采用小群体"点滴式"迁移策略，因此形成高山地区丰富的文化马赛克格局。他们的主要特色是主张不同的历史、传统的碎片化和社区交融。而平原有水稻田，地域开阔，有利于形成国家文化"织布"④。通过复制和延伸相似组织模式，高山地区成为组织和民族多元化之处。换句话说，他们是文化碰撞之地。

山地种族错综复杂，阻碍了族群民族主义者运动的发展。第一个原因是民族主义思想与将"祖国"作为符号有关，而多数山地人缺乏领土完整性理念，因此不能完全支持该民族主义思想。⑤ 此外，他们不能把已形成惯例的土地权利作为土生土长的标记。流动性和扩散性是山地人获得领土根基的一大障碍，可能催生当地需求。尽管泰国、老挝、柬埔寨国王正式认可其征服的南亚语系"第一批定居者"的"地主"地位，这种认可是模糊不清的。其实，这种仪式性特权与国王拥有所有土地的王权是共存的。一些社会仪式实际上加快了征服进程。赛·萨蒙·芒莱（Sai Samong Mangrai）描述的前现代时期景栋掸族的登基即是如此。据其描述，景栋周边的拉瓦村庄首领被邀请参加典礼，并被邀请在午餐时坐在王位上。而正在就餐期间，他们被驱逐出

---

① 斯科特《逃避统治的艺术：东南亚高地的无政府主义》，第74-75页。
② 斯科特使用的表达，《逃避统治的艺术：东南亚高地的无政府主义》，第7页。
③ 1600年，东南亚平均人口密度为每平方公里5.5人。参见安东尼·里德（Anthony Reid）《1450—1680年，商业时代的东南亚》，第1卷，纽黑文，康涅狄格：耶鲁大学出版社，1988年，第15页。
④ 保罗·木司（Paul Mus）最早在越南使用的一个隐喻，sociologie d'une guerre, 巴黎：Le Seuil, 1952年。
⑤ 参见安东尼·史密斯（Anthony Smith）《民族复兴》，剑桥，剑桥大学出版社，1981年，第63页。

去，新封国王抢去了他们的位置。① 更普遍的是，虽然南美洲或大洋洲土著运动盛行，而反对类似运动的"封建"结构仍然积极存在。人种民族主义的另一障碍是通常在一个村子里不同民族团体成员共存，这些团体倾向于合作而不是冲突。除了佤族和那加人（Naga）通过猎取人头的恐怖方式来争夺生境位（ecological niche）外，山地民族之间很少延续敌对关系，他们长期的努力可能更凸显各自的民族特质。值得注意的是，在19世纪东南亚山地人参与的反国家抗战中，多数情况是多民族联合发起的。

除了克伦族与钦族的突出特例外，② 山地社会并不具备安东尼·史密斯（Anthony Smith）认为的对于创造强大民族运动起决定性作用的结构指标。③ 安东尼·斯密斯认为有3个最重要的指标：首先，由确定领土、政治主权及能够统一居住在有限空间的人们的内阁组成的"基础设施"。其次，基于语言和庆祝共同起源的神话和崇拜的"文化核心"，这些"文化核心"也包括一些特例，即被城市精英部分世俗化的传统。第三，城市中产阶级发展、排除统治精英、与其他主导性社会力量（知识分子、地位群体和社会阶层）结盟、市场力量渗透等多种因素综合作用而产生的"运动领袖"。史密斯补充说在这些因素中最重要的是官僚权力、关于共同历史的神话和当地知识分子的兴起。东南亚山地的多数山地人很难获得官僚权力，也难于产生本土知识分子，因此在殖民地时期及此后，这些少数民族的公共教育是被忽略的。国家和民族团体中的山地人对起源的神话基本上有同样的认知。

在此背景下，强大克伦"国家主义"因为下列具体条件而崛起：首先，克伦人组建语言和文化同族团体（斯戈、波克、克耶等）④ 联盟，各团体主要对分隔泰国和缅甸各州的丹那沙林山脉（Tennasserim range）实行数百年的、地理政治控制。换句话说，他们可以宣称领土统一。这片疆土资源丰富，拥有大象、柚木、各种森林产品等资源，以至于克伦人成为前现代时期不远

---

① 赛·萨蒙·芒莱译《帕登寺和景栋邦编年史》，密歇根州安娜堡：密歇根大学东南亚研究中心，1981年，第230页。
② 参阅丽安博士（Lian Hmung Sakhong）《寻科钦身份》，NIAS专论，91，哥本哈根：NIAS出版社，2002年。
③ 安东尼·史密斯编辑《民族主义者运动》，伦敦：MacMillan出版社，1976年，第9-10页。
④ 参阅弗雷德里克·k·雷曼（Frederic K. Lehman）编写《在掸-缅甸-克伦背景下的克耶社会功能》，斯图尔德（J. H. Steward）编写《当代传统社会的变化》，第1卷，Urbana, IL：伊利诺伊大学出版社，1967年，第1-104页；查尔斯·F. 凯斯（Charles F. Keyes）编写《民族适应和身份：泰缅边境的克伦族》，费城：人类议题研究院，1979年。

千里运往缅甸的主要产品生产者。① 当英国人吞并这个国家后，新的统治者很快对克伦人及其领土产生了浓厚兴趣。如乔纳森·法拉（Jonathan Falla）所言，砍伐柚木是将缅甸变为殖民地的主要原因之一。柚木资源部分位于丹那沙林山脉，没有大象则无法得到柚木，而克伦族是主要驾驭大象的人，进而在过去与缅甸政府对立的克伦人，开始密切与英国人为伍。大约1/4的克伦人（多为斯戈）逐渐成为基督徒。在20世纪30年代，美国浸礼会教友为斯戈克伦人编写了经书，传教士在每一个基督村庄都开设了学校，仰光的主要基督教神学院"实际上变成了克伦大学"。② 这导致受到教育和西方化的中产阶级克伦人兴起，他们担任英国统治下的政府公务员或部队军官，获得了各种现代化管理技能，并很快开始培养民族抱负。1881年克伦国家协会成立，这是缅甸第一个现代化政治组织。1947年成立了克伦民族联盟（KNU）。与之同时，浸礼会传教士将千禧年之前的信仰与克伦千禧年主题结合，创立了新的关于起源的神话。根据该新的神话，克伦人曾经有自己的经书和书面文学，但是因为天生懒惰和愚昧，他们在文明化和国家特性进程中丢失了这些经书和书面文学。因此，他们不得不等待白色皮肤兄弟归来，带来金书（圣经）和银书（教育），使他们重新恢复"神的选民"身份，等待救世主再次降临。一个基督教投机主义者甚至将他们变为"以色列遗失部落"之一。由此可见，基督教传教士不仅通过大众教育使克伦族有能力实现现代化，同时也通过重造其神话将克伦族与西方更紧地捆绑在一起。③ 第二次世界大战以后，独立成为主要的政治议题，克伦族基督领袖尝试与昂山将军谈判，以取得自治身份。然而当这位缅甸领袖被暗杀后，情况急剧恶化，克伦民族联盟成立了事实上的自治州，即高都丽邦（Khawthoolei，花的土地）。曾有一段时间，克伦人成功地将缅甸军阻挡在海湾，但后来逐渐丢失了领土。在20世纪70年代中期，奈温将军发布"四斩断"（斩断国民反抗、斩断外面世界通道、斩断克伦军队供应线、斩断克伦军队头颅）政策后，形势更加恶化。克伦民族联盟被不断逼迫到泰国边境。最后，在叛逃的克伦佛教民主组织协助下，缅甸军于1997年攻占了克伦控制的最后一片领土。面对分裂和叛变、数倍的敌人力量、缅甸更严格的经济束缚并被外界忽视，克伦人意识到他们的国家

---

① 久根森（Jørgensen）《克伦自然资源》，第215页。
② 乔纳森·法拉（Jonathan Falla）《真爱与巴塞洛缪：缅甸边境的动乱》，剑桥：剑桥大学出版社，1991年，第142页。
③ 《真爱与巴塞洛缪：缅甸边境的动乱》，第14，220-221页。

项目只是一个不可持续的乌托邦。

平原人的态度：工具化利用"野蛮人"的艺术

远古以来，平原种植水稻的农民鄙视附近山区居住的"部落人"。但是平原人是彻底的实用主义者，在否定部落人、统治者试图暗杀这些落后人群的同时，他们充分利用了对方的经济资源和作为"边境人"的优势。缅甸、泰国和老挝都曾经使用山地人作为侦察兵、间谍、雇佣军和边境缓冲力量。在18和19世纪，掸族王子曾雇佣拉祜人和阿卡人来保卫最东方的领土边界。① 在1845年以前，暹罗国王拉玛三世雇佣克伦族和孟族来负责保卫英属缅甸与缅甸王国的边境。② 在第二次印度支那战争时，美国中情局雇佣大量来自老挝的赫蒙族、瑶族、阿卡人以抵抗老挝巴特寮部队。③ 泰国政府于1975年至1992年期间，操纵了赫蒙叛乱以削弱老挝政权。

在前现代时期，当地统治者曾利用山地人从事强迫劳动。据斯科特研究，奴隶是东南亚前殖民时代最重要的"经济作物"，而提供这些作物的正是战败州郡和山地社区的农民。④ 维克多·利伯曼（Victor Lieberman）发现，在17世纪末，暹罗中央地区1/3以上人口来自贸易和战俘。⑤ 平原政府统治者如何统治山地社会，由此可见一斑。一方面，他们将这些少数民族作为抵御潜在敌对邻居的人墙，另一方面，在人口稀少、供不应求的情况下，统治者掠夺了少数民族的人力来保障经济基础不会动摇。

山地社会对平原经济的另一个贡献是他们提供的森林产品。虽然斯科特声称，无政府主义的佐米亚和其人民财力贫瘠，⑥ 山地人仍向平原州郡提供珍

---

① 安德鲁·沃克（Andrew Walker）《云南-印度支那边境的拉祜族：介绍》，民间，16-17，1975年，第333页。
② 久根森（Jørgensen）《克伦自然资源》，第226页。
③ 阿尔弗雷德·W·麦科伊（Alfred W. McCoy）、凯瑟琳·B·瑞德（Cathleen B. Read）、伦纳德·P·亚当斯三世（Leonard P. Adams III）《东南亚海洛因政治》，纽约：Harper & Row，1972年，第90-148页。
④ 斯科特《逃避统治的艺术：东南亚高地的无政府主义历史》，第87页。
⑤ 维克多·利伯曼（Victor Lieberman）《形异神似：全球化时代的东南亚》，第1卷，剑桥：内陆的整合：剑桥出版社，2003年，第271-273页。也可阅孔多米纳斯（Georges Condominas）编写的多种著作，*Formes extrêmes de dépendance：contributions à l'étude de l'esclavage en Asie du Sud-est*，巴黎：Éditions de l'École des Hautes Études en Sciences Sociales，1998年。
⑥ 斯科特《逃避统治的艺术：东南亚高地的无政府主义历史》，第6页。

贵的、可缴税的产品,如象牙、草药、牲畜、动物器官、皮革、植物种子和鸦片等,这些在中国和西方市场都有大量需求。在这些产品中,鸦片值得一提。在19世纪下半叶,中国和法国殖民地政权鼓励赫蒙族、瑶族、藏缅语族大规模种植罂粟,以满足增长的市场需求,但是这些民族并没有从中得到可观的收益。

并非只有当地政府利用了山地人提供的资源。殖民国家、民族主义叛乱分子和各种反对执政党派人士都从中牟利。欧洲人及时地利用山地人边缘化的挫败感,强化他们的权力和增强对东南亚大陆的经济剥削,进而提高一些赫蒙族、白泰族血统在法属印度支那享受的特殊待遇,及克伦族在英属缅甸享受的特殊待遇。① 随后,追随并非亚洲独有的趋势(安东尼·史密斯对其视角做了分析),当地激进知识分子组成游击队并利用山地险峻地形作为掩护。②

东南亚地块的山地人愿意承诺支持反殖民主义和反帝国主义运动,这很合乎情理。他们增强了国家主义者的力量,并为沦为造反者和难民的国家主义者提供了庇护。因此,在两次印度支那战争中,老挝和越南苗族为越盟和巴特寮游击队提供了支持。他们不仅通过生产鸦片③为越盟活动提供财政支持,还积极作为游击队的向导和背夫。他们热切地为炮火寻找合适的山脊掩体,对奠边府对抗法国的重要战役取得胜利起到关键作用。④ 还有一个值得注意的事实是很多红色高棉战士都来自柬埔寨东北部少数民族。⑤

与其说20世纪50至70年代期间山民参与冲突是意识教导的成果,不如说是数百年来受到殖民地或地方平原政府压迫敲诈的愤恨所致。正如安第斯山地人支持光明之路组织或藏缅人支持尼泊尔统一共产党一样,参加东南亚解放运动的山地农民只有在宣布更加平等和友爱的天佑社会到来之时,才相信马克思主义或毛主席思想口号。他们都更愿意相信这样的乌托邦,因为乌

---

① 关于老挝苗族,请参阅麦科伊(McCoy)《政治》,第81—87页;关于越南白泰,请参阅米肖(Michaud)《越南少数民族》,第67页。

② 史密斯《民族复兴》,第132页。

③ 大卫·范戈尔德(David Feingold)《老挝的压迫和政治》,尼娜·s·亚当斯(Nina S. Adams)和阿尔弗雷德·麦科伊(Alfred McCoy)编写《老挝:战争和革命》,纽约:哈珀出版集团,1970年,第335页。

④ 参阅伯特兰·德·皓亭(Bertrand de Hartingh),*Indépendance et dépendance, puissance et impuissance vietnamienne: le cas de la République démocratique du Viet Nam, décembre 1953-janvier 1957*,博士论文,巴黎大序,Panthéon-Sorbonne出版社,1996年,第415页;也可参阅麦科伊《政治》,第78—87,104—108页。

⑤ 迈克尔·维克瑞《1975—1982,柬埔寨》,清迈:蚕书,1984年。

托邦强烈地体现了他们长期抗争的核心诉求。在一些情况下，革命者善于观察如何利用这些诉求。尼古拉斯·塔普（Nicholas Tapp）曾报道过 20 世纪 60 年代巴特寮干部散布的谣言。这个谣言说赫蒙国王在清迈（泰国北部）的山洞里出生了，正在召集追随者。据说国王是为拯救赫蒙脱离痛苦和苦难而诞生的。在这个山洞里，人人平等，人再也不需要工作。相信谣传的赫蒙人去山洞里后，发现那里是泰国共产党基地。①

更常见的是，山地人对美好未来的憧憬被出卖了。当共产党或社会主义者执政后，他们不情愿认可这些落后人民做出的贡献。在他们看来，"真正的"共产主义无产阶级或"新人"必须是平原支配社会的一员。② 在中国、越南和老挝，平原"文明"社会文化范式形成的"政治联合"拥有系统性的优先权。同样的"文明"触发了 1962 年以后缅甸军事统治政策。多数民族主义领导是城市中产阶级一员，他们得到升职并有权力统治山地人民。他们的政策或带有家长作风，或是独裁性的，并不考虑山地人民的不满情绪。他们政治议程的另一目标是使山地人民脱离传统生活方式。如斯科特、彼得·克罗思利（Peter Crossly）、萧凤霞（Helen Siu）和唐纳德·萨顿（Donald Sutton）所言，东南亚政府的首要目标是包围山地人并将他们"纳入地图"。③

一个值得注意的特例是红色高棉"新人类"政策，这是一个政治议程，指柬埔寨社会外围存在已久的多数山地人提供的乡土的、朴素的、经济独立的模式。然而，将穷困农民人口标签化的极端行为也是完全错误的，偏离了可持续单一民族国家的标准。④ 这也不符合山地农民的期望。迈克尔·维克瑞（Michael Vickery）的正确观点是：

> 1975 年 4 月战争结束后，柬埔寨基地农民可能想要恢复他们已知的生活，远离之前遭受的剥削。他们可能也会很高兴地反过来剥削城里人。

---

① 尼古拉斯·泰普（Nicholas Tapp）《领土与反抗：泰国北路白苗族》，牛津：牛津大学出版社，1989 年，第 78 页。

② 如想了解更详细信息，可参阅米肖《动乱时代和受难人民》，2000 年，第 70 页。

③ 帕米拉·凯尔·克罗斯利（Pamela Kyle Crossley），萧凤霞、唐纳德·萨顿编写《帝国的边缘：早期现代中国的文化、民族和边疆》，伯克利，加州：加利福尼亚大学出版社，2006 年。特别可参阅：约翰·E·赫尔曼、大卫·福尔、唐纳德·萨顿、萧凤霞和刘志伟。斯科特《逃避统治的艺术：东南亚高地的无政府主义》，第 78 页。

④ 汤姆·奈恩（Tom Nairn）《乡村的诅咒：现代化理论的局限》，约翰·A·霍尔（John A. Hall）编写《国家的状态：厄内斯特·格尔纳和国家主义理论》，剑桥：剑桥大学出版社，1998 年，第 109 页。

他们当然不高兴吃公共食堂、过度集体性劳作或失去财产所有权。当他们意识到剥削城里人并不能使他们自己活得轻松，相反可能使他们最后被迫降到相同生活水准时，他们可能也不会满意。①

山地人尝试有尊严地"被纳入民族国家地图"，即不需要脱离他们的生活方式和文化特征就可以获得完整的公民权，这种尝试与平原主流信仰紧密相关。在缅甸、老挝、柬埔寨和泰国等上座部佛教信徒占总人口60%—90%的国家，国家理念与宗教推崇的价值观和理想密不可分。在当代东南亚，僧侣已经打破世俗，开始参政，他们有时候挑战政府权威，有时候通过实施可替代的社会模式而弥补破坏造成的影响。这在缅甸尤其突出，一部分克伦族的"善人"（hsayadaw）在国家边境发现了"理想城"。② 另一个例子是泰国的发展僧侣（phra nakpathana）实验。③ 在这两个例子中，僧侣追求的目标并不清晰。一方面他们为了改善山地人的物质生活和保护自然环境而工作，但是另一方面，他们在追求改变的运动中履行了使徒的使命。对于这些僧侣和大多数佛教徒来说，坚持释迦牟尼教义是文明化指标中最重要的，也是融入民族社区的决定性标志。少数民族的政治待遇现状与他们是否佛教徒有直接关系。根据上座部佛教社会专家的现有观点，"良好"市民即是"良好"佛教徒，反之亦如此。根据理查德·奥康纳（Richard O'Connor）所言，在泰国"大陆人士把宗教与农业、农业与仪式、仪式与少数民族身份联系在一起。当克伦、拉瓦或克钦等山地农民种植山谷水稻时，他们发现需要实施泰式仪式才能栽种水稻。"④ 尽管没有明说，但非佛教徒在潜意识里是被当作二等公民对待的。因此，万物有灵论者、基督徒或伊斯兰都听起来有反抗的意味，⑤ 而当权者把

---

① 维克瑞《柬埔寨》，第288-289页。

② 参阅保罗·科恩（Paul Cohen）《金三角佛国：佛教复兴运动和卡里斯玛僧人祜巴温忠》，《澳大利亚人类学杂志》，11，2，2000年，第141-154页；同上，《佛教的解放：泰国元"圣人"传统和单一民族国家》，《东南亚研究期刊》，32，2，2001年，第227-247页；纪尧姆，*Renoncement et puissance: la quête de la sainteté dans la Birmanie contemporaine*，几内亚：Olizane出版社，2005年。

③ 参阅西奥多·迈尔（Theodore Mayer）《历史和政治背景下的泰国新佛教运动》；布赖恩·汉萨克等《伐木工、僧侣、学生和企业家：泰国四主题散文》，Dekalb, IL：北伊利诺伊州大学出版社，1996年，第57-62页。

④ 参阅理查德·奥康纳（Richard O'Connor）《东南亚国家的农业变迁和民族继承：区域人类学案例》，《亚洲研究期刊》，54，1995年，第986页。

⑤ 如想了解该异教的详细信息，可参阅伯纳德·福摩萨 *Le bouddhisme en trompe-l'œil des Lahu Shi du Yunnan*，《亚细亚学报》，288，1，2000年，第205-238页。

正统的、非正统的佛教徒都视作政治忠诚的体现。

最后也重要的是，最近在泰国城市中产阶级看来，泰国北部的山地人成为与自然共生关系的典范。在全泰国范围重大生态危机的背景下，城市中产阶级目前正以"山地部落"式的浪漫主义和原始主义方式使用自然资源。① 道路延伸至偏远地区，旅游业增长，数十年沉默但有效的抵制政府同化政策影响和抵制社会价值腐蚀运动，使泰国山地人（chao kao）受到前所未有的关注。安妮·卡默勒（Anne Kammerer）认为泰国民族主义的描述已经将"少数民族"理念排除在外，并停止了所有形式的"地方分权"，这种看法是正确的。② 但是，现实情况是，在追求社会可替代模式的过程中，泰国越来越多的知识分子通过非政府组织运作将少数民族共同价值理想化。

通常来说，城市中产积极对待山地人的态度是家长式的。他们曾称赞过的拥有"传统智慧"的野蛮人已经是过去式形象。在市场作用下，真正的山地人已经消失了。他们认为山地人的后代不可避免地被自私、贪婪摧毁了。相应地，非政府组织活动者的工作之一是收集古代留下的知识，将其与新技术结合而让山地社区拥有解决文化退化和消除贫穷的可持续方案。无论其推广者的出发点是什么，这种新型互动方式确定了模式中的关系，即"开明的"、受过教育的平原人不仅是心怀同情，同时也是以屈尊似的、"真正的"文化形式傲慢地教授山地人。这种模式表明平原人很难抛弃他们对山地人的传统的傲慢态度。

泰国对大象的保护是这种关系模式的很好范例。大象是泰国身份的主要符号。他们位于动物王国之首，是国王的象征。在前现代战争时期皇家军队使用大象作为战争武器，而大象与国王的联系则强化了大象的作用。根据民众的信仰，王国的繁荣取决于森林中野生大象的数量。问题是在过去30年里，由于森林砍伐、窃取象牙、抓捕小象、缺少林业与其他职业传统作业、大象主人收入不足等原因，泰国和邻国的野生与家养大象数量正在逐步下降。

在泰国北部，驯化和使用大象工作与克伦人紧密相关。绝大多数看象人

---

① 鲁恩·特兰德（Rune Tjelland）《泰国北部环境主义的反抗力：活动家的观点》；特兰克尔、萨默斯《权力的方方面面》，第253 – 266页；Abigael Pesses, *Les Karen : horizons d'une population frontière : mise en scène de l'indigénisme et écologie en Thaïlande*，博士论文，巴黎X，楠泰尔（Nanterre）大学，2004年。

② 安妮·C·卡默勒（Anne C. Kammerer）《阿卡民族身份和泰国民族融合》；雷莫·古迪埃里（Remo Guidieri）、弗朗西斯科·佩立兹（Francesco Pellizzi）、斯坦利·J·坦拜雅（Stanley J. Tambiah）编写《民族和国家》，德克萨斯休斯顿：Rothko Chapel出版社，1988年，第279页。

都是克伦族人。因此,克伦人是非政府组织寻求保护该濒临灭绝动物的主要目标人群。亚洲象之友与克伦族看象人间的合作体现了此领域内非政府组织的常见态度。泰国中产阶级和当地兽医在1993年创建了亚洲象之友。它因拯救受到人类威胁的厚皮动物而在泰国名声显赫。广为人知的是它对缅甸边境露天矿产爆炸而炸伤的动物实施了各种壮观的、被广泛报道的手术,此外它于1994年在南邦省成立了世界上第一个大象医院。这个机构员工中有几名克伦看象人,负责照顾被主人抛弃的动物。该医院也接待带大象接受免费医学治疗的克伦人。医学员工从克伦人那里学习大象的病因和治疗知识,又反过来教授克伦人学习现代医疗知识。在员工试图教导看象人如何人性化地照顾动物、避免虐待和过度剥削时,家长制模式非常清晰。此外,在医院管理过程中克伦人明显被当作二等伙伴。他们不能与泰国人一起吃住,不得不从事吃力不讨好的工作。①

山地人回应:如何面对排斥?

山地人如何回应偏见、社会歧视和强行把他们"纳入地图"却又拒之门外的国家政策?在讨论这个问题前,让我们回顾一个观点,即在东南亚山地,通过共同战略表达整个少数民族目标的集体主义思想比在其他地方更薄弱。"原始利维坦"这样的虚拟主题引发了关于部落和民族之间关系的众多讨论。地方历史、生态和人类环境不同,东南亚山地相同民族经历的人群谋生手段也非常多元化,因此这样的话题很复杂。如斯科特所言:

> 东南亚山地民族对需求的控制力不强……高海拔地区已有技术品类众多,这在很大程度上增强了多元性。除此之外,山地人通过奴役、袭击、异族婚姻、收养等方式增进内部交流,身份更加复杂,这也是殖民者遇到的疯狂拼布模式的原因。②

在这些情况下,利益趋同导致单一行动,几乎很难延伸至一个村庄、一个小的生态区域或一个当地家族。因为,在多数情况下,山地民族缺少领土完整和政治主权。他们很大程度上仍是"意识形态的骨架",位于遥远而次要

---

① Clève Emourgeon,私人沟通。
② 斯科特《逃避统治的艺术:东南亚高地的无政府主义历史》,第241-243页。

的位置。① 尽管在某些时候民族身份变得很有意义，多数情况下它并没有依靠邻里、亲戚和宗教信仰而存在的、更加直接和明显的身份重要。相应地，即使山地民族的领导具有非凡的才能，也很难超越村庄或家族组织的限制。

鉴于这些结构性局限，鲜有山地社会的领导可以动员足够的资源以挑战国家的政治、军事、经济和官僚权力。山地人可以控制和占有的资源只有非常符号化的、最有意义和统治地位的宗教。山地民族学有很多关于山地人如何将大乘小乘佛教意识融入自己宗教系统的案例。② 比如，我在其他地方也介绍过，在18世纪，南段村（中缅边境）的拉祜西与佛"对话"后，可以沿袭旧信仰和宗教实践而塑造新的教派。③ 因此，pha shi khu 一词曾用于僧侣，原来指掌控前佛教拉祜族至高无上的硅砂（Guisha）邪教的神父。与神父一样，"僧侣"不受禁欲苦行生活的限制。他们与妻子一起生活，直接参与农业轮垦。与平原僧侣不同，山地僧侣不接受任命。拉祜族"僧侣"负责施瓦达（源自泰国施瓦达，间接来自梵天神）的仪式。施瓦达是集卡什亚、强巴、查理巴三位一体，分别代表佛祖、弥勒佛、观世音菩萨。尽管如此，在家庭、村庄佛塔内这三位神灵更多显示为传统上代表土地神的石头和柱子形象，而不是佛像。

通常情况下，使人产生好奇心或怀疑的是山地人本土化形式，而不是他们是否得到平原社会的许可。山地人充其量被称为异端，相应地，被称为"头脑简单"的遵循"真实"教义的类人猿。这种认同缺失可以产生阻尼效应。在千禧年以后，山区社会寻求社会进步和文化同化，或者赢取世界拯救者的地位的诉求不过是简单而美好的想法罢了。但这并不意味他们是完全无效的。从开始加强集体动员和联络开始，这些战略已经有向心的含义。但是他们的社会和政治影响是内部的。通常，他们并不能明显改变平原和山地社会间的权力平衡。

---

① 斯科特《逃避统治的艺术：东南亚高地的无政府主义历史》，第268页。
② 参阅安妮·帕斯曼（AnneSpangemacher）关于云南布朗族的博士论文 *Lesanciensmattresdu Bulangshan*，巴黎X大学，楠泰尔（Nanterre），1999年；也可参阅伯纳德·福摩萨关于云南拉祜族的研究《佛教》；安东尼·R. 沃克（Anthony R. Walker）《积德与太平盛世：拉祜人礼仪生活中常规和危机活动》，新德里：印度出版社，2003年。伯纳德·莫依佐（Bernard Moizo）关于泰国甘加那汶里府（简称北碧府）山区克伦族（Pwo Karen）的研究 *Le dieu de la terre et de l'eau et le messianisme en milieu pwo karen*，福莫索编辑，Dieux du sol en Asie，特刊，Etudes Rurales，143-144，1998年，第67-80页；或久根森（Jørgensen）《克伦族的自然资源》第213-238页。
③ 福摩萨《佛教》。

在山地，一些宗教运动经常在创造奇迹的先知领导下，变为社会运动。中国南部和老挝频发的赫蒙动乱就是著名的体现。① 在数百次先知领导的山地人起义中，值得一提的是拉祜族，他们在18世纪利用含有大乘佛教和万物有灵论元素的传统，以帮助他们抗击平原力量。② 在同一时期，缅甸的几次起义中都有克伦"善行头领（phu mi bun）"加入，尝试建立克伦王国并将缅甸人驱逐出去。③ 因此整个地区在数月或数年内都逃离了国家控制。比如，在20世纪初期，"善行头领"率领色当起义，阻止了法国殖民力量对老挝南部布尔什维克高原长达30多年的剥削。④ 然而所有这些反抗都遭到了惨重镇压，政府并未对起义有任何明显让步。

结合山地文化动态适应进程，我认为山谷民族向平原政府妥协而不是反对他们是更有效的方法。很明显山地人遵循平原社会的理念、价值、表达范式，这不能机械地解释为同化。很经常的，如果不是有意为之，文化适应奠定了最近我所谓的"共享意义的跨文化聚集"的基础。⑤ 作为理念工具的这种聚集，源于从共享意义的角度来考虑文化。然而，意义通常是互相矛盾而模糊不清的。它是通过辩证性质量和评价性语音符号产生的，体现了讲述者和倾听者之间的双边关系。⑥ 争论核心是民族主要依靠符号的"多重实质"⑦，因为这些符号是通过在民族间关系的背景下语言-行动推论过程而形成的。保罗·吉尔罗伊（Paul Gilroy）建议称之为"跨文化融合的中层空间"。⑧ 通过使用"聚集"一词体现这种融合，我的设想是互相联系的群体应该能够通过长期的连锁符号组合，调整他们各自关系模式和"我们-他们"形象。虽然这些聚集为合作和文化交融铺平了道路，他们通常会产生偏见和片面的象征性

---

① 泰普《君权》，第136-143页。
② 福摩萨《佛教》，第212-213页。
③ 久根森（Jørgensen）《克伦族的自然资源》，第223-224页。
④ 弗朗索瓦·奥佩尔（Francois Oppert）La révolte des Bolovens (1901-1936)；皮埃尔·布洛谢（Pierre Brocheux）等 L'Asie du sud-est: révoltes, réformes, révolutions, Lille: Universitaires de Lille 出版社，1981年，第47页。
⑤ 伯纳德·福摩萨《民族与共享意义：中国内陆和海外"孤儿骨头"仪式案例研究》，美国人类学，111，4，2009年，第492-503页。
⑥ 参阅瓦连京·洛希诺夫（Valentin Volosinov）《马克思主义和语言哲学》，伦敦：Routledge & Kegan Paul 出版社，1973年；克里斯·巴克（Chris Barker）《文化研究：理论和实践》，伦敦：圣人出版社，2000年。
⑦ 洛希诺夫（Volosinov）《马克思主义》，第23页。
⑧ 保罗·吉尔罗伊（Paul Gilroy）《黑色大西洋：现代性和双重意识》，伦敦：Verso 出版社，1993年，第4页。

操纵,这使每个相互作用的群体各有一个主导性部分。这样做的时候,他们维持或甚至强化了互相联系群体的社会边界。共享意义的跨文化聚集充满情绪性含义和对好坏的评判,形成解释民族优越性的一个常识平台。

最后,与世界各地一样,东南亚高地少数民族认可他们依存的多数群体符号与价值观。有时候他们可以通过一定渠道,使全国社会的精英、公众、当局权威都可以听到他们的声音。当然,山地人很难对正式接受的世界宗教元素产生真正的狂热情绪。改变一种文化背景以适应另一种综合的宗教教义时,难免产生形式和意义的歪曲。更为简单有效的方法是使用表达性的和风格上的规范,并控制主流意识形态的关键因素。虽然山地人调整他们的叙事以迎合主流群体的表达和风格规范,这可能被解释为文化臣服和政治归顺的标记,事实是这种改变带来他们与国家社会新兴力量沟通的渠道,通过重申他们独特身份和尊严,可能会减轻他们的政治统治感。

此外,在一些情况下,这些表达或形式上的调整转变为对政府镇压的沉默抵抗。比如他们可能保留社会上不再进行的重要仪式的集体记忆。以我1997年在雪林佤族乡(中国云南省澜沧县)开展野外调查为例。从20世纪60年代开始,这些佤族人开始编织带有新式几何图案的日常使用的挎包。来这里旅游的中国游客日益增多,而这种包成为当地佤族卖给游客的主要商品。中国游客认为这些包很好地体现了佤族手工艺,但是他们并不知道,包上的几何装饰图案对佤族有特别的意义。这个图案象征性地描述了佤族猎头运动的再生仪式,而中国政府已经于20世纪60年代禁止佤族举行猎头祭鬼和仪式。这个仪式是佤族的重大宗教仪式。佤族社会由6大部落组成,而这些部落都会参加这个仪式,来自6个部落的代表共同敲击两个长长的整块木头制作的大鼓,这两个鼓一公一母,象征神秘的蛇,而据说蛇贡献了自己的血肉,是佤族部落的起源,具有宗教、政治和军事功能。这个仪式对佤族如此重要,他们将其寓言化并装饰在包上。这个仪式不仅有助于与神定期互动,也是佤族展示和重申他们作为一个有机整体而存在的重要机会。①

---

① 参阅伯纳德·福摩萨, *Des sacs chargés de mémoire*: *du jeu des tambours à la résistance silencieuse des Wa de Xuelin (Yunnan)*, L'Homme, 160, 2001年, 第41—66页。

迈向新地平线

作为结束语，我想探讨国家和国际层面上日益交融的交流与沟通网络对东南亚山地人可能产生的影响。在老挝、缅甸、柬埔寨和越南偏远地区的山地人数量逐步减少，并仍被排除在全球基础设施之外。从这些村庄出发步行几天才能看到全天候畅通的道路。他们没有电力、电视或者小学，政府机构最多一年来这里两次。20世纪80年代末，中国、泰国、老挝和缅甸为了打击臭名昭著的"金三角"而共同发起"增长四角"项目，在这个项目影响下，10年内这些村庄多数发生了改变。相应地，20年后，随着村庄供电、与国家道路网络链接，越来越多的山地农民将遭遇类似于20世纪90年代泰国北部山地人经历的巨大变化。这些变化引发泰国"山地部落"的生活"方式"的改变，并受到环境的影响。[①] 这些变化在数十个村庄得到充分体现，20世纪80年代这些村庄被纳入徒步环线范围，从此全世界越来越多的游客纷沓而至。

我们可以从阿尔君·阿帕杜莱（Arjun Appadurai）关于"全球化效应"的论文中，更加精确地确定这些变化对泰国北部山民与外来世界关系的影响，这些变化无疑预示着山地人会受到更大范围的、更加突出的影响。[②] 他认为，电子化和视听化、大规模迁移和调节的联合影响，提供了新的视角，即强化技术能力、提升集体自我新形象的能力。对于少数民族来说，集体想象，即将陈词滥调变为新的认知和新行动模式，可以扩展到传统的塑造少数民族身份的特定表达空间之外，如艺术、神话和仪式。[③] 这种与其他现实秩序的前所未有的接触将导致与其他文化间形成流动的、不可预测的、分离的关系。发展理论家使用的"中心-外围"模型常用于分析发展中国家的政治经济学，这个模型被细分为空间接近性和电子亲和性两者关系的累积。阿帕杜莱在吉尔·德勒兹（Gilles Deleuze）、费利克斯·加塔利（Felix Guattari）研究之后，将此过程称为"根状过程"。重要的是，德勒兹和加塔利认为"根状过程"

[①] 本尼迪克特·安德森（Benedict Anderson）《想象社区：关于国家主义源起和传播的反思》，伦敦：Verso Books出版社，1983年，第15页。

[②] 阿尔君·阿帕杜莱《现代性：全球化的文化纬度》，明尼阿波利斯：明尼苏达大学出版社，1996年。

[③] 譬如，尼古拉斯·泰普表示，泰国的苗族已经通过特定仪式，或多或少与过去中国神秘化文明有关的想象的世界，建立自有社会。《中国苗族：背景、结构与想象》，Sinica Leidensia 51，Leiden：Brill出版社，2001年。

有以下主要特征:

> 它将一个元素与其他元素联系在一起,每个元素不一定为收敛性状。它包括不同政体标志甚至国家的非标志。"根状"既不能被减少为一种,也不能变为一系列……它不是由元素组成而是由纬度组成,可以是上下浮动的……结构可以定义为一套点、位置、这些点之间的二元关系和位置间一对一的关系。与结构不同的是,根状不仅由结块线、层理、纬度组成,还包括消失的线或"解辖域化"线。①

阿帕杜莱选择通过5种景观画布来展现这种复杂的关系:种族景观(ethnoscapes)、技术景观(technospaces)、金融景观(financescapes)、媒体景观(mediascapes)和意识形态景观(ideoscapes)。它们不稳定互动、可能分裂的特性对国家脆弱的凝聚力造成威胁。阿帕杜莱认为,当大众迁移和移民增加成为时代的关键现象和力量时,单一民族国家作为政治形态将会消亡。② 在著作的结尾,他批评了民族志的长远传统,写道:"多数民族志描述沉湎于寻求纪录本土化,已经把本土化作为基础而非象征,既不认可它的脆弱性也不认同社会生命财产的精神特质。这形成了与本土化或感觉结构集中依赖的惯性思维的毫无疑问的合作。"③ 阿帕杜莱认为,民族志学者应该从关注邻国历史纪录转为研究产生本土技术的历史。

让我们重新回到泰国"山地部落"的话题。这些部落经历了非常多元化的种群景观(即社会空间的变动)。一方面,他们自古生活在金三角地区,沿着连接中国内陆与马来世界的沟通交流轴,可以预见现代全球化形成的跨国关系。④ 另一方面,寻求工作机会的世代山地人已经迁移到平原。⑤ 反过来,大量游客为了追求物美价廉的异国风情体验,而沿着泰国北部纵向横向地区旅行。

---

① 参阅吉尔·德勒兹(Gilles Deleuze)、费利克斯·加塔利(Felix Guattari)《米勒平台》,巴黎:Éditions de Minuit出版社,1980年,第31-2页。
② 阿帕杜莱《现代性》,第19页。
③ 同上,第182页。
④ 参阅 Samuddavanija Chai-Anan《途经亚洲》,《新视野季刊》,12,1,1995年。
⑤ 在20世纪30年代,卡尔·古斯塔夫·李兹克维兹是第一批发现老挝山民迁移到暹罗寻找工作的民族志学者之一。参阅《拉梅人:法属印度支那的山地农民》,Göteborg:Ethnografiska Museet出版社,1951年。

随着与扩大的外部世界交流的强化与多元化，山地人的自我意识变得越来越模棱两可、模糊不清。在外国游客、农村发展和社会工作者、国际顾问和其他机构看来，藏缅语族、苗-瑶族和南亚语系人是拥有良好品德的"优秀野蛮人"，他们生活在大自然中，处于人类的早期阶段。此外，他们也被看作是衣衫褴褛、发展落后之人，应该尽快脱离现状，踏上"发展"的康庄大道。一方面，他们局限于"迷恋自有文化"的贫困区；另一方面，他们被邀请融入泰国"国家主义"模式。可以理解当面临这样的矛盾时，很多山民，特别是经历过文化革命、全日制教育中断的一些人，尝试通过创造多元融合的宗教来赋予想象社区新的意义。

当山地人开始拥有广播、电视时，他们发现自己在不同节目中的形象，因此也发觉别人对他们存有偏见。这些偏见是在面对面沟通时刻意掩饰而难以发现的。此外，电视节目刻画了各种场合下，山地人与破坏罂粟田或将非法居住者驱赶出森林保护区的特警等各式人物互动的情形。通过可以穿越时空的、客观的新闻工作者镜头，山地人意识到山地群体中他人面临的艰难境地和困难，和他们之前忽视的问题。他们除了不得不把自己定位于现实新秩序外，也是脱离仪式传统的民族戏剧的冷眼旁观者。事实上，仪式的圆形剧场风格与众多媒体报道所导向的人们无法掌控的一系列事件是明显不同的。同时，山地人更加尖锐的意识到可以快速实现融合、他们对自身的认识也与群体中其他人的态度有关，而他们无法控制他人的态度。

例如，在2000年1月，克伦族"神的军队"将叻丕府（Ratchaburi）医院的几名病人作为人质。在这个悲剧事件中突击队队员被泰国特种部队杀害，这反映了克伦族在泰国和外国公众舆论中的形象，体现了泰国克伦族对他们与国家、与突击队起源地、缅甸克伦族关系的看法。这个事件反映了泰国北部山地人的新观点和社会现实，其特点为"种族景观""媒体景观""意识形态景观"之间具有流动的、分离的、不可预见的关系，每种"景观"都受到它自身一系列局限和增量的影响。① 正如"神的军队"攻击案例所体现的，山地人对自身的认知、再认知在不断变化，取决于他们与地方外围集团的互动，可以受到不可预见事件引发的情感意象的深远影响。

尽管克伦族"神的军队"积极分子无须修饰便成为泰国媒体的头条，在其他情况下，本土领导可以利用动员更多观众的优势，树立新的集体形象和神话，以便媒体传播。这可以对"族群景观、媒体景观、意识形态景观"和

---

① 参阅阿帕杜莱《现代性》，第35页。

自己民族的"财金景观"产生分离性影响。云南省丽江市纳西族提供了一个好的案例。查尔斯·麦卡恩（Charles McKhann）在旅游活动加剧、改变当地"种族景观"的背景下，研究了流行的、引人注目的大研纳西古乐会的演出活动。[①] 在20世纪90年代，他开始告诉读者（多数是来自中国和西方国家的游客），中甸纳西镇（Naxi Town of Zhongdian）是詹姆斯·希尔顿在1993年出版的著作《消失的地平线》中描述的天堂城市香格里拉的原型。《消失的地平线》一书于1937年被弗兰克·卡普拉（Frank Capra）搬上荧屏。纳西族从该西方小说家的奇幻故事中挖掘了一个主题，而希尔顿作为流行音乐乐队的主办人，接触范围很广，这个主题延伸至他本人的"媒体景观"。在这样做时，他改变了历届读者的"媒体景观"，以至于游客蜂拥而至，到中甸寻找香格里拉的原型，相应的，这个小镇的"族群景观"和"财金景观"迅速转变。

于是丽江古城对这种竞争开始满腹怨言。尽管麦卡恩并没有提供有关信息，丽江政府当然会对主办方施加压力。现实是希尔顿改变了口风，声称丽江是香格里拉原型。作为回应，中甸政府组织了一次会议，会上学者重申了他的第一次说法。丽江政府通过组织一次旗鼓相当的学术活动以宣传他们的论点。最后在丽江市政府支持下，丽江市于1999年举办了一次展览会。各大十字路口都树立了巨大广告牌，广告牌上是了美国探险家约瑟夫·洛克（Joseph Rock，据说是他激发了希尔顿的灵感）图片，并感谢他在20世纪初期发表在《国家地理杂志》上的探险报告。

结　论

作为总结，我想进一步分析佐米亚山地人参与的去领土化。从字面意义理解，去领土化指"离开一个地方到一个新的地方"。数百年来，多出于政治原因，多数佐米亚山地人移动性强且居住分散，鉴于此，他们已经反复经历这样的生活了。这与阿尔君·阿帕杜莱的论点相悖，后者认为去领土化是一个新现象，是全球化最典型的特征之一。

历史上多数佐米亚山地人在很长时间内居住分散。他们频繁迁移，以至于在多数情况下，他们忘记了真正的起源地。因此，他们之间形成矛盾性的神话般的结构，其原始家园实际已经成为无人能够精确定位的消失的天堂地

[①] 查尔斯·麦卡恩, *Tourisme de masse et identité sur les marches sino-tibétaines：réflexions d'un observateur, Anthropologie et Sociétés*, 25, 2, 2001年, 第39-41页。

平线。鉴于此，纳西族的案例是有指导意义的。散居的另外一个后果是不能保留相对类似的文化形式，并在同一个群体中存在令人疑惑的变量。因为移动性强而文化不统一，佐米亚山地人位于重大变化的前沿，在不久的将来全球很多农村社区也可能经历这样的变化。因此，将佐米亚研究作为一个特别的主流研究是合乎情理的。佐米亚山地人提供了一个新式问题实验的理想典范，其前提假设是外部影响对社会文化体系产生根本的复杂性、不稳定性、渗透性。他们启发我们重新思考综合了现实、部分系统化、部分与流程相关的文化。他们不仅根据力量线条重构，也随着消失的点和断点在不断重构。

战争与森林的政治生态学
——反叛乱与国家本质的形成

加利福尼亚大学伯克利校园社会与环境系　Nancy Lee Peluso
　　　约克大学地理学系　Peter Vandergeest　著
　　　　华东师范大学　杨　漪
　　　云南省社会科学院　尹　仑　译

摘　要：反叛乱作为一种特类定型的政治暴力，我们研究它在政治化森林决策上的重要性，提供了有关森林的政治生态的文献和战争地理学之间的链接。在冷战期间，特别是20世纪50年代到70年代末，一部分是通过在政治化森林领土上上演的"叛乱"和"紧急情况"的遭遇战，有关民族国家方面的本质被重造。这些叛乱向那些新生的民族国家展示了替代性的文明化项目；他们也参加了一些特定的历史时刻和地点，在那里形成向心国家的进程仍然是初步的。我们认为：在暴力进程中以及暴力结果里，战争、叛乱和平叛有助于作为现代化民族国家组成部分的政治化森林的标准化。政治暴力也使国家基础的林业得以在科学林业的规程内得到发展扩大。反叛乱的军事行动造成了林业和农业实际性和政治性的分离，进一步推动和创造了新的种族化的国家森林和公民，并促使了技术向林业部门的转移。"丛林"是居住着可疑人口的危险空间，尤其是靠近国际边界线的地区，围绕"丛林"的阐述，既有环境安全危机的言论，同时也有保护和其他国家安全的论述。镇压叛乱措施从而加强了领土权力，并通过国家政治化森林的延伸而扩展了民族国家的范围。

关键词：冷战　镇压叛乱　丛林森林的政治　生态战争的政治　生态疆域化

战争与林业的连接有助于民族国家的领土及政治化森林的形成。然而，作为政治性暴力的一种特殊形式，战争对森林的制造、林业的实践及通过林

---

① 原文出处：Peluso, Nancy Lee and Peter Vandergeest, Peter. 2011. Political Ecologies of War and Forests: Counterinsurgencies and the Making of National Natures. *Annals of the Association of American Geographers* 101 (3)：587-608.

业巩固国家领土控制的制度性作用,都很少被人记录和建立严密的理论。① 我们的观点是:通过区分政治性暴力的多种形式和多重动机,以便更好地理解叛乱和反叛乱是如何使国有林得以实现或者使现有的国家林业机构得以强化。(Haraway, 1991; Sundberg, 2011)

20世纪50年代到70年代在东南亚的一些案例,可以展示叛乱和反叛乱使政治化森林建立、扩大及标准化的道路。在国家意识崛起之后或者说在后殖民地国家的建立期间,叛乱构成了"替代性的教化项目",来争夺新的国家意识形态的支配权。战争期间,将战斗中草木丛生的区域(包括其他地点)称为"丛林"(jungle)。战乱发生在一些特定的历史时刻和地点,在那些地方,日常实践中新的民族国家的领土影响还是初步的。反叛乱促使政治化森林成为现代民族国家的组成部分;并且不同于殖民时期简单的森林保护进程,在反叛乱的过程中,很多地方都从空间上和制度上区分了林业区与农业区。在这个进程中,反叛乱行动铺设了更新的种族化(racialization)国家森林和主体公民的基础,并且促使了军事技术向林业部门的转移。

我们这篇文章认为:通过第二次世界大战后新的民族国家及其意识形态的形成,国有林和现代森林观部分地在非政治暴力中呈现出来。可以看到,在冷战时期建立或形塑了很多国家实体,但是,森林在其中起到的关键作用——即这些国家被丛林分隔开——很少在有关冷战的政治分析中提及(最近的例子见 Mamdani, 2004; Westad, 2005)。然而,在冷战时期,森林被视为典型的民族或国家的自然资源。这一时期,在亚洲、非洲和拉丁美洲,"丛林"都成了政治暴力的同义词。

森林的本质及其表征——作为丛林、国家领土或地方领土——关系到对政治暴力、民族国家的建设及林业的理解。当代有关资源战争的争议,需要检视热带雨林作为战争舞台而成为重要的政治实体(政治化森林)的道路;也要了解当在森林中寻找木材和其他资源时,森林的空间覆盖率和生长率如何使其变成战略性资源。勒·比永(Le Billon, 2001, 2008)和沃茨(Watts, 2004)强调,关键是要检视历史、地理、资源战争的特殊空间性及其在边界政治冲突的嵌入性(也可见 Peluso and Watts, 2001)。不幸的是,除了广义上被定义为森林砍伐区,大部分针对叛乱者通过"暴力砍伐"和"违规伐木"来占据森林的工作(尤其是政治导向性的),都是"只见树木不见森林"。

---

① 战争对环境的影响已众所周知,并被充分地记录。有关护林人与以森林为生的人之间的暴力冲突,也产生出了重要的著作,因系统庞大,在此不专门列出。

这个盲点掩盖了两个重要的课题，即森林在建设民族国家和建构国家本质中所扮演的制度性角色。首先，森林不仅是简单的生态配置，也是政治的和政治性的区域。我们将政治化森林定义为已经通过了立法、完成了规划、绘制出地图、划分为永久性森林，并且由专业的、"科学的"政府机构来管理的领土。当森林被称作"丛林"时，常以一系列地理和政治的想象来为国家暴力的发生和领土控制形态的更替作辩护。叛乱常常与丛林相关联，因此，丛林成了政治化森林的暴力变体。第二，争夺最剧烈的地区往往是边界、山地或湿地；无论这些树木是否处于争夺区，被称作丛林的地方，都在经过战争争夺、军事管理、重新安置和其他领土实践等反叛乱行动后，帮助了国家建设项目的实现。森林是游击战最佳的隐蔽场所，因此在国家控制之下，森林的成长、砍伐、燃烧、使用和控制都暗含着安全问题。

通过建立林业部门和其他土地管理部门，政治性暴力塑造了国家领土范围并声明了国家的领土权。反叛乱战略和实践促进了森林的形成，也拓展了殖民时期（与地方政权合作）和早期后殖民主义时期联合国粮食农业组织中的林业部门及其他国际性林业部门的科学森林模式。[①] 理解政治化森林所形成的核心是要理解管理和管辖的等级（国家强于区域或地方）以及管理所采取的手段。

我们聚焦于3个东南亚国家：印度尼西亚、马来西亚和泰国。这3个国家都是热战和冷战的前线。尽管共产主义或伊斯兰叛乱或对二者的恐惧是那一时期民族政治的重要元素，但是这3个国家在冷战时期及其之后都没有成为共产主义国家或伊斯兰国家。所有这些民族国家的叛乱行动都发生在被称作丛林、山地或丘陵的森林覆盖区域——那时称之为特殊的政治效价。在这3个民族国家中，政府军队通过镇压叛乱取得胜利；这不同于其他一些东南亚国家，他们是叛军获胜并且接管了国家政府。随着叛乱被镇压，国家话语的文化政治转向、围绕着森林的空间实践及森林项目成了理解民族国家的形成和国家本质的基础。[②]

我们将战争的政治生态与森林相结合，来分析处于冷战这一全球冲突的特殊时空中的3个东南亚国家。3个国家都是通过武力的国家实践，促使国家性政治化森林的形成和以武力获得的国家领土及政治主体紧密相连。政治暴

---

① 对于这一点，见我们之前的文章，特别是 Peluso and Vandergeest（2001）和 Vandergeest and Peluso（2006a, 2006b）。

② 见 Sioh（1998）和 Neuman（2004）。

力这种形式看起来比其他形式更能使森林纳入国家实体或国家管理机构,也能使森林继续被"识别"为领土问题。① 事实上,国家对领土的支配与对人民的管控有很多共同点,正如赛欧(Sioh, 1998)对马来西亚森林的描述中所显示的那样。

我们的论述包括以下 4 个部分:

(1) 不同于殖民时期的森林形成和 20 世纪晚期的资源战争,文明项目(政府反对派)及其暴力特征(叛乱)的交替,对森林和林业产生了特别的影响。叛乱与反叛乱形成了新的政治化森林,并且广泛扩展了国家森林的领土范围。与此同时,热带雨林的物质性——生物多样、生态多元并且地理空间特殊而广阔——促使了这种特殊交战方式的游击战与冷战时期的"丛林战"、叛乱、国内战争或者革命相结合起来。

(2) 反叛乱战略是将战争时期的丛林逐步转化为森林的过程,使最初杂乱无章的丛林在实践中慢慢变成制度化管理的森林。(Slater, 1995; Peluso, 2003a; Sioh, 2004)这囊括了一种社会空间从构成、摧毁到重建的过程——丛林暗含着一种自然关系,它涉及热带雨林及其附近从事固定农业或刀耕火种的村庄区域,在这些丛林中进行其他形式的混农林业实践和地方森林管理实践。丛林向森林的转变,是从制度上、空间上和领地上将森林从农业中区分出来。在制度上确立不同的政府管辖权、明确合法使用者以及初步完成立法。(Dove, 1993; Sivaramakrishnan, 1999; Agrawal and Sivaramakrishnan, 2001; Peluso and Vandergeest, 2001)在暴力时期,树林被称为"丛林";丛林向"森林"的转变意味着明确消除了由叛乱和反叛乱所滋生的暴力(同样见 Sioh, 2004)。

(3) 国家对丛林叛乱的应对措施是:通过重新安置、移民及对领土产权再分配,大量地对人口分布进行改组。这些人员在空间上的重组及其在民族国家中主体地位的改变,都是以种族划分的(也就是按族群或种族界限来区分);这些重组出现了国家语境下的主体民族和少数民族(B. Anderson, 1991)。后殖民国家,在民族主义中孕育、被现代国家所形塑,并且依据种族来区分领地(K. Anderson, 1987; Goldberg, 2002),因此深深地打上了种族化的烙印(Goldberg, 2002)。民族国家以种族主义视角重新划分了在移民实践中具有政治主体性的群体,从而使国家权力更多体现在那些更加忠诚于民族国家的种族或族群中。这些特征是区分国家领土实践的基础,使其区别于

---

① 有关土著群体在国家政治主体识别的陷阱,见 Provinelli (2002).

普通的迁居、被认为与丛林相关的"部落化"或者称作叛乱的暴力行为。

（4）为了接近和监视，叛乱和民族国家的建设激发了丛林军事化和昂贵技术的使用。森林管理者为了保护和监管森林，需要调动军队参战、巡逻和参与其他安全活动，以及在军队中使用监视技术。① 森林监察技术的高额花费阻碍了其大规模的发展和应用，尤其是在木材工业成为这些国家的资源主导型经济的重要部分之前以及在国家保护热潮兴起之前（Leigh，1998）。

对形成国有林的叛乱和反叛乱的暴力实践的定位，为战争的地理研究和政治生态学做出了很多贡献。有关资源战争的论述，即在当代，有价值的资源引发了、增加了、平添了很多内战，没有充分地解释在森林中发生的暴力如何形成了森林、如何塑造了国家。明确丛林叛乱对于森林或农业区等政治化区域的发展所起到的重要作用，也有助于对国家领土权、主权和支配权做出阐释。

资源战争的先例：暴力塑造森林，森林生产国家

颇具讽刺的是：二十年的战争拯救了柬埔寨的森林免受东盟（ASEAN）因经济增长导致的毁坏。

——勒·比永（2000，786）

战争的领土维度已经在很多方面进行了讨论，包括国家之间战争的地理纠纷、游击战、其他形式的暴力叛乱以及镇压。地理学学者已经检视了政治性领土和边界如何通过战争制造出来，同时反过来战争又是如何被这些领土和边界所塑造。（Thongchai，1997；Flint，2005；Murphy，2005）研究空间和领土的地理学家和人类学家已经证明，由战争产生的政治性领土和边界是流动的，并且这不局限于民族国家的战争。举例来说，他们可能包括城市暴动中被阻隔的邻里、夜间部分地被游击队控制的跨境空间（Mc-Coll，1967；Flint，2005），或者神圣空间（Stump，2005）。在这些多元的径路中，政治性暴力和领土被互相捆绑在一起，在此过程中国家疆域化的统治诉求赫然耸立。国家疆域化体现在多重层面，通过与那些"从内部"持续竞逐国家领土者的多种交战来实现（Wainwright and Robertson，2003）。这些交战，可以指美国

---

① 这些物质大多数由外国提供——美国、澳大利亚、英国，在某种情况下是苏联和中国——为冷战和冷战之后新一轮的世界霸权做好了准备。

的土著人发表领土声明来反对高速公路的建设,也可以指在南亚(Sivara-makrishnan,1997)和东南亚(Vandergeest and Peluso,1995)夺取森林使用权的斗争。此外,国家疆域化是一个持续的过程,领土常被那些在殖民和后殖民国家试图构建他们自己的疆域的人所争夺(Vandergeest and Peluso,1995a;Wainwright and Robertson,2003)。

地理学家已经阐释过,领土和自然空间不是固定的而是流动的,它们在人类的活动和非人类的介入中所产生。[①] 森林已经受到了几个不同的战争地理学者的关注。一部生动的有关资源战争的著作会去考虑战略性资源的使用需求或者可开采性资源的存在何以滋生或者形成暴力冲突(Klare,2002;Collier and Hoeffler,2004;Ross,2004)。更具体地说,在政治生态学领域中,沃茨和勒·比永认为森林和其他自然资源的首要作用是其交换价值和战略价值,他们甚至在谈及"可支配空间"的形成或可提取特殊商品的地理形态的过程中论证了这个观点(如Le Billon,2001;Watts,2004)。一个独立的偏向定量的研究的文献,试图去解读暴力冲突的空间分布,并去追问在这些区域中由森林提供的资源或森林覆盖率是否增加了政治暴力的可能性(Buhaug and Lujala,2005;Rustad et al.,2007;O'Loughlin and Witmer,2011)。科利尔(Collier)和赫夫勒(Hoeffler,2004)基于森林视角的资源祸害论,主要声称有价值的资源的存在导致了暴力和内战。许多学者都称述过这种具有欺骗性的关系,成了环境决定论者(如Ross,2004;Watts,2004;Le Billon,2008)。更重要的是,在这种思路中认为战争将森林构建成为一种国家权力,而管辖权则不在讨论范围中。

那么,我们如何理解森林、领土和政治暴力之间的关联呢?在典型的有关战争地理学的作品中,作者们在书写政治生态中的森林时,常常重点去分析森林作为"领土""可治理的空间"或"争夺的空间"的构成,以及这些森林到底是被国家、企业、亲属团体、各种传统机构还是个人所拥有和掌控。[②] 而在讲述森林暴力的作品中,大多数有关林业的政治生态学作品,既不将政治化暴力与战争本身相结合(如,作为反对护林人与村民之间的冲突),也不将各种森林暴力与阻碍发展公共资源经费的森林叛乱行动做出区分。他

[①] 这方面有很多文献。较近的介入,可见Neumann(2004)及Watts(2004)。专门论述森林的文章,可见Peluso and Vandergeest(2001),或者Potter(2003)。

[②] 关于这一主题,有很多作品。可见:如,Hecht and Cocknurn(1989);Guha(1990);Peluso(1992);Peluso,Vandergeest and Potter(1995);Bryant(1997),Sivaramakrishnan(1999),及Abe,de Jong and Lee(2003)。

们也没有尝试分析无组织的、制度性的和实质性的叛乱者对政治化森林的形成所起到的作用（比较：Hecht and Cockburn，1989）。确切地说，这就是这篇文章一个独特的切入口，因为森林在这其中担当了重要的角色——虽然被修饰为丛林——在第二次世界大战后的解放战争中使很多民族国家得以建立，包括我们之后会提到的印度尼西亚。以前的文件认为暴力与国家森林的形成密不可分，而我们的观点是对这种说法的扩展和超越。事实上单独记录暴力冲突的文献，往往是去关注保护区（有时候仅仅是构成森林的区域）周围的社会关系冲突，或者关注非洲的自然保护区。这就引发了一个问题，即在保卫战争及野外战争中所形成的自然有何区别（D. Anderson and Grove，1989；Neumann，2001；Brockington，2002）。诺依曼（Neumann，2004）专门从理论上分析了一个国家及相关地区如何建立保护区并使其标准化，以及如何使这些保护区转变为国家领土和主权的概念。

勒·比永是少数用政治生态学观点表达森林战争和战后社会关系的学者。在他2001年所发表的一篇具有开创性的文章中，展现了在一个动乱不安但是重现出民族国家的地方——柬埔寨，不断变化的政治条件如何在国家尚未被开发并盛产木材的林区创造了一个"新的资本主义边界"。类似于很多其他通过冒险地收敛新兴商品化的木材资源、进入市场、全球销售及各种类型企业家的活动（从公司合伙到自由掠夺）所确立的森林边界，柬埔寨的森林边界很快就遭到了大量的资源开采。

那些在20世纪90年代受到红色高棉（Khmer Rouge）前期极端暴力政权和社会更替所影响的森林戏剧参与者们，都是通过争夺那些在民主化国家森林中至今尚未砍伐的大量木材而相互联系起来。民主化国家同其声称支持国际机构与国内制度的说法相互矛盾。当民族国家力量在全球范围内分散或者是衰弱的时候便想并入全球政治经济体系，柬埔寨这个民族国家既依赖于国际援助，又听取国际性建议，认为要想重建国家并且获益于全球政治经济体系，就应该尝试走资本主义经济道路。几乎忘记了在国际性表征中，它之前在世界舞台上的角色是一个流氓国家（rogue state），它的名字会唤起人们对"死亡之地"（killing fields）的恐惧印象。第一波参与者在法律上获得了权威，用他们青睐的方式设置所谓的"合法"。这让他们立即遭到了另一波参与者即叛乱者的争夺，他们希望同样能从当前呈上升趋势的民主和资本主义中获益。然而，叛乱者的要求和实践被新生的民族国家认定为非法。那些包括了与高级政府官员合作所构成的"非法砍伐"，是勒·比永在他具有里程碑意义的文章中所关注一个重点。

我们认为转型前的柬埔寨森林相对保留完整，这不是一种讽刺，这个区域的碑文可以证明这一点。而那些持续20年的战争可以被看作是共同模式的典型。在印度尼西亚、马来西亚和泰国，1950年至1980年的叛乱促成了这些区域的政治化森林或者说导致了国家制裁性的农业公约。在所有的冲突中，森林是作为一种掩蔽物和战略性领土来服务于战争，而不是作为一种可以交易的木材来体现其商品价值及让人获取财富。民族国家的统治者与替代性文明项目支持者的交战，为的是争夺管理或控制进入森林的权利。就其本身而言，战争和森林的关系可以被理解为涉及一个长期的叛乱和镇压叛乱的历史，在其中森林已经很重要地成为叛乱者的藏匿地，而系统化镇压叛乱的军事实践是为了获得森林领土、平定叛乱及控制林区居住者。这些战争策略和规则已经被战争手册和军事教材和杂志所记录。[①]

为何叛乱、国家建构和林业之间的关联对今天很重要呢？因为在马来西亚、印度尼西亚和泰国，只有通过国家疆域化巩固国家的森林，从20世纪70年代至今的大规模的商业采伐和保护工作才得以实现。镇压叛乱促进了那些空间生成政治化森林、使那对合法砍伐和非法砍伐的定义得到了更广泛的认可，并且界定了国家统治权和领土权。就全球政治生态而言，这些关系的历史形塑了当代社会的可能性及将来的环境政治。

东南亚的丛林叛乱及反叛乱

1942年到1945年，日本侵略了很多东南亚国家，引起了多国的政治反抗（包括在森林中的反抗及其他形式的反抗）。这些政治反抗，首先是反对日本军队侵略和军事统治，随后在第二次世界大战结束后对重新崛起的殖民势力进行反抗。这两个时期的政治暴力都包含着侵占、战争和革命，导致森林遭到了破坏，引起了大规模的人口流动（Soepardu, 1974; Kathirithamby-Wells, 2005）。这些东南亚国家在战争中对林业的管理部门延续了殖民时期的林业管理，但总体来说，林业由国家机构接管是战争的成果。例如印度尼西亚的爪哇岛的林业部门就设置在日本作战部之下。战争所遗留下的后果是：大量树木遭到砍伐，并且为了满足战略需求而种植了其他农作物（如蓖麻）。日军强

---

① 例如，可见the different versions of the "Small Wars Manual United States Marine Corps"可登陆网站（e. g., http://www.au.af.mil/au/awc/awcgate/swm/index.htm）；或者可以查看印度尼西亚的Fundamentals of Guerrilla Warfare by Nasution (1953).

迫民众移居于某一片森林，为了给工厂提供燃料或者种植蓖麻而砍伐森林；为了躲避日本侵略者，有些地方的村民就隐藏到森林里。甚至在殖民时期，护林人破坏森林和林业基础设施成了同盟国焦土政策的一部分（Soepardi，1974）。

第二次世界大战后，英国人重返马来亚，荷兰人重返印度尼西亚。泰国作为日本的同盟，没有正式地被殖民和侵略。在印度尼西亚，重返的荷兰人立即遭到反抗。1945 年到 1949 年的印度尼西亚革命影响到了爪哇岛的林业，尤其是岛上的柚木林，因为革命政府需要柚木做燃料。柚木可用作火车燃料和铁道枕木。1947 年，在马来亚殖民的英国宣告"紧急"。马来亚共产党（MCP）曾在丛林中与日军作战，当太平洋战争结束、日军侵略者退出后，也强烈反对重返的英国殖民政府。英国以镇压叛乱措施作为回应，之后便成为全世界镇压叛乱的范例，马来亚半岛去殖民化的计划因此被搁置延迟（Thompson，1963）。1957 年，叛乱被有力地镇压，马来亚独立。1963 年，新加坡、婆罗洲岛上的沙捞越州及沙巴州加入马来亚，成立马来西亚联邦。但新加坡很快撤回，建立了自己的民族国家。在沙捞越州的共产党受到一些国家的支持，尤其是受其邻国印度尼西亚总统苏加诺的支持，武装抵抗马来西亚联邦。这种情形引起了另一场国家间的丛林边界冲突，被称为马印对抗（Confrontation，1963—1966）。

马来亚和沙捞越州的紧张对立及马印冲突是冷战的前调，丛林叛乱影响到了每一个以农业为主的东南亚国家，以及全世界的其他很多国家。① 第二次世界大战后的反殖民运动被看作是冷战时期叛乱的典型（如：McColl，1967）。第二次世界大战后的数十年间，在很多新的民族国家中发生叛乱，这些叛乱逐渐被称作内战。但无论如何命名，这些叛乱都被描述为几个相互竞争的群体为了争夺国家意识形态和实践结构的控制权而争斗。我们用以下例子来支撑论证：1948 年至 1957 在马来亚半岛的马来亚危机，20 世纪 60 年代中期到 20 世纪 80 年代早期泰国共产党叛乱，1963 年至 1966 年在印度尼西亚和马来西亚婆罗洲岛（沙捞越州）之间的马印对抗，以及 20 世纪 60 年代至 20 世纪 70 年代在印度尼西亚和沙捞越州由共产党领导的复杂的叛乱。② 1966

---

① 很多在中美洲和南美洲的国家，在 20 世纪 50 年代至 70 年代都遭遇了类似的"丛林战"，如：危地马拉、秘鲁、巴西、智利。

② 同一时期，在印度尼西亚的土地暴力中，爪哇岛和苏门答腊岛加入共产党和一些社会组织的中下贫农侵入大农场，并且大量私下操控。

年至 1974 年，印度尼西亚政府在沙捞越州和西加里曼丹进行了 8 年反叛乱行动。①

毛泽东的革命思想浓缩为一句口号，就是"农村包围城市"，由此启发了很多叛乱起义者。这句口号动员了很多起义者，他们相互影响、形成组织，鼓励农民和其他在村庄居住的人（居住在丛林中或者非丛林地区）进行起义，并且去接管新兴政府所处的城市地带。这是一个明确的寻求领地的战斗号令（McColl, 1967）。然而，并不是所有这一时期的森林叛乱都是共产主义性质。伊斯兰军队希望在印度尼西亚重新建立一个独立的伊斯兰国家。1950 年至 1957 年在印度尼西亚的一些地区发动叛乱，尤其是在爪哇岛的西部、苏门答腊岛、苏拉威西岛等山区。我们将他们考虑进来，是因为他们也代表了替代性文明项目，并且他们也使用了毛泽东所主张的游击战。他们是伊斯兰教国运动（Durul Islam）的一部分，也属于印度尼西亚伊斯兰军（Islamic Army of Indonesia），这两者都与印度尼西亚相关联，学者将其简称为 DI/TII。与毛泽东主义的起义不同，伊斯兰主义冲突受到美国、英国及其他西方势力的支持。因为从政治地理学的角度看，这些西方国家更担心与之接壤的马来西亚总统苏加诺，他看起来对共产主义者太过包容。

我们可以区分森林叛乱的政治本质，即由当地居民的反抗或是由殖民者在殖民或后殖民时期基于林业控制而导致的暴力竞争。② 汤普森（E. P. Thompson）在他论述 18 世纪的英国的经典文本《辉格党与猎人》（*Whigs and Hunters*, 1975）中，恰当地说明了一个问题——即有关叛乱和反叛乱的争论，不是讨论森林资源或土地本身，而是争夺意识形态、领土形式和新兴国家自身的领导权。20 世纪晚期丛林争议的主题是"权力与产权"。事实上，当时很多丛林叛乱都发生在边境的森林中或者很难进入的山区。在那些地方，由于经济欠发达、森林实践少，政治化森林还没有形成，森林管理机制几乎失效，国家力量控制较弱（见表1）。进一步来说，叛乱并不是反对民族国家这种形式，而是反对第二次世界大战时期日军侵略之后所形塑的民族国家领土范围及其意识形态。

有些叛乱群体征募、招纳或强迫居住在森林地区及其周边的当地人加入

---

① 在这之后，印度尼西亚的第二任总统宣告走共产主义道路，并且对苏加诺在西加里曼丹和沙捞越州派来的游击队和他安插在印度尼西亚的军队进行彻底追击。要了解更多关于这场低强度的战争的细节，见：Mackie（1974），Coppel（1983），Denneis and Grey（1996）及 Davidson and Kammen（2002）等。

② 这些是有关林业的政治生态学的首要课题（Guha, 1990; Peluso, 1992; Neuman, 1998）。

到反国家的暴力中，或要求当地人为他们的游击队提供庇护、供应粮草。但是总体来说，政治暴力不是从森林中的原住民开始的。更确切地说，是学生、组织者、党派成员、战士和其他参与者"上山""下乡"、进入丛林，企图从这些地方发动或持续进行叛乱起义。他们的战略是培养村民或使村民信服自己，宣传反抗国家的效益，赢得村民全身心的支持。这种战略也成了镇压叛乱的标准措施。

当地人确切参与这些复杂的替代性国家项目的程度，对于理解将战争的政治生态与森林相结合的场所的特殊性有重要帮助。例如在一些叛乱中，对"表面"叛乱者与"当地"人的严格区分容易误入歧途。但是，这些表征非常重要，有助于理解国家统治者如何通过掌握对暴力的话语权及对森林的强制控制权来书写国家控制的合法性；也有助于理解森林和耕地是如何从二者相互混杂的农林业用地中持续分割开来。当叛乱势力控制了这些丛林区域，他们把在国土范围内但仍反对民族国家的边远地区的人团结起来，为更加壮大和加强反国家势力创造了条件。

在表1中，我们可以看到20世纪30年代在3个国家不同区域所公布的政治化森林和森林保护区，这是这些区域在二战之前的殖民时期政治化森林率的顶峰。表1的另一项数据是20世纪80年代中期，在叛乱被有效平复并且大部分森林保护区已经建立之后，这些区域的政治化森林所增加的比例。这个图表表明，在20世纪50年代到80年代活跃在国际贸易繁荣的热带阔叶林地区和殖民时期的森林储备不同。爪哇岛和马来亚联邦（现在属于马来西亚半岛的一部分）是殖民时期森林实践最成功的地方，这些地方在殖民政策下正式成立了很多固定的政治化森林。沙捞越州（马来西亚婆罗洲岛）、泰国和加里曼丹（印度尼西亚婆罗洲岛）直到第二次世界大战后，才在他们的领土范围留出了大量比例的政治化森林。

如果叛乱刚开始就有那种原始的无人进入的森林，那么处于高地、边界的"森林"会很少。这些区域在很长时期的历史演变中不断被人类侵占。其中大部分是被刀耕火种、定居耕种和采集狩猎等农业方式占领；因此，丛林（jungles）事实上更应该是指地表各种混杂的环境。直到叛乱爆发之时，这些区域仍被那些每天在这里耕种、狩猎或以其他方式为生的人所大量控制（Bowie，1992；Jonsson，2005）。就算假定殖民政府在文件报告中已经将这些区域包含在自己的国家领土范围内，但是国家仍然很难对这些地区进行有效控制，并且才刚开始初步尝试对这些区域进行控制。在每个区域，政府声称控制了这些居民的特殊方式就是将这些暴力空间贬称为丛林、山地或者丘陵；

这形塑了未来国家森林实践的方式，塑造了森林本身，影响了森林主体与民族国家之间的关系。

表格1 马来西亚、印度尼西亚和泰国的政治化森林

地点	20世纪30年代前后政府林地储备量所占比例（大约）	20世纪80年代中期政府林地储备量所占比例（大约）	20世纪30年代至80年代林业保护区增长比例（大约）
爪哇岛（印度尼西亚）	17（1929）	19.9	2.9
马来亚联邦（马来西亚）	27.6（1939）	24（1976）[a]	-3.6
暹罗（泰国）	0	42	42
沙捞越州（马来西亚）	0.8（1929）	37.6	36.8
荷属婆罗洲/加里曼丹（印度尼西亚）	0.007（1927）	82[b]	82

注：括号里标注的是这些殖民领土战后所属的国家。资料来源：Vandergreest and Peluso（2006a，36）。

[a] Mahmud（1979，90）。

[b] 这包含了加里曼丹所有4省土地的15%。这些地方根据"林地使用共识"（Consensus on Forest Land Use）可以更改作其他用途，但那时被林业部所管辖。数据由印度尼西亚政府（GOI）在1986年统计得出，Vol. III：87。这个数据似乎偏高，国家公共的森林领地约是70%—74%。西加里曼丹单独的总量是59%。

暴力领地、替代性文明化项目

在详尽讨论将丛林从森林中分离出来的过程之前，我们应该澄清一点：许多在冷战期间卷入基于森林目的的暴力政治组织，不再强调重返殖民国家入侵的地域，而是致力于利用马克思主义、毛泽东思想或者是伊斯兰思想来扩大农村根据地，以此建立有替代性导向的国家。这一时期，在各种"人民的"运动常见到相互混合的不同观念。例如，一位印度尼西亚将军在他的游击战著作中书写丛林和山地的战略重要性时，就毫不忌讳地谈到了毛派战略（Nasution，1953）。他曾被安置到了两种不同方式的游击战中：一种是作为印度尼西亚革命战争中反对荷兰殖民力量的共和主义游击战士，另一种是作为印度尼西亚国家军队的将军。在后一角色中，他用自己参加游击队的经验，制定战略来反对伊斯兰主义叛乱分子打破苏加诺的融合的民族主义的愿景。

同一时期，这些叛乱分子们将自己视为替代性地民族主义者而非将自己视为生活在非国家空间的局外人。在 DI/TII 的个案中，他们作为印度尼西亚的前国民军队的成员，试图掌控国家而非从脱离国家。

地域控制是毛派模式的中心举措，它强调"根据地"的必要性，据此叛乱者可以着手并最终包围城市。根据各种革命理论，根据地被认为是实现如进入城市或占领交通基础设施等重大政治目标的最有效的方式。根据地也暗示着有很多在之前的政治暴动中从城市流向农村的人口，这就意味着更有可能获得当地人所提供的后勤保障和地理掩蔽场所（McColl, 1967）。

除了婆罗洲，东南亚的共产主义党派最初大部分以城市为根据地，当他们被国家军队暴力袭击后才转移到"乡村"。就此而言，印度尼西亚与泰国和马来西亚不同，印度尼西亚共产党（PKI）和其他左翼党派以及相关组织是合法的；直至 1966 年印度尼西亚第二任总统苏哈托上台并将其定为非法组织之前，他们都构成了印度尼西亚政治的关键参与者。在印度尼西亚的城市地区来组织共产主义者应该是最好的，但各种力量推动工人们去爪哇和苏门答腊岛从事林业和种植业，并且也促使其产生了相当大的乡村组织。①

沙捞越在此是个例外，只有古晋一个可称之为城市的小的人口中心。此外，沙捞越州以自耕小农为主，很少有失地农民，也没有大量的城市无产阶级（Porritt, 2004）。然而，由民族国家牵涉出领土问题涉及了这里的一些公民，这些人反对由英国所提议的联合马来半岛、沙捞越和沙巴，组成马来西亚联邦。"左"倾组织更有兴趣于其他政治安排，即：要么由文莱、沙巴和沙捞越组成北加里曼丹州，要么在印度尼西亚属婆罗洲形成一些地域联盟（组成一个省或者独立出来）；这些想象之物构成了我们所称之为的"替代性文明项目"。叛乱者反对马来西亚联邦将婆罗洲的丛林变成为马来西亚和印度尼西亚的国际边界线。

丛林和山区的叛乱者原本认为他们自己是替代性文明项目的一部分，而这些区域的国家掌权者将其描述为未开化者和对以城市为基础的国家的现代化目标的反对者。将那些被叛乱者所占领的丛林空间几乎等同于"野蛮地区"。这些标签，被用来质疑那些在第二次世界大战后的世界里有替代文明的幻想者的能力。民族国家的领导者认识到这些竞争性的文明化项目潜在地可能会废黜和替代他们自己。尤其是这种可能性已经被周边国家的共产党军队

---

① 印度尼西亚共产党在某种程度上的失败，是因为他们在乡村中组织起来并得到村民支持，而不是根据阶级来组织。

最终获胜所证实，如中国及先前已被大家熟知的像印度支那。印度支那在摆脱殖民的地区形成了一系列的民族国家。

镇压叛乱和政治性林业的连接

我们已经表明，在将政治化森林从其他的土地使用区域和国家土地管理区域中区分出来的过程里，政治化森林的形成与国家的形成相互联系在一起。同时，政治化森林的形成与某一林区种族化的政治主体的塑造（或重塑）也紧密相关。在余下的文章中，我们的个案主要关注部分当今为人熟知的国家，如马来西亚、印度尼西亚、泰国。我们讨论民族国家的疆域是如何在叛乱与反叛乱的过程中构建，以及镇压叛乱如何使政治化森林形成并使种族化群体及其领土范围得以确立。通过这些讨论，来检视民族国家的话语策略和物质实践。我们主要将焦点放在由国家制度和参与者所形成的3个关键进程：

"将丛林从森林里剥离出来"：在森林和农业区域之间制造出清晰的边界，部分地将那些被定义为林区中的农业判定为非法。这涉及话语策略和物质实践，如设置森林保留区、规划人们定居和固定农耕的区域（产业化的或小农私有的。

通过移民、驱逐和强化定居点对人口进行重新安置，这些人口是迁入林区还是迁出林区，往往与特殊的种族化实践有关，取决于这些种族是否被认为对民族国家忠诚。

林区的军事化的实现，是通过部署军队、建立军事基地及在军队、森林管理机构与木材公司之间输送镇压叛乱和监视的人员与技术。

重置空间和重构国家：将丛林从森林中剥离

要使丛林从森林中分出来，首先是要将丛林描绘为被野蛮人占据的野蛮地方（Slater，1995；Peluso，2003；Sioh，2004）。对于叛乱者和镇压叛乱者而言，对丛林的修辞都显得尤为重要。丛林像山区、丘陵、高地和红树林沼泽区一样，通常都是国家权力及政治与经济的边缘地带。[①] 将森林（低地和高地）和山区作为基地，复杂的地形和茂密的森林，可以对人身和政治组织进

[①] 虽然我们不像斯科特（Scott，1998，2009）那么深入地去阐释，他将这些地区视作"无国家的区域"或者"无政府的区域"。

行掩蔽。叛乱者并非寻找完全无人居住的空间：他们试图赢得这些本土居住者的支持，或者如果无法赢得支持就恐吓他们来协助自己（Naution，1953）。叛乱者将自己视为替代性的民族主义者，而国家将他们描述为反抗者、野蛮人、不健全的公民或者甚至是不健全的人（Rachman，1970；Soemadi，1974）。这些表征增加了实施国家项目的合法性，这些项目是用来控制这些区域及与之相关的群体——包括长久居住在这些区域中的人民及迁入这些区域的叛乱者。

因此，镇压叛乱实践的一个重要方面就是通过切断叛乱者和林区居住者之间的联系来阻断叛乱者混入当地居民中（McColl，1967）。这意味着要切断食物和供给线，同时在物理上尽可能地阻断两种丛林居住者之间的通道，防止叛乱者对当地居民进行新的政治教化、吸纳士兵以及寻求后勤或情感支持。通过这种方式，镇压叛乱的目标与国家林业（以及后来所形成的保护区）一致：即，将丛林从稠密、未驯化、混合着危险人群并且被称作野蛮、孤立的丛林，转变为更有秩序、由国家掌控（或至少由国家管理）、由各地林区和农业区组合成的完整区域，人们则居住在这些区域附近既整洁又安全的村庄①（Slater，1995；Peluso，2003b）。

镇压叛乱的行动至少需要从3种途径迁移人口，每一种途径在当前或者随后都伴随着政治化林业的目标和兴趣导向。第一种途径是将居住在马来亚、沙捞越、加里曼丹乡村的华人强迫迁出丛林区域。在这些地区，华人被怀疑支持叛乱者或者是共产党和"左"倾党派，从而使国家安全受威胁。第二种途径是要求丛林里的居民固定在某一空间居住，此策略被后人称为"战略村"（ststegic hamlets）。华人也被固定其居住空间，他们在马来亚被迫居住在铁丝网的后面，在沙捞越也受牵制；同时，在泰国、印度尼西亚加里曼丹高地部落的少数民族（部落人）也被要求固定居住。但是这一策略对这些群体的长远效果会有区别。第三种途径是通过大规模的人口重置和移民计划，将主体民族迁移到冲突的丛林里。通过这一策略，政府相信移民将会更多地依赖政府的服务、会更加忠诚于中央国家，并且不会对叛乱者提供支援（Soemadi，1974；Uhlig，1984）。政府希望移民者们能清除森林，进行固定农耕，改变叛乱区的环境和这些区域的生态结构。

不管哪个策略被采纳（通常情况下3个都被部署），其目的在于将森林和

---

① 注意，不是所有的"丛林"都变成了政治化森林：有一些丛林要么变成了农业耕地，要么被抛弃了，以至于这些丛林没有转换为政治化森林。

农业分割成国家权威控制下分立的领土机构。将丛林从森林中剥离出来，让叛乱者从丛林及其原住民的隐蔽和供养中孤立开来。森林政治和定居农业虽然不是新的权力技术，但是在这些暴力边界环境中很好地服务了政府的统治。

种族化叛乱的地理图景

镇压叛乱的话语导向核心是：将丛林居住者和叛乱者归结为一个国家的少数族裔，并将叛乱与某一人口较少的群体联系起来。我们使用种族化（racialization）一词，是想寻求一种办法，将一个群体的社会特征和政治特征的核心简化地归纳出来（Anthias and Yuval-Davis, 1992; Hall, 1992; Vandergeest, 2003）。我们认为：镇压叛乱者无论从生物学的角度还是从社会历史结果的角度来理解种族或人种，都不太重要（Goldberg, 2002）；更重要的是，这些特殊类型的政治是如何投射到不同种族群体中的。

在我们所谈及的这段时期中，民族国家近期才成为支配整个区域的宏观政治组织。通常情况下，那些号称部族人（或山地民族）的群体被整合成了国家的少数民族，而大量在低地生活的族群构成了一个国家的主体民族。例如，印度尼西亚的一些群体，尤其是达雅克人（Dayaks）、普南人（Punans）、马来人（Malays）和巴布亚人（Papuans），他们占有这个国家的大部分土地，曾经与数千万爪哇人相结合，作为"统一的"印度尼西亚的公民。但是他们在一夜之间，变成了这个国家的少数民族。居住在婆罗洲岛的伊班人（Iban）、达雅克人（Dayaks）及居住在沙捞越州和沙巴州（Sabah）的其他人数较少的群体，也经历了同样的过程。当婆罗洲岛加入马来亚联邦之后，这些人在以马来亚人和华人为主的马来亚联邦，成了少数民族。一些少数民族自愿或被迫与政府反叛乱军事结盟，而那些没有直接卷入反叛乱运动的群体则被国家政府和军队妖魔化（Nasution, 1953; Stubbs, 1988; Porritt, 1997）。

在诸如泰国一类的地区，主体人群既居住在高地也居住在低地；但与低地民族相比，高地民族更容易被怀疑与丛林相结合。在马来西亚、印度尼西亚和泰国的共产党及其相关组织的联盟，或是印度尼西亚高地的伊斯兰主义者联盟，都被渲染成为活跃在国家政府大本营附近的可疑个体——虽然伊斯兰教国运动者（DI）的活动是以爪哇岛的中、西部为根据地（Van Dijk, 1981; Peluso, 1992）。一些少数民族被招募去支援国家化项目，但是他们的政治忠诚可能突然就会转变。培养各个种族对政治的忠诚以及确定领土的过程都非常复杂，因为部落人"天生"拥有丰富的丛林知识，这对于镇压叛乱的行动者和对于固定或移动的叛乱者都同样重要。①

种族化不是一个新的进程；确切地说，军事中重新使用确立种族识别的策略，与先前各学科最初对种族的研究不同。军事策略中确立的种族，与暴力、国家控制及疆域确定过程有关，也为了寻求叛乱者与反叛乱者之间的联系（Soemadi，1974），同时也形成了某一人群居住在某一地理区位的观念。在东南亚，种族化的观念起源于人类学家、地理学家和习惯法专家（Ellen，1999）。种族化是法律规章中的一个重要部分：殖民长官通过种族群体将殖民地的人进行分类，推测其风俗习惯、地方法规及社会制度。进而，通过（选择）当地习惯的权威者来对大多数殖民地进行"间接"统治。荷兰人在荷属东印度所推行的亚达特法（adat）有效地进行了这种风俗实践（Vandergeest and Peluso，2006a）。在民族国家成立之后，较为新鲜的是：曾经被称作部落人或异种人的群体，现在如何被想象成了一个国家的少数民族；以及这种少数民族的形象是如何与国家目标相联系起来的。

种族主义的行为准则认为每一族裔都具有某种特定的政治特征。"部落"人，例如泰国的何赫蒙（Hmong）、克伦人（Karen）、达雅克人（Dayaks），由于居住在远离国家中心的地区，并且还保持着刀耕火种，因此被看作落后的人，甚至有时被看作是无知的人。举个例子，在西加里曼丹历史上的第十二军事指挥所的拉赫曼（Rachman，1970：179）说过，在"马印对抗"之前，"西加里曼丹的人（指达雅克人）对政治一无所知"②。并且断言，政治的缺席"对（国家）安全评估和稳固（建立）民族主义政治及其意识形态都有影响"（9）③。进而，他将树立民族主义意识和促进国家忠诚的"问题"，归结为：不友好、"未开化"的环境，宣称"加里曼丹内大部分地区的交通连接仍十分落后"（179）。这个握有明确文件的高级军官，将位于沙捞越州和西加里曼丹达雅克人所居住的边界地区，当作了他们军队的一个现存问题。如下面这段话所示：

> 整个边界区域，特别与印度尼西亚的边界，都处于未开发的状态，所以道路狭窄，地势险要难以横穿。丛林中树木浓密、光线黑暗，便于

---

① 可参见：Nasution（1953），Leary（1995），Endicott（1997），Peluso（2003a），Vandergeest（2003），及 Jonsson（2005）。

② "Henduduk pedalaman umumnja [sic] buta politik."

③ "Hal ini membawa pengaruh terhadap usaha ketahanan dan stabilisasi idiologi dan politk bernegara."

游击队躲避袭击、逃脱视线,所以无论白天或是黑夜都阻碍着(我们的)军事行动。沼泽地满是淤泥,难以穿越;在雨季又变成广阔的湖泊,阻挡前行。在那里,大大小小的河道妨碍着行动,但却是与西加里曼丹沟通唯一的主要通道。①

很多在野外生活的部落人被描述得像他们生存环境一样"野蛮":好战、凶猛、暴力。这些特征与他们的愚昧无知相结合,使得拉赫曼(1970)和其他的政府顾问把这些人当作威胁,担心这些丛林人支持叛乱组织,反对以城市为基础的国家。在日军侵略期间,边界沿线的人群受外国联盟者鼓励,的确使用了他们长时间以来被禁止的传统"猎头"习俗来对付日本人(Reese,1998)。之所以说他们落后,是基于:他们太原始而不能识别出好的文明,也不懂得拒绝"坏的"交易。例如:叛乱者试图帮助部落人耕种或给他们提供医疗,以此让他们忠诚于叛乱者,或者加入到叛军中(Rachman,1970)。

国家对丛林高地叙事的转变,是重点需要理解之处。将丛林高地看作是原始部落人的生活空间,暗示着潜在的政治意图和动机。彤才·维尼察古(Thongchai Winichakul,2000)对20世纪早期暹罗(Siamese)精英们的游记进行了研究,为我们提供了一个很好的例子。这些游记展示了他们在丛林和荒野之地遇到的那些被其称作陌生而未开化的部落人,如何反对暹罗(现称泰国)那些虽然落后但是忠于暹罗王室的乡村村庄。后文中我们会再次提到位于暹罗东北部的老挝人,他们介于农村人和部落人之间。我们不会浪漫地认为,那些替代性文明项目或国家建设项目的参与者仅仅是在丛林居住的人。那些党派的领导、理论家和军事家既不是"部落"的少数民族,也不是森林的土著村民。当某一民族国家成功平复叛乱之后,本应该强迫或紧急让丛林中的共产党搬出森林,这在泰国、印度尼西亚和马来西亚获得了成功。②

对民族国家更加质疑的是在乡村生活且有华裔背景的人群,他们自我建

---

① "Sepandjang daerah perbatasan terutama didaerah Indonesia merupakan daerah jang belum dibuka/dibangun, sehingga djalan2 masih merupakan "djalan setapak" dan merupakan medan jang sulit ditempuh. Keadaan alami memberikan keuntungan berlindung dari serangan dan penintaian sehingga menjulitkan gerakan pasukan baik siang atau malam karena hutan jang lebat dan gelap. Rawa2 merupakan pangkalan jang penuh dengan lumpur2 jang susah dilalui dan dimusim hudjan mendjadi danau air jang luas sehingga sangat menghalangi gerakan. Sungai2 besar dan ketjil merupakan penghalang gerakan, tetapi djuga merupakan satu2nja alat komunikasi penting di Kalimatnan Barat sampai saat ini."

② 如前面所述案例,还有越南和近期的老挝。

构或自称为海外华人、印度尼西亚华人、泰国华人，或者根据他们常说的中国方言所命名的①——客家人、福州人、潮州人等。在马来西亚和印度尼西亚，为了促使复合法律体系成为他们政策法规的一部分，根据对移民者的分类，华裔被建构为外来者或移民者（Hooker，1978）。在马来西亚和西加里曼丹，虽然现在的一系列研究表明周围各族群都有一些人加入或者支持共产党，但是在当时，政府明确将华人与共产党员和共产党组织联系在一起（他们与其他族群相对立，例如马来西亚人、达雅克人）。20 世纪 50 年代，马来亚共产党人由城市居民和华人知识分子组成；很多华人都试图迁居，以便更好地完成他们的运动。很多移居的华人，与更早之前为了躲避日本侵略而搬到农村的华人一起耕种生活（Hack，2001）。在西加里曼丹的乡村，成千上万的村民被政府正式识别为华人，且认为还有更多拥有华人血统的人。

有些国家大概只有 1/3 的种族人群属于这个国家的主体民族。这种多种族的民族国家，特别是对于种族混杂的印度尼西亚和泰国来说，比起单一种族国家，呈现出更加复杂的图景。爪哇人是印度尼西亚的主体民族，但他们并不是唯一的非部落民族——苏门答腊岛、苏拉威岛和巴厘岛由多种族群构成，这些族群不同于爪哇人，也不是"部落"人。② 判断是否是非部落人，这部分地取决于某一族群的大多数群众是否信奉伊斯兰教（在巴厘则是信奉印度教），并且反对万物有灵的信仰。③ 此外，由于印度尼西亚共产党在国内属于合法党派，且在第一任总统强有力的政策支持下成为国家政党（直到 1965 年），因此不能将其视作某一单一族群信奉的政党；它消减了主体民族与少数民族之间的鸿沟。当苏哈托总统执政后，不同地区改变了追随这种（共产主义）政治意识形态的方式。在爪哇岛、巴厘岛和苏门答腊岛，大部分族群都明确地继承了共产主义传统——并且其社会主义斗争，至少在意识形态上是基于阶级路线或农民路线。然而，在西加里曼丹，军队将农村人与华人视为一体，认为他们都是共产党员，虽然华人很可怜，但也许更可怜的是那些中产阶级和富人。④

在印度尼西亚的伊斯兰叛乱中，DI/TH 的参与者较少区分种族，爪哇、

---

① 在日常生活中，很多人在不同区域可以使用不同方言，除上述之外，还有其他多种方言。
② Cf. Li（1999）使用"部落的踪迹"（tribal slot）一词，而 Trouilot（1991）使用的是现在很经典的"野蛮的踪迹"（savage slot）一词。
③ 无论是基督教、天主教还是新教，在这里都没有起到太大作用。因为在殖民时期，殖民者往往带有使命感地前往部落（万物有灵信仰/无宗教信仰）的区域寻找皈依的灵魂。见 Herley（2008）。
④ 见 Rachman（1970）的战略，以及 Davision 和 Kammen（2002）。

苏门答腊和苏拉威西岛的叛乱者及其支持者都是这些国家或地区的主体民族。在泰国，主要聚居在低地的泰人（Thais）符合"主体民族的踪迹"（majority slot），虽然生活在泰国北部、南部和东北部的人有明显的地域特征，使其看起来比其他人更有泰人的种族特质。这一点我们在后文中会提到。此外，在马来西亚，马来西亚人在其国家的族群中占有支配性地位。虽然在马来西亚地区（也就是婆罗洲），对马来亚人的来历有争议，认为他们是从大陆移民过来的。

三个国家都为更新种族化地理图景创造了条件，他们积极组织或鼓励主体民族或爱国者进入遥远的丛林中，砍伐森林并将其转换为永久的经济作物。这成了一个民族国家扩大其领土范围的关键战略（Dove, 1985; De Konick and Dery, 1997）。在假定忠于国家的群体在国家政策下已被重新安置的林区，及在政治关系长期混杂且政治边界复杂穿透的国际性边界区域，政府认定这些地方的大量人口"需要军事保护"。而这种军事保护的实现，是通过组织忠诚的村民（无论是国家的主体民族还是少数民族）建立乡村侦查或边界保护的自卫队（Stubbs, 1988; Bowie, 1992）。对于那些居住在叛乱占领区的原住民，政府通过将其纳入农业发展计划、引入汤雅（Taugya）系统重造国有林及其他国家支持的发展项目，加强当地人政府的联系。汤雅含义是：允许附近农民一定期限内在国家的主要树种之间从事农业耕种，推进造林建设。

重要的是，镇压叛乱的地理景观效应及管理目标呈现出的多样化，包含了对叛乱后的管辖权及财产权的分配的期望。在一些情况下，至少是从管理的角度看，叛乱镇压使无人居住的森林得以产生。这使森林得以重建、保护或独立。但在另一些情况下，镇压叛乱致使固定农业代替了森林，使森林遭受破坏、树木减少。新的产权及国家领土——例如森林或者农业产业化区域——是为了财富积累和领土安全。虽然这不是目的，但是政治暴力和发展呈现了最基本的原始积累：国家以国家安全的名义来征用森林（或丛林）为主体的土地，并将其作为一种新型财产重新分配（Glassman, 2006），最终适当地通过剩余价值来加强。

在本部分剩余的内容中，我们将举例说明（必要地概述）：镇压叛乱与森林制造是如何在属于某一族群的一些特殊地点收尾。这些例子虽不能详尽无遗，但提供了一些案例来说明在镇压叛乱的同时如何推进创造民族国家、形成政治化森林并确立种族化地理图景。

马来西亚北部边界种族化战略领土的产生　范德吉斯特在马来西亚东北部吉打州（State of Kadah）的田野调查中，通过总结大量访谈材料以及其他对50年代早期上游村庄是如何搬到低地的研究（Kuroda，2002），绘制了森林地图。这些村庄在种族划分下，包括了马来西亚人（说马来西亚语，信仰伊斯兰教）、暹罗人（说暹罗语，信仰佛教）及"Sam-Sam"人（说暹罗语，信仰伊斯兰教）。那些无人居住的高地不能视作森林保护区，而森林保护区的建立伴随着对大众的重新安置。这种重新安置，意味着林业部门对国家领土控制的巩固。

种族划分对民众是否迁居没有影响，但它确实在重新安置民众的过程中起到作用。"暹罗人"（被马来亚当作是外来人口）被包围在栅栏营（Kuroda，2000）中。马来西亚人（被光荣地看作土著和国家的主体民族），搬到了新的村庄居住，并获得了大量土地来种植水稻和橡胶。关于民族的划分与种族化所呈现的地理图景，有一个非常鲜明的例子，即：以前说暹罗话的穆斯林被划分为"Sam-Sam"，但国家在重新安置他们的过程中，通过允许他们进行农业生产以及将其安置到新的村庄环境，他们被吸纳和重新塑造成了马来西亚人。

度过了高地的紧急时刻，在栅栏营的暹罗人被释放，并允许他们在国家领土内建立小的橡胶农场，就像之前推动安置马来亚人的过程一样。然而，与马来西亚人不同的是，大多数暹罗人没有获得正式的地契（地权）。他们的边缘地位，不是通过暴力或强迫运动来明确；而是在法律上限制其使用国家资源，特别是无权通过地契来正式使其小农场得到认可。

这种不完整的管辖权，在村里长辈的故事中不断强化。在吉打州邻近森林保护区的村子，受访者说保留林替代了村民持续数十年周期性到老村子所在地收摘水果的习惯，特别是人们不能再到老村子去挖掘年代久远的树木所留下了的暗煤。以前，除非是果树被新修的水库大坝所淹没，或者被水库边旅游度假区所管辖，这种重返老村子的习惯才会停止。如今，自然资源保护论者、政府林业工作人员及其支持者把这些地区称为原始森林或森林保护区。

将华人视为敌人，把其封锁在乡村"丛林"或驱逐出乡村"丛林" 在马来亚和沙捞越的"紧急时刻"中，有50多万华人作为森林中的"潜居民"，被迁移到被称为"新村落"的营区中（Stubbs，1988，286；Sioh，2004）。有关森林的叛乱镇压，在马来西亚和印度尼西亚表现不同，其中马来西亚包括马来亚半岛和沙捞越，印度尼西亚包括婆罗洲，尤其是西加里曼丹。在马来西亚，林业部门推广造林模式，特别是在曾经进行农耕的土地上重新造林，而农民要搬到新的村落。一些地区，在紧急时刻发表声明，允许林业部门推广这门新技术，以此当作驱逐华人及其他耕作者科学合理的理由，因为他们占据了林区的村庄,并且有可能支持马来西亚共产党(MCP)的叛乱者(Wyatt-Smith,1947,1949;Ali,1966)。造林管理技术和林业部门将土地恢复为政治性森林的策略,都是科学的实践。这些策略是成功的,因为它们既是镇压叛乱的基础,也巩固了反叛乱实践的结果。

同样地,在 20 世纪 60 年代,当苏哈托上台掌权之后,在印度尼西亚爪哇岛和其他地方伴随而来的是土地扩张与反华势力的增加。在西加里曼丹,印度尼西亚军队强制吸纳部落人、其他土著及非华人移民去驱逐长期居住的华人家庭。所有被官方识别为华人的群体,都被标识为共产党人或支持共产党游击队者,并且很多他们居住的村庄都被划归为丛林(rimba)。他们被强制搬到难民营和其他重新安置的区域,或者在城市地区的家庭则安置在避难所(Davidson and Kammen,2002;Peluso,2003a,2003b)。达雅克人(由多种种族语言群体所构成的加里曼丹土著人)、马来亚人和其他非华侨居民为了表明对印度尼西亚政府的忠诚,纷纷加入(或者不阻碍)对华人的驱逐队伍中。一些害怕的村民和叛乱者寻找到了新的丛林作为避难所,这些丛林靠近与沙捞越州相交的边界。印度尼西亚军队在达雅克州持续 7 年(1967—1974)的镇压叛乱行动中,达雅克人特别被强制作为"丛林向导"去支援国家军队(Rachman,1970;Soemadi,1974)。

1967 年,印度尼西亚建立了第一部国家森林法,驱逐行动开始;在此之前,大部分森林地区被传统权威或各地方长官所管辖。达雅克人曾经是一个省的多数民族,在归于国家并成了这个国家的主体民族后,他们与森林的政治关系也随之改变。不计以前的情况及与传统习惯或习惯法的冲突,在西加里曼丹及其他州省都划定了巨大的国家森林领土版图。苏加诺总统在 1960 年,曾经沿着加里曼丹与马来西亚沙捞越州 1000 千米的边界,划给印度尼西亚军队一个宽广的地带(20 千米宽),作为国家安全保护区和特许盈利区(Robison,1986)。由于存在国家军队控制下的广阔的特许边界区,使民族国家的权威(暴力)这个曾经"遥远"的西加里曼丹有了一个非常可视化的实体。

通过"多数民族"有计划地或自发地迁居 重新安置(resettlement)和殖民主义(colonialism)导致了明显不同的结果,这两种结果取决于国家是决定将丛林转换为政治化森林,还是将其转变为固定农耕区。例如,随着很多西爪哇人(巽他人/Sundanese)被重新安置到西加里曼丹,西加里曼丹与西爪哇岛就联系起来了。政府组织移民(本地人并未谋划),把华人被迫放弃的土地分给了他们。虽然在 20 世纪 80 年代早期,移民们分到的土地因为丛林二次生长而长满树木杂草,但在20多年前,这些土地上坐落着延续了200多年的村庄(Heidhues,2003)。在这些地方,华人留下了成千上万公顷的灌溉和雨养稻田、菜园、果园和橡胶林,超出了那些驱赶华人、剥夺土地者的接管能力和使用范围。移民者也将总量巨大的丛林及其次生林转变为高产的橡胶林和油棕榈树,并将其传统的财产权转为私有产权(Elmhirst,2004)。

此外,退役或离职的军人和警察被重新安置到西加里曼丹那些人们认为危险或不断有安全威胁(rawan)的区域。这是历史上各种战争中的胜利方通常所用的手段。① 那些重新安置老兵的地区及伴随着新兵所需军事基地的建设所形成的国家防御带,使西加里曼丹曾经的丛林地区变成了居住着很多人口的农林业区域,在日常生活中成了象征印度尼西亚对西加里曼丹的征服的一种权威(Peluso,2009)。因此,印度尼西亚军队从象征层面和物质实践层面都强化了对西加里曼丹领土的统治权:在这些丛林中,军队与叛乱者作战(1967—1974);当第一部国家森林法出台后(1967—1980),很多军事部门都获得了特许砍伐权;在重要的省份都建立了新的国家安全基地,并且把退役老兵安置在这些省份,分给他们土地进行耕作(1980—1990)。

在泰国,很多地区的农业扩张都超过了政治化森林的建立。镇压叛乱的影响扩展到了曾经被划分或视作禁伐林的地区。这些地区被成千上万"自发的"移民所占领,这虽不是一项官方组织的搬迁项目,但也被国家所默许(Uhlig,1984;Hirsch,1990;Vandergeest,1996)。虽然很明显这违背了森林法,但是这些迁居者被当权者宽恕甚至鼓励。因为当权者将人们迁居到那些地方视作减少叛乱者对森林侵占的方式,也是赢得那些易受叛乱宣传所蛊惑的少地农民对国家忠诚的一种反叛乱策略。政府也计划和组织移民者进入林区,发起低地的"泰人"农民到这些地区生活。例如,勒布隆(Leblond,2010)对农村人口流动的问题展开了细致研究,描述了在20世纪70年代,政府如何推行其新政策。这项政策是通过设立森林砍伐区和将接受政府发展项目的忠诚者移居到新村落,包围叛乱者的大本营。1978—1981年间,通过实施"边界自卫村"项目、小的皇家项目及其他项目,在靠近边界及国家周围的共产党大本营附近,建立了578个村子。

泰国种族化农业的转换 虽然与马来西亚之类的国家相比,泰国常被看做一个种族较为单一的国家。因为马来西亚这种后殖民时期的民族国家,依

---

① 例如,解放战争后的美国;1980—1990战争后的中美洲各国;第二次世界大战后的苏联(Brown,1999);以及古代和现代的中国(Menzies,1992)等。

然延续并沿用了殖民时期的种族划分。但是，泰国为种族化的反叛乱行动提供了一个很好的例证。泰国北部与东北部镇压叛乱的不同途径，可以证明这一点。老挝族或伊善人（Isan）主要居住在泰国的东北部，与核心的泰人相比，他们对这个国家的忠诚度受到怀疑。这个区域在历史上曾支持过左派政权，并且第二次世界大战时期成千上万的农民在丛林中阻碍日本人与泰人的联盟（Somchai，2006）。然而，由于他们信仰佛教、种植水稻且语言与泰语相近；所以，对待他们的政治方式与对待北部高地部落人的方式明显不同。对东北部的叛乱镇压和森林管理，不是将其迁出森林，而是通过一些发展项目将其与国家中心的城市连接起来，并且通过修路及在山区推广与国际市场相连接的经济作物种植来促进其固定农业的发展。用了很多方法使他们认识到自己的土地权，甚至是对禁伐区的权利（Vandergeest and Peluso，2006b）。可想而知，在这一时期，泰国东北部是森林覆盖率下降得最快的一个区域。根据皇家林业部的数据，1961—1985年，泰国东北部的森林覆盖率从42%下降到了15%（Hirsh，1993：55）。

然而，在泰国北部①居住的是与森林密切相关的"山地部落"，这些人被认为是更加难以加入到国家交替性项目的群体②。在这里，镇压叛乱的措施也包括了前面所述的方式，即将山地族群安置到固定的林区村庄。赫恩（Hearn，1974）列出了在北部各省被抛弃或毁坏的村落名单，共计101个村庄。在1972年，这些村子约12000人被分别安置到了13个地方。虽然这些重新安置的村庄很快被抛弃，并且取而代之的是前文所述的让国家的忠诚者包围着共产党的大本营居住（Leblond，2010），但是在北部所有的镇压叛乱措施都与东北部形成鲜明对比。与泰国东北部相比，北部地区定居到森林的忠诚者较少，并且最初迁居措施的尝试也使北部少数民族（山地部落）进入森林受到限制。这些政策是通过把禁伐林变更为国家公园和野外避难所来巩固（Sturgeon，2005；Atchara，2009）。据林业部门数据统计，在叛乱结束后几年，1985年泰国北部土地的森林覆盖约50%，而在1961年时是61%（1993年由Hirsh复制）。大约同一时期，泰国东北部的森林从45%下降到了15%。显然，这些区域的差异不仅是因为镇压叛乱策略的差异；地理形态也塑造了人们的迁移方式。然而，反叛乱战略的不同，是北方与东北方森林差异的主

---

① 在这里，我们所提到的泰国北部，不包含在泰国东北部中。
② 由于其他军事力量对该地区的鸦片及缅甸、老挝与中国的政治暴力有兴趣，因此泰国北部的情况显得更加复杂。

要原因。那一时期的安全战略机制,促成了接下来对"森林农业"(即刀耕火种;Kunstadter and Chapman,1978)的严厉限制,这引起了很多学者对泰国东北部的林业进行政治生态学的研究。

在这一部分的结尾,我们将对那些把丛林从森林和农业区中分离开来的各种森林政治暴力措施进行简短的评价。其中一个非常简单的理由是,在叛乱和反叛乱区域,森林对于农民和木材采伐者(以前称"丛林木材")来说变成了危险的区域。例如,在属于印度尼西亚的婆罗洲,达雅克村民说他们很害怕去开辟新的轮耕区,因为他们担心会被从爪哇和苏门答腊过来的印度尼西亚士兵误会为他们要反叛。农民们,尤其是妇女,非常担心她们会误闯入驻扎在森林中的军营(不管是政府的还是其敌对势力的),所以她们停止了放牧和到林区采集。叛乱者也同样像政府士兵一样怀疑那些村民。那一时期,在那些地方,各种事件和经历教会人们不能相信任何人。DI/TII 明令禁止西爪哇的村民,不许他们烧毁森林,以防他们的基地和藏身之处被暴露出来(Peluso,1992)。此外,当大片土地被印度尼西亚军队占用之后,当地群众担心如果他们有抱怨或行动,他们就会失去传统中属于他们的土地、树木和其他的林产品。

总而言之,从叛乱开始到镇压叛乱结束,数百万的人口搬入或者搬离丛林。这些运动为林业部门进行林业实践提供了条件,也使得政府独立控制了政治化森林。这些运动使得森林每天都在变化,并且国家对其进行了制度化的林业实践,所以对生态也有影响。这一时期,对于重新塑造一个国家的各个种族主体起到了重要作用,重新确立了政治化森林与农业用地的关系,重构了他们与民族国家中的政治关系和居住范围。

在丛林戒备中部署军事资源

我们最后要讨论的是由于争夺国家建设项目而引起的多起冲突,吸引了大量的军事资源通过进入和控制森林来监管国家、促进国家发展。其结果是强化了国家森林部门、警察和军队的强制力,继而强化了长期执行将农业从森林分离出来的能力。我们将简单地强调一些在暴动、军事化和镇压叛乱的计划和行动致使林业转型的途径。

军队支持林业的一个重要方式,是通过对林区进行强化监督以及在地图上标注林区范围。泰国皇家调查局在很多情况下成了美国的军队的助手。自1950年以来,皇家调查局利用当时最先进的航空拍摄技术获取了所有林区的照片，绘制了一系列有名的 1∶50000 的林区地图。这些地图呈现了地形、植被、作物、村庄位置等信息。这些地图与其他政府部门共享，尤其是林业部门，并成了他们从事林业工作的基本地图。它们是界定森林保护区界线的基本地图，也是划定森林保护区等高线、植被区边界的地图（Vandergeest，1996，2003）。20 世纪 70 年代早期的泰国，超过 40%的领土在这些地图中显示为森林保护区，只有很少的土地被登记为可供当地人使用的森林。类似的地图划定事件，在马来西亚、沙捞越和加里曼丹也可以听到（Haper，1997；Barr，Brownand Casson，1999）。

很明确，在叛乱地区发展乡村只是一种镇压叛乱的形式。对 20 世纪 90 年代沙捞越洲和西加里曼丹的田野调查表明，无论是沙捞越土地整理机构（SALCRA）对西沙捞越小农经济作物的计划还是西加里曼丹果树种子和橡胶小农场分配项目（PPKR），都优先安置在了叛乱区附近。在泰国，重要的发展项目：加速乡村发展项目（the Accelerated Rural Development，简称 ARD）计划是由美国支持的。国际发展基金机构（Agency for International Development）（雇佣许多美国和平队和加拿大大学海外服务志愿者），设立在叛乱者最活跃的省份。加速乡村发展项目的主要行动是修建道路（Muscat，1990）。

修建公路有多重的目的，包括易于军队进入、移动和监控；还有作为砍伐树木、森林保护和其他资本主义项目的整合构成要素；以及促使他们进入国内市场，使更好地处于中央国家的管控中。公路建设的借口通常是保护森林（Uhlig，1984）。在泰国，自 1960—1980 年，道路总长增长了 3 倍（Hirsch，1990）。同期，在西加里曼丹和沙捞越的道路长度增长了不止 3 倍。道路建设有助于"自发性"移民，生存在土地贫瘠地区的农民们潮水般地涌向森林，在那里种植粮食和经济作物（玉米、木薯、蔗糖）（Uhlig，1984；Hirsh，1990）。道路建设对于西加里曼丹和沙捞越的人口流动、商品市场和采伐业都有关键作用。

军队也会将其他军事技术和组织模式转交给林业部门。举例来说，直升机的使用始于战争，在战争之后成了辅助护林人员监察森林覆盖率变化、乡村居民及非法开荒轮耕的技术手段，同时也是恫吓那些试图破坏森林农业边界的居民的有力武器（当然依旧有很多人我行我素）（Atchara，2009）。林业的组织结构和机构模式长期模仿军队，这在森林管理范围内的地域结构、岗位轮换以避免森林管理者与其管辖范围内的居民过度接触，以及在一些个案中森林管理者形成武装执法等方面得到了反映（Kaufman，1960）。在一些地区，林业部门和军队一起工作并共同在森林开发中进行管控及获取利益。正如我们在西加里曼丹见到的例子一样，在印度尼西亚和马来西亚属婆罗洲的长边界线上的 PT Yamaker 军队获得了这一地区的伐木特许权。退役军人常常被木材公司雇佣来保障安全，而木材公司和森林产品交易商通常会付"税"给从森林到市场沿途的地方军队。

暴力冲突期间，部队部署（数以千计的人们）在被叛乱者占据的丛林内部和边缘，使得森林管理者和村民不能进入丛林，致使他们在那期间不能管理树木和土地作物。在加里曼丹，军事基地的修建贯穿广泛的"边界地区"，经辛卡旺（Singkawang）向南延伸到沙捞越国境线。随着近10年暴力冲突的结束，人们获得了土地和森林管辖权，这些国家的象征物也变成永久性景观。

即使此处我们讨论的叛乱者不再对民族国家形成严重的挑战，在边境线上国土安全议题依旧在形塑专职林业的实践。对将来发生叛乱的担心，有助于重新塑造土地和森林产品的财产权、林业的实践、人口的安置，以及将军事部门用于林业企业的单独保护中。这些实践继续让森林管理者、军队和大型采掘企业联合在一起，共同塑造森林的未来。

讨论和结论

叛乱和反叛乱的政治性暴力，对印度尼西亚、马来西亚和泰国的林业实践有整体性的影响，强化和巩固了适用于在东南亚地区形成专业的或科学的林业及林区的法律和制度。通过大规模地重新分配财产权、土地使用权，重新规划不同区域的植被覆盖率，以及重新安置人口，使作为叛乱舞台的"丛林"得以驯化。政治性暴力为军事部署提供了一种辩护和战略机制。这些军事部署是为了深化和扩大民族国家对曾经国家力量控制较弱的地理区域的干涉。政治性暴力先于林业区的圈定和国家疆域的确立。

在东南亚频发叛乱的时期，也是食物和农业组织（Food and Agriculture Organization）推动专业化林业的"发展森林"模式的时期（Westoby，1987）。林业发展的铺垫是通过圈定林业区和建立森林保护区，将居住在大片森林土地上的村民驱逐出去，只保留林区劳工。类似于林业区的圈定和保护区的建立，镇压叛乱行动也致力于驱赶丛林中的村民，以便将土地转变为固定的产业化农耕区。讽刺的是，镇压叛乱的策略经常包括政府人员（护林人和军人）烧毁大面积的森林以达到击溃叛乱者的目的。

这些违反村民和反森林的暴力形式被表面上看起来更有序的空间实践所遵循，这种空间实践即创造国家疆域。如同在东南亚丛林中得到的应用，国家统治没有采纳共产主义形式，发展林业不仅仅是促进经济发展或林区发展的一个策略，同时更是为了镇压叛乱、建设民族国家和制造国家本质。因此，国家的意识形态和制度实践能与环保时代保护热带雨林、原生林和原始森林的浪漫观念相结合，是基于在暴力时期丛林被当作了原始森林或分割成了政治化森林和农业区。然而，在当下大部分的环保话语中，这些森林的历史事实要么被忽略要么被遗忘。冷战时期有人居住的丛林不适于使用原始环境这个概念。

在冷战时期的叛乱中，东南亚的丛林代表了各种不同的边界：不仅是"文明"和国家控制的边界，也是野蛮提取生物量（brutal extractions of biomass）的边界。当前的国家林业、森林政治的塑造和生态环境就是这一时期移民制度和话语的产物。如今，在这些中央集权的国家，国家控制得到巩固，有关丛林的话语已经从涉及国家森林管理、自然保护区、林区居住者的砍伐特许权等话题中大量地消失。而丛林的话语，还在那些正发生着反国家的政治暴力（叛乱）并处于边界或其他边缘的热带雨林或有争议性的森林地区中使用。换句话说，丛林依旧在菲律宾（Mindanao）、缅甸和西巴布亚（West Papua）存在。

暴力形成的政治性森林用斯托勒（Stoler）最近的话来说就像是"帝国的碎片"（imperial debris）（2008：193），牵涉到"从过去到现在形成帝国过程中所隐藏的空间，和通过人们被迫去猜测那些形成因素所进行的观察和实践，而那些因素被人们鲜活地保留下来并且无影无形地束缚着人们"。我们在这篇文章中所讨论的碎片，或者说帝国主义残留物的影响，不仅仅是由传统殖民统治者的帝国项目所创造。殖民时期的帝国实践在之后形成民族国家的过程中得到重塑和深化，民族国家试图使其对领土的控制看起来"正常"和"自然"。我们在此已经表明：丛林中的反叛乱行动影响了疆域控制和"国家安全"；同时，以一种新的方式制造或重造了与民族国家和政治性森林有关的种族群体。但即使在今天，这些忠于中央国家的群体仍被视为最可疑的人口，因此他们大都缺乏正式的土地权。

总而言之，我们已经表明：如果不理解冷战时期叛乱和反叛乱与当代森林的关系，就很难理解当代森林的生态环境和政治环境。这些政治暴力的特殊形式以各种方式与森林和林业发生关联，这些方式不同于其他的批判地理学对政治性暴力和森林的认定。鉴于此，除了那些尚在延续的森林叛乱与反叛乱的几个个案，以及那些制造幻想来吸引探险旅游者的例子，热带雨林已不再被称作"丛林"。

参考文献

Abe, K. -I., W. de Jong, and T. -P. Lye. 2003. The politicalecology of tropical forests in Southeast Asia: Historical perspectives. Victoria, Australia: Trans Pacific Press.

Agrawal, A., and K. Sivaramakrishnan, eds. 2001. Agrarianenvironments: Resources, represen-tations, and rule in India. Durham, NC: Duke University Press.

Ali, I. B. H. 1966. A critical review of Malayan silviculture in the light of changing demand and form of timberutilization. The Malayan Forester 24: 228-38.

Anderson, B. 1991. Imagined communities: Reflections on theorigin and spread of nationalism. 2nd ed. London: Verso.

Anderson, D., and R. H. Grove. 1989. Conservation in Africa: Peoples, policies and practice. New York: Cambridge University Press.

Anderson, K. 1987. The idea of Chinatown: The power of place and institutional practice in the making of a racialcategory. Annals of the Association of American Geographers 77 (4): 580-598.

Anthias, F., and N. Yuval-Davis. 1992. Racialized boundaries. London and New York: Routledge.

Atchara, R. 2009. Constructing the meanings of land, resource, and a community in the context of globalization. PhD dissertation, Chiang Mai University, Chiang Mai.

Barr, C., D. Brown, and A. Casson. 1999. Corporate debtand the Indonesian forestry sector. In Which way forward? People, forests, and policy making in Indonesia, ed. C. J. P. Colfer, I. A. P. Resosudarmo, 277 - 292. Washington DC: Resources for the Future, Center for International Forestry Research, and Institute of Southeast Asian Studies.

Bowie, K. 1992. Unraveling the myth of the subsistence economy: Textile production innineteenth-century Northern Thailand. The Journal of Asian Studies 51 (4): 797-823.

Brockington, D., ed. 2002. Fortress conservation: The preservation of the

Mkomazi Game Reserve. Oxford, UK: Oxford University Press.

Brown, D. 1999. Addicted to rent: Corporate and spatial distribution of forest resources in Indonesia: Implications for forest sustainability and government policy. Jakarta: Indonesia UK Tropical Forestry Mangement Programme.

Bryant, R. 1997. The political ecology of forestry in Burma. Honolulu: University of Hawaii Press.

Buhaug, H., and P. Lujala. 2005. Accounting for scale: Measuring geography in quantitative studies of civil war. Political Geography 24 (4): 399-418.

Collier, P., and A. Hoeffler. 2004. Greed and grievance in civil wars. Oxford Economic Papers 56: 563-595.

Coppel, C. 1983. The Indonesian Chinese in crisis. Oxford, UK: Oxford University Press.

Davidson, J., and D. Kammen. 2002. Indonesia's unknownwar and the lineages of violence in West Kalimantan. Indonesia 73 (April): 1-31.

De Konick, R., and S. Dery. 1997. Agricultural expansionas a tool of population redistribution in Southeast Asia. Journal of Asian Studies 28: 1-26.

Dennis, P., and J. Grey. 1996. Emergency and confrontation: Australian military operations in Malaya and Borneo 1950-1966. St. Leonards, Australia: Allen &Unwin.

Dove, M. 1985. The agroecological mythology of the Javanese and the political economy of Indonesia. Indonesia 39 (April): 1-36. 1993. Rubber eating rice, rice eating rubber. Paperpresented at Agrarian Studies Seminar, Yale University, New Haven, CT.

Ellen, R. 1999. The development of anthropology and colonial policy in The Netherlands, 1800-1960. Journal of the Behavioral Sciences 12 (4): 303-324.

Elmhirst, R. 2004. Labour politics in migrant communities: Ethnicity and women's activism in Tangerang, Indonesia. In Labour in Southeast Asia: Local processesin a globalised world, ed. R. Elmhirst and R. Saptari, 387-406. London and New York: Routledge Curzon.

Endicott, K. 1997. Review: Violence and the dream people. Journal of Asian Studies 56 (1): 262-263.

Flint, C. R., ed. 2005. The geography of war and peace: From death camps to diplomats. New York: Oxford University Press.

Glassman, J. 2006. Primitive accumulation, accumulation by dispossession, accumulation byextra-economic means. Progress in Human Geography 30 (5): 608-625.

Goldberg, D. T. 2002. The racial state. Malden, MA: Blackwell.

Guha, R. 1990. The unquiet woods: Ecological change and peasantre sistance in the Indian Himalaya. Berkeley: University of California Press.

Hack, K. 2001. Defence and decolonisation in Southeast Asia: Britain, Malaya and Singapore, 1941-1968. Richmond, UK: Curzon.

Hall, S. 1992. The West and the rest: Discourse and power. In Formations of modernity, ed. S. Hall and B. Gieben, 275 - 320. Cambridge, UK: Polity Press.

Haraway, D. 1991. Situated knowledges. In Simians, cyborgs, and women: The reinvention of nature. London and NewYork: Routledge.

Harper, T. N. 1997. The politics of the forest in colonial Malaya. Modern Asian Studies 31 (1): 1-29.

Hearn, R. M. 1974. Thai government programs in refugee relocationand resettlement in Northern Thailand. New York: Thailand Books.

Hecht, S., and A. Cockburn. 1989. The fate of the forest: Developers, destroyers, and defenders of the Amazon. London: Verso.

Heidhues, M. S. 2003. Goldiggers, farmers, and traders in the "Chinese districts" of West Kalimantan, Indonesia. Ithaca, NY: Cornell University and Southeast Asian Program Publications.

Henley, D. 2008. Natural resource management: Historical lessons from Indonesia. Human Ecology 36: 273-290.

Hirsch, P. 1990. Development dilemmas in rural Thailand. Singapore: Oxford University Press. 1993. Political economy of environment in Thailand. Manila, Philippines: Journal of Contemporary Asia Publishers.

Hooker, M. B. 1978. Adat law in modern Indonesia. KualaLumpur, Malaysia: Oxford University Press.

Jonsson, H. 2005. Mien relations: Mountain people and state control in Thailand. Ithaca, NY: Cornell University Press.

Kathirithamby-Wells, K. 2005. Nature and nation: Forests and development in peninsular Malaysia. Honolulu: University of Hawaii Press.

Kaufman, H. 1960. The forest ranger: A study in administrative behavior. Baltimore: John Hopkins University Press.

Klare, M. T. 2002. Resource wars: The new landscape of global conflict. New York: Henry Holt.

Kunstadter, P., and E. C. Chapman. 1978. Problems of shifting cultivation and economic development in northern Thailand. In Farmers in the forest, ed. P. Kunstadter, E. C. Chapman, and S. Sabhasri, 3–23. Honolulu: University of Hawaii Press and East-West Center.

Kuroda, K. 2002. The Siamese in Kedah under nation-statemaking. Paper presented at the First Interdialogue Conferenceon Southern Thailand, Pattani, Thailand.

Le Billon, P. 2000. The political ecology of transition in Cambodia 1989–1999: War, peace, and exploration. Developmentand Change 31 (4): 785–805. 2001. The political ecology of war: Natural resourcesand armed conflicts. Political Geography 20 (5): 561–84. 2008. Diamond wars? Conflict diamonds and geographies of resource wars. Annals of the Association of American Geographers 98 (2): 345–372.

Leary, J. 1995. Violence and the dream people: The Orang Asli in the Malayan Emergency, 1948–1960. Athens: Ohio University Center for International Studies, Monographs in International Studies.

Leblond, J. -P. 2010. Population displacement and forest managementin Thailand. Montreal, PQ, Canada: University of Montreal.

Leigh, M. 1998. Political economy of logging in Sarawak, Malaysia. In The politics of environment in Southeast Asia: Resources and resistance, ed. P. Hirsch and C. Warren, 93–106. London and New York: Routledge.

Li, T. M., ed. 1999. Transforming the Indonesian uplands: Marginality, power, and production. Singapore: Harwood Academic.

Mackie, J. A. C. 1974. Konfrontasi: The Indonesia-Malaysia dispute 1963–1966. Kuala Lumpur, Malaysia: Oxford University Press.

Mahmud, Z. B. H. 1979. The evolution of population and settlement in the state of Kedah. In Essays on linguistic, cultural and socio-economic aspects of the Malaysian state of Kedah, ed. D. Asmah Haji Omar, 120–53. Kuala Lumpur, Malaysia: University of Malaya.

Mamdani, M. 2004. Good Muslim, bad Muslim: America, the Cold War, and the roots of terror. New York: Pantheon.

McColl, R. 1967. Apolitical geography of revolution: China, Vietnam, and Thailand. The Journal of Conflict Resolution 11 (2): 153-67.

McCoy, A. W. 1972. The politics of heroin in Southeast Asia: CIA complicity in the global drug trade. New York: Harper & Row.

Menzies, N. K. 1992. Strategic space: Exclusion and inclusion in wildland policies in late imperial China. Modern Asian Studies 26 (4): 719-33.

Mortimer, R. 1974. Indonesian communism under Sukarno. Ithaca, NY: Cornell University.

Murphy, A. B. 2005. Territorial ideology and interstate conflict: Comparative considerations. In The geography of war and peace: From death camps to diplomats, ed. C. R. Flint, 280-296. New York: Oxford University Press.

Muscat, R. J. 1990. Thailand and the United States: Development, security, and foreign aid. New York: Columbia University Press.

Nasution, A. H. 1953. Fundamentals of guerilla warfare. Jakarta: Indonesian Armed Forces.

Neumann, R. 1998. Imposing wilderness: Struggles over livelihoodand nature preservation in Africa. Berkeley: University of California Press. 2001. Disciplining peasants in Tanzania: From stateviolence to self-surveillance in wild life conservation. In Violent environments, ed. N. L. Peluso and M. Watts, 305-327. Ithaca, NY: Cornell University Press. 2004. Nature, state, territory: Toward a critical theorization of conservation enclosures. In Liberation ecologies, 2nd ed., ed. R. Peet and M. Watts, 179-199. Oxford, UK: Blackwell.

O'Loughlin, J., and F. Witmer. 2011. The localized geographies of violence in the North Caucasus of Russia, 1999-2007. Annals of the Association of American Geographers 101 (1): 178-201.

Peluso, N. L. 1992. Rich forests, poor people: Resource controland resistance in Java. Berkeley: University of California Press. 2003a. Territorializing local struggles for resource control: A look at environmental discourses and politicsin Indonesia. In Environmental discourses in South and Southeast Asia, ed. P. Greenough and A. Tsing, 231-252. Durham, NC: Duke University Press. 2003b. Weapons of the wild: Strategic uses of wildness and violence in West Kalimantan.

In search of therainforest, ed. C. Slater, 204-45. Berkeley: University of California Press. 2009. Rubber erasures, Rubber producing rights. Development and Change 40: 47-80.

Peluso, N. L., and P. Vandergeest. 2001. Genealogies of the political forest and customary rights in Indonesia, Malaysia, and Thailand. Journal of Asian Studies 60 (3): 761-812.

Peluso, N. L., P. Vandergeest, and L. Potter. 1995. Social aspects of forestry in Southeast Asia: Areview of post war trends in the scholarly literature. Journal of Southeast Asian Studies 26: 196-218.

Peluso, N. L., and M. Watts. 2001. Violent environments. Ithaca, NY: Cornell University Press.

Porritt, V. L. 1997. British colonial rule in Sarawak, 1946-1963. Kuala Lumpur, Malaysia: Oxford University Press. 2004. The rise and fall of communism in Sarawak, 1940-1990. Clayton, Australia: Monash University Press.

Potter, L. 2003. Forests versus agriculture: Colonial forest services, environmental ideas and the regulation of land-usechange in Southeast Asia. In Political ecology of tropical forests in Southeast Asia, ed. L. Tuck-Po, W. de Jong, and A. Ken-Ichi, 29-71. Kyoto, Japan: Kyoto University Press.

Povinelli, E. 2002. The cunning of recognition: Indigenous alterities and the making of Australian multiculturalism. Durham, NC: Duke University Press.

Rachman, E. A. 1970. Sejarah Singkat Kodam XII Tanjungpura, Kalimantan Barat (A brief history of army regional command XII, Tanjungpura, West Kalimantan). Pontianak, Indonesia.

Reese, B. 1998. Massa Jepang: Sarawak under the Japanese. Kuching, Malaysia: Sarawak Literary Society.

Robison, R. 1986. Indonesia: The rise of capital. North Sydney, Australia: Allen & Unwin.

Ross, M. L. 2004. How do natural resources influence civilwar? Evidence from thirteen cases. International Organization 58: 35-67.

Rustad, S. C. A., J. K. Rod, W. Larsen, and N. P. Gleditsch. 2007. Foliage and fighting: Forest resources andthe onset, duration, and location of civil war. Political Geography 27 (7): 761-82.

Sahlins, P. 1994. Forest rites: The war of the Demoiselles in nineteenth century France. Cambridge, MA: Harvard University Press.

Scott, J. C. 1998. Seeing like a state: How certain schemes to improve the human condition have failed. New Haven, CT: Yale University Press. 2009. The art of NOT being governed: An anarchist history of upland Southeast Asia. New Haven, CT: Yale University Press.

Sioh, M. 1998. Authorizing the Malaysian rainforest: Configuring space, contesting claims and conquering imaginaries. Ecumene 5 (2): 144–66. 2004. An ecology of postcoloniality: Disciplining nature and society in Malaya, 1984–1957. Journal of Historical Geography 30: 729–46.

Sivarama krishnan, K. 1997. A limited forest conservancy in southwest Bengal, 1864–1912. The Journal of Asian Studies 56 (1): 75–112. 1999. Modern forests: State making and environmental change in colonial Eastern India. Stanford, CA: Stanford University Press.

Slater, C. 1995. Amazonia as Edenic narrative. In Uncommonground: Rethinking the human place in nature, ed. W. Cronon, 114–31. New York: Norton.

Soemadi. 1974. Peranan Kalimantan Barat dalam menghadapisubversi Komunis Asia Tenggara: suatu tinjauan internasionalterhadap gerakan Komuni dari sudut pertahananwilayahkhususnya Kalimantan Barat (The role of West Kalimantan in addressing communist subversion in Southeast Asia: An international view of the communistmovement from a regional security perspective, specifically in West Kalimantan). Pontianak, Indonesia: Yayasan Tanjungpura.

Soepardi, R. 1974. Hutan dan Kehutanan Dalam Tiga Jaman (Forests and forestry in three eras). Jakarta, Indonesia: Perum Perhutani.

Somchai, P. 2006. Civil society and democratization: Socialmovements in northeast Thailand. Leifsgade, Denmark: NIAS Press.

Stoler, A. L. 2008. Imperial debris: Reflections on ruins andruination. Cultural Anthropology 23: 191–219.

Stubbs, R. 1988. Hearts and minds in guerrilla warfare: The Malayan Emergency 1948–1960. Singapore: Oxford University Press.

Stump, R. W. 2005. Religion and the geographies of war. In The geography of war and peace, ed. C Flint, 149–73. Oxford, UK: Oxford University Press.

Sturgeon, J. C. 2005. Border landscapes: The politics of Akhaland use in China and Thailand. Human Ecology 35 (3): 131–61.

Sundberg, J. 2011. Diabolic caminos in the desert and catfights on the R'ıo: A posthumanist political ecology of boundary enforcement in the United States-Mexico-borderlands. Annals of the Association of American Geographers101 (2): 318-336.

Thompson, E. P. 1963. The making of the English working class. London: Victor Gollanez. 1975. Whigs and hunters: The origins of the Black Act. London: Pantheon.

Trouillot, M. R. 1991. Anthropology and the savage slot: Thepoetics and politics of otherness. In Recapturing anthropology: Working in the present, ed. R. Fox, 17-44. SantaFe, NM: School of American Research.

Uhlig, H. 1984. Spontaneous and planned land settlement in Southeast Asia. Hamburg, Germany: Institute of Asian Affairs, Giesssener Geographische Schriften.

Van Dijk, C. 1981. Rebellion under the banner of Islam: The Darul Islam in Indonesia. The Hague, The Netherlands: Martinus Nijhoff.

Vandergeest, P. 1996. Mapping nature: Territorialization offorest rights in Thailand. Society and Natural Resources 9: 159-175. 2003. Racialization and citizenship in Thai forestpolitics. Society and Natural Resources 16 (1): 19-37.

Vandergeest, P., and N. L. Peluso. 1995. Territorialization and state power in Thailand. Theory and Society: Renewaland Critique in Social Theory 24 (3): 385 - 426. 2006a. Empires of forestry: Professional forestry and state power in Southeast Asia, Part 1. Environment and History 12 (1): 31 - 64. 2006b. Empires of forestry: Professional forestry and state power in Southeast Asia, Part 2. Environment and History 12: 359-393.

Wainwright, J., and M. Robertson. 2003. Territorialization, science, and the colonial state: The case of Highway in Minnesota. Culture Geographies 10: 196-217.

Watts, M. 2004. Resource curse? Governmentality, oil and power in the Niger Delta, Nigeria. Geopolitics 9 (1): 50-80.

Westad, O. A. W. 2005. The global cold war: Third world interventions and the making of our times. Cambridge, UK: Cambridge University Press.

Westoby, J. 1987. The purpose of forests: Follies of development. Oxford, UK: Blackwell.

Winichakul, T. 1997. Siam mapped: A history of the geobody of a nation. Honolulu: University of Hawaii Press. 2000. The quest for "Siwilai": A geographical discourse of civilizational thinking in the late nineteenth and early twentieth-century Siam. Journal of Asian Studies 59 (3): 528-49.

Wyatt-Smith, J. 1947. Save the Belukar. Malayan Forester 11: 24-26. 1949.